대학과 도시

University and the City

대학과 도시

한광야 지음
신윤석 지도

한울
아카데미

차례

Part III. 실험-관찰, 길드-소사이어티, 광장

Part IV. 엔지니어링-테크놀로지, 입자가속기, 통신네트워크

서문

인간의 지식과 기술을 생산하고 전파해온 대학은 어디에서 어떻게 형성되었으며, 한 사회의 황금기를 담아놓은 도시와 어떤 관계를 갖고 성장해왔는가?

매년 매스컴에서 발표되는 살기 좋은 일등 도시들인 케임브리지, 프린스턴, 하이델베르크, 취리히 등의 작은 도시들, 글로벌 경제와 문화를 주도하는 뉴욕, 런던, 보스턴, 베를린, 도쿄 등의 대도시들, 『해리포터』의 성공으로 개교 900년 만에 관광 명소가 되어버린 옥스퍼드, 이들 도시의 공통점은 대학이 도시의 전부란 것이다.

우리나라 전체 인구의 약 7~8%가 대학의 학부생, 대학원생, 교원, 직원이다. 여기서 취학 전 인구와 노년 인구를 감하면 전체 인구의 10~15% 이상이 대학에 직간접적으로 관련되어 있다고 추정된다. 우리의 지역사회를 보더라도 대학은 부설 유치원, 부속 초중고교, 부속 병원, 관련 연구소 등 주요한 교육 시설뿐 아니라 사회교육원, 어학원, 도서관, 강당, 박물관, 미술관, 식당, 카페테리아, 호텔, 체육관, 수영장, 운동장, 목장, 수목원 등을 가지고 있다. 대학은 우리가 인지하지 못하는 사이에 일상 환경에서 중요한 부분을 차지해왔다.

지식사회와 첨단산업 활동의 덕이라고 할까, 지난 1990년대 초부터 도시와 대학의 행정가들과 정책결정자들은 이러한 대학의 존재 가치를 실감하며 대학을 중심으로 도시와 지역사회를 재구성해왔다. 이제 대학의 성장은 그 도시의 존폐와 미래를 결정하고 그 지역사회의 부와 행복을 결정하는 DNA가 되었다.

그렇다면 대학과 도시는 어떻게 지속적으로 성장할 수 있으며, 이를 위해 중앙정부와 지방자치단체는 경제, 주택, 환경, 문화, 교육의 정책 수립과 실현 과정에서 대학과 어떻게 건강한 공생의 협력 관계를 구축할 수 있는가? 대학과 도시는 개인과 지역사회에서 '삶의 질' 향상에 어떻게 기여할 수 있는가?

이 책은 '대학의 도시'에 관한 이상의 질문들을 중심으로 지금까지 시도되지 않았던 '도시와 대학의 관계'를 찾아보고자 한다. 이 책은 '도시를 문명의 생산체계'로 이해하고, 지식과 기술의 대표적인 생산자인 '대학'을 통해서 역사 속에서 성장해온 도시들의 진화 과정을 탐구한다.

여기서 대학은 단순히 고등교육기관이라는 정의를 넘어, 인간의 '지혜, 지식, 기술, 예술, 테크놀로지를 상상하고 개발해왔던 지식인 커뮤니티의 활동과 그 물리적인 환경을 포괄하는 개념이다. 이러한 대학의 정의는 이들의 생산체계로서 그 기원이 되는 도서관, 왕궁학교, 수도원, 성당, 교회, 모스크, 법학교, 의학교, 병원과 보타닉가든, 길드, 그리고 최근의 연구기업과 R&D센터 등을 포함하는 개념으로 대학의 과거와 현재를 이해하는 데 유용하다.

이 책은 대학의 기능을 정의해온 핵심 키워드를 중심으로 유럽, 아시아, 아메리카 대륙의 대표적인 16개 '대학의 도시'들의 형성과 진화 과정을 그 대학의 성장 궤적과 함께 보다 넓은 지역문화권과 물리적인 지형 위에서 이해한다. 이를 위해 이 책은 '대학과 도시'의 진화 과정을, 도시의 입지와 형성, 지식과 기술의 생산 활동과 대학의 설립, 도시 중심부에서 대학의 기능과 물리적인 성장을 중심으로 관찰하며 문헌 고찰, 지도 작업, 그리고 현장 답사를 통해 추적한다.

이런 접근 방식은 우리 사회가 요구하고 기대하는 대학의 기능과 도시와의 관계를 이해하는 데 효과적이다. 또한 도시를 통해 대학을 이해하는 것은, 무형의 지식과 기술을 생산하는 대학의 활동과 성장 궤적을 물리적인 도시환경으로 투영하고 일체화하면서 도시에서 대학의 존재이유를 보다 실체적으로 확인하는 데 효과적일 수 있다. 이를 통해 이 책은 기존의 도시에 대한 선형적·

통사적 개념과 역사·지리의 소재로서 도시에 대한 관념적인 이해를 지양하고, 지식의 생산과 문화의 진화체계로서 도시를 이해한다.

'대학과 도시'를 이해하기 위한 좋은 시작점으로 다음의 세 가지 관점들은 도시의 성장과 대학의 기능과의 관계를 탐구하는 데 유용하다.

첫째, 대학은 무엇을 위해 어디에 존재해왔는가?

이 질문에 대한 해답은 특히 지난 20여 년 동안 '창의적인 테크놀로지 클러스터'를 만들고자 노력해온 우리 사회에 구체적인 실마리를 줄 수 있다. 이 책은 문명을 생산하는 도시와 대학의 존재 이유가 '지식과 기술의 생산'임을 주장한다.

인간의 역사를 한 줄로 요약하면 "왜 이런 일이 나에게 일어나는 겁니까?" 라고 한다. 이 질문은 문명이란 '보이지 않는 힘invisible force'과 '미지의 세계other world'에 반응하여, 인간이 품어왔던 호기심과 믿음을 인간의 상상과 지식으로 합리화하고 작업과 실험으로 완성해온 과정임을 말해준다.

대학은 이 과정에서 불확실한 미래를 예측 가능한 상황으로, 그리고 무엇보다 그 사회의 이상향에 관해 토론하고 이를 도시라는 물리적 환경으로 구현해왔다. 이러한 무모한 도전의 주체인 대학은 하나의 커뮤니티를 이루며 한 도시에서 다른 도시로 그 사회의 가치와 지배계급의 후원에 따라 이전하며 도시의 성장과 쇠퇴를 결정해왔다. 이 과정에서 대학의 현재와 성장은 다음 세대 도시의 주소를 알려주는 가장 의미 있는 변수이다.

유럽 대륙에서 '대학의 도시'는 입지와 성장에서 공통적인 특성을 갖고 있다. 이들은 대륙을 관통하는 두 개의 도로들을 따라 성장해왔다. 하나는 유럽을 북서-남동 방향으로 가로지르며 로마-파리-산티아고를 연결하는 성지순례길Via Francigena와 Camino de Santiago이며, 또 하나는 동-서 방향으로 파리-크라카우를 연결하는 십자형의 상업루트Via Imperii와 Via Regia이다. 그리고 대학과 도시는 항상 오랜 시간에 걸쳐 점진적으로 성장하는 것만은 아니다. 오히려 대학은 도시와 함께 종종 '별들의 시간Sternstunde'이라 불리는 단기간에 빠르게 성장했다.

둘째, 대학은 어떻게 형성되고 성장해왔는가?

대학은 도시의 역사에서 축적된 지혜와 기술을 모아 비교하면서 더 유용한 지식과 테크놀로지를 개발해왔다. 대학은 먼저 신, 자연, 사람의 관계를 정리했으며, 마침내 새로운 세계와 새로운 사물을 만들어내는 이론들을 만들었다. 중세 유럽 대학이 축적했던 이론과 과학 덕분에 유럽 도시들은 자연의 제약을 넘어섰고, 종교의 속박에서 벗어났으며 동양을 단숨에 앞질러 자유와 부를 얻었다.

중세 유럽의 대학studium generale이 도시 내에 설립되어 고등교육을 시작한 시점은 약 11세기이다. 이때까지 성당과 수도원은 서적의 수장고에 지식을 축적하고 전문 필사자를 통해 지식을 복사하고 전파시켰다. 초기에 고등교육을 구성했던 학문은 신학, 법학, 의학, 천문학이었다. 먼저 학문의 시작점이었던 신학은 '신의 뜻과 생각을 어떻게 인간이 이해하고 따라야 하는가'를 연구했다. 천문학과 의학은 '신의 뜻과 노여움이 어떻게 자연의 재앙이나 인간의 질병으로 나타나는가'를 관찰했을 것이다. 수도원에서 연구하는 신학은 대학을 중심으로 연구되기 시작한 법학, 의학, 천문학과 상호 대결 구도를 이루고 있었다.

이후 중세 유럽의 대학은 교황과 신성로마제국의 황제와의 경쟁과 시장의 자치운영권town charter을 확보하려는 정치적인 혼돈 상황에서 도시의 자치 법규와 행정 원칙을 체계화하면서 성장했다. 이에 대학의 '법학jurisprudence'은 기존의 종교법religious code과 교황국 행정 체계의 기본이 되어온 교회법Corpus Juris Canonici의 재해석을 넘어, '도시가 어떻게 운영되고, 그 구성원들 간의 분쟁은 어떻게 해결하는가'를 다루는 시민법Corpus Juris Civilis에 집중했다. 따라서 중세 대학은 당시 흔들리는 교황권에 도전하는 황제의 대학 인가charter, 이를 불편하게 승인하는 교황령papal bull을 근거로 설립되었다. 이렇게 설립된 대학은 특히 도시에서 권력과 자본을 축적한 영주와 가문의 후원과 견제를 받으며 성장하고 또 쇠퇴했다.

중세의 도시에 생긴 대학의 첫 건물은 타운의 대성당에서 약간 떨어진 곳에 입지했다. 이곳에서는 주로 법학 교육이 진행되었으며, 가까운 곳에 도서관이 건축되었다. 도시의 중심부에는 의학과 천문학의 이론과 주장들의 진위를 검증하기 위한 관찰과 실험 시설들이 조성되었다. 먼저 죄인을 가둔 감옥과 독특한 관계를 갖고 있는 해부극장이 역시 인접한 곳에서 의학교의 거점을 구성했으며 도시 중심부의 해자로 기능했던 하천변 습지에는 약초를 재배하는 대규모 보타닉가든이 입지하여 식물과 약초를 연구했다. 이러한 시설 주변에는 학생들의 기숙 시설인 컬리지가 성 내에 동네를 형성했다. 또한 천문 관측소가 성의 일부로서 구릉의 요새와 영주의 저택에 건축되어 천문학 교육의 중심부를 이루었다. 성 밖에는 순례자와 환자를 치료하는 병원이 있었다. 병원은 인접해 있는 수도원과 유기적으로 통합되어 기능했다.

성당과 수도원이 종교행정과 지식체계의 주도권을 대학에 갑작스럽게 빼앗긴 계기는 '가톨릭 개혁'과 '인쇄기 보급'이었다. 먼저 가톨릭의 개혁은 수도원이 신학의 권위와 부동산 자산을 모두 박탈당하는 결정적 사건이었다. 또한 이동식 인쇄기는 지식 생산자인 대학이 지식 수요자인 도시 중심부와 근접하게 해주었다.

이후 도시에서는 학문으로서의 대학 교육을 부정하고 경험에 근거한 실용적인 과학 지식과 테크놀로지의 개발을 추구했던 '지식인 소사이어티learned society'와 '모던 아카데미modern academy'가 활동했다. 이들은 런던의 왕립과학소사이어티The President, Council and Fellows of the Royal Society of London for Improving Natural Knowledge와 파리의 루브르 왕궁의 과학 아카데미Académie des Sciences를 모델로 왕궁의 후원으로 설립되어 운영되었다. 당시 지식인들은 새롭게 조성된 도시 내 주거지의 광장과 커피하우스를 중심으로 활동하며, 도시의 사교문화와 저널, 사전, 백과사전 등의 출판 활동을 주도하고 시장의 자본과 결합하여 제네바, 파리, 영국, 에든버러, 베를린에서의 계몽의 세기와 산업혁명을 주도했다.

셋째, 앞으로 대학은 소멸할 것인가?

최근 일련의 정보통신 인프라의 보급으로, 과연 대학은 미래에도 존재할 수 있는가라는 본질적인 질문이 제기되고 있다. 그러나 대학 커뮤니티는 역사적으로 사회에서 가장 창의적이며 현명한 집단이었다. 지난 2500년 동안 대학은 사회가 요구하는 기능을 찾고 변화를 주도하며, 행태를 바꾸면서 기능해왔다.

대학은 올리브 숲의 제사장과 하천변의 군대로부터 시작되었고, 왕조의 정당성을 찾으려는 번역원과 학술원, 광활한 제국의 영토로부터 확보한 보물을 연구하는 박물관, 신의 말씀을 전달하는 성당, 배고픔을 해결해주고 신분 상승의 기회를 제공했던 수도원, 상거래의 분쟁을 중재하고 도시의 행정체계를 만들었던 법학교, 고아·여행객·환자를 위한 호스피털, 신체에 생긴 질병으로 사람의 죄와 벌을 평가하려 했던 마법학교와 약초와 해부로 이를 치유해온 의학교와 수술원, 아름다움을 소유의 가치로 만들었던 길드와 미술학교, 더 큰 동력과 더 강한 물건을 만들었던 기술학교, 그리고 더 멀고 더 깊은 세상의 존재 방식을 찾으려는 최근의 중력가속기까지, 지속적으로 변화해왔다. 지금의 대학은 이상의 기능들을 모아놓은 집합체이다.

이 책은 지금까지 언급한 이러한 '대학과 도시'의 특성들을 가장 잘 보여주는 대표적인 16개의 사례들을 유럽, 아시아, 아메리카 대륙에서 찾아내, 이를 아래 네 가지의 주제를 중심으로 탐구한다.

Part I '숲, 김나시온, 도서관'은 아테네, 바그다드, 아헨, 파리를 소개한다. 지혜와 기술의 여신인 아테나에게 제사를 지냈던 신성한 숲의 제사장과 청소년을 위한 아카데메이아를 설립하고 인간의 지식을 체계화한 아테네. 비옥한 티그리스 강변에서 아시아와 아프리카, 유럽의 지식을 수집하여 번역했던 지혜의 전당과 마드라사 학교들과 이를 중심으로 이슬람 문화의 지식전파를 이끌었던 바그다드.

프랑크 왕국과 신성로마제국의 심장부로서 카롤링거 교육개혁을 완성했고 프러시아 제국의 과학과 엔지니어링의 테크놀로지 개발 거점으로 독일 루르 지역 산업 생산의 구조적 진화를 주도해온 아헨.
카페 왕조의 행정공무원과 성직자를 양성한 노트르담 대성당의 클로와노트르담 수도원, 생트준비에브 수도원, 생제르맹데프레와 파리의 시장의 성장을 주도하고 파리 대학을 완성해 지식과 계몽의 중심부로 진화해온 파리의 '라틴 구역'.

Part II '의학, 법, 유토피아'는 살레르노, 볼로냐, 튀빙겐, 제네바를 다룬다.
고대부터 치유와 휴양의 도시로서 9~13세기에 살레르노 의학교를 통해 유럽 의학의 중심부였던 지중해의 살레르노.
인간의 자유와 가치를 보장하는 '노예해방법'과 소수 귀족의 행정권 독점을 금지하는 '반독재법'을 입법했던 천년의 대학도시 볼로냐.
중세 가톨릭 사회의 개혁을 위한 '교회법', '제네바의 도시법', '학교법'을 완성했던 제네바.
네카어 강의 소도시로서 하이델베르크와 프라이부르크와 경쟁하며 독일의 가톨릭 개혁과 루터 프로테스탄트 신학의 중심부였던 '튀빙거 슈티프트'와 19세기 근대 생화학과 세포생물학의 성지로 성장한 호엔튀빙겐의 연구 시설이 있는 튀빙겐.

Part III '실험-관찰, 길드-소사이어티, 광장'은 파도바, 케임브리지, 런던, 뉴욕을 소개한다.
신보다 인간에 더 깊은 관심을 갖고, 하늘과 별로 무한의 세계를 프레스코로 장식한 스크로베니 성당과 휴머니즘 예술 활동의 작업실로 베네토 지역의 과학과 의학의 거점으로 파도파를 완성했던 오르토 보타니코, 해부극장, 천문 관측소, 유럽 최초의 임상 병원인 오스페달레 산 프란체스코 그란데가 있던 파도바.

'만유인력의 법칙', '진화론', 'DNA의 구조', 그리고 '빅뱅이론'까지 관찰과 실험에 근거해 근현대 과학과 테크놀로지의 역사를 정의해온 과학의 성지, 케임브리지 대학과 캐번디시연구소가 있는 케임브리지.
중세 가톨릭 성당과 수도원의 도시가 그레셤 컬리지, 왕립학회, 영국박물관 및 도서관과 다수의 레지던셜 스퀘어를 중심으로 지식의 생산과 교류의 거점인 학교, 소사이어티, 대학으로 진화해온 런던의 블룸스버리와 홀본.
부동산 가치와 개발 밀도가 세계에서 가장 높은 맨해튼 도시 블록 위 워싱턴 스퀘어와 유니언 스퀘어를 중심으로 활동한 화가 모임인 '허드슨강파'와 제네바 스콜라 제네벤시스를 모델로 실용 교육을 위해 설립된 뉴욕대학을 중심으로 뉴욕의 핵심 문화 생산의 거점으로 성장해온 로어 맨해튼.

Part IV '엔지니어링-테크놀로지, 입자가속기, 통신네트워크'는 프린스턴, 루뱅라뇌브, 보스턴, 팰로앨토의 모습을 그린다.
세계적 도시인 뉴욕과 필라델피아 사이에서 타운이 곧 대학인 전원소도시로 고등학문연구소, 록펠러 의학연구소를 중심으로 세계 최고의 '제약-생명과학의 클러스터'를 형성하고 있는 프린스턴.
플랑드르 지역 루뱅대학의 프랑스어권 대학 기능이 분화되며 새롭게 완성된 가톨릭대학 루뱅과 보행 중심의 도시 중심부로 완성된 대학 신도시 루뱅라뇌브.
뉴잉글랜드 유니테리언 성직자 양성을 위해 설립된 뉴타운의 컬리지와 응용과학과 엔지니어링의 실험교육을 목적으로 유럽의 '기술대학'을 모델로 설립된 MIT 공과대학이 도시 중심부를 관통하는 찰스강을 따라 거대한 하이테크놀로지-생명과학 교육연구의 클러스터를 형성하고 있는 보스턴.
스탠퍼드 대학과 인접해 함께 기능해온 스탠퍼드 리서치 인스티튜트, 스탠퍼드 선형가속기 연구소, 그리고 서니베일 비행기지와 미 항공우주국 아메스 리서치센터가 테크놀로지 클러스터를 이루고 있는 팰로앨토 .

이 책은, 앞으로 대학이 무엇을 준비하고 어떻게 진화할 것인가를 고민하고, 대학이 도시의 질적 향상에 어떻게 기여할 것이며, 이를 위해 우리는 무엇을 준비해야 하는가에 관해서 관련 분야의 학자, 대학과 도시의 정책결정자와 실무자, 그리고 사회 단체와의 소통의 기회를 제공하고 그 해답을 찾기 위한 공론의 장을 준비하는 데 기여하고자 한다. 흥미롭게도 이러한 노력은 이미 프랜시스 베이컨Francis Bacon이 지식과 발견의 땅을 이상향으로 기술한 저서인 『뉴애틀랜티스New Atlantis, 1627』에서 소개되었고, 우리 사회의 이상적인 미래가 '대학의 도시인가'라는 질문은 지식인 커뮤니티의 지속적인 관심의 대상이었다.

이 책에서 다루어진 대학과 도시의 사례들이 주는 교훈은 두 가지이다. 첫째, "도시는 오랜 기간에 걸쳐 만들어진다"는 일반적인 생각과 달리, 도시는 지식과 기술을 생산하는 대학에 의해 상대적으로 짧은 한두 세대의 기간에도 그 성장과 쇠퇴가 결정될 수 있으며, 둘째, "한 아이를 키우려면 한 마을이 필요하다"라는 생각과 유사하게, 하나의 대학을 만들기 위해서는 하나의 도시가 필요하며, 그리고 그 대학이 도시 전체의 성장과 쇠퇴를 결정할 수 있다는 것이다. 이러한 대학을 움직이며 자극해온 힘은 또 다른 대학과의 경쟁이었다.

도시를 설계하는 내가 갖고 싶은 것은 '대학의 도시'이다. 도시와 그 대학을 처음 방문하는 전날, 그 설렘으로 잠을 뒤척인다. 그곳에서 만나게 될 신비로운 초록의 숲, 오래된 건물의 돌과 벽돌의 켜에 배어 있는 포용의 지혜, 그리고 구석구석 발길 따라 옮겨가며 자라나온 도전의 상상력. 이것은 1988년부터 지금까지 대학에서 지내온 나에게 언제나 부러움과 질투의 대상이었다.

이 책은 '인간의 손, 머리, 가슴에 배어 있는 기술, 지식, 마음이 과연 어디에서 어떻게 길러지고 전파되는가'라는 호기심에서 시작되어 지난 10년 동안 진행했던 '대학과 도시' 연구의 결실이다. 그동안 나는 북아프리카 페스의 분주한 세파린 광장과 알카라윈 도서관, 외로운 평화로움을 누린 스칸디나비아 웁살라의 해부극장과 보타닉가든, 치유의 햇빛과 바다를 품은 지중해 살레르노의 의학교, 북아메리카 남부 지식공동체인 샬러츠빌, 하노이 왕궁 옆 지식 성지인 문묘를 찾아다니며, 그곳의 모습과 주인의 마음을 기록하는 기쁨을 누려왔다.

'대학과 도시'의 연구는 한국연구재단이 지원하는 인문사회저서연구(2012~2015)를 통해 출판의 기회를 얻게 되었다. 긴 시간 연구를 함께해준 동국대 도시설계연구실의 김혜린, 강효경, 노세권, 신재영, 곽혜빈, 멀리서 이 연구를 진행하고 응원해준 홍콩의 김환, 베를린의 김민지, 시드니의 양희선, 토론과 답사에 동행해준 김대석 대표에게 감사를 전한다. 특히 슈투트가르트의 'UniverCity' 심포지움 초대로 응원해주신 이석정 교수님, 대학과 도시를 연결하는 생각을 다듬어 주신 게리 핵Gary Hack 교수님과 조너선 바넷Jonathan Barnett 교수님께 감사를 전한다. 원고를 출판해주신 한울엠플러스 김종수 대표님과 원고와 그림을 챙겨주신 김경희 팀장님께 감사를 전한다.

2017년 광화문에서

한광야

Part I

숲, 김나시온, 도서관

아테네
신성림과 아카데메이아-리케이온

바그다드
원형도시와 지혜의 전당

아헨
왕궁학교와 새로운 지식 전달 체계

파리
라탱 구역의 대성당학교와 소르본 대학

아테네
신성림과 아카데메이아-리케이온

에게해의 거점이며 폴리스였던 아테네가 대학의 도시로서 의미를 갖는 것은 처음으로 학교의 행정, 물리적인 시설, 지식의 분류를 체계화한 도시이기 때문이다. 또한 아테네의 인간 중심의 사회가치와 지식체계는 이후 페르시아어, 아랍어, 라틴어로 번역되면서 비잔티움으로부터 중앙아시아의 에데사, 니시비스, 하란, 군데샤푸르로 전파되었고, 이후 바그다드, 카이로, 알렉산드리아, 그리고 이베리아 반도의 코르도바까지 광대한 지역으로 전파되면서 서유럽의 사고방식을 지배하며 르네상스로 연결되었다.

아테네의 황금기였던 고전시대에 소크라테스는 일상의 중심부이며 공공장소였던 아고라에서 사회를 비판했으며, 성 밖 북서쪽 신성림에 아카데메이아를 설립하여 민주사회의 대안적 이상사회를 고민했고 행정가를 교육했으며, 성 밖 동남쪽의 리케이온에서 아리스토텔레스는 학문을 실체의 유무와 실천적 특성에 따라 분류하고 그 지식을 체계화했다.

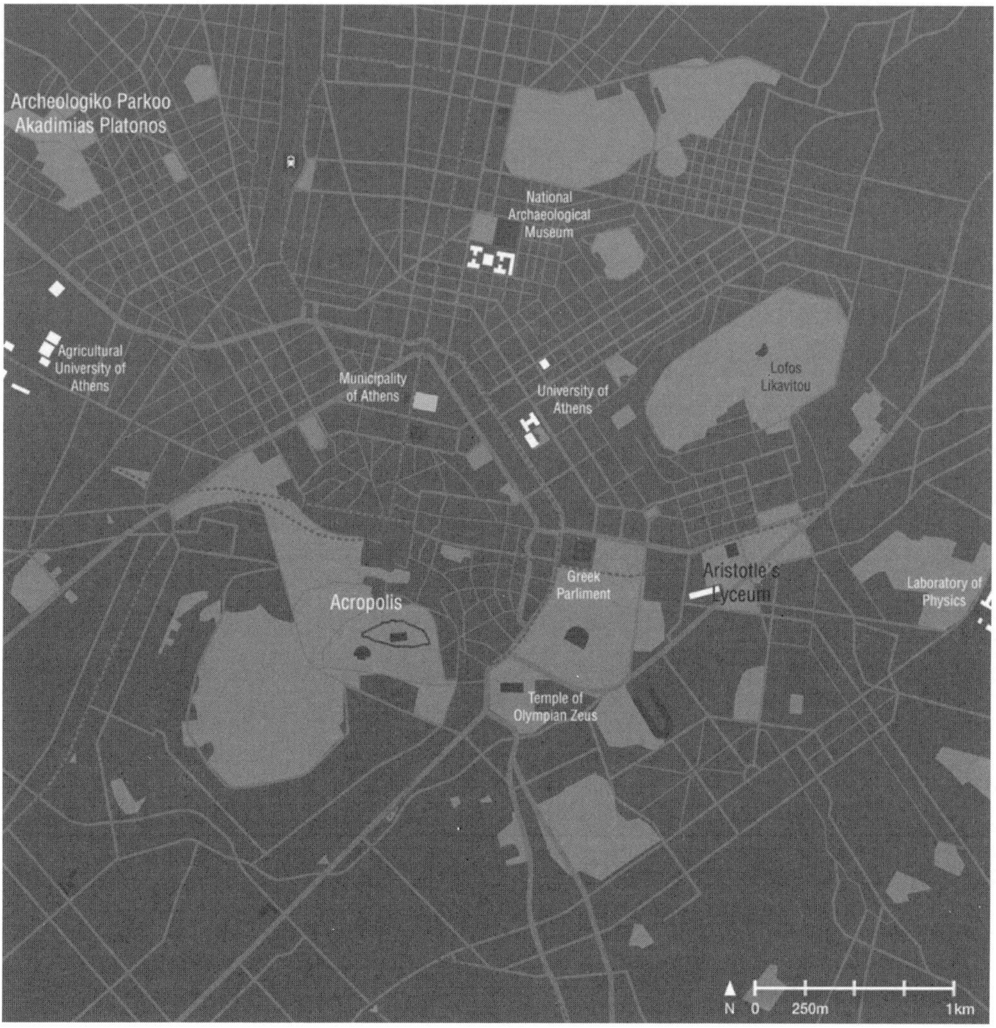
Archeologiko Parkoo
Akadimias Platonos
National
Archaeological
Museum
Agricultural
University of
Athens
Municipality
of Athens
University of
Athens
Lofos
Likavitou
Acropolis
Greek
Parliment
Aristotle's
Lyceum
Laboratory of
Physics
Temple of
Olympian Zeus
N
0
250m
1km

폴리스

서로 다른 환경과 현상에 관한 경험과 전쟁의 의미를 고민하고 이에 관한 이해와 생각을 전달 가능한 인간의 지식knowledge*으로 체계화하기 시작한 대표적인 곳 중 하나가 아테네이다. 도시를 하나의 독립된 행정체계로 완성했던 대표적인 '도시국가' 아테네는 아프리카로부터 인도까지, 확장하는 그리스 문화권의 황금기였던 고전시대를 주도했던 중심부였다.

아테네는 이 시기에 정치가이며 장군인 페리클레스Periklēs의 지배하에 있었고, 페르시아 전쟁에서 승리하고 펠로폰네소스 전쟁에서 패했다. 전쟁에서 패한 아테네는 죽음의 무상함 속에서 신에 대한 믿음과 민주주의를 대신할 대상을 찾았던 소크라테스Socrates, 플라톤Plato, 아리스토텔레스Aristotle의 교육 장소였다. 과연 당시 아테네는 어떠한 도시였으며, 이들은 어디서 무엇을 했을까?

아테네는 지중해 동쪽부의 이오니아해와 에게해를 향해 열린 'Π' 형태의 아티카 분지의 중심 도시이다. 고대 아테네는 중심부의 도시와 그 외곽의 작은 타운으로 구성된 폴리스polis — 소위 '도시국가city-state'로 영토 내에서 독자적인 사회가치와 독립된 행정체계를 갖고 운영되는 최소의 국가 단위 — 였다.**

아테네는 그 황금시대인 고전시대 전후로 도시 중심부를 관통하는 파나텐 도로Panathenaic Way와 북문인 디피론 문Dipylon Gate을 지나 북서쪽으로 18km 떨어진 항구도시인 엘레우시스Eleusis, 서쪽으로 살라미스Salamis, 북동쪽의 마라톤Marathon, 남쪽의 사우니온Saunion과 연결되었다. 무엇보다 서쪽으로 6.5km 떨어진 곳에 위치한 팔리론만Phaliron Bay의 항구인 피레우스Pireaus와 함께 '항구-내륙

* 위키피디아는 지식을 사실, 정보, 설명, 기술 등의 익숙, 인식, 이해의 상태로 정의한다. 이러한 지식은 인지하고, 발견하고, 학습을 통한 경험과 교육을 통해 습득된다고 정의한다.

** 도시국가의 사례는 역사상 아테네를 포함해 카르타고, 스파르타, 코린트, 도시국가에서 제국으로 성장한 로마, 그리고 로마제국의 멸망 후 9~15세기 이탈리아 반도에서 성장했던 베네치아, 밀라노, 피렌체, 제노바가 있다. 싱가포르와 모나코도 대표적인 현대 도시국가 사례이다.

도시'로 기능했다. 올림픽 행사의 시작을 알리는 성화 봉송이 피레우스와 아크로폴리스 구간에서 진행되었다.

아테네는 석회석 돌산으로 정상부의 크기가 150m×300m인 평평한 고지인 아크로폴리스 언덕을 중심으로 주변의 다섯 개 언덕으로 구성되어 있다. 아크로폴리스 언덕의 서쪽에는 B.C. 508년을 전후로 아테네 민주행정의 상징적 공간으로 시민 1만 3500명이 모이는 집회 장소였던 프닉스 언덕Pnyx Hill과 아레오파고스 언덕Areopagos Hill이 있고, 서남쪽에는 필로파포스 언덕Philopappos Hill, 고대에는 Mouseion Hill으로 불림, 님프스 신전과 아테네 천문 관측소Asteroskopeion가 조성된 님프스 언덕Nymphs Hill, 동남쪽에는 리카비토스 언덕Lykavittos이 있다.

아테네는 또한 세 개의 강이 만나는 곳이다. 아테네는 올드 아테네의 외곽을 따라 북쪽에서 남서쪽으로 넓게 습지를 형성하는 케피수스강River Cephissus, 올드 아테네의 외곽 동남쪽에 입지한 리카비토스 언덕으로부터 흘러나오는 일리소스강River Ilissos, 그리고 역시 리카비토스 언덕으로부터 서쪽으로 흘러 아고라 북쪽부를 관통해 나가는 작은 에리다노스강River Eridanos이 합류하는 곳이었다. 이들은 모두 서쪽의 팔리론만을 통해 지중해로 흘러 나간다.

한편 아테네는 그 돌산의 고지에 도시의 수호 여신인 아테나Athena를 모시고 제사를 지내는 아크로폴리스acropolis라고 불린 '신성 구역sacred precinct'을 두었다. 이곳에는 신전이 입지했고, 그 주변에는 거주지로 사용되었던 동굴과 분수대가 있었다. 아크로폴리스는 먼 곳에서 아테네로 접근해올 때 가장 먼저 시야에 들어오는 곳이었다. 아크로폴리스로 향했던 중심길은 북서쪽의 엘레우시스와 이어진 신성한 길The Sacred Way이었으며, 도로의 양쪽에는 아테네 영웅들의 묘지가 길게 이어져 있었다.

아테네 성문을 지나서 파나텐 도로를 통해 아테네의 중심부로 들어오면 일상의 중심부인 '아고라agora'가 있었다. 아고라는 도시·타운의 행정, 시민의 공공 생활, 상업 활동이 일어나는 넓은 평지의 공간이었다. 이곳에는 건물의 가치와 웅장함을 전면의 기둥으로 표현했던 신전들이 입지해 도시의 수호신들

아테네의 아크로폴리스

을 모셨으며, 그 도시의 영웅과 위인의 조각상들이 주변에 배치되어 인간이 중심이었던 도시의 이상을 담아냈다.

아고라의 한쪽 구릉에는 도시 행정의 주체인 시의회 건물 '볼레테리온 bouleterion'이 있었고, 반대편에는 전면에 기둥을 갖춘 장방형의 긴 '스토아stoa'라는 상가-오피스 건물이 입지했다. 스토아는 시민들이 햇볕과 비를 피하고 다른 시민들과 만나는 장소로 활용되었다. 인접한 곳에 있는 분수대가 식수를 공급해주고 가로수는 보행자들에게 그림자를 만들어주었다. 아고라 주변에는 시민들의 주거 블록들이 좁은 길과 골목들을 따라 입지했으나 중심부의 거대한 공공건물과는 대조적으로 매우 초라했다. 구릉의 경사지에는 행정가와 시민들이 도시의 현안들에 관해 연설하고 토론하는 노천극장이 있었다.

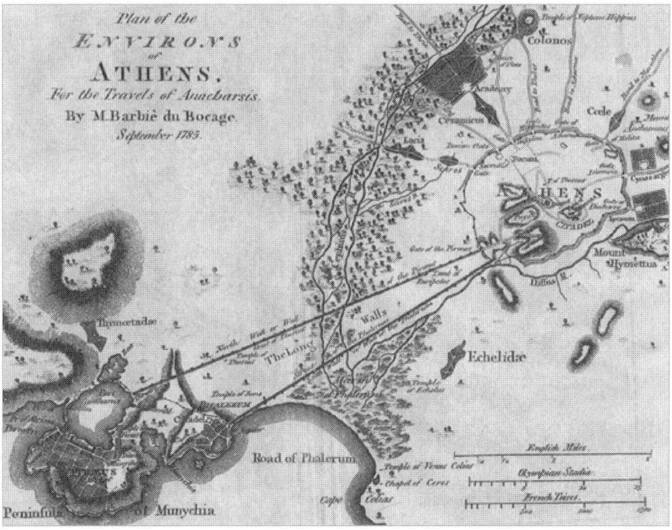

아테네 주변 지도, 1785

아고라

고대 아테네는 그리스-페르시아 전쟁에서 페르시아의 첫 번째 제국이었던 아케메니드 제국Achaemenid Empire을 누른 후, 도시 행정의 제도로서 민주주의를 바탕으로 당시 고대 도시국가 세계에서 사상과 예술을 주도하는 거점으로 성장했다. 고대 아테네의 도시 행정과 일상생활의 중심부였던 아고라는 B.C. 7~B.C. 6세기를 전후로 아테네의 번성을 상징하는 도시의 공공장소가 되었다.

아고라는 원래 남쪽의 아레오파고스 언덕과 서쪽의 콜로누스 아고라이오스 언덕Kolonus Agoraios 사이를 흘러가는 에리다노스강의 습지였다. 이후 이곳은 신석기 시대인 B.C. 3000년을 전후로 거주지와 묘지로 기능했으며, 북서쪽에서 아테네를 관통하여 아크로폴리스로 오르는 당시 아테네의 중심 도로인 파나텐 도로와 도로 세 개의 교차점이었다.

히포크라테스Hippocrates의 아들이며 아테네의 시장이었던 페이시스트라토스Peisistratos의 재임기B.C. 561~B.C.527에는 아고라의 주택들을 해체하고 배수와 상수도 시설을 설치하고 올림피아 신들을 위한 신전을 조성했다. 이후 B.C. 5~B.C. 4세기에 헤파이스토스Hephaistos, 제우스Zeus, 아폴론Apollon의 신전들이 아고라에 조성되었고, 아고라는 시민들이 모이는 공공장소로 기능하기 시작했다.

이 시기의 아고라는 시민이 자신의 의견을 발표하고, 군사 작전을 구상하며, 정치에 대해 토론하는 장소였으며, 또한 상인들이 상점을 열고 장인들이 물건을 제작해 판매하는 상업 활동의 중심부였다. 무엇보다 이곳은 아테네 북동쪽 외곽의 작은 마을인 알로페케Alopeke 태생의 소크라테스가 대중들에게 인생의 의미를 묻고, 기성세대를 비난하며 젊은이들을 일깨웠던 공공 교육의 장소이기도 했다.

세 개의 신성림

아테네 북문인 디피론 문을 나와 북쪽으로 공동묘지이며 도자기 마을이었던 케라메이코스Kerameikos를 지나 케피수스 강변 중심에는 거대한 신성림sacred grove이 있었다. 이곳은 아크로폴리스로부터 북서쪽으로 4km 떨어진 지점이며, 현재 아테네 철도역 서쪽의 플라토노스가Platonos Street와 알렉산드리아가Alexandrias Street의 교차점으로, 플라토노스가 서쪽부는 여전히 국가 소유의 공공 녹지로 남아 있다.

신성림이란 미신적인 컬트 문화에서 종교적 상징성을 갖는 숲으로 자연적으로 생겨나거나 인공적으로 조성된 숲이다. 이러한 신성림은 켈트, 발트, 게르만, 고대 그리스, 근동 아시아, 로마, 슬라브, 그리고 인도, 일본, 서부 아프리카 등 다양한 문화권에 분포해왔으며, 중세 십자군 원정 시에 이 신성림들에 성당이 조성되었다.

아테네인들은 B.C. 6세기를 전후로 이곳에서 아테네의 수호신이자 지혜와 기술의 여신인 아테나에게 제단을 조성하여 제사를 지냈다. 그리고 신성림의 제단과 인접한 습지에는 청소년을 교육하는 김나시온과 체육 시설인 스타디온stadion이 조성되었다. 이곳이 플라톤의 '아카데미Academy'가 처음 조성된 곳이다.

이 시기 아테네에는 케피수스 강변의 숲을 포함해 세 곳의 신성림이 있었다. 그리고 그 신성림에는 세 개의 김나시온이 상고시대부터 조성되어 운영되었다. 물론 세 개의 김나시온은 이후 세 개의 학교가 형성되는 거점으로 아테네의 황금시대인 고전시대에 지식의 생산과 교류를 지배하며 헬레니즘 시대까지 기능했다.

한편 올드 아테네의 동남쪽 리카비토스 언덕 아래의 김나시온에는 소크라테스의 제자이며 견유학파Cynic Philosophy의 창시자 안티스테네스Antisthenes가 설립한 '키노사르게스Kynosarges'가 입지했다. 또한 일리소스강과 에리다노스강 주변 신성림에는 철학자이며 과학자인 아리스토텔레스가 B.C. 335년부터 '리케이온Lykeion'이라 불렸던 김나시온에 학교와 도서관을 조성하여 운영했다.

세 개의 김나시온: 팔레스트라와 포르티코

아테네의 교육 활동과 지식 생산의 거점인 아카데메이아의 출발점은 김나시온gymnasion*이다. 김나시온은 17~20세 청소년들에게 체육과 군사 교육을 하고, 방문 강사들이 예절을 가르치고, 강의와 토론이 진행되는 장소였다. 김나

• 김나시온은 나체를 의미하는 그리스어 김모스gymnós에 기원을 두고 있으며, 체력 단련, 공동 목욕, 학습을 위한 시설이다. 김나시온에서 학생들은 신에게 드리는 제사의 일환으로 나체로 운동했다. 김나시온의 일부 시설인 팔레스트라Palaestra는 중앙의 코트야드를 중심으로 'ㅁ'형의 주변 건물로 구성된 운동 시설이다.

폼페이의 대팔레스트라

시온은 레슬링과 복싱을 할 수 있는 실내 체육실과 중앙의 코트야드로 구성된 팔레스트라palaestra*를 중심으로 야외 경기장인 스타디온, 팔레스트라 주변으로 야외형 포르티코outer portico와 지붕을 갖춘 실내 포르티코covered portico에 목욕장, 사교장, 제사장을 갖추고 있었다. 이후 로마 시대의 팔레스트라는 공동목욕장을 수용했으며, 이는 다시 아랍과 터키의 목욕장으로 진화했다.

김나시온의 흥미로운 기능 중 하나는 소집된 청소년이 받는 군사훈련이었다. 청소년들은 커뮤니티와 부모로부터 떨어져 나와 사냥과 생존을 위한 기술을 익히고 남자 시민으로 훈련받았다. 김나시온은 청소년을 훈련시켜 사회에 귀환시키는 기관이었다. 김나시온의 청소년은 또한 나체로 몸에 기름을 바르고 체육 활동을 했다. 이것은 신들을 위한 제사 프로그램의 일부로 시민들의 축제로 진행되었다.

당시 플라톤, 히포크라테스Hippocrates, 갈레노스Galen 등의 그리스의 학자들

* 그리스 팔레스트라의 대표 사례는 올림피아Olympia와 델피Delphi의 팔레스트라이다.

은 '교육과 체육과의 관계'를 중요시했다. 그리스 시민들에게 김나시온의 운동 경기는 공동체 정신을 불어넣는 야외 활동이었으며, 신체에 기름을 바르는 것은 돈이 많이 드는 행사였기에 공공과 민간의 기부로 진행되었다.

그리스의 김나시온은 도시에서 가장 거대한 구조물이었다. 따라서 김나시온은 그 규모와 부지 면적을 고려하여 성 외부에 조성되었으며, 무엇보다 구릉지에 인접해 수원 확보가 용이한 하천변에 조성되었다. 김나시온의 중심 시설인 팔레스트라는 직사각형 또는 정사각형의 코트야드와 이를 둘러싸는 네 변에 기둥으로 연결된 복도인 포르티코로 이루어진 대형 건물이었다. 포르티코 주변에서는 실내 체육 활동 외에도 철학, 문학, 음악 등의 강의와 교육이 진행되었고 공공도서관을 갖추고 있었다. 포르티코를 따라 선형으로 교실, 관찰실, 사교실, 창고, 목욕실, 구기실 등의 시설들이 배치되었다. 일반적으로 코트야드의 동서남쪽 포르티코에는 교육과 토론을 위한 대형 강의실이나 관객석이 조성되었다. 반면 북쪽변의 포르티코는 청소년 활동실, 펀치백운동실, 파우더실, 냉목욕실, 기름실과 우천 시를 위한 실내 시설들이 입지했다.

아테나 제단과 모리아이 올리브 숲

아티카 지역에서 신성한 장소로 여겨졌던 곳은 아테네의 북쪽으로부터 남서쪽으로 도시 외곽을 따라 흘러가는 케피수스 강변으로, 수목이 번성한 습지였다. 이곳에는 아테네 도시 이름의 기원이 되는 지혜와 기술의 여신인 아테나에게 제사를 지내는 제단이 있었다. 아테나는 아테네인들에게 올리브를 처음 소개하고 그 재배법을 알려준 여신이다.

이곳에는 또 전설 속의 주인공으로 카스토르Castor와 폴리데우케스Polydeukes의 침략으로부터 아테네를 구해낸 아카데모스Akademos의 묘지가 있으며, 그 주변에 곧 신성한 올리브 숲이 조성되었다. 이후 이곳에는 B.C. 6세기에 아테네의 아카데모스에 헌정된 김나시온과 스타디온이 조성되어 '파나텐 경기 Panathenaic Games'의 행사장이 되었다.

올림픽 경기와 유사했던 파나텐 경기의 승리자에게는 이곳의 올리브 덩굴에서 채취한 올리브 오일을 파나텐 도자기에 담아 상으로 수여했다. 그리스의 파나텐 경기는 B.C. 566년부터 4년마다 아테네에서 열렸으며, 3세기까지 지속되었다. 당시 파나텐 경기는 종교 예식, 시상식, 운동 경기, 문화 행사 등을 중심으로 김나시온의 스타디온에서 진행되었다.

아테네와 김나시온은 이후 페르시아 전쟁에서 파괴되었으나, 아테네 태생의 키몬 장군Kimōn의 주도로 B.C. 478년 재건되었다.* 키몬 장군은 케피수스 강으로부터 수원을 확보하며 이곳에 김나시온을 조성했다. 이 과정에서 신성림 내에 배수가 잘 되는 부지에는 올리브 나무 12그루로 완성된 숲인 '모리아이 moriai'가 조성되었고, 보행로, 스타디온, 성벽이 완성되었다. 당시 키몬 장군은 아테네의 라이벌이었던 스파르타와의 협력을 주장했으며 상징적인 장소에 스파르타의 상징인 올리브 숲을 조성했다. 흥미롭게도 이후 스파르타 군인들은 아테네와 스파르타의 전투에서 이곳을 아테나 신을 위한 '아카데메이아의 숲 Groves of Academe'으로 여기고 파괴하지 않았다. 스파르타의 영웅 여신 중의 하나가 역시 아테나였기 때문이다.

플라톤 아카데메이아

케피수스강의 올리브 숲에 조성된 아테나 제단과 김나시온에는 당시 30세

- 당시 키몬 장군은 아테네의 황금시대를 이끈 정치가이며 장군인 페리클레스Pericles의 정치적 후원으로 델로스 동맹Delian League의 자금을 이용해 아테네의 아크로폴리스를 증축했고 도성과 도로를 재건했다.

의 플라톤이 학교를 운영했다. 플라톤의 학교가 언제 어떻게 설립되었는지에 관한 기록은 없다. 다만 설립 시점은 플라톤이 이탈리아와 시칠리아를 처음 여행하고 아테네로 돌아온 이후인 B.C. 388년으로 추정된다. 플라톤은 가족으로부터 물려받은 유산들을 매각하고 그 수입으로 학교를 설립했거나 물려받은 유산 부지에 교육시설을 지은 것으로 추정된다.

플라톤의 학교는 고전시대에는 아카데메이아로 불렸으며 이후 '아카데미Academy'로 불렸다. 플라톤의 아카데미가 발견된 것은 20세기이며, 이후 현재까지 유적 발굴이 진행되고 있다. 플라톤은 이곳에서 수학자 테에테투스Theaetetus of Sunium, 천문수학자 아키타스Archytas of Tarentum, 수학자 레오다마스Leodamas of Thasos 등과 교류했다. 플라톤 아카데미는 이후 헬레니즘 시기의 천문수학자이며 지리학자인 히파르코스Hipparkhos of Nicaea에 의해 450m×300m 규모의 직사각형 형태의 성으로 확장되었다. 히파르코스는 알렉산드리아에서 활동했던 천문수학자이며 지리학자인 클라우디우스 프톨레마이오스Klaúdios Ptolemaîos의 영감의 대상이었다.

플라톤 아카데미는 529년 동로마 비잔틴 제국의 황제 유스티니아누스 1세Emperor Justinian I가 그리스의 다른 비기독교 학교들과 함께 폐교시킬 때까지 약 900년 동안 존재했다. 플라톤 아카데미는 B.C. 86년 로마 군인 루시우스 코르넬리우스 술라Lucius Cornelius Sulla에 의해 아테네가 정복되면서 동남쪽의 다른 학교인 리케이온과 함께 파괴되기도 했다.

그러나 플라톤 아카데미는 로마 시대에도 플라톤의 철학을 교육하며 '중기 플라톤주의'과 '신플라톤주의'의 중심부로 다시 기능했다. 이 시기에 신플라톤주의자들은 410년 전후로 네오플라톤 아카데미를 재설립했으며, 프로클루스Proclus Lycaeus의 운영하에 번성했다.

한편 유스티니아누스 황제의 기독교 개종 황제령이 528년 발표되어 그리스의 비기독교 학자들의 신변이 위험해지고 플라톤 학교의 재산이 몰수되었다. 학자들은 아테네에서 추방되었다. 당시 심플리시우스Simplicius를 포함한 신플라톤

플라톤의 아카데미

주의자들은 이러한 박해를 피해 종교의 자유가 보장되는 사산조 페르시아Sassanid Persia 제국의 에데사Edessa, 니시비스Nisibis, 하란Harran, 군데샤푸르Gundeshapur 등으로 이주하여 그곳에서 피난 학교를 운영했다. 특히 이들의 교육 활동은 7세기 사산조 페르시아에서 확산되어 군데샤푸르 아카데미 설립과 바그다드에서의 학문 활동으로 이어졌다.

이후 피렌체 르네상스 시기에도 피렌체의 실질적인 지배자인 코시모 데 메디치Cosimo de' Medici의 후원하에 가톨릭 성직자이며 플라톤의 이론을 계승하려던 마르실리오 피치노Marsilio Ficino의 주도로 1439년 피렌체의 카레기Careggi 빌라에 피렌체 아카데미Florentine Academy가 조성되어 플라톤 아카데미의 명맥을 이어갔다.

플라톤 아카데미의 교육과 시설

플라톤이 당시 플라톤 아카데미에서 고민한 이슈는 크게 두 가지였다. 하나는 공정한 사회는 누구에 의해 어떻게 지배되어야 하는가? 그리고 인간의 죽음이란 무엇이며, 또한 죽음으로부터 자유로운, 변하지 않는 것은 무엇인가이다. 이에 대한 해답으로 발전된 두 가지의 중요한 학문적 개념은 먼저 전자의 해답인 '유토피아 사회와 그 행정가의 교육'이며, 후자의 해답인 육체와 분리되어 영원히 존재하는 '영혼'이다.

플라톤은 아테네가 펠로폰네소스 전쟁을 치렀던 불안한 사회 환경에서 태어나 성장한 철학자였다. 플라톤이 25세가 된 해에는 아테네가 주도하는 델로스동맹이 스파르타가 주도하는 펠로폰네소스동맹에 패한 시점이다. 이에 아테네는 당시까지 추구했던 도시국가의 행정 가치인 민주주의에 대한 비판을 시작했다. 이것이 플라톤이 B.C. 380년 전후로 민주주의의 대안으로 '폴리테이아Politeia'라는 이상사회의 비전을 주장한 이유이다.

플라톤이 고민한 이상적인 사회란 무엇일까? 플라톤의 『폴리테이아』는 정의justice, 정의로운 도시polis, 도시의 질서와 특성을 지켜가는 지도자인 정의로운 인간man이란 무엇인가에 관한 소크라테식 대화의 글이다. 플라톤이 추구한 정치체는 철학가인 왕, 군인, 노동자의 세 계층으로 구성되는 사회였다. 여기서 '교육'은 그들의 영혼을 찾고 회복하는 방법이며, 그들의 계급을 결정하는 사회의 매우 중요한 요소였으며 여자와 노예에게도 교육이 허락되었다. 플라톤의 폴리테이아에서는 민간 소유의 재산이 인정되지 않았다.

한편 플라톤은 28세인 B.C. 399년에 스승인 소크라테스가 참형당하는 것을 경험했다. 이에 그는 '인간의 죽음이란 무엇인가'에 관해 깊이 고민하며, 죽음이란 육체와 영혼의 분리되는 과정으로, 영혼은 영원히 존재한다고 주장했다. 그의 이러한 영혼에 관한 정의는 이후 중세 기독교의 학문 논리로 이용되었다.

아테네 케라메이코스에서 플라톤 아카데미로 가는 길

플라톤 아카데미의 유적

플라톤 아카데미는 과연 무엇을 교육의 목표로 삼았을까? 플라톤 아카데미는 크게 두 가지 기능을 갖고 있었는데, 첫째, 학생들을 대상으로 철학을 교육하는 것이었다. 둘째, 미래의 정치가들을 교육하고 양성하는 것이었다. 또한 플라톤 아카데미는 학자들 간의 학문 교류의 거점이었다.

플라톤 아카데미는 학교 회원이 선출한 교장에 의해 운영되었으며, 교장은 플라톤의 직계 계승자로 스콜라르크scholarch라고 불렸다.•

플라톤 아카데미는 종교적인 예배와 교육을 함께 진행했으며, 학교는 플라톤의 시대를 제외하면 회원들의 회비로 운영되었던 민간 교육 시설이었다. 또한 선생, 학생, 커리큘럼이 존재하지는 않았기에 학교로 정의될 수 있는가는 논쟁이 되고 있다. 학생들은 시니어와 주니어의 그룹으로 나뉘어서 미래의 정치가 양성 학교로서 정치 교과에 집중해 철학을 중심으로 수학, 토론, 자연과학 등을 다루었다. 당시 플라톤은 '신에 관하여On the God'라는 강의와 토론 수업을 진행했다.

3세기에 활동한 그리스의 학자인 디오게네스 라에르티우스Diogenes Laërtius의 기술에 의하면 플라톤 아카데미는 크게 세 단계를 거쳐 성장했다. 먼저 올드 아카데미Old Academy는 플라톤과 교장이라 불린 직계 계승자들에 의해 도덕moral, 사색speculative, 절대 불변의 진리와 이론을 추구하는 도그마dogmatic를 중심으로 교육했다. 이후 중기 아카데미Middle Academy는 아르세실라우스Arcesilaus가 '비도그마 회의론non-dogmatic skepticism'을 중심으로 교육했다. 이후 B.C. 2세기 전후의 뉴 아카데미New Academy는 다시 올드 아카데미의 전통인 '도그마주의'로 귀환했다.

플라톤 아카데미를 구성하는 시설은 기하학적 시기Geometric Period에 조성되었

• 아리스토텔레스를 포함해 스페우시푸스Speusippus, 제노크라테스Xenocrates, 폴레모Polemo, 크라테스Crates, 그리고 헤라클리데스Heraclides, 유도수스Eudoxus, 필리프Philip of Opus 등이 모두 플라톤 아카데미의 교장으로 학교를 운영했다.

으며, 복도를 중심으로 7개의 직사각형 방으로 구성된 신성의 전당Sacred House,• 1세기에 조성된 대형의 직사각형 건물로 내부에 회랑peristyle을 두고 북쪽에는 일련의 방들을 갖춘 팔레스트라나 김나시온, 팔레스트라나 김나시온의 증축 건물로 B.C. 4세기에 조성된 정사각형의 회랑 건물, 선사시대의 아카데모스 Academos의 신전을 개조해 만들어졌다고 추정되는 현관 등이 있었다.

리카비토스 언덕과 리케이온 김나시온

올드 아테네의 외곽 동남쪽의 리카비토스 언덕 아래에는 일리소스강과 에리다노스강 주변으로 역시 대형의 신성림이 있었다. 이 신성림에는 B.C. 6세기 아폴로 리케이우스Apollo Lyceius에게 헌정된 제단과 김나시온이 조성되었다.

당시 이곳••의 김나시온은 '리케이온Lykeion'으로 불렸으며, 조성 초기부터 대중의 모임 장소로 강의가 진행되었다. 김나시온으로 리케이온은 아테네 시민들의 교육뿐만 아니라, 사교, 종교 예식, 운동 연습 등을 위한 장場이 되었고, 이후 이 기능은 B.C. 5세기에 조성된 프닉스Pnyx에 의해 대체되었다. 그러한 이유로 리케이온은 일련의 도로들을 통해 올드 아테네와 직접 연결되었다.

김나시온으로서 리케이온은 아리스토텔레스 이전에도 이미 철학 토론의 장이었다. 아테네에서 플라톤 아카데미가 일종의 폐쇄된 클럽이라면, 리케이온은 상대적으로 개방적이었고 무료로 강의가 진행되었다. 특히 플라톤의 라이벌

• 플라톤 아카데미의 신성의 전당은 아테네의 서쪽에 해안에 위치한 엘레우시스 신전House of Eleusis과 매우 유사한 형태를 갖고 있었다.

•• 리카비토스 언덕 아래의 김나시온 부지에서 아테네의 새로운 현대미술관Museum of Modern Art을 신축하던 1996년에야 리케이온 유적이 발굴되었다. 또한 현재 신타그마Syntagma 구역의 최근 발굴에서 옛 도성의 동쪽 구역에 과거 고대 묘지, 공장, 로마 시대의 거대 목욕장이 있었다고 확인되고 있다.

인 이소크라테스Isocrates도 B.C. 4세기 초에 이곳에서 대중을 대상으로 수사학을 강의했으며, B.C. 5세기 후반에는 소크라테스와 프로타고라스Protagoras 등이 방문해 활동했다. 또한 리케이온에서는 청년들에게 철학과 전투 기술 등을 교육하기도 했다.

리케이온은 아폴론을 위한 제사 공간을 중심으로 무사이Mousai, 헤르메스의 제사 공간도 갖추고 있었다. 리케이온의 일부는 숲으로 조성되었고 원예를 위해 수로를 갖추고 있었다. 리케이온 초기에는 그리스 군대의 수장이 집무실을 두고 운동장에서는 군사 훈련을 했다. 이후 리케이온의 첫 번째 건물인 김나시온이 B.C. 6~B.C. 5세기에 조성된 후, B.C. 330년대에 보수되었고, 팔레스트라, 트랙 경기장, 보행로 등으로 구성되었다.

아리스토텔레스

철학자이며 과학자인 아리스토텔레스는 B.C. 335년부터 리케이온의 김나시온에서 강의를 했다. 이후 아리스토텔레스는 B.C. 323년 아테네를 떠날 때까지 리케이온의 건물들을 임대하여 학교를 운영하고 도서관을 설립해 연구와 저술 활동을 위해 사용했다. 그래서 아리스토텔레스의 리케이온이 유럽의 첫 번째 도서관으로 간주되기도 한다. 이 시기는 아리스토텔레스가 아시아에서 돌아온 후인 50세 때였으며, 그의 학생이었던 알렉산더 대왕이 아시아를 정복했을 때이다.

아리스토텔레스의 아버지인 니코마코스Nicomachos는 마케도니아의 아민타스 왕King Amyntas of Macedon의 주치의였다. 이에 아리스토텔레스는 왕가와 밀접한 관계를 갖고 성장했다. 아리스토텔레스는 아버지가 죽은 후 아테네로 이주해 B.C. 367년에서 B.C. 347년까지 약 20년간 플라톤 아카데미에서 플라톤의 학생으로 공부했다. 이곳에서 그는 플라톤을 이어 플라톤 아카데미의 교장이

라파엘의 <아테네 학당>
플라톤과 아리스토텔레스(부분 확대)

었던 철학자이며 수학자인 제노크라테스Xenocrates와 친구가 되었다.

흥미롭게도 아리스토텔레스의 리케이온은 아테네에서 플라톤 아카데미와 경쟁했다. 그래서 아리스토텔레스는 리케이온의 교장이 되기를 주저했으며, 이후 B.C. 335년이 되어서야 아테네로 돌아와 리케이온의 교장이 되었다. 아리스토텔레스는 오전 수업을 종료하면 운동장에서 일반인을 대상으로 강의했으며, 곧이어 그의 강의 노트가 그리스 문화권에 퍼져나갔다.

아리스토텔레스는 걸어 다니면서 강의를 했기에 그를 따르던 학교와 학생들은 '소요학파Peripatos'라 불렸다. 연구자로서 아리스토텔레스의 특성은 '공동연구'였다. 학생들은 역사나 과학 분야의 연구 프로젝트에 참여했다. 모든 학생들은 열흘마다 돌아가며 학생 대표를 맡아 학교와 함께 일했다. 아리스토텔레스는 '자연사natural history'와 '철학 연구'들에 대한 체계적인 컬렉션을 완성하여 도서관에 기증했다.

아리스토텔레스는 플라톤이 사망한 후 B.C. 347년에 아테네를 떠나 마케도니아로 돌아와 필리포스 2세의 요청으로 이후 알렉산더 대왕이 되는 왕자의 과외선생을 맡고, 마케도니아 왕립아카데미Royal Academy of Macedon 교장으로 일했다. 아리스토텔레스는 알렉산더 대왕에게 당시 동방 원정을 추천했다.

아리스토텔레스가 조성한 리케이온의 도서관은 알렉산더 대왕의 도움으로 만들 수 있었다. 알렉산더 대왕은 정복지에서 아리스토텔레스를 위해 식물과 동물의 표본들을 수집했다. 이 수집품들로 아리스토텔레스는 지구 최초의 동물원과 식물원을 조성했다. 또한 아리스토텔레스는 이후 이집트의 왕이 된 프톨레마이오스Ptolemaios와 카산드로스Kassandros의 선생이기도 했다. 이것이 결국 아리스토텔레스의 리케이온이 갖고 있던 학문 시설과 도서관이 알렉산드리아로 전파된 계기가 되었다.

경험과 관측의 학문체계

아리스토텔레스는 플라톤이 죽은 후 '이상주의적 플라톤주의Platonism'에서 '현실주의적 경험론empiricism'으로 전향했다. 즉 그는 많이 보고 비교하고, 특히 무엇이 좋은지 무엇이 아름다운지 비교 평가하고, 그리고 무엇이 좋고 아름다움을 만들어내는지 그 원인 요소를 이해하고 결정하려 했다.

아리스토텔레스는 이 시기에 학문을 분류하고 그 영역을 만들었다. 그는 '이성적 사고'와 '경험적 접근'으로 학문을 제작학productive, 실천학practical, 이론학theoretical이라는 세 범주로 분류해 체계화했다. 먼저 제작학은 다리와 주택 등과 같은 구체적인 결과물을 만들어내는 토목 엔지니어링과 건축과 함께, 전투나 법원에서의 설득 전략strategy과 표현과 연설rhetoric도 포함했다. 실천학은 윤리학ethics, 정치학politics 등의 행동을 만들어내는 것이었다. 이론학은 물리학physics, 수학mathematics, 신학theology 등으로 어떠한 결과물이나 실용적인 목적은 없으나, 그 자체를 위해 정보와 이해를 추구하는 학문이었다.

아리스토텔레스와 동료 학자들은 리케이온에서 철학적인 질문들과 과학적인 탐구를 진행했다. 당시 아리스토텔레스의 관심사는 방대했으며, 특히 과학과 예술에서 생물학biology, 식물학botany, 화학chemistry, 윤리학ethics, 역사history, 논리logic, 형이상학metaphysics, 수사학rhetoric, 심리과학philosophy of mind, 과학철학philosophy of science, 물리학physics, 시학poetics, 정치이론political theory, 심리행동학psychology, 동물학zoology에 큰 관심을 갖고 연구를 진행했다.

아리스토텔레스의 '관찰'과 '이론'에 근거한 학문의 체계는 이후 테오프라스투스Theophrastus와 스트라토Strato of Lampsacus에 의해 철학과 과학의 이론화로 연결되었으나 B.C. 3세기부터는 쇠퇴했다. 이후 그 업적들은 로마 시대에 다시 부활하여 재해석되었으나 3세기에 소멸했다. 하지만 아리스토텔레스의 연구물들은 이후 이슬람 철학으로 흡수되었고, 유럽에서 확산되어 중세 시대의 유대-이슬람 철학과 기독교 신학 사고에 큰 영향을 주었고, 결국 서양의 르네상스 시대의 가톨릭 개혁Reformation, 계몽Enlightenment 사고의 기초로서 유럽의 자연과학을 지배했다.

리케이온의 폐쇄와 지식의 전파

아리스토텔레스는 B.C. 323년 아테네를 떠났다. 이후 리케이온은 아리스토텔레스의 후계자인 테오프라스토스와 스트라토에 의해 운영되었다. 테오프라스토스는 아리스토텔레스의 철학의 역사에 관한 관찰과 공동연구를 진행했으며 식물학의 첫 번째 분류사가 되었다.

테오프라스토스는 아리스토텔레스의 유언에 따라 B.C. 315년 김나시온 옆에 도서관을 위한 건물을 매입하여 운영했으나 그가 사망한 B.C. 287년부터 도서관은 쇠퇴하기 시작했으며 B.C. 86년에 폐쇄되었다. 테오프라스토스의 유서에 의하면, 아리스토텔레스, 테오프라스토스, 학생들의 연구물, 철학역사의 문서 등이 넬레우스Neleus of Scepsis에게 전달되었다. 넬레우스는 리케이온과 도서관을 분리시킨 후 미시아Mysia의 스켑시스Skepsis, 현재 터키의 바이라믹로 도서관의 자료들을 이전했다. 이전된 책들의 일부는 이후 파피루스를 생산하는 알렉산드리아Alexandria로 팔렸으며, 일부는 양피지parchment를 발명해 사용한 페르가뭄Pergamum으로 이전되었다. 또한 리케이온 도서관에 남겨진 책들은 B.C. 86년 로마제국이 아테네를 공격할 때 로마로 선적되었으나 상당 부분 분실되었다.

리케이온은 철학자이며 11번째 학교장인 안드로니코스Andronikos에 의해 B.C. 1세기에 다시 재건됐으며, 이후 철학 교육 학교로서 아테네가 다시 점령되는 267년까지 번성했다. 당시 아리스토텔레스가 남긴 작업물과 리케이온 도서관의 장서들은 B.C. 73~B.C. 20년에 안드로니코스에 의해 다시 정리되어, 이후 번역되고 확산되어 철학의 기초가 되었다. 한편 리케이온은 로마제국의 황제 마르쿠스 아우렐리우스 지배기에 교사 양성의 기능을 갖고 철학 활동의 거점으로 번성했으며, 이후 529년 유스티니아누스 황제에 의해 아테네의 다른 모든 비기독교 학교들과 함께 폐교됐다.

바그다드 원형도시와 지혜의 전당

평화의 도시로 불려왔던 링 모양의 바그다드가 우리에게 특별한 것은, 신도시로 형성되어 몽골 제국에 점령될 때까지 약 500년 동안 아시아, 아프리카, 유럽을 연결하며 이슬람의 황금시대를 완성한 지식의 전파와 생산의 중심부였기 때문이다.

이슬람의 황금시대를 구가하며 바그다드를 중심으로 성장한 아바스 왕조와 다마스쿠스와 코르도바를 중심으로 성장한 우마이야 왕조를 거치면서 이슬람 문화권은 아라비아부터 아프리카, 스페인 남부까지 거대하게 확장되었다. 이 시기에 도서관이며 연구센터였던 바그다드의 지혜의 전당, 페스의 알카라윈 모스크 대학과 도서관, 카이로의 지식의 전당이 순차적으로 조성되었다.

바그다드의 '지혜의 전당'은 페르시아, 그리스, 이집트, 인도, 아랍 문화권의 시식들을 수집하여 번역하고 비교하며 새로운 지식을 생산했다. 바그다드의 지식은 이후 남부 스페인으로 전파되어 농업혁명을 낳았고, 이후 서유럽의 르네상스까지의 중간 다리 역할을 했다.

바그다드는 762년 티그리스강의 서쪽 구역에 페르시아 문화권을 계승한 아바스 왕조의 수도로서 원형도시 형태로 조성되었다. 당시 바그다드는 이 지

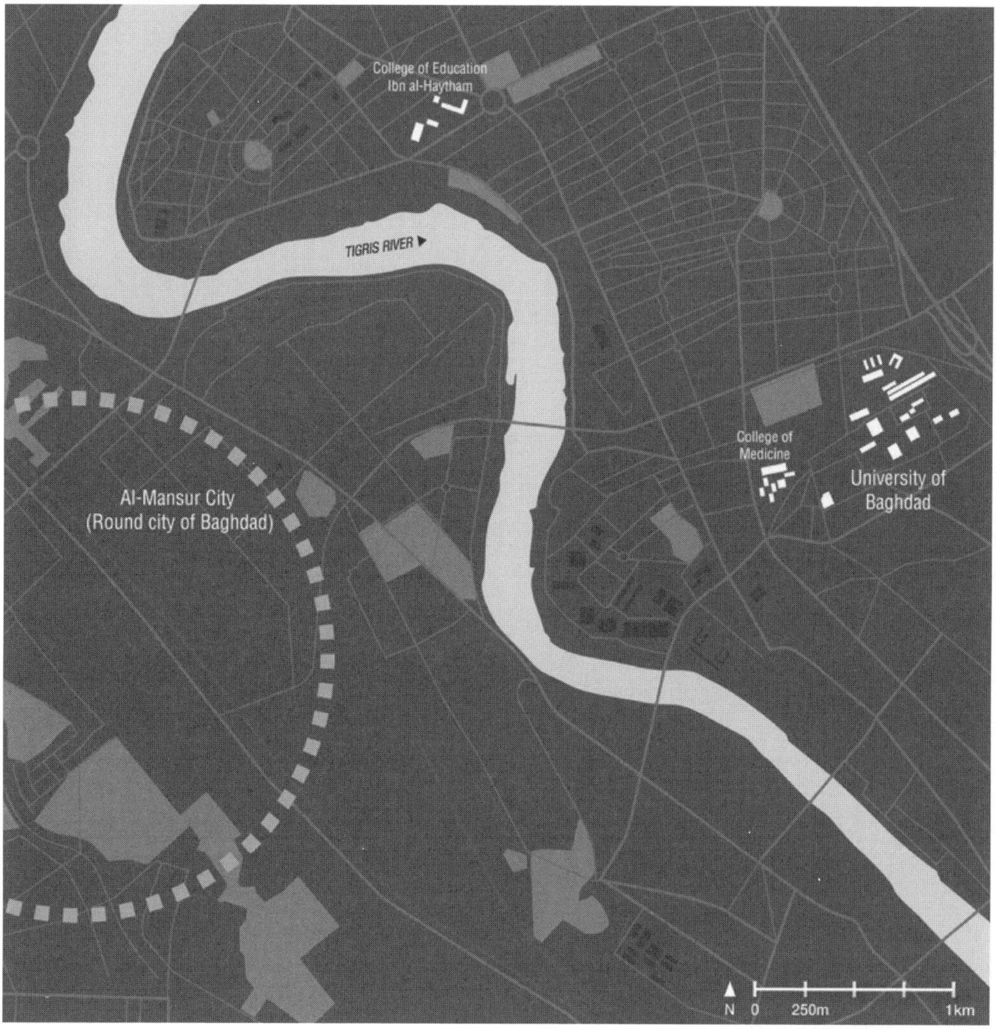
College of Education
Ibn al-Haytham
TIGRIS RIVER
College of Medicine
University of Baghdad
Al-Mansur City
(Round city of Baghdad)
N
0
250m
1km

역의 지배 세력이었던 우마이야 왕조의 수도 다마스쿠스의 기능을 대체하며, 페르시아 세력의 역사 도시인 크테시폰과 호라산으로부터 지리적 인접성과 독립성을 동시에 갖고 있었다. 이후 바그다드는 알마흐디와 하룬 알라시드의 지배하에 급속히 성장하며 경제와 문화의 최대 전성기를 이루었다.

바그다드는 특히 티그리스강과 유프라테스강의 수면 높이 차를 이용해 다섯 개의 운하를 통해 유럽과 아시아를 연결하는 교통 요지로 상업 활동의 중심지였으며 메디나와 메카로 향하는 성지 순례길의 거점으로 성장했다. 바그다드는 794년을 전후로 티그리스강과 수로들을 따라 종이 공장을 조성하여, 당시까지 이 지역의 유일한 지식 저장매체였던 알렉산드리아의 파피루스와 페르가뭄의 양피지를 대체했다. 바그다드는 이슬람 문화권의 종이 생산지로 지식과 부를 축적하며, 도시 내 일군의 마드라사 도서관들을 조성하며 지식 확산 체계를 완성했다. 바그다드의 지혜의 전당은 알렉산드리아 무세이온을 모델로 조성된 일종의 왕궁 연구 시설로서, 천체 관측을 위한 알샤마시야 천체관측소와 다섯 개의 비마리스탄 병원과 연계되어, 기존 그리스-로마의 이론들을 검증하며 수학, 천문학, 지리학, 지도 제작, 의학, 화학 등의 학문 발전을 주도했다.

티그리스강과 순례길

'마디나 알 살람Madīnat al-Salām, 평화의 도시'이라고도 불렸던 바그다드Baghdad는 북서쪽의 터키 내륙 고지에서 남동쪽의 페르시아만Persian Gulf으로 흐르는 티그리스강Tigris과 그 서쪽으로 함께 평행하게 흐르는 유프라테스강Euphrates 사이 지역•에 입지한다.

• 이 지역은 티그리스강-유프라테스강, 그리고 나일강을 중심으로 초승달의 형태로 형성되어온 문명의 발상지인 '비옥한 초승달 지대Fertile Crescent 의 중심부이다. 티그리스강의 상류가 '아시리

바그다드를 통과해 흐르는 티그리스강

바그다드는 동쪽의 유프라테스강과 서쪽의 티그리스강이 30km의 거리를 두고 가장 가깝게 만나는 티그리스강• 중류의 충적지에 신도시로 형성되었다. 티그리스강을 따라 남쪽으로 100km 떨어진 곳에는 문명의 발상지로 공중정원이 있었다는 바빌론Babylon, 현재 힐라이 있고, 그리고 역시 남쪽으로 35km 떨어진 지점에는 600년간 파르티아 제국Parthian Empire과 사산조 페르시아Sasanian Empire,의 수도였던 '크테시폰Ctesiphon'이 있다.

바그다드가 이곳에 신도시로 조성된 계기는 당시까지 이슬람 문화권 지역을 지배했던 우마이야 왕조Umayyad Dynasty를 대체한 아바스 왕조Abbasid Caliphate

아Assyria' 지역이며 그 중하류가 '메소포타미아Mesopotamia' 지역이다. 나일강의 상류는 '상부 이집트Upper Egypt', 하류는 '하부 이집트Lower Egypt/나일 델타Nile Delta'로 불린다. 그리고 그 서쪽으로 지중해에 면한 지역이 페니키아Phoenicia이다.

• 티그리스강은 남부 바그다드의 자드리야Jadriyah에서 크게 360도를 회전하여 다시 남쪽으로 흘러나가 하류 도시인 바스라Basra에서 유프라테스강과 합류한다.

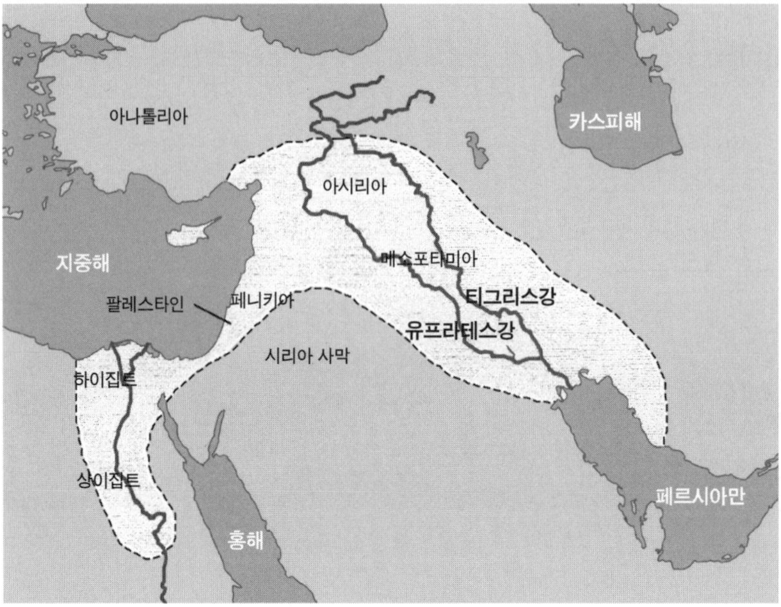

점선 안의 밝은 영역이 비옥한 초승달 지대이다

의 설립이었다. 바그다드는 762년 티그리스강 서쪽의 농촌이었던 알 카르크al-Karkh에 인접한 신도시로 조성되었다. 알 카르크는 현재 바그다드 중앙역으로부터 북서쪽으로 2km 떨어진 지점으로, 바빌론을 중심으로 이 지역의 토착 세력이었던 나바트인Nabateans과 바그다드의 남쪽으로 170km 떨어진 쿠파Kufa의 지배를 받던 아랍인의 농촌 주거지였다.

한편 사산조 페르시아의 중심부였던 호라산Khorasān 지역에서 활동하던 아불 아바스Abu´ l Abbās는 750년 아바스 칼리프를 세우고 첫 번째 '칼리프caliph'가 되었다. 아바스 왕조는 당시까지 티그리스강을 따라 성장해오며 고대 페르시아Persia로 불렸던 아카메네스 제국Achaemenid Empire, 파르티아 제국Parthian Empire, 사산조 페르시아 제국Sasanian Empire의 문화권에 기원을 두었다.

이후 아바스 왕조의 2대 칼리프인 알만수르Al-Mansur는 우마이야 왕조의 수도 다마스쿠스Damascus를 점령한 후, 762년 다마스쿠스로부터 동쪽으로 750km

떨어진 지점에 수도로 바그다드를 조성했다. 이후 바그다드는 알마흐디al-Mahdī와 하룬 알라시드Hārūn al-Rashīd의 지배하에 급속히 성장하며 경제와 문화의 최대 전성기를 누렸다.

당시 바그다드의 입지는 아랍의 우마이야 왕조의 수도였던 다마스쿠스를 벗어나 아바스 왕조의 건국에 기여한 페르시아 세력•의 중심 지역에 인접한 지리적 장점을 갖고 있었다. 특히 바그다드는 페르시아 문화권에서 파르티아 제국과 사산조 페르시아 제국의 역사적으로 중요한 도시이며 수도였던 크테시폰을 남쪽 30km 지점에 두고 있어 지리적 인접성과 독립성을 동시에 유지하기에 적합했다.

바그다드는 서쪽으로 티그리스강과 연결된 사라트 운하Nahr Sarat를 통해 서쪽 내륙을 지나 유프라테스강으로 연결되었으며, 티그리스강과 합류하는 디얄라강Nahr Diyālā을 통해 동남쪽의 내륙으로도 연결되었다. 바그다드는 사우디아라비아의 이슬람 성지인 메카Mecca로 향하는 길목에 입지하여 이슬람 성지 순례의 거점으로 기능했다. 특히 터키나 페르시아 지역에서 오는 성지 순례자들은 바그다드를 지나 남쪽의 쿠파Kufa와 하일Ha'il을 거쳐 메디나와 메카로 향했다. 한편 바그다드는 바닷길을 통해 인도-동남아시아-중국 남부로 연결되는 바스라Basra, 페르시아-터키-중국과 연결되는 모술Mosul과 호라산, 그리고 아랍-지중해로 연결되는 다마스쿠스와 연결되었다.

이러한 바그다드의 지리적 이점은 특히 칼리프 알라시드의 부인이었던 주바이다Zubayda가 790년 특히 바그다드에서 메카까지 성지 순례 경로에 수로 체계와 거점들을 조성하면서 확고해졌다. 이에 바그다드는 수로와 연결된 성지

• 아바스 왕조의 건국에 기여한 페르시아 세력은 새 왕조의 행정 요직에서 핵심 기능을 담당했으며, 특히 바그다드에서 지식 생산 활동에 기여했다. 특히 페르시아 출신으로 현재 아프가니스탄 북부의 발흐Balkh의 유력 세력이었던 바르마키드Barmakid 가문은 아바스 왕조의 핵심 지지 세력으로, 칼리드 이븐 바르마크Khalid Ibn Barmak는 재상직을 맡았고, 그의 아들인 야야 이븐 바르마크Yahya Ibn Barmak는 세 번째 칼리프 알마흐디Al-Mahdi의 왕자들의 선생으로 활동했다.

순례길을 통해 육지와 해상을 연결하고 유럽과 아시아를 연결하며, 향신료, 금, 향수, 카펫, 설탕, 비단, 유리, 소금 교역을 통해 이 지역 경제문화의 거점으로 성장했다. 프랑스-중세 역사학자인 프레더릭 아츠Frederick Artz의 말을 빌리면, 바그다드는 이미 10세기에 세계 최대 도시인 콘스탄티노플에 이은 두 번째의 도시로서 인구 80만 명의 도시로 성장했다.

원형도시와 유프라테스강의 운하

도시의 역사에서 바그다드는 도시계획을 통해 조성된 가장 대표적인 도시 중 하나이다. 특히 바그다드는 티그리스강의 서쪽 구역에 아바스 왕조의 신수도로 계획되어, 이후 767~912년 원형도시로 조성되어 왕조의 행정, 지식 생산, 상업 기능으로 채워졌다. 아쉽게도 바그다드의 원형도시는 아직까지 유적이 발굴되지는 않았으며 상상으로만 존재해왔다.

바그다드가 당시 왜 원형도시로 계획되어 조성되었는가는 매우 흥미로운 이슈이다. 특히 이 형태는 현재 샌프란시스코의 쿠퍼티노Cupertino에 조성 중인 애플사의 캠퍼스와 매우 흡사하기 때문이다. 바그다드는 지름이 약 1km 이상의 원형도시로 조성되었다. 이란계 물리학자인 마누체르 사다트 누리Manouchehr Saadat Noury의 말[1]을 빌리면, 바그다드 원형도시는 아바스 왕조의 2대 칼리프인 만수르가 이란 도시설계가 두 명을 고용해 설계안을 완성했다. 그들 중 한 명은 페르시아 조로아스터교인이었던 나우바크트-에-파르시Naubakht-e- Parsi였고 다른 한 명은 현재 이란의 북동부 호라산 지역 출신 유대인인 마샬라-에-아시리Mashallah-e-Assiri였다.

실제로 바그다드는 아랍에 기반을 두었던 우마이야 왕조와 달리 페르시아의 전 왕조였던 사산 왕조를 계승한 아바스 왕조의 도시였다. 그래서 바그다드는 페르시아인의 원형도시들인 엑타바나Ectabana, 하트라Hatra, 파르스Fars, 다랍

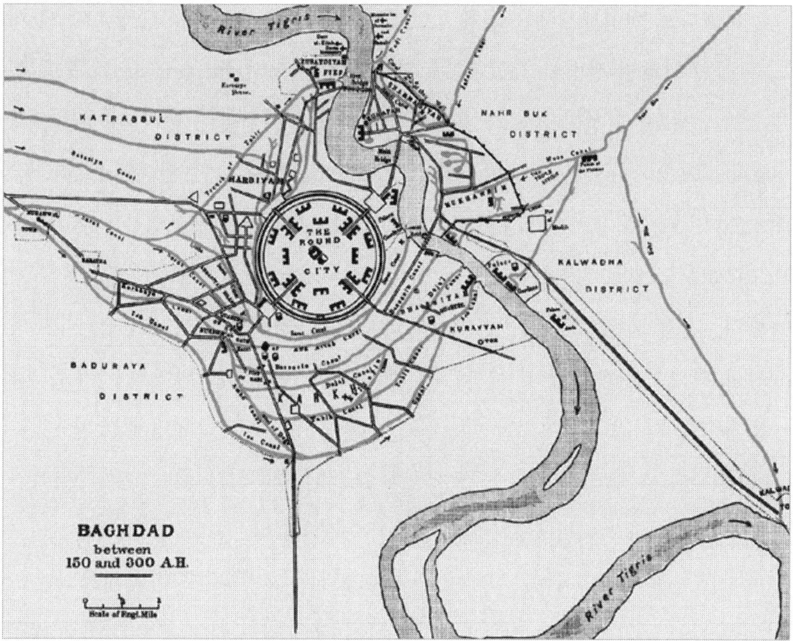

바그다드 원형도시(767~912) 상상도

게르드Darabgerd, 피루자바드Firouzabad와 유사한 원형도시의 특성을 갖고 있었다.

먼저 파르스는 도시 중심부에 종교적 중심 거점인 탁-에-솔라이만Tak-e-Solayman이라는 성채를 두고 있었다. 이는 바그다드 중심부를 구성하는 왕궁과 모스크와 유사한 도시 중심성을 갖는다. 또한 다랍게르드와 피루자바드는 원형도시에 정십자를 이루는 각 지점에 네 개의 문을 두고 있으며, 이는 바그다드의 십자형 가로 체계와 네 개의 성문과도 유사한 구조이다. 특히 피루자바드는 지름이 2km이며 방사형의 체계를 따라 20개의 부채꼴로 나누어진 원형의 도시였다. 이러한 원형의 신도시는 아바스 왕조의 정당성과 상징성을 표현하며 동시에 평지라는 지리적 특성을 고려해 외부의 침략에 효과적으로 대응하는 방어 목적을 갖고 있다.

바그다드 원형도시에는 전체적으로 방사형의 도시 체계를 중심으로 세 개의 동심원 형태의 성벽이 있었다. 세 겹의 성벽은 각각 4m, 6m, 4m의 폭을 이루고 있었으며, 외성벽을 따라 유프라테스강으로부터 끌어 들인 다자일 운하Nahr Dajayl와 이사 운하Nahr Isa가 각각 폭이 20m인 해자로 기능했다. 티그리스강 수면보다 높은 유프라테스강 수면의 높이차를 이용해서 유프라테스강으로부터 티그리스강으로 향하는 수로 시스템이 조성되어, 당시 5개의 수로운하가 기능했다. 먼저 북쪽의 두개는 바그다드의 해자로 기능하며 성안의 상하수도와 교통을 위해서 사용되었다. 한편 남쪽의 세 개는 바그다드 남쪽의 알카르크에 농업용수를 제공했다. 이러한 바그다드의 운하시스템은 11세기에 파괴되었다고 추정된다. 티그리스강의 동쪽 제방에 조성된 알후사파에는 역시 나르아완 운하Nahr Nahrawan가 이미 5세기에 조성되어 연결되었다.

한편 원형도시의 안쪽 링에는 칼리파와 귀족의 주거 구역이 계획되었고, 외부 링에는 군인 장교와 그들의 수행자의 주거 구역이 배치되었다. 내부 링과 외부 링 사이에는 외부 침입에 대한 방어 목적으로 폭 57m의 완충 공간을 두었다. 일반인의 주거지는 성 밖에 형성되었고, 이들의 상업 활동은 제한되었다. 원형도시는 직각으로 교차하는 두 개의 큰 도로로 네 부분으로 나뉘었다. 먼저 내부 링 공간의 폭은 170m이며, 중앙부는 크테시폰의 왕궁을 모델로 조성된 아바스 왕조의 칼리프 궁전인 알만수르 왕궁Palace of al-Mansur이 남서쪽을 바라보며 들어서 있었고, 가운데의 오픈 스페이스를 중심으로 왕궁의 북동쪽에는 가로 50m, 세로 50m, 높이 36m 규모의 대모스크가 입지했다. 북쪽 구역에는 왕자와 공주의 궁들이 자리 잡았고, 남쪽 구역에는 상가들이 들어섰다. 한편 동쪽과 서쪽 구역에는 행정 시설과 화폐와 세금의 관리 시설이 있었다.

원형도시의 네 영역은 결국 당시 세력가들에게 분할되어 개발되었으며, 각 영역들과 연결되는 네 개의 성문과 연결되어, 성 밖의 네 개의 시장으로 이어졌다. 도성 밖의 광장에는 시장이 조성되어 주요 도시들과의 교역 상품을 중심으로 특화된 상품들이 거래되었으며, 가까운 곳에는 상인들을 위한 대규모의 숙박 시설caravansary이 있었다.

먼저 바그다드의 서남쪽으로 메카로 향하는 순례길과 연결된 쿠파 문은 아라비아 반도의 예멘이나 이집트, 아프리카로 연결되었고, 동남쪽의 바스라 문은 사라트 운하와 티그리스강을 건너 동안의 모스크와 시장을 중심으로 현재 바그다드 대학인 알니자미야Al-Nizamiyya of Baghdad와 현재 알무스탄시리야대학인 무스탄시리야 마드라사Mustansiriya Madrasah로 연결되었으며, 남쪽의 항구도시 바스라를 통해 인도와 동남아시아로 연결되었다. 특히 바스라 문은 이 지역의 이동 인구를 도시로 불러들이는 핵심 성문으로 인접한 시장과 상인의 주거지가 현재 알카르크Al-Karkh에 조성되었다. 원형도시 남쪽에 위치한 알카르크는 바그다드 건설 인력의 임시 주거지로 조성된 후, 바그다드의 상업 활동 중심지이자 상인의 거주지로 성장했다.

또한 서북쪽의 다마스쿠스 문은 동로마제국과 지중해 방면으로 연결되었고, 동북쪽의 호라산 문은 티그리스강을 지나 알마흐디의 왕궁과 바그다드를 방어하는 호라산에서 이주해온 페르시아계 병영으로 연결되었다. 특히 동북문은 바그다드의 핵심 남북도로인 호라산 도로로 연결되어 배로 만든 폰툰 다리pontoon bridge를 지나 티그리스강의 동안으로 연결되었다. 한편 티그리스강의 동안에는 바르마크 가문의 페르시아계 군사 거점인 알후사파Al-Rusafa가 형성되었다. 흥미롭게도 바그다드의 원형도시와 알후사파는 티그리스강을 중심으로 서로 견제하며 성장했다.

지혜의 전당

바그다드가 아바스 왕조의 수도로서 부를 축적하며 지식 생산의 거점으로 성장한 것은 8~9세기이다. 바그다드는 이 시기에 알마흐디 칼리프와 하룬 알라시드 칼리프의 지배하에 이슬람 황금시대를 주도했다. 당시 바그다드는 종이공장이 조성되며 도시 전체가 교육과 지식 활동의 인프라로 채워졌으며, 천문 관측소를 조성하며 수학과 천문학이 급속히 성장하며 페르시아의 학문과 문학이 아랍으로 확산되고, 그리스와 인도의 지식이 교류하는 거점이었다.

이러한 페르시아-이슬람 문화권의 기술, 지식, 문화의 생산은 어떻게 가능했을까? 당시 바그다드의 기술과 지식 생산의 중심부는 사산 왕국의 도서관을 모델로 750년대에 조성된 왕궁도서관이다. 그리고 이 왕궁도서관은 다시 알렉산드리아 도서관을 모델로 조성된 지혜의 전당Bayt al-Hikmah으로 성장했다. 이즈음 이슬람 문화권의 다른 도시들도 이와 유사한 지혜의 전당을 설립했다. 예를 들면 코르도바의 '모스크 도서관'이 962~966년 대모스크Mezquita로 확장하면서 우마이야 왕조의 알하캄 2세Al-Hakam II에 의해, 그리고 카이로의 지혜의 전당Dar al-Hikmah이 1004년 파티마 왕조Fatimid Caliphate의 칼리프 알하킴Caliph Al-Hakim bi-Amr Allah에 의해 각각 조성되었다. 바그다드의 지혜의 전당은 1258년 몽골의 바그다드 침입으로 파괴되었다.

바그다드에서 진행된 지식 생산 활동의 성장은 당시 아바스 왕조의 내부와 주변 지역에서 진행된 정치적 갈등 상황의 결과이다. 먼저 아바스 왕조는 페르시아 왕조의 정당성을 확립하고자, 기존 아랍 중심의 정책을 추구하던 우마이야 왕조를 몰아냈으나 인종과 종교를 관대하게 포용하는 문화개방 정책을 추진했다. 바그다드는 당시 비잔틴 제국의 황제 레오 3세Emperor Leo III the Isaurian가 주도한 성상파괴 정책과 레오 5세Emperor Leo V the Armenian의 두 번째 성상파괴 정책의 수혜지였다.

당시 성상파괴 정책의 목적은 그리스 문화를 계승하며 군데샤푸르Gundeshapur에서 활동한 네스토리우스파 의사Nestorian Christian physician와 기독교와 유대교를 부정하는 비기독교 학자Pagan scholar를 배척하고 관련 서적과 문서를 부정하는 것이었다. 비잔틴 제국의 비기독교 학자들은 성상파괴 정책의 박해를 피해 이주하기 시작했다. 바그다드 지혜의 전당은 바로 이 시기인 813년에 설립되어 비잔틴 제국에 축적되어왔던 그리스의 지식을 흡수하며 성장했다.

비잔틴 제국의 비기독교 학자에게 바그다드는 아바스 왕조가 정치적으로 표방하는 범세계주의와 경제문화의 수도로 기회의 땅이었다.

아바스 시대 바그다드
지혜의 전당과 학자들

지르지스Jirjis ibn Jibril는 알만수르 칼리프의 지배하인 765년에 비잔티움에서 바그다드로 이주해온 대표적인 비기독교 학자이다. 지르지스는 바그다드에 초빙되어 오기 전에 페르시아의 군데샤푸르에 있던 군데샤푸르 아카데미Academy of Gondeshapur•의 책임자로 당시 왕궁의 의료를 맡았던 내과 의사였다. 군데샤푸르 아카데미는 사산 왕조의 왕립도서관, 병원, 고등교육원 등을 갖춘 일종의 왕립연구소로서 크테시폰, 레사이나, 군데샤푸르에 설립되어 운영되었다. 지르지스는 바그다드로 이주 후 아바스 왕궁의 의사로 일하면서, 플라톤, 아리스토텔레스, 피타고라스, 갈레노스의 그리스 의학과 힌두 과학을 이어받아 활동하며 바그다드의 의학 발전에 공헌했다.

아바스 왕조는 비잔틴 제국과 국경을 접하고 있어 지속적으로 전쟁을 했다. 칼리프 알마문은 이러한 관계에서 군사적 우위를 이용해 비잔틴 제국으로부터 매년 다수의 그리스 필사본을 확보했다. 당시 칼리프 알마문은 비잔틴 황제 테오필로스Byzantine Emperor Theophilos가 보낸 외교관인 존 그라마리안John the

• 군데샤푸르 아카데미는 현재 Jondishapur University and Jondishapur University of Medical Sciences의 전신으로 간주된다. 이후 Jondishapur University and Jondishapur University of Medical Sciences는 다시 University of Ahvaz와 Ahvaz Jundishapur University of Medical Sciences로 재설립되었다.

존 그라마리안의 사절단과
비잔틴 황제 테오필로스(오른쪽), 아바스 칼리프 알마문(왼쪽)

Grammarian의 사절단을 만나 아리스토텔레스, 프톨레마이오스, 갈레노스, 아르키메데스의 철학과 과학 서적들을 확보하고 이를 아랍어로 번역했다. 여기에는 클라디오스 프톨레마이오스Klaudios Ptolemaios가 천체의 행성 이동 경로를 수학으로 모델화한 연구서로 이후 1200년 동안 천동설의 근거가 된 『알마게스트Almagest』도 포함되었다.

이에 바그다드의 지혜의 전당은 페르시아 학문을 집대성하고 비잔틴 제국으로부터 이주해오는 대규모의 그리스 비기독교 학자들을 수용하면서 아바스 왕조의 정통성을 확보하고자 했다. 아바스 왕조는 페르시아인의 옛 제국이던 사산 왕조의 행정 체계와 조로아스터교의 경전을 통치 이념으로 수용하고, 이집트, 시리아, 페르시아의 문화권과 그리스의 지식과 인재를 포용했다. 아바스 왕조는 세상의 모든 지식이 조로아스터교 경전인 『아베스타』에서 나온다고 생각해 그 지침을 중시했고, 점성술과 천문학을 중시했다.

따라서 지혜의 전당은 페르시아 학문을 중심으로 그리스, 이집트, 인도,

중국 등의 지식과 문화를 흡수하고 편집하여 이를 근거로 새로운 아랍의 과학과 의학을 발전시켰다. 이 시기에 바그다드는 아라비아 숫자로 부르는 인도 숫자체계를 흡수했으며, 산술학, 기하학, 삼각법의 기본 개념을 발전시켰다. 또한 동물과 식물을 분류하고, 광물을 분류하기 위한 화학적 분류 체계를 개발했으며, 별자리를 체계화하여 별 차트를 작성했다.

한편 바그다드는 이슬람교의 교육과 확산을 위해 8세기부터 쿠란Qurān을 보급하고 예언자 무함마드Holy Prophet Muhammad에 관한 교육을 시작했다. 이러한 이슬람 종교의 교육 활동은 일반적으로 모스크에 속한 마드라사Madrassa, 니자미야Nizamiyya, 군데샤푸르 아카데미 등의 교육 시설을 통해서 진행되었다. 750~850년 사이 바그다드에는 이슬람 법학인 피크fiqh를 교육하는 하나피 이슬람 신학법학교Hanafi Sunni Islamic School of Jurisprudence를 포함해 말라키Maliki, 샤피이Shafi'i, 한바리Hanbali 법학교 등이 운영되었다. 이러한 교육 시설은 이후 근대적인 이슬람 대학들로 흡수되었다.

바그다드의 지혜의 전당은 약 100년 동안 세 단계를 거쳐 성장했다. 지혜의 전당의 초기 기능은 지식의 소장하고 번역하는 것이었다. 이슬람 황금시대에 중앙 페르시아 지역의 이슬람 문화권의 기술, 지식, 문화의 중심부로서 과거의 원고와 서적을 소장하고, 이를 아랍어로 번역했다. 이후 지혜의 전당은 번역된 자료의 비교와 검증을 통해서 당시 이슬람 문화권 학자들의 연구 기관으로 새로운 학문적 발견과 발명을 수행했다. 이곳은 중세 이슬람의 과학과 르네상스의 주제인 인문학 탐구 기관으로서, 수학, 천문학, 의학, 합금술, 동물학, 지리학과 지도제작법 분야의 학문적 기초를 완성하며 철학자, 과학자, 엔지니어들의 활동 중심이었다. 지혜의 전당은 알마문의 계승자인 알무타심al-Mu'tasim과 알와티크al-Wathiq의 지배하에서 지속적으로 번영했으나, 알무타와킬al-Mutawakkil의 통치기에 쇠퇴했다.

먼저 칼리프 알만수르al-Mansur는 사산 왕조의 제국 도서관을 모방한 바그다드의 왕궁도서관을 750년대에 원형도시 중심부 왕궁과 연계된 대모스크의

14세기 『천일야화』 아랍어 필사본

부속 기관으로 조성했다. 당시 왕궁도서관은 호라산 등의 페르시아 지역으로부터 수집한 경전과 의학 서적을 아랍어로 번역했던 일련의 번역 운동의 중심이었다. 이곳에서는 수학-천문학자이며 엔지니어인 이브라힘 파자리Ibrahim Fazari가 아랍 세계 최초의 천체 측정 기구astrolabes•를 만들었으며 바그다드의 도시계획에 참여했다.

한편 바그다드의 바르마크 가문은 페르시아 문화를 복원하고 보전하는 운동을 주도했다. 바르마크 가문은 당시 발흐에 근거를 둔 페르시아의 귀족 가문으로 아바스 정권하에서 막강한 정치적 영향력을 행사했다. 바르마크 가문의 칼리드는 아바스 왕조의 초대 칼리프 지배기에 수상이 되었다. 바르마크 가문은 '바그다드 황금시대'를 말해주는 대표적인 문학작품 『천일야화』에서도 기술되었듯이 위엄과 관용의 가문으로 유명했다. 당시 『천일야화』는 '인간의 지식이 마침내 인간의 본능을 다스리고 이기게 되었다'는 내용을 담았으며, 다섯 개 언어로 번역되었다.

이후 칼리프 하룬 알라시드는 미래의 '지혜의 전당'을 이끌어갈 협회를 구축했으며, 그의 아들인 칼리프 알마문은 왕궁도서관으로부터 독립된 '지혜의 전당'을 대모스크에 부속 시설로 조성하고 연구 활동의 중심 거점으로 성장시켰다. 이 시기에 피타고라스, 플라톤, 아리스토텔레스, 히포크라테스, 유클리드, 갈레노스, 프톨레마이오스, 수슈르타Sushruta, 차라카Charaka, 아리아바타

• 파리국립도서관은 905년에 바그다드에서 만들어진 것으로 추정되는 천체 측정 기구인 '아스트롤라베astrolabe'를 보유하고 있다.

Aryabhata, 브라마굽타Brahmagupta 등의 학술 서적들이 아랍어로 번역되었다. 특히 칼리프 알마문의 재정적 후원 아래 지혜의 전당은 수학과 점성술 연구를 진행했으며 천문 관측소를 조성했는데, 이는 메카의 방향을 지정하고 이슬람 달력을 제작하기 위해서 천문 관측 시설의 개발이 시급했기 때문이다.

당시 지혜의 전당에서 활동한 대표적인 번역자들은 첫 번째 아랍사전을 출판한 카릴리Khalil와 아랍어 문법의 기틀을 잡은 페르시아의 문법학자 시바와이Sibawaihi, 시인이자 점성술사인 살 이븐 하룬Sahl ibn Haroun, 가톨릭 신학자로서 그리스 서적을 아랍어와 시리아어로 번역한 후나은 이븐 이사크Hunayn Ibn Ishaq, 사비안 타비트 쿼라Sabian Thābit ibn Qurra 등이다. 또한 '대수학의 아버지'인 무함마드 이븐 무사 알콰리즈미Muhammad ibn Mūsā al-Khwārizmī가 활동했다. 수학algebra이라는 단어는 그의 저서 『키탑 알 자브르Kitab alJabr』에서 유래했다. 그리스 수학이 바그다드에 처음으로 소개되었으며, 오토마타automata 기계를 다룬 『기발한 기구에 관하여Book of Ingenious Devices』를 저술한 바누 무사 형제Banū Mūsā brothers인 아마드Ahmad, 무함마드Muhammad, 하산Hasan이 활동했다.

종이 생산과 서적시장

바그다드에서 이러한 지식 생산이 가능했던 것은 운하를 이용한 상업과 생산 활동 때문이었다. 바그다드는 티그리스강과 바다가 연결된 운하 시스템을 이용한 상업과 생산 활동으로 부를 축적했다.[2] 특히 바그다드는 종이와 도자기를 수입하고 비단을 생산했다. 하지만 바그다드의 초기 번역 운동과 지식 생산을 유도한 직접적인 요인은 바르마크 가문이 중국에서 종이 기술자를 데려와• 793년 전후 처음으로 원형도시 북동쪽으로 500m 떨어진 티그리스 하천

• 751년 탈라스 전투Battle of Talas 때 중국인 수감자로부터 아랍에 종이 제작법이 전수되었다고 추

변에 종이 공장paper mill을 조성한 것이었다. 그전에 아랍의 필경사scribe들은 깨지기 쉬운 파피루스나 양피지를 지식 기록 매체로 주로 사용했다.

바그다드에서는 칼리프 하룬 알라시드의 통치기인 793년을 전후로 다수의 종이 공장이 운영되었다. 당시 종이의 최종 수요자는 지혜의 전당과 니자미야 마드라사, 무스탄시리야 도서관과 서고였다. 종이 제조 기술은 이후 시리아, 카이로, 페스로 전파되었고, 종이의 도입은 이 지역에서 서적과 지식을 보급해 도서관의 확산을 유도하고 지식의 분류 체계가 개발되게 했다.

바그다드에서 생산된 서적과 서적 재료들은 종이와 서적을 전문적으로 취급했던 알와라킨 시장Suq al-Warraqin으로 운반되었으며, 또한 남쪽으로 이사 운하와 사라트 운하를 통해서 근동 지역과 지중해 전역 이슬람 제국의 주요 도시들로 운송되었다. 이미 9세기 후반에 바그다드 티그리스 강변의 알와라킨 시장•에는 알나킴al-Nakim이라는 대형 서점을 포함해 100개의 서점과 문구점이 영업하며 거대한 지식시장을 구성했다. 몽골의 공격 이전에 바그다드에는 이미 36개의 공공도서관이 있었을 것으로 추정된다.

알후사파, 알샤마시야 천체관측소, 비마리스탄

바그다드의 지혜의 전당과 연계되어 본격적인 연구 시설인 천문 관측소astronomical observatory[3]가 조성된 것은 흥미롭게도 티그리스강 건너편인 동안의 알후사파였다. 당시 알후사파 성문 주변에 조성된 알샤마시야 천문 관측소

정된다. 이 시기는 특히 중국 당조의 헌종 황제 지배하에 구리 화폐의 부족으로 종이 화폐를 사용하기 시작했다.

• 바그다드의 알와라킨 시장에서는 중국에서 수입된 최고급 종이로 쌀종이rice paper와 닥종이mulberry가 매매되었고, 면종이cotton는 현재 우즈베키스탄의 사마르칸트Samarkand에서 생산된 고급 제품과 바그다드에서 생산된 일반품이 기존의 양피지를 대신하며 거래되기 시작했다.

Al-Shammasiyah Observatory, 828는 고대 그리스의 천문 이론들의 이론적 탐구의 진위를 관측으로 검증하며 천문학에서 매우 획기적인 발전을 이루었다. 이러한 이슬람 문화권의 천문 관측소는 9세기 초부터, 과학 인력, 천문 관측 프로그램, 천문 관측 기구 등을 수용한 일종의 콤플렉스 건물들로 조성되었다. 천문 관측소에서는 태양, 달, 행성 등을 포함한 천체를 정확히 관측하고 정확한 천문 관측표를 완성했다.

알샤마시야 천문 관측소는 지구가 23.33도 기울어 자전하며, 지구의 둘레가 20400아랍마일임을 확인했으며, 대형 지구 지도, 천체의 이동을 정리한 표를 작성했다. 특히 하바시 알하시브Habash al-Hasib는 태양과 달의 일식을 관측했으며, 천문학자인 알파르가니Al-Farghani는 기존의 프톨레마이오스의 천체 개념을 수정했고, 지구의 직경 측정에 참여했으며, 『천문학 백과Kitāb fī Jawāmi Ilm al-Nujūm』를 저술했다. 이 책은 12세기에 라틴어로 번역되어 유럽에서 독일의 천체학자 레기오몬타누스Regiomontanus의 저서가 출판될 때까지 유럽 천문학의 교과서로 이용되었다.

티그리스강 동안의 알후사파가 원형 도시를 대신하며 바그다드의 중심으로 성장하기 시작한 시점은 흥미롭게도 알샤마시야 천문 관측소가 설립된 후인 893년이다. 이것이 근대 도시로서 바그다드의 시작이다. 이 시기에 원형도시는 하룬 알라시드의 세 왕자들이 칼리프 계승을 두고 다툰 내전으로 황폐화되었다.• 알후사파는 원래 원형도시를 방어하기 위한 군대 기지로 조성된 바르마크 가문의 궁현재 Aldehan Mosque 부지로 병영, 무소타인 성Wall of Musotain으로 구성되었다.

이후 알후사파는 알마흐디 궁전••을 중심으로 세 개의 주거 구역들인 후사

• 하룬 알라시드의 세 왕자들이 칼리프 계승을 두고 싸운 내전으로 원형도시는 황폐화되기 시작했다. 먼저 알아민Al-Amin과 아랍계 군, 알마문Al-Mamun과 페르시아 군, 알무타심al-Mu'tasim과 터키 군들 간의 순차적인 내전으로 원형도시가 황폐화되었다. 이 과정에서 바그다드 북쪽의 사마라Samarra가 아바스 왕조의 행정 거점으로 기능했다.

파Rusāfa, 알샤마시야Al-Shammāsiyyah, 알무카림Al-Mukharrim이 조성되며 빠르게 성장했으며, 하룬 알라시드의 지배하에 알후사파는 서쪽의 원형도시에 필적했다. 알후사파는 892년부터 바그다드를 대신하여 그 행정 거점 기능을 갖게 되었고, 946년 칼리프의 궁들이 이전해오면서 바그다드의 수도로 성장했다. 이후 알후사파 남쪽으로 '다르 알킬라파Dar al-Khilafa'가 892년 바그다드의 구도시로 형성되었다. 바그다드의 인구는 10세기에 140만 명으로 추정된다.[4]

바그다드에는 '비마리스탄bimaristan'이라 불렸던 병원이 8세기부터 조성되기 시작했다. 이슬람 문화권에서 비마리스탄은 순례자, 병자 등의 임시 거처로 이용되는 시설이다. 유럽에서 호스피털은 대부분 성당에 의해 조성되었으나, 이슬람 도시의 병원은 칼리프나 정부에 의해 운영되었고 무료였다. 이슬람의 비마리스탄은 진료 기록과 의료 관련 도서관을 갖추고 있었다.

바그다드에 처음 조성된 비마리스탄은 인접한 천문 관측소와 함께 군데샤푸르의 사례를 모델로 하룬 알라시드의 후원으로 만들어졌다. 바그다드에는 이후 100년 동안 다섯 개의 비마리스탄이 추가로 조성되었다.

먼저 알하르비아al-Harbia에 조성된 비마리스탄은 914년 행정관 아불 하산Minister Abul Hassan의 후원으로 그의 주치의로 활동한 바스라 출신 아부 오스만Abu Osman Said Ibn-Yaqub al-Dimashki의 주도로 조성되었다. 이후 시리아 성문에 인접한 알무크타디르 호스피털al-Muqtadiri Hospital이 칼리프 알무크타디르 빌라Caliph al-Muqtadir Billah의 후원으로 조성되어 당시 최고의 치료 시설이 되었다.

티그리스 강변에 조성된 왕립 호스피털은 현재 바그다드 병원으로 안과, 외과, 정형외과 등 총 25명의 의사를 두고 운영되었다. 바그다드 병원은 다르 알킬라파의 북문이었던 사하트 알무아잠 광장Sahat al-Muazzam과 그 동쪽의 훌라바 광

•• 알후사파의 중심부에는 알만수르의 아들로 호라산을 지배하던 알마흐디의 궁전이 있었다. 알마흐디는 칼리프 계승을 위해 바그다드에 입성하여 769년 이곳에 왕궁 콤플렉스를 조성하고, 호라산 용병의 병영을 함께 조성했다.

장Square Kholafaa을 중심으로 조성된 바그다드 대학University of Baghdad의 치과대학, 의과대학, 약학대학이 거대한 의료-의학 클러스터를 조성하고 있다.

다르 알킬라파, 니자미야, 마드라사

알후사파의 남쪽으로 현재 바그다드 구도시인 다르 알킬라파가 892년 전후로 조성되고, 이곳에 마드라사와 니자미야 같은 이슬람 교육 기관이 집중적으로 조성된 것을 계기로 바그다드의 지식 생산 체계가 형성되었다. 이들은 학교인 다르 알일름Dar al-'Ilm과 도서관인 다르 알쿠타브Dar al-Kutub, 그리고 알마드라사 알미야니야Al-Madrasah al-Mirjaniyya가 함께 기능하며 바그다드의 고등 교육과 지식 생산의 인프라로 기능했다.

당시까지 다르 알킬라파는 티그리스강을 따라 865년에 조성된 1.6km×3km의 직사각형 모양의 성[5]으로 둘러싸여 있었다. 다르 알킬라파의 중심부는 북문Bab al-Muaadam부터 남문Bab al-Sharqī을 연결하는 라시드가Rashīd Street이다. 특히 라시드가와 연결된 무타나비가Mutanabbi Street는 바그다드의 오래된 서점 구역으로 바그다드 지식사회의 거점이었다. 알킬라파의 알-무아잠 광장으로부터 라시드가가 시작되는 마이단 광장Maidan Square까지에는 바그다드 이라크 국립도서관Baghdad Iraq National Library을 포함해 왕궁과 모스크가 집중•되어 있으며, 라시드가 남쪽 구역은 현재 바그다드의 행정, 금융, 상업의 중심부로 오피스, 영화관, 상가 등이 입지한다.

다르 알킬라파의 초기 성장을 유도한 것은 무엇보다 바그다드의 교육기관

• 알킬라파의 알무아잠 광장으로부터 라시드가가 시작되는 마이단 광장까지에는 알메디 모스크Almedi Mosque, 라디아 모스크Radia Mosque, 하만 파샤 모스크Hamman Pasha Mosque, 문화예술 전당Palace of Culture and Arts, 아바시 왕궁Abbasi Palace, 바그다드 박물관Baghdad Museum, 바그다드 이라크 국립도서관Baghdad Iraq National Library 등이 집중되어 있다.

들인 마드라사와 니자미야의 설립이다. 특히 바그다드의 고등교육은 11세기 후반 튀르크-페르시아 문화권의 셀주크 제국Seljuk Empire 지배하에서 조성된 마드라사madrasa에서 진행되었다. 셀주크 제국의 영토 내에서는 페르시아의 학자이며 수상vizier으로 활동했던 니잠 알무크Nizam al-Mulk의 주도로 일련의 마드라사가 설립•되었다. 셀주크 제국의 마드라사는 바그다드를 포함해 니샤푸르Nishapur, 발흐Balkh, 헤라트Herat, 이스파한Isfahan에 조성되었다. 이 시기의 마드라사는 니잠의 이름을 따서 '니자미야Nizamiyah'라고 불렸으며, 중세 이슬람 문화권에서 무상 고등교육을 제공했던 대학으로 간주되어왔다.

바그다드에 설립된 일련의 니자미야 마드라사Nizamiyah Madrasah는 현재 바그다드 대학University of Baghdad의 전신 바그다드 알니자미야Al-Nizamiyya of Baghdad와 현재 알무스탄시리야 대학Al-Mustansiriya University의 전신인 무스탄시리야 마드라사Mustansiriya Madrasah이다.

먼저 바그다드에 첫 번째로 조성된 니자미야 마드라사인 바그다드 알니자미야는 니잠 알무크의 주도로 설립되고, 1067년 티그리스강의 동안 아잡 성문과 남문 주변에 법학 교육을 위한 컬리지로 조성되었다.[6] 한편 알니자미야 마드라사 옆에는 바하이야 컬리지Bahaiyah College가 조성되었고, 투투시 시장Suk Tutush에 인접하여 병원인 투투시 비마리스탄Bimaristan Tutush이 함께 조성되었다.

바그다드 알니자미야는 왕족과 상류층으로부터 금전적·정치적 후원을 받으며 이슬람 문화권에서 최상의 교육을 무상으로 제공하며 빠르게 성장했다. 바그다드 알니자미야는 설립 후 30년이 지난 1096년을 전후로 이미 3000명의 학생이 재학했다. 당시 바그다드 알니자미야에서 활동한 대표적인 초기 학자 중 한 명은 이슬람 신학자이며 법학자인 알가자리al-Ghazali이다. 그는 33세에 니

• 당시 니자미야 마드라사의 설립이 이슬람의 또 다른 그룹인 이스마일Ismailis 파의 영향력을 좌절시키기 위한 시도였다고 주장되기도 한다. 실제로 니잠 알무크Nizam al-Mulk는 그의 유명한 정치학 저서에서 이스마일 교리를 논박하는 데 중요한 섹션을 바쳤다.

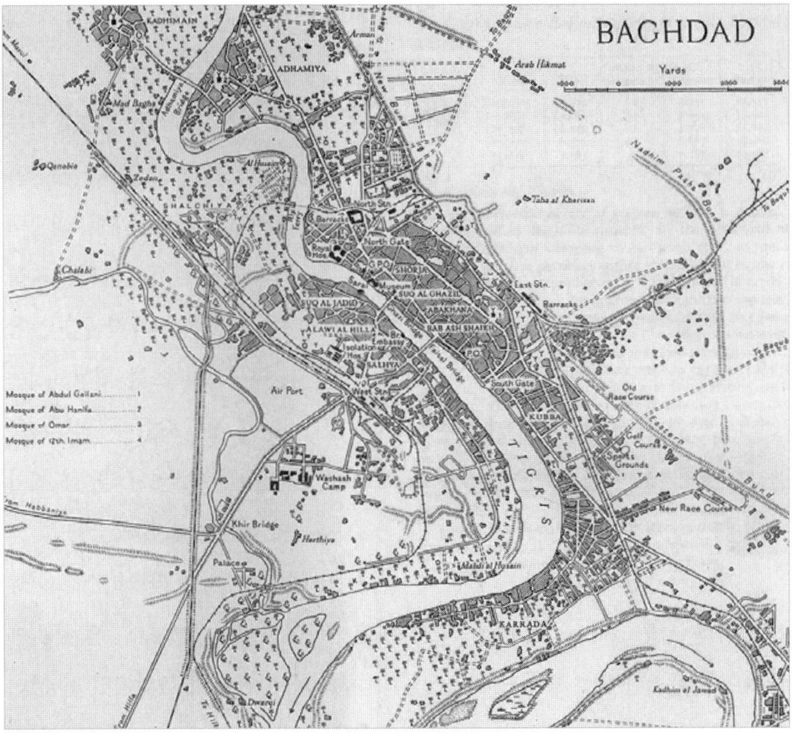

1944년 바그다드 지도: 강서쪽은 사라진 원형도시 부지, 강동북쪽은 알후사파, 강동남쪽은 다르 알킬라파

잠 알무크에 의해 교수로 초빙되어 활동했다. 당시 알가자리의 지도하에서 공부했던 이븐 투마르트Ibn Tumart는 이슬람 베르베르족 종교 학자로 베르베르 알모하드 칼리프Almohad Caliphate의 설립을 주도했다.

또한 무함마드 알샤흐라스타니Muhammad al-Shahrastani는 페르시아의 종교와 역사의 학문체계로 정리한 『키탑 알미랄 와 알니할Kitab al-Milal wa al-Nihal, The Book of Sects and Creeds』을 저술했으며, 정치가이며 시인인 베하 우드 딘Beha Ud-Din이 알니자미야 출신이다. 또한 페르시아 시인이며 기행 저술가로 활동한 사디Saadi Shirazi는 졸업 후 이슬람의 가치와 생활을 표현한 『부스탄Bustan』과 『구리스탄

Gulistan』을 저술했고 몽골의 침입기에 이 지역의 도시들을 기행하며 당시 사회상을 기술했다.

바그다드 알니자미야를 현재 바그다드 대학의 전신으로 볼 수 있는가는 계속 논쟁거리였다. 근대 교육기관인 대학으로서 바그다드 대학의 시작은 1908년 법과대학이 조성된 이후로 간주되며, 이후 공과대학, 사범대학, 의과대학, 약학대학, 여학생대학인 퀸 알리아 컬리지Queen Alia College, 문과대학과 과학대학, 농과대학이 차례로 설립되었다. 1922년에는 이러한 단과대학들을 통합하여 알무아잠 성문Bab al-Mu'azzam 주변에 단일화된 통합 캠퍼스를 조성하려는 노력이 있었으나, 결국 의과대학과 신학대학이 이곳에 조성되었다. 의과대학을 제외한 바그다드 대학은 1950년대 티그리스강의 밴드 구역인 알야드리야Al-Jādriyyah에 과학기술부Minstry of Science and Technology와 함께 이전했다.

또한 무스탄시리야 마드라사는 서적의 장서를 목적으로 티그리스강의 동쪽 가라바 성문Bob Gharabah의 남쪽으로 현재 수하다 다리Shuhada Bridge 옆 부지에 칼리프 알무스탄시르 빌라Caliph Al-Mustansir Bi'llah의 후원으로 조성되었다. 당시 무스탄시리야 마드라사 옆에는 이미 대모스크와 사라이 시장Souq al-Saray이 입지해 있었다.

당시 무스탄시리야 마드라사는 기숙 시설과 의과대학을 두었으며, 역사, 시학, 위생, 토목, 산술, 종교 등을 교육했다. 무스탄시리야 마드라사의 도서관은 1258년 몽골의 침입 이후 1393년에 니자미야 마드라사의 도서관과 합병되었다. 하지만 오토만 제국이 1534년 바그다드를 침공하면서 궁전과 도서관의 서적들을 이스탄불로 이전시켰다. 이후 무스탄시리야 마드라사는 1963년 알무스탄시리야 대학으로 다시 건립되었다.

아헨
왕궁학교와 새로운 지식 전달 체계

'바트 아헨'으로 불려온 온천의 도시 아헨이 특별한 것은, 600년 동안 프랑크 왕국과 신성로마제국의 심장부로서 거대한 제국 내에 통일된 교육과정을 확립하고 학교의 설립을 주도했던 '카롤링거 교육개혁'의 도시이기 때문이다. 아헨은 이 시기부터 16세기까지 바젤, 아우크스부르크, 쾰른, 스트라스부르 등과 함께 '제국의 자유도시'로서 울 직물의 생산과 중계로 성장했으며, 이후 프러시아 왕국의 과학과 테크놀로지의 개발 거점으로 진화했다.

아헨은 물이 많고 수목이 울창한 아이펠-아르덴 평원의 세 개의 하천이 만나는 구릉지에 1세기 무렵 로마제국의 병영으로 형성되었고, 이후 470년을 전후로 프랑크 왕국의 행정 거점인 쾰른의 지배를 받았다. 아헨이 신성로마제국의 샤를마뉴의 왕궁 도시로 처음 조성된 것은 치유의 힘을 갖고 있다고 여겨진 유황과 소금이 들어 있는 74도의 온천수 때문이었다. 당시 아헨의 중심부는 샤를마뉴 왕궁, 왕궁학교, 왕궁예배당, 그리고 공중목욕장으로 구성되었다.

특히 왕궁학교는 제국 내 가톨릭 성당 교육을 개혁하며 통일된 교육과정의 개발을 주도했던 샤를마뉴 황제의 '새로운 교육을 위한 법령Karoli Magni Capitulare Italicum, 787'을 실현하기 위한 일종의 연구소로 기능했다. 이곳에서 잉글랜드 요

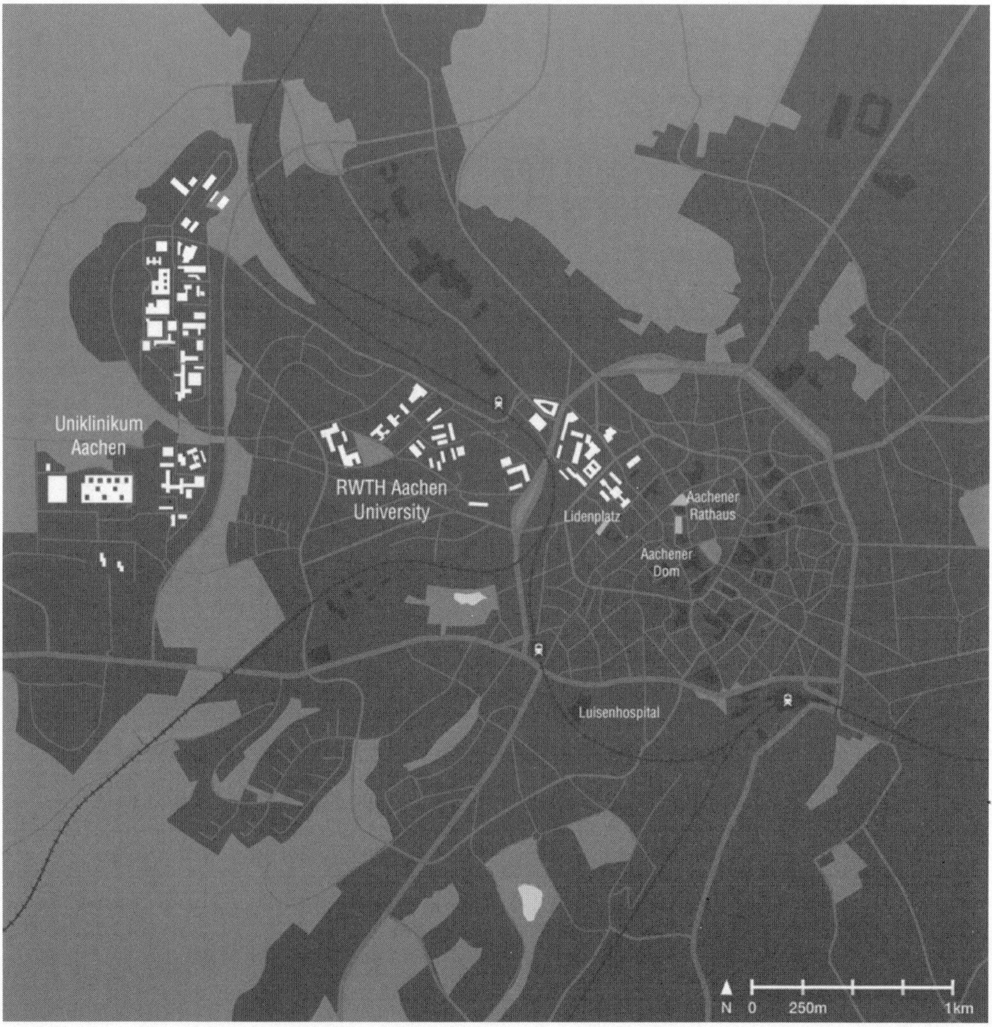
Uniklinikum
Aachen
RWTH Aachen
University
Lidenplatz
Aachener
Rathaus
Aachener
Dom
Luisenhospital
N
0
250m
1km

크 출신의 신학자이자 교육가였던 앨퀸Alcuin은 문법, 표현, 논리의 '트리비움'과 음악, 산수, 기하, 천문의 '콰드리비움'으로 구성된 교육과정을 개발했으며, 라틴 알파벳의 소문자 폰트와 표준화된 문서양식을 가진 '카롤링거 소문자'를 개발했다.

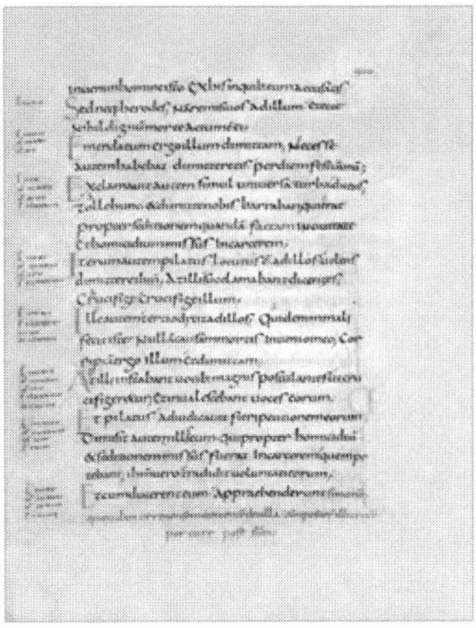

카롤링거 소문자

당시 카롤링거 르네상스의 교육개혁의 트리비움과 콰드리비움은 이후 설립된 유럽 대학의 표준 교육과정으로 자리 잡았으며, 카롤링거 소문자는 유럽 내에서 표준화된 지식전달 체계로 사용되었다. 또한 이를 통해 유럽의 도시들은 도시 중심부에 비로소 교육과 지식 전달의 거점으로 학교를 갖추게 되었고, '성직자와 농민'으로 구성된 기존의 사회계급에 지식계급을 새롭게 등장시켰다.

아헨이 16~17세기의 대화재와 가톨릭 세력과 프로테스탄트 세력 간의 갈등으로부터 재건을 시작한 것은 나폴레옹 전쟁이 종료된 이후인 1870년대부터이다. 이 시기는 프로이센 왕국 지배기로 1870년에 채굴을 위한 테크놀로지를 개발하기 위해 프로이센 폴리테크니쿰, 현재 아헨 공과대학이 설립되었고 이후 기계, 기차, 자동차 분야의 엔지니어링과 테크놀로지의 개발 거점으로 루르 지역 산업의 구조적 진화를 주도해왔다.

그라누스의 샘과 온천수

'바트 아헨Bad Aachen'이라 불려온 아헨* 지역에 인간이 거주하게 된 것은

* 일반적으로 독일 북서부와 네덜란드, 그리고 북유럽에서 Aa 또는 Ae, E, Ee, Ie, IJ 등을 이름에 갖고

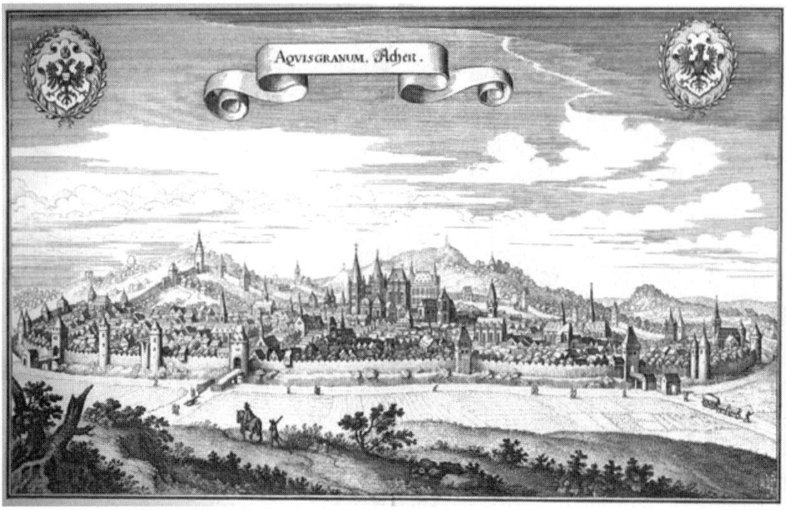

그라누스의 샘, 아헨

온천 지하수 때문이다. 아헨에는 이미 신석기시대인 B.C. 3000~B.C. 2500년 이전에 따뜻한 지하수가 나오는 곳을 중심으로 거주지가 조성되었다. 이후 아헨은 철기 시대에 황산 온천의 토양과 진흙에 끌렸던 켈트족Celtics의 거주지가 되었다. 아헨의 켈트족은 빛과 치유의 신인 '그라누스Grannus'를 숭배했다. 이 시기에 켈트족은 '베르네눔Vernenum'으로 불렸던 신성 구역과 신전을 아헨 남동쪽 8km 지점, 현재 코르넬리뮌스터/발하임Kornelimünster/Walheim에 조성했다.

아헨에 로마인이 처음 도착한 시점은 1세기이다. 이곳은 물이 많고 수목이 울창한 아이펠-아르덴 평원Eifel-Ardennes Plateaus•으로, 세계에서 가장 오래된 강으로 여겨지는 마스강Maas,•• 루르강Rur의 상류천인 부름강Wurm이 흐른다. 로마

있는 도시는 강이나 수원에 관계된다.

• 이 평원은 노르트라인베스트팔렌 지역으로 수목이 울창해 '프러시아 밸리Prussia Valley로 불려왔다.

•• 마스강은 프랑스에서 발원해 독일, 프랑스, 벨기에의 경계인 아이펠-아르덴 평원을 지나 북해로 흐

의 하드리아누스 황제Publius Aelius Hadrianus의 지배기인 124년 로마제국의 행정관인 그레누스Grenus는 아헨을 게르마니아 원정을 위한 병영으로 조성했다. 이곳은 북쪽의 요한천Johannisbach, 남쪽의 파우천Pau, 동북쪽의 부름천Wurm이 만나는 구릉지로 물이 풍족했다. 하지만 당시 아헨이 군대 거점으로 선정된 이유는 물론 치유의 힘을 갖고 있다는 온천수 때문이었다. 아헨의 온천수는 중앙 유럽에서 가장 뜨거운 74°C에 나트륨과 유황 성분을 포함하고 있다.

그라누스의 샘Aquae Granni으로 불린 로마군의 병영 기지는 면적이 25만m^2로 격자형 구조를 이루고 있었다. 중심부에는 포룸과 아폴로-그라누스Apollo-Grannus 신전이 현재 암 호프Am Hof와 쿠벤 박물관Couven Museum 부지에 있었으며, 그 북쪽에는 궁이 있었고, 동쪽과 서쪽에는 두 개의 온천샘이 뮌스터플라츠와 부흐크레머 스트라세와 뷔첼의 교차지에 구릉의 지형을 따라 뮌스터테르멘Münsterthermen과 뷔헬테르멘Büchelthermen으로 각각 조성되었다. 이곳의 온천수는 온천 수로를 따라 북동쪽으로 흘러나가면서 주거지를 형성했다. 그라누스의 샘은 4세기 바바리아인들의 침략으로 파괴되었으며, 4세기 말~5세기 초에 로마 군인들이 아헨을 떠나면서 로마제국의 행정 기능은 소멸했다.

아헨은 470년을 전후로 쾰른에 수도를 두었던 라인프랑크족Ripuarian Franks에게 정복되었다. 라인프랑크족은 라인강을 중심으로 지금의 북부 독일에서 세력을 형성했던 대표적인 초기 프랑크족이다. 아헨은 쾰른의 지배를 받으며 부속 도시로 기능했다. 이후 라인프랑크족과 그 영토는 메로빙거 왕조가 세운 프랑크 왕국•으로 흡수되었다. 파리가 새로 설립된 프랑크 왕국의 수도였으나, 당시의 수도 기능은 영토 내에서 순환되며 옮겨졌다.

른다.

• 당시 메로빙거 왕조의 클로비스Clovis는 프랑크족들을 모두 통합하여 프랑크 왕국을 세우고 초대 왕이 되었다.

샤를마뉴 왕궁

아헨이 이 지역의 거점으로 성장하기 시작한 것은 8세기이다. 아헨은 765년을 전후로 카롤링거 왕조를 세운 페팽가의 궁재•들의 거점으로 이용되었다. 먼저 프랑크 왕에 오른 단신왕 페팽 3세Pépin le Bref가 이 지역 세력을 규합하고 765년 기존의 궁을 복원하고 온천장을 재건했다.

이에 따라 아헨은 프랑크 왕국 카롤링거 왕조의 왕궁 도시로 기능하며 '아퀴스 빌라Aquis Villa'로 불렸다. 페팽 3세는 파리 북쪽의 생드니대성당Basilica St. Denis 수도원 학교에서 공부했다. 그의 지배기에 아헨의 비기독교 신전들이 해체되었다.

카롤링거 왕조의 페팽 3세를 계승한 샤를마뉴Charlemagne는 790년대 초부터 확장된 프랑크 왕국 통치를 위해 아우스트라시아Austrasia••의 메츠Metz를 중심으로 랭스, 트리어, 쾰른과 함께 아헨의 왕궁을 순환하며 거주했다.

아헨이 프랑크 왕국의 영구적인 수도로 조성된 것은 794년 샤를마뉴에 의해서이다. 샤를마뉴는 아헨을 왜 프랑크 왕국의 지리적, 정치적 수도로 조성했을까? 왜 게르만인의 오랜 전통인 이동식 왕궁의 관습을 따르지 않고 고정된 수도를 조성했을까?

먼저 샤를마뉴가 742년 아헨에서 태어났다는 주장이 있으나 확인되지 않는다. 한편 샤를마뉴는 황제에 오른 후 온천과 숲이 있는 아헨에서 첫 번째 크리스마스를 보냈다. 우연하게도 보름스Worms의 샤를마뉴 왕궁이 793년 화재로 소실되었다. 새 왕궁이 필요했던 샤를마뉴에게 아헨은 샤를마뉴의 고향 지역

• 궁재는 메로빙거 왕조의 최고 궁정직으로, 로마제국의 대지주들이 산재한 토지를 관리하기 위해 둔 감독관제도를 본떠 만든 것이다.

•• 당시 아우스트라시아의 영토는 메로빙거 왕조의 북동쪽 지역으로 현재 프랑스, 독일, 벨기에, 룩셈부르크, 네덜란드를 포함한다.

인 아우스트라시아의 지리적 중심부였다.

또한 샤를마뉴는 프랑크 왕국의 왕으로서 무수한 전쟁을 지휘하며, 북쪽과 동쪽으로 영토를 확장했다. 특히 샤를마뉴는 772~780년 아헨의 북쪽으로 작센 영토를 점령하며 기독교로 개종을 유도했으나 작센인들의 저항은 30년간 지속되었다. 아헨은 작센과 인접한 곳으로 이들을 견제하기에 유리한 지리적 조건을 가지고 있었다.

아헨은 이후 오토 1세Otto I가 아헨 대성당에서 프랑크 왕국의 왕에 오른 936년부터 1531년까지 600년간 신성로마제국의 30명의 왕과 12명의 여왕이 즉위식을 치른 독일의 상징적 중심 도시이다. 로마가 교황의 도시이듯, 아헨은 황제의 도시로 성장했다.

샤를마뉴 치하 아헨의 도시 중심부는 왕궁인 팔레샤를마뉴Palais Charlemagne였다. 왕궁 콤플렉스의 조성 계획은 샤를마뉴가 황제가 되기 이전인 780년대 후반부터 790년대 초 사이에 건축가인 오도Odo*에 의해 준비되었다. 이후 왕궁의 실제 공사는 794년에 시작되어 수년간 지속되어 800년에 완료되었다. 샤를마뉴 왕궁은 이후 9세기 초를 통해 도시로 성장했다.

샤를마뉴의 왕궁은 동-서 대칭의 배치 형태로 특히 한 변이 120m인 정사각형의 성벽으로 이루어졌다. 왕궁은 기존의 그라누스의 샘 도로 체계를 이용하여 남북의 카르도와 동서의 데큐마누스를 따라 4개의 구역으로 나뉘었다. 왕궁 북쪽에는 카운슬 홀Council Hall과 부속 도서관과 수장고를 두고 남쪽의 왕궁 예배당Chapel Palatine, 현재 아헨 대성당**을 두었다. 카운슬 홀과 왕궁 예배당은

* 샤를마뉴의 전기 작가인 아인하르트에 의하면, 오도는 "콰드리비아quadrivia의 교양교육을 받은 성당의 성직자cleric이며, 비트루비우스Vitruvius의 건축에 관한 논문treaties of architecture을 공부"하던 건축가였다.

** 샤를마뉴 치하의 아헨의 핵심 건물은 무엇보다 '왕궁 예배당Palatine Chapel'이며 1978년 독일의 첫 번째 유네스코 세계문화유산으로 등록되었다. 왕궁 예배당은 792년 오도의 설계에 따라 팔각형의 형태에 내부 높이는 31m의 예배당으로 조성되었다. 비잔틴 건축양식의 '성 비탈레 성당Basilica

복도인 갤러리로 연결되었고, 갤러리의 이층에는 왕의 직무실인 아울라 레자aula regia와 법원이 있었다. 또한 북동쪽 구역에는 왕과 왕족의 거주 구역이 입지했으며, 왕궁 옆에 샤를마뉴의 참모였던 아인하르트Einhard, 왕궁학교를 운영한 앨퀸Alcuin, 앨퀸의 학생으로 외교가였던 안길베르트Angilbert 등이 거주했다.

왕궁 콤플렉스에는 황제의 도서관과 귀족 자녀들의 교육을 위한 왕궁학교Schola Palatina가 있었다고 전해진다. 그러나 어디에 있었고 어떻게 교육했는지는 전해지지 않는다. 또한 이곳에는 예술품 보관소, 금속세공실, 상아작업실, 화폐를 발행했던 민트도 있었다. 왕궁의 동쪽에는 추가로 삼각형의 공간을 두고 100명을 수용하는 정사각형의 온천thermae으로 연결되었다.

한편 왕궁 콤플렉스 외부에는 왕궁의 조성에 참여했던 다수의 장인과 상인이 그 사회적 위치에 따라 왕궁 주변에 주거지를 조성했다. 또한 왕궁 외부에는 김나지움, 병영, 병원과 호텔 기능을 가진 호스피스hospice, 사냥공원, 그리고 바그다드 칼리프 하룬 알라시드가 선물했다는 코끼리를 기르던 동물원이 있었다.

왕궁학교, 새로운 교육을 위한 법령, 카롤링거 소문자

카롤링거 왕조는 8세기 후반에 영토를 확장하면서 과거 로마제국이 해체된 후 그때까지 방치되어온 도로, 상업, 행정과 교육을 재건했다. 당시 왕국 내에서는 통일된 행정과 지식과 정보의 교류가 늘어나면서, 이를 위해 행정을 담당하는 성직자의 교육이 시급했으며, 특히 다수의 방언이 사용되며 왕국 내 언

of San Vitale을 모델로 설계되었다. 왕궁 예배당은 796년 마리엔키르헤Marienkirche로 이름이 바뀌고 신성로마제국 황제의 제위식을 위한 성당으로 사용되었다. 또한 샤를마뉴와 오토 3세의 묘지를 포함하고 있다.

어 소통이 큰 문제로 부각되었다. 당시 유럽 사회의 공용어는 라틴어로서 문해율이 매우 낮았으며, 교구 성직자도 4세기 후반에 일반 대중을 위해 출판된 라틴어 성경본인 '불가타 성서Vulgate Bible'를 읽지 못했다.

샤를마뉴와 앨퀸

이에 샤를마뉴 황제는 왕국의 언어 문제를 해결하고자 왕의 법령인 '새로운 교육을 위한 법령Karoli Magni Capitulare Italicum, 787과 Admonitio Generalis, 789'을 통해 영토 내에서 학교의 설립을 추진했다. 당시 이 법령의 목적은 프랑크 왕국의 수도원과 가톨릭 학교에서 표준화된 교육과정을 개발하고, 이 교육개혁을 통해 성경을 연구하고 성당과 왕국 세력 간의 소통을 유도하는 것이었다.[1] 이 목적을 이루기 위해 샤를마뉴는 교육과정을 개발하는 데 관심이 있는 기독교 문화권의 학자들을 초빙하여 기독교 왕국의 교육체계를 개발했다. 이것이 카롤링거 르네상스Carolingian Renaissance와 교육개혁Educational Reforms의 시작이다. 이 교육개혁에 따라 유럽의 학교는 성경 교육 외의 작문 교육을 진행하게 되었으며, 성직자는 독해 교육을 받기 시작했다.

유럽 대륙에서 초기 교육은 학생의 사회적 계급과 도시의 입지에 따라 대수도원인 애비, 그리고 대성당, 성당, 왕궁의 부속학교들이 담당했다. 먼저 도시 외곽부에 입지한 대수도원abbey의 수도원monastery에 그 부속 시설로 수도원학교가 조성되어 운영되었다. 한편 도시나 타운의 중심부에 입지하는 대성당cathedral에는 그 부속 성당 학교인 '에피스코팔 학교episcopal school'가 있었다. 왕족의 교육은 왕궁palatsium의 왕궁교사courtier가 담당했다.

아헨의 왕궁에는 샤를마뉴가 왕족과 학자의 가족들의 교육을 위해 세운 왕궁학교가 있었다. 이곳은 유럽 전역에서 초빙되어온 신학, 수학, 천문학, 건축 분야의 학자들의 지식의 토론과 교환의 장소로 기능했다. 특히 콘스탄티노플의 '제국도서관Imperial Library of Constantinople'으로부터 획득한 고대 그리스-로마의 필사본을 보관하는 도서관 기능도 갖추었다. 이후 왕궁학교는 체계화되어 카롤링거 르네상스와 교육개혁의 거점으로 기능했다.

왕궁학교는 카롤링거 르네상스를 주도한 기독교 인본주의 교육자였던 앨퀸에 의해 설립되었다. 앨퀸은 잉글랜드 북부 요크의 귀족 가문 출신으로, 고대 그리스-로마, 앵글로-라틴의 지식에 해박했다. 당시 앨퀸은 아헨에서 14년 동안 거주하며 샤를마뉴의 왕궁학교의 교장으로서 학교의 설립과 운영을 주도했다.

왕궁학교의 업적은 무엇보다 당시 프랑크 왕국에 설립되는 학교를 위한 표준화된 교육과정을 완성한 것이다. 이를 위해 앨퀸은 앵글로-라틴 문화의 인간 중심의 가치를 교육과정에 반영하고, 학생들의 학습 수행의 기준을 높였고, 자유교양liberal arts 교육을 장려했다.

이를 위해 교과서를 저술하고, 단어 리스트를 작성하고, 문법·표현·논리를 가르치는 '트리비움trivium'과 음악·산수·기하·천문학을 가르치는 '쿼드리비움quadrivium'의 교육과정을 개발했다. 트리비움과 쿼드리비움은 이후 조성된 유럽 대학의 핵심 교육과정으로 자리 잡게 된다.

왕궁학교와 '새로운 교육을 위한 법령'이 도시에 미친 영향은 두 가지이다. 먼저 표준화된 교육과정을 개발하고 그 교재를 출판했다. 이로 인해 성당과 수도원에 부속된 다수의 성당학교cathedral school와 수도원학교monastic school가 조성되고 발선했다. 이런 변화 속에 유럽의 도시에는 물리적으로는 교육 시설이 형성되기 시작했으며, 사회구조 속에서 본격적으로 지식 활동이 활성화되었다. 즉 이 시기에 '성직자와 농민'으로 구성된 기존의 사회계급 외에 지식계급intellectual class이 등장했다.

왕궁학교의 또 다른 업적은 카롤링거 소문자의 개발과 보급이다. 카롤링거 소문자는 샤를마뉴의 후원으로 코르비 수도원에서 개발한 중세의 라틴 소문자 폰트이다. 또한 통일된 문서 구성을 갖춘 표준 문서양식이 개발·보급되었고, 기존에 사용하던 파피루스 대신에 양피지를 본격적으로 이용하게 되었다.

카롤링거 소문자로 작성된 대표적인 서적은 로르슈 복음서Codex Aureus of Lorsch•이다. 로르슈 수도원은 774년 샤를마뉴가 재학했던 곳이며, 특히 도서관 내에 필사를 위한 스크립토리움Scriptorim을 갖추고 필사본을 제작했던 가장 유명한 수도원 중의 하나이다.

카롤링거 소문자는 이후 9세기에 최신의 로마 타입페이스를 이용하되 새로운 단어들을 흡수하고 기본적인 고전 라틴어의 문법을 유지하면서 중세 라틴어의 문서와 작문의 표준으로 성장했다.

카롤링거 소문자와 교육개혁으로 750년에서 900년 사이 유럽에서는 필사본 7000개가 제작되었다. 400년에서 750년 사이 필사본이 500개만 제작된 것과 비교되는 분량이다. 이렇게 발전한 중세 라틴어는 이후 중세 유럽 대륙의 학자, 행정가, 여행자들의 공용어가 되었으며, 이후 1200년대까지 사용되었다.

자유도시, 시청, 하우스 뢰벤슈타인

아헨은 샤를마뉴 시대부터 16세기까지 신성로마제국 지배기에 '자유도시 Free Imperial Cities'였다. 자유도시란 황제의 명으로만 그 행정의 간섭을 받으며, 상업 활동의 자유를 갖고 시장의 자유 운영과 동전 화폐 생산권을 갖고 있는 위상과 특권을 누렸던 도시이다.•• 특히 아헨은 프리드리히 1세Friedrich I 신성로마

• 로르슈 복음서는 루마니아의 바트햐네움 도서관Batthyaneum Library, 바티칸 도서관Vatican Library, 런던의 빅토리아앤드앨버트 박물관Victoria and Albert Museum에 나뉘어 보관되고 있다.

•• 신성로마제국은 정치적으로 다핵적 구조로 기능했으며, 통일된 하나의 행정구조로 기능하지 않았

제국의 황제 통치기인 1165년 이미 자유도시로 인정받았다.

신성로마제국 초기의 대표적인 자유도시는 아헨을 포함해 바젤Basel, 아우크스부르크Augsburg, 쾰른Köln, 스트라스부르Strasbourg 등이다. 자유도시는 13~14세기에 조성되기 시작했으며, 17세기를 전후로 해체되었다. 방위병역세 기록에 의하면 자유도시는 1521년에 85개, 아우크스부르크 협정Peace of Augsburg이 있었던 1555년에 65개, 그리고 베스트팔렌 협정이 있었던 1648년부터 1803년에는 50개가 존재했다.

아헨의 도성이 조성된 시점은 바로 자유도시의 승인 직후인 1171년이다. 아헨은 이후 1248년 홀란드의 윌리엄 2세William II of Holland에게 6개월간 점령되었으며, 이후 외곽 성Aachen outer ring을 조성했다. 이즈음 아헨은 의류와 직물 생산을 통해 상업이 빠르게 성장했으며, 시장 운영과 화폐 생산 권리를 확보하고 1372년에는 동전 화폐를 유통하기 시작했다.

신성로마제국의 자유도시였던 아헨의 도시 중심부가 완성된 시점은 1344년에 발생한 아헨 대화재 이후이다. 당시 아헨의 도심은 기존 왕궁 콤플렉스의 체계를 중심으로 남쪽에는 대성당과 뮌스터 광장Münsterplatz과 구시청Grashaus이 있고, 북쪽에는 신시청Rathaus• 그리고 그 건너편에 귀족 주택으로 호텔 기능을 갖춘 길드하우스인 하우스 뢰벤슈타인Haus Löwenstein••을 중심에 둔 마르크트 광

다. 신성로마제국의 행정 거점은 위계에 따라 자유도시Free Imperial City, 카운티counties, 두키duchy, 프린시팔리티principality, 마을sub-unit 등으로 분류되었다. 이러한 일련의 행정 단위들은 그 규모에 따라 도시와 타운으로 불렸다.

• 아헨은 대화재 이후인 1350년을 전후로 새로운 시청을 조성했다. 시청은 고딕 건축양식인 트리어의 콘스탄틴 바실리카Konstantinbasilika를 모델로 건축되었다. 아헨 시청은 이후 조성된 다수의 문화권 시청의 모델이 되었다. 아헨 시청은 이후 1656년 대화재로 파괴되어 1727~1732년 건물 전체가 다시 바로크 건축양식으로 개조되었고, 1882~1903년 다시 재건되면서 파사드에 54명의 독일 황제상이 장식되었다.

•• 하우스 뢰벤슈타인 역시 1344년 대화재 이후 마르크트 광장으로부터 북쪽 교외지로 연결되는 폰트 거리 시작점에 조성되었다. 당시 하우스 뢰벤슈타인은 귀족가문인 뢰베의 개인 주택으로, 일부는 태번과 인으로 이용된 일종의 호텔이었다. 하우스 뢰벤슈타인은 15세기를 전후로 '뢰벤슈타인

마르크트 광장에 입지한 하우스 뢰벤슈타인

장Marktplatz으로 구성되었다. 그리고 이 뮌스터 광장과 마르크트 광장을 연결하는 남북 방향의 크라머 거리Krammerstrasse가 아헨의 중심 상업가를 구성했으며, 뮌스터 광장의 서쪽으로는 어시장인 피슈마르크트Fischmarkt가 있다.

아헨은 대화재 이후인 1349년부터 재건된 도시의 상업 활성을 목적으로 샤를마뉴와 오토3세의 전리품과 유물들 중에서 가장 귀한 네 개의 유물들을 대성당에 전시하며, 첫 번째 왕궁순례pilgrimage를 시작했다. 매 7년에 한 번씩 열리는 대성당의 왕궁순례 행사는 이후 현재까지 독일, 오스트리아, 헝가리, 스웨덴 문화권에서 진행되어왔다.

길드Guild of Löwenstein'를 중심으로 장인과 상인 길드 시의회의 투표권을 확보하며 도시행정에 참여했다.

아헨 대성당과 코트야드

가톨릭 수도원, 프로테스탄트, 매춘스파

아헨의 왕궁학교가 언제까지 운영되었으며, 왜 해체되었는가에 대해서 알려진 것은 없다. 아헨의 왕궁학교는 이후 신성로마제국의 지배를 받는 가톨릭 아헨에서 13세기를 전후로 대성당과 대성당 주변 수도원과 성당들을 중심으로 본격적인 지식 생산 활동이 진행되는 데 기여했다. 이후 아헨이 쇠퇴하기 시작한 계기는 무엇보다 황제 즉위식이 1562년 프랑크푸르트로 이전해간 것이며, 이즈음 가톨릭과 프로테스탄트 간에 일어난 충돌 때문이다.

이 시기 아헨의 수도원과 성당들은 아헨 대성당을 중심으로 도성 내부에 방사형으로 입지해 있었고, 뮌스터 광장 남쪽에는 교구성당인 성 폴리안 성당이 있었고, 대성당 동쪽으로 아달베르트가에 성 아달베르트 성당, 북동쪽으로 페터가를 따라 도미니칸 교파의 성 페터 성당, 남서쪽으로 안나가를 따라 베네딕트 수도원 성당Kloster St. Joachim und Anna이 있었다. 베네딕트 수도원 성당 자리에는 현재 프로테스탄트 교회인 성 안나 교회Annakirk와 학교Evangelische Stadtakademie Aachen가 있고, 남쪽의 성 레온하르트 수도원Kloster St. Leonhard 자리에는 현재 성 레온하르트 고등학교Städtisches Gymnasium St. Leonhard가 입지해 있다.

한편 대성당의 북서-서쪽으로 아우구스티너바흐Augustinerbach와 야콥가Jakobstraße를 따라 클로스터 광장Klosterplatz과 피슈마르크트Fischmarkt를 중심으로 역시 일련의 성당과 수도원이 위치하고 있었다.

특히 아우구스티너 광장Augustinerplatz 중심으로 아우구스투스 수도원과 예수회 교파가 설립한 카이저-카를 김나지움Kaiser-Karls Gymnasium이 학교 기능을 해왔고, 그 서쪽에 현재 린덴 광장Lindenplatz 중심으로 그 주변에 프란체스코 교파의 수도원이 있었다.

또한 아헨에는 로마 시대부터 유대인 커뮤니티가 있었다. 802년에는 이삭Isaac이라는 유대인이 샤를마뉴 황제의 외교 사절에 참여하여 하룬 알라시드Harun al-Rashid를 방문했다. 아헨의 유대인은 대성당의 서쪽 유덴 광장Judengplatz에 주로 모여 살았고, 이들은 13세기에 기독교로 개종했다. 이후 유대인들은 1629년 아헨에서 추방되어 아헨의 남동쪽 외곽의 부르차이트Burtscheid에 정착했다. 부르차이트에는 이미 10세기 말에 오토 3세의 후원으로 베네딕트 수도원Abtei Burtscheid이 조성되었고, 수도원 중심의 타운으로 기능하기 시작했다.

아헨에 프로테스탄티즘Protestantism과 종교개혁이 전파된 것은 1524년 알브레히트Albrecht von Münster에 의해서이나, 곧 가톨릭 시의회Catholic city council에 의해 프로테스탄티즘이 금지되었다. 이에 아헨은 기존 가톨릭 세력과 프로테스탄트 세력이 충돌하는 갈등의 중심부가 되었다.

이즈음 아헨에는 가톨릭 스페인의 펠리페 2세Felipe II의 프로테스탄트 박해와 네덜란드 독립전쟁Dutch Revolt을 피하려는 프로테스탄트가 대거 이주해왔다.

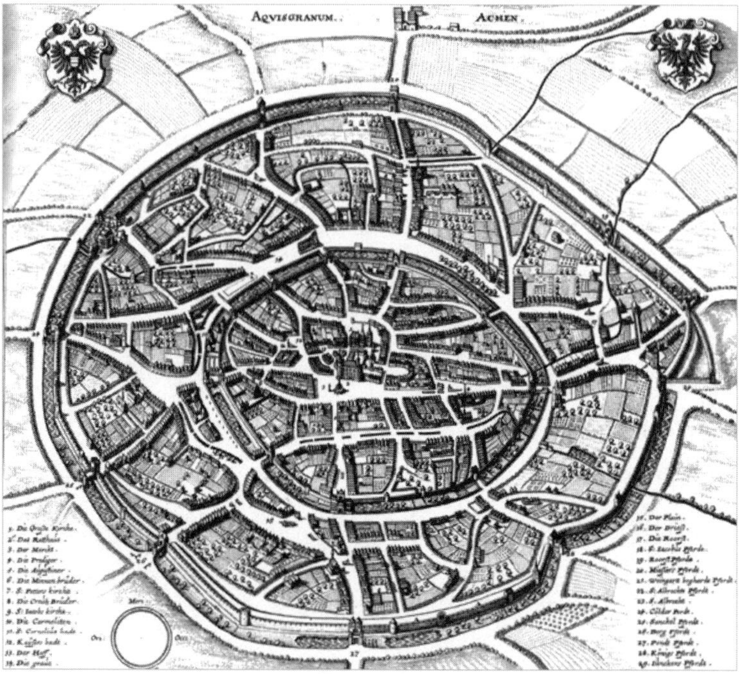

북쪽에서 바라본 아헨, 1645

남쪽에서 바라본 아헨, 2011

이에 아헨의 인구는 1570년 1만 2000명의 가톨릭과 8000명의 프로테스탄트로 구성되었으며, 이들은 시의회의 주도권을 두고 충돌했다. 이후 아헨에는 다시 프로테스탄트 커뮤니티가 형성되어 1581년, 1597년, 1611년에 가톨릭과 프로테스탄트 사이의 갈등이 지속되어• 프로테스탄트의 추방과 집권이 반복되었다. 이 과정에서 아헨에 '제국으로부터의 제외령Reichsacht'이 두 차례나 선포되면서, 아헨 시민은 제국 영토 내에서 보호를 받지 못하고 권리가 박탈되었다. 아헨은 독일 종교개혁 과정에서 최대의 피해를 입고 쇠퇴해갔다.

아헨이 도시 기능을 회복하기 시작한 계기는 아이러니하게도 1656년 대화재였다. 아헨은 대화재로 도시가 전소되었고, 이후 스파 타운으로 재건되었다. 하지만 아헨은 17세기 중반부터 19세기까지 스파와 함께 유럽의 '고급 매춘도시'로 기능했다. 이 시기에 헨델과 카사노바가 스파를 하기 위해 아헨을 방문했다고 한다.

광산 개발과 프러시아 폴리테크니쿰

아헨이 재건되며 부를 축적하기 시작한 것은 나폴레옹 전쟁이 종료된 후 프로이센 왕국의 지배기부터다. 프로이센 왕국은 1871년 영토를 통일하고 독일 제국을 수립했다. 아헨은 이 시기부터 1930년대까지 주변 지역에서 채광되는 석탄을 주원료로 린넨, 실크, 울모직 등의 방직 생산지에서 기계, 유리, 전동차 등을

• 프로테스탄트 세력은 1581년 시장Protestant burgomaster 선출을 유도하며 황제와 가톨릭의 지배 권력에 도전했으나 실패했다. 이후 프로테스탄트의 세력이 확장되면서 1597년 율리히 공작이 제외령을 선포했다. 이에 따라 아헨 시민들은 제국의 영토 내에서 보호를 받거나 권리를 가질 수 없게 되었다. 곧 가톨릭 세력이 힘을 회복했고, 이후 1600년에 예수회 교구와 예수회 대학이 설립되었다. 또한 아헨의 프로테스탄트 세력들은 다시 1611년 세력을 규합해 예수회 대학Jesuit College을 폐쇄하고 1612년 가톨릭 세력들을 몰아냈다. 이에 스페인 장군인 스피노랄Spinola이 제외령을 재집행해 프로테스탄트들이 다시 아헨에서 추방되었다.

아헨 공과대학의 본관

생산하는 기계공업의 생산 거점으로 성장했다. 아헨의 방직 생산은 남쪽의 숲에서 발원해서 대부분 부름으로 흘러나가는 아헨의 하천이 생산해냈던 동력에 기인한다. 이후 아헨이 기계공업의 생산 거점으로 진화한 과정은 흥미롭다.

아헨의 산업 생산 체계의 진화는 프러시아 폴리테크니쿰Prussia Polytechnikum으로 처음 설립된 아헨 공과대학Rhineland-Westphalia Technische Hochschule Aachen•과 맞물려 있다. 아헨 공과대학은 설립 후 현재까지 독일의 기계, 기차 등의 생산을 통해 과학과 엔지니어링의 진보를 주도해온 독일 공과대학의 대표적인 사례이다.

• 아헨 공과대학은 독일에서 가장 큰 공과대학이며, 또한 독일에서 민간 기부가 가장 많은 공과대학이다. 아헨 공과대학의 전체 교수는 4988명이고, 정년 교수는 496명, 병원 직원을 포함한 행정교직원은 3059명, 학생 수는 40,025명(WS 2013/14 학기 기준)이며 이 중 5200명이 국제학생이다.

독일에 공과대학이 처음 형성된 시기는 1745년으로, 당시 독일 북부 지역인 니더작센 브라운슈바이크에 카롤로-빌헬미나 공과대학Technische Universität Carolo-Wilhelmina zu Braunschweig이 설립되었다. 독일의 공과대학은 엔지니어링 분야의 집중된 교육·연구를 목적으로 기술전문대학Technische Hochschulen로 처음 설립되었고, 20세기 초에 박사학위를 수여하며 대학의 위상을 갖게 되었다. 독일에는 현재 17개의 공과대학Technische Universität, TU이 있고 전체 재학생 수는 약 29만 명이다.•

아헨에는 이미 1840년에 쾰른-벨기에 철도의 개통으로 쾰른-아헨 철도와 아헨 중앙철도역Hauptbahnhof이 조성되어 있었다. 중앙철도역은 이후 1905년 현재 도시 중심부로 이전해왔다. 아헨은 이즈음인 1875년 성벽을 완전히 해체했으며, 철도역을 중심으로 철도역 구역Station Quarter과 테아터가Theaterstrasse가 개발되었다. 아헨의 인구는 1880년에 8만 명이었으며, 이후 1897년 남쪽의 부르차이트Burtscheid를 흡수하며 그 인구가 12만 6407명으로 증가하며 부를 축적하기 시작했다.

독일 황제 빌헬름 1세는 1858년에 아헨·뮌헨 화재안전협회Aachener und Münchener Feuer-Versicherungs-Gesellschaft, 현재 아헨·뮌헨 보험회사Aachen Münchener Insurance Company가 모금한 5000탈러talers의 기부금으로 첫 번째 프러시아 폴리테크니쿰Prussia Polytechnikum을 라인강 지역에 설립하려는 계획을 세웠다.

당시 왕자였던 빌헬름 1세가 왜 프러시아 폴리테크니쿰의 설립을 주도했는가에 관해서는 알려져 있지 않다. 그리고 왜 아헨이 프러시아 폴리테크니쿰의 입지로 선정되었는가도 알려져 있지 않다. 다만 프러시아 폴리테크니쿰의 입지로 초기에는 코블렌츠Koblenz가 우선적으로 고려되었고, 이를 이어 아헨,

• 독일의 공과대학Technische Universität, TU은 보통 자연과학, 경제학, 문화학, 사회과학, 인문학 등의 전공과 학과로 구성되며, 세 개의 공과대학인 RWTH Aachen, TU Dresden, TU München에는 대학부속병원university hospital인 Klinikum Aachen, University Hospital Dresden, Rechts der Isar Hospital과 함께 의과대학도 있다.

본Bonn, 쾰른Köln, 뒤셀도르프Düsseldorf가 함께 고려되었다. 이후 아헨과 쾰른이 후보지가 되어, 아헨의 은행들과 보험사의 추천으로 아헨이 최종 결정되었다고 확인된다.

프러시아 폴리테크니쿰은 1865년 시설 공사를 시작했고 1870년 프랑스와의 전쟁 중에 아헨의 중심 건물인 본관Aachen Hauptgebäude에서 첫 강의를 시작했다. 223명의 학생들과 32명의 교사로 출발한 프러시아 폴리테크니쿰의 교육목표는 무엇보다 노르트라인베스트팔렌 광역권에서 루르 지역의 광산 개발을 위해 엔지니어를 교육하는 것으로 화학, 전기, 기계공학 전공이 설립되었고, 기초공통으로 수학, 자연과학, 사회과학을 교육하는 일반전공이 설립되었다.

10년 후인 1880년 프러시아 폴리테크니쿰은 왕립기술대학Royal Technical University으로 재설립되고, 1920년대에는 박사학위도 수여하며 성장해나갔다. 하지만 아헨은 제1, 2차 세계대전에서 심각한 피해를 입었다. 1939~1945년 사이 도시의 주택과 아파트의 65%가 파괴되었고, 대학 건물의 70%가 파괴되었다. 왕립기술대학은 제2차 세계 대전 이후 복구되기 시작했으며, 이미 1960년대에 만 명의 재학생을 갖춘 독일의 최대 공과대학으로 성장했다. 이후 왕립기술대학에는 철학 전공과 의학 전공이 설립되고, 재학생은 1980년에 2만 5000명, 1990년에 3만 7000명으로 늘었다.

이 시기에 아헨 공과대학의 시티센터 캠퍼스는 남북 방향의 폰트가와 동서 방향의 템플러그라벤Templergraben을 중심으로 시티센터 미테 캠퍼스Campus Mitte가 성장했다. 현재 중심 건물은 본관Aachen Hauptgebäude, 학생회관Super C과 카르만 홀Kármán Hall, 아우디막스 홀Audimax Music Hall, 보타닉가든Botanischer Garten Aachen이다. 특히 아헨 공과대학에는 의과대학이 설립되고, 이후 새로운 병원 콤플렉스인 클리니쿰Klinikum Aachen이 미테 캠퍼스 서쪽의 멜라텐Melaten에 조성되어 1985년 아헨 공과대학 병원Universitätsklinikum Aachen으로 흡수되었다. 한편 미테 캠퍼스의 서쪽으로 2009년부터 새로 대규모의 캠퍼스웨스트Campus West가 조성되면서 280개 기업체들이 입지해 있다.

파리
라탱 구역의 대성당학교와 소르본 대학

'빛의 도시'로 불리는 파리가 우리에게 특별한 것은, 6세기 초부터 조성된 가톨릭 수도원과 부속학교가 어떻게 파리의 시장과 대학의 형성을 주도하고 지식과 계몽의 도시로의 진화하는 데 기여했는가를 보여주는 좋은 사례이기 때문이다.

파리가 한 왕조의 수도로 기능하기 시작한 시점은 메로빙거 왕조와 카롤링거 왕조가 다스렸던 프랑크 왕국의 지배기이며, 프랑스 영토에서 가장 큰 도시로 성장한 것은 신성로마제국의 카페 왕조 지배기이다. 파리가 카페 왕조의 수도이며 상업 거점으로 성장한 이유는 무엇보다 곡물과 포도가 풍부하게 생산되는 농업 생산성이 높은 배후지와 북서유럽 지역의 중심이라는 지리적 이점 때문이다. 파리는 역사적으로 로마와 알프스를 잇는 성지순례길과 지중해의 항구인 마르세유를 통해 리옹으로 올라오는 상업길이 북해를 건너 영국으로 향하는 길목이었다.

샤를마뉴 황제의 새로운 교육을 위한 법령이 공포되어 학교가 설립되기 이전 유럽 도시에서 교육은 사회적 계급과 도시의 입지에 따라 교외지의 대수도원인 애비, 그리고 도시 중심부의 대성당과 왕궁의 부속학교에서 진행되었

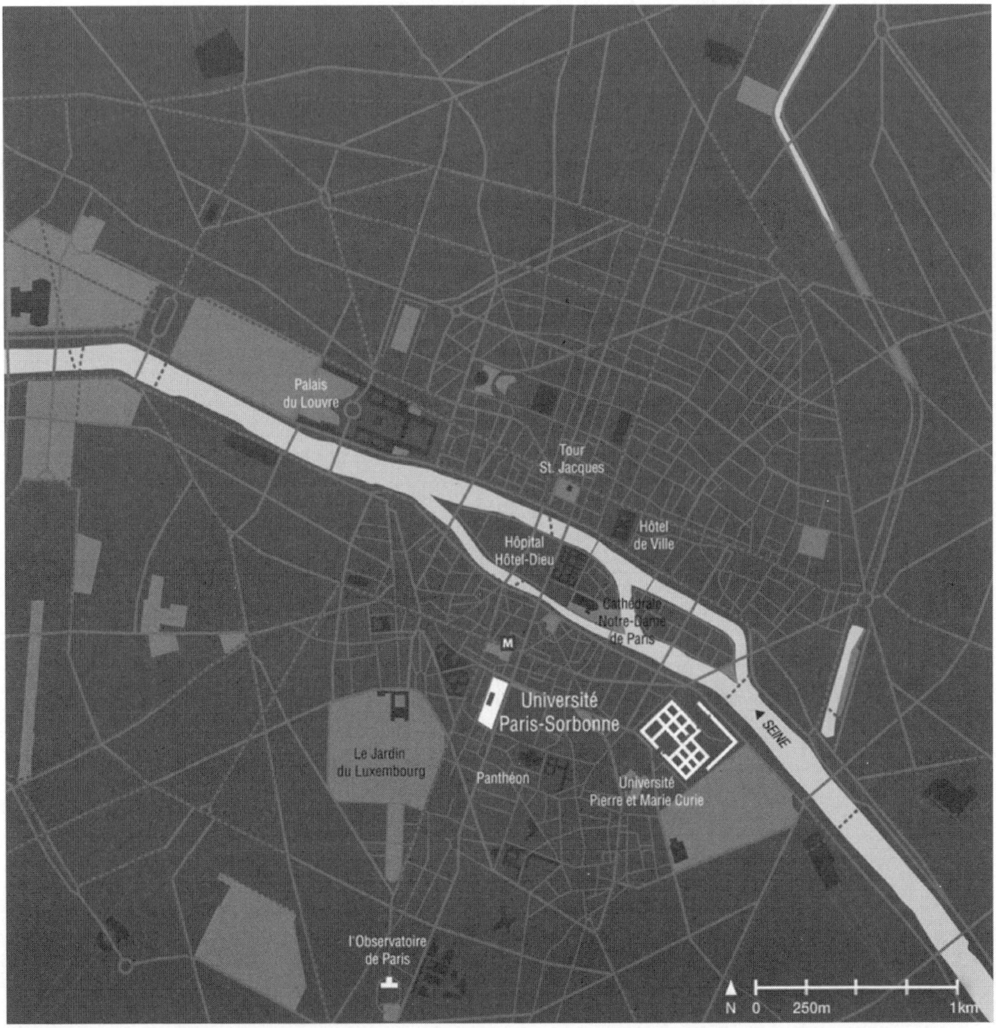
Palais
du Louvre
Tour
St. Jacques
Hôtel
de Ville
Hôpital
Hôtel-Dieu
Cathédrale
Notre-Dame
de Paris
M
Université
Paris-Sorbonne
SEINE
Le Jardin
du Luxembourg
Panthéon
Université
Pierre et Marie Curie
l'Observatoire
de Paris
N
0
250m
1km

다. 이것이 유럽 도시 구도심에 가톨릭 성당, 수도원 등 라틴어를 사용했던 기관들이 모여 있는 '라틴 구역'이 존재하는 이유이다. 파리를 시작으로 몽펠리에, 스트라스부르, 툴루즈, 살라망카, 코임브라, 루뱅, 그리고 코펜하겐 등의 라틴 구역들이 대표적인 사례이다.

파리 라탱 구역의 생트준비에브 언덕 주변의 생트준비에브 수도원과 생제르맹데프레 수도원은 8세기에 왕과 파리 주교로부터 경제적 자치권을 확보하기 위해 교육 활동을 시작했으며, 이와 함께 정기적으로 열리는 시장을 운영하며 파리를 시장의 도시로 진화시켰다. 특히 시테섬의 노트르담 대성당의 부속 수도원학교가 성직자와 공무원을 교육하며 명성을 얻으며 라탱 구역에 첫 번째 기숙 시설인 콜레주데디쥐트를 시작으로 다수의 컬리지가 설립되어 연합체인 파리 대학을 구성했다. 당시 라탱 구역은 채색문서와 인쇄출판 활동을 통해 파리의 지식 생산 거점으로 성장했다.

파리가 유럽 금융 활동의 중심을 넘어, 철학과 과학, 건축, 예술의 중심으로 성장한 것은 17세기이다. 이 시기에 라탱 구역은 종교와 표현의 자유, 성당과 국가의 분리를 주장했던 볼테르와 장자크 루소가 활동하며 계몽주의 가치가 체계화되었다. 이러한 사회 변화 속에 과학과 실용을 우선했던 드니 디드로와 장 달랑베르는 7만 1818개 글과 3129개 그림을 28권에 담아낸 프랑스의 첫 번째 백과사전을 완성했다. 또한 예술대학 에콜데보자르와 공과대학 에콜 폴리테크니크의 건축가와 토목엔지니어들은 웅장한 고전 건축 양식의 공공 건물을 도로와 철도 인프라와 함께 조성하며 파리를 중세도시에서 르네상스-바로크 도시의 전형으로 진화시켰다.

파리시의 오피둠과 로마의 루테티아

파리라는 이름은 현재 프랑스, 룩셈부르크, 벨기에, 네덜란드, 스위스, 북부 이탈리아를 포함하는 골Gaul, 라틴어로 갈리아Gallia 지역에 거주했던 켈트인Celtics의 일부였던 파리시족Parisii으로부터 유래했다. 파리는 이 파리시인이 B.C. 250~B.C. 225년 사이 센강의 습지인 시테섬Île de la Cité과 강변에 루코테시아Lucotecia라는 마을을 만들면서 시작되었다.•

파리는 센강을 중심으로 세 개의 강, 우아즈Oise, 마른Marne, 예르Yerres의 합류지로 주변 배후 지역에서 곡식과 포도가 풍부하게 생산되었다. 풍부한 물자를 거래하기 위해 파리시인들은 B.C. 1세기 전후로 자체적으로 동전을 발행하고 멀리 영국, 스페인, 그리고 동유럽과 교역을 했다. 당시 시테섬은 파리의 주변 지역을 연결하며 프랑스 남부 지역에서 북쪽의 영국을 연결하는 북남의 상업 루트가 센강을 건너가는 상업 활동의 거점이었다. 이 시기에 센강의 폭은 현재 인공 둑방보다 두 배 넓었으며, 현재 시청Hôtel de Ville이 입지한 플라스 드 그레브Place de Grève와 샤트레Châtelet 부지까지 습지였다.

루코테시아는 이후 B.C. 52년 로마제국에게 정복되어 루테티아Lutetia라고 불렸다. 루테티아는 진흙이라는 뜻으로 습지를 의미한다. 이후 루테티아는 200년을 전후로 인구 8000명의 도시로 성장하며 '시비타스 파리시오룸Civitas Parisiorum'으로 개명되었다. 루테티아는 시테섬에 요새를 두며 강남 구역인 좌안을 중심으로 조성되었다. 당시 루테티아의 동쪽 경계는 센강으로 흘러나가는 비에브르 하천Bièvre이었으며 서쪽으로는 생트준비에브산Montagne Sainte Geneviève으로 점차 확장해갔다.

루테티아의 남북 방향의 중심 도로cardo maximus는 현재 생자크가Rue Saint Jacques였으며, 이를 중심으로 격자형의 블록체계를 이루고 있었다. 당시 생자크가는 현재 프티퐁Petit Pont을 통해 센강 건너 북쪽의 생마르틴가Rue St. Martin로 연

• 루코테시아는 로마처럼 일곱 개의 언덕을 가진 곳이다. 루코테시아는 센강의 남쪽으로 파리의 수호 성인인 생트준비에브를 모시는 파리의 모산인 생트준비에브산을 중심으로 카이유Caillou, 서쪽으로 샤이오Chaillot, 동쪽으로 벨빌Belleville, 메닐몽탕Menilmontant, 샤론Sharon을 경계로 두었고, 북쪽은 멀리 몽마르트Montmartre 언덕들을 멀리 두고 있다.

결되었다. 루테티아의 로마 포룸은 생트준비에브산 위 현재 판테온 부지에 입지해 있었다. 루테티아는 판테온 후면의 경사로인 라몽타뉴생트준비에브가Rue de la Montagne Sainte Geneviève를 통해 멀리 로마로 연결되었다.

루테티아의 행정 중심부는 시테섬의 현재 법원Palais de Justice 부지에 형성되었으며, 현재 노트르담 대성당 부지에는 주피터 신전이 있었다. 주피터 신전은 375년 생테티엔Saint Etienne에게 봉헌된 바실리카식 성당으로 개조되었다. 루테티아에서 주거지는 생트준비에브산의 북쪽 사면을 중심으로 조성되었고, 공공목욕장이 현재 클뤼니 뮤지엄Musee de Cluny과 콜레주드프랑스 부지에 있었다. 또한 비에브르 하천과 센강 건너편에는 1만 5000명을 수용했던 원형극장 아렌드뤼테스Arènes de Lutèce•가 조성되었다.

루테티아에 기독교가 전파된 것은 3세기 초이다. 당시 교황 파비아노는 250년 골족 선교를 목적으로 생드니 주교Bishop Saint Denis를 파리의 첫 주교로 파견했고, 생드니 주교는 몽마르트Montmartre에서 순교했다. 루테티아는 275~276년 게르만족과 451년 훈족의 공격으로 쇠퇴했으며, 이후 486년 살리족Salian Franks 프랑크 왕국의 영토가 되었다.

생테티엔 대성당과 세 개의 수도원

파리가 한 왕조의 수도로 기능하기 시작한 시점은 메로빙거 왕조••와 카롤링거 왕조가 다스렸던 프랑크 왕국 지배기이다. 그리고 파리가 프랑스 영토에

• 아렌드뤼테스 원형극장은 1869년 도로공사 과정에서 발견되었으며, 빅토르 위고Victor Hugo의 보존 노력으로 파괴를 면하게 되었다.

•• 메로빙거 왕조는 현재 프랑스의 영토에 설립된 최초의 왕조이다. 메로빙거 왕조의 킬데리크 1세 Childeric I는 이미 골족을 통합하고 프랑크 왕국을 설립했다.

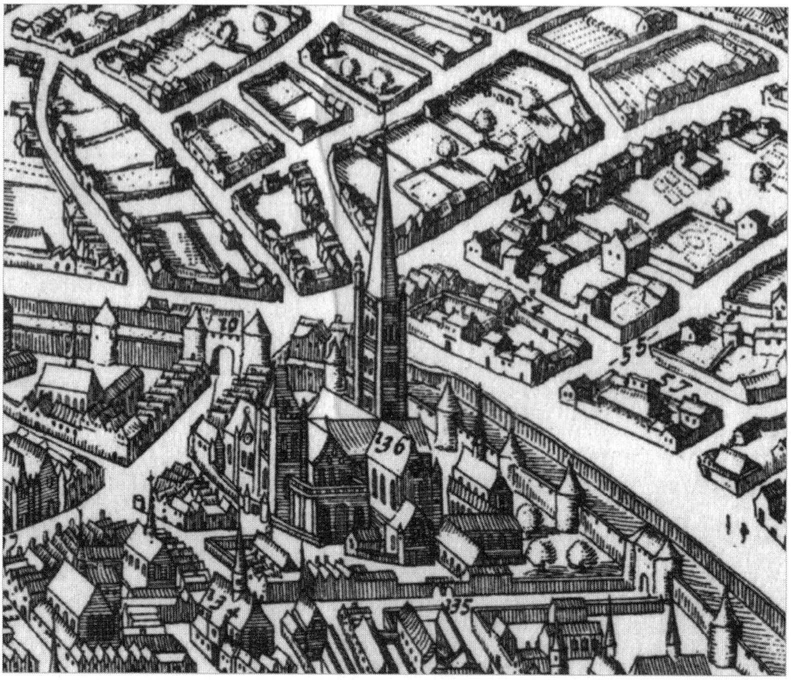

생준비에브 수도원

서 가장 큰 도시로 성장한 것은 신성로마제국 카페 왕조Capetian Dynasty의 지배기 이다.•

파리는 살리족 프랑크의 메로빙거 왕조 초대 왕인 클로비스 1세Clovis I에게 정복된 후, 가톨릭 성당의 도시로 성장했다. 이 시기에 시테섬 서쪽에는 행정 중심인 왕궁Palais de la Cité이 입지했고, 동쪽의 바실리카식 성당 부지에는 생테티엔 대성당Cathedral of Saint Étienne이 조성되었다. 당시 파리는 생테티엔 대성당을 중심으로 좌안의 몽타뉴생트준비에브를 따라 총 11개의 성당과 우안의 4개의

• 파리는 978년 신성로마제국의 카페 왕조의 왕 위그 카페Hugh Capet의 공격으로 함락되었다.

성당들이 있었다.

또한 생테티엔 대성당의 서쪽에는 파리에서 가장 오래된 병원인 오텔디외Hotel Dieu가 파리의 주교였던 생랑드리St. Landry에 의해 시테섬의 남쪽부 광장인 노트르담 광장Parvis Notre Dame과 센강 사이에 조성되었다. 당시 병원이 이곳에 입지한 이유는 식수를 확보하고 빨래하고 쓰레기를 처리하며 환자를 수송하기 편리했기 때문이다.•

파리 북쪽으로 성 외곽 3km 지점에 프랑스의 수호성인이며 파리의 첫 번째 주교로, 순교한 생드니의 묘지 부지에 생드니성당Saint Denys de la Chapelle이 건립되었다. 이후 생드니성당은 다고베르트 왕Dagobert, King of the Franks에 의해 636년 베네딕트 수도원 바실리카로 재건축되었고, 1132년에는 고딕 건축양식의 바실리크생드니Basilique Saint Denis로 재건되어, 이후 유럽 전역의 대성당과 성당의 모델이 되었다. 노트르담 대성당 역시 바실리크생드니를 모델로 고딕 건축양식으로 조성되었다.

한편 메로빙거 왕조의 파리에서 지식 생산의 거점이었던 대표적인 가톨릭 수도원들은 생트준비에브 수도원Abbaye Sainte Geneviève, 생제르맹데프레 수도원Abbaye Saint Germain des Prés, 그리고 이후 카롤링거 왕조가 만든 생빅토르 수도원Abbaye St. Victor이다.

파리가 이 시기에 수도원을 조성하고 프랑크 왕국의 지식 생산의 거점으로 성장한 계기는 무엇보다 '카롤링거 교육개혁Carolingian Educational Reforms'이다. 카롤링거 교육개혁의 목적은 고등교육을 받은 성직자들을 배출하여 제국과 공동체의 리더로서 교육하고, 이를 위해 성당 부속학교와 필사소scriptoria를 조성했다. 당시 샤를마뉴는 확장된 영토 내 무어스페인, 앵글로-색슨잉글랜드, 롬바르

• 파리는 12~13세기에 생제르베호스피털Hospital Saint Gervais, 트리니티호스피털Hospital of the Trinity 등이 가톨릭 교파와 부유한 가문들에 의해 운영되었다. 한편 오텔드외는 19세기 나폴레옹 3세 지배기에 현재 노트르담의 북쪽으로 이전했다.

드이탈리아의 문화와 학자를 흡수하고, 이들의 학문 활동을 지원하는 교육제도를 수립하고자 했다. 파리는 프랑크 왕국의 샤를마뉴가 추진한 카롤링거 교육개혁의 시작점으로 가장 큰 수혜를 입은 도시가 되었다. 이 시기 다수의 수도원 학교들이 라탱 구역에 조성되었고, 파리는 지식 생산의 거점으로 급속히 성장했다.

이 시기에 몽타뉴생트준비에브 정상부의 판테온 동쪽으로 로마 포룸 부지에는 5세기를 전후로 바실리카 생아포트르Basilica Saints Apotres가 입지했다. 바실리카 생아포트르는 이후 502년에 성당으로 개조되었고, 현재 앙리 4세 고등학교Lycee Henri IV 부지에는 생트준비에브 수도원이 클로비스 1세에 의해 예수의 제자인 베드로와 바울을 위해 조성되었다.

특히 생트준비에브의 수도원 학교에는 1100년을 전후로 신학의 체계를 구축한 철학자이며 논리학자로서, 수녀인 엘로이즈Héloïse와의 로맨스로 유명해진 피에르 아벨라르Pierre Abélard가 부속 수도원 학교에서 활동했다. 생트준비에브 수도원학교는 1147년을 전후로 수도참사회Canons Regular 교파의 거점이 되었다. 생트준비에브 수도원은 파리에서 가장 큰 중세 도서관을 운영했으나 17세기에 해체되었다. 수도원 건물은 1800년 클로비스가Rue Clovis의 조성을 위해 벨타워 건물, 현재 클로비스탑Tour Clovis만 남기고 건물들이 해체되었다. 이후 현재 생트준비에브 도서관Bibliothèque Sainte Geneviève이 이러한 전통을 이어받아 파리의 공공 및 대학도서관으로 다시 조성되었다.

또한 생트준비에브산의 서쪽으로 현재 생제르맹데프레 성당Église de Saint Germain des Prés에는 생제르맹데프레 수도원Abbaye Saint Germain des Prés이 있다. 이곳은 원래 메로빙거 왕조의 묘지로 습지였으며, 힐데베르트 1세가 조성한 바실리카 생뱅상Basilica Saint Vincent과 생제르맹St. Germain이 조성한 생트크루와 수도원Abbaye Sainte Croix이 있던 곳이다.

이후 바실리카 생뱅상은 576년 베네딕트 수도원인 생제르맹데프레로 이름이 바뀌었고, 990년과 1201년에 각각 재건되었다. 생제르맹데프레는 도서관

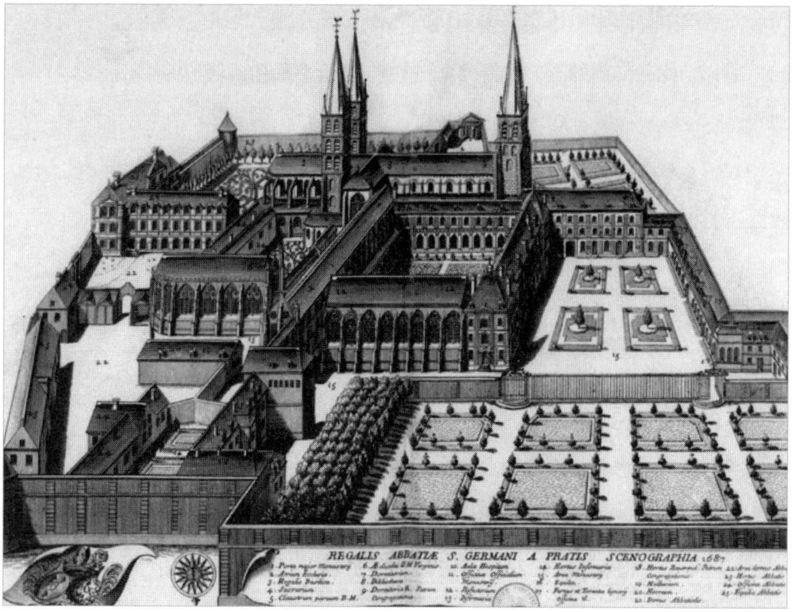

생제르맹데프레 수도원

을 갖추고 프랑스 혁명기 전까지 프랑스 가톨릭 성당의 지식 생산의 거점으로 기능했다.

한편 현재 쥬시우 캠퍼스와 파리식물원Jardin des Plantes 부지에는 생빅토르 수도원Abbaye St. Victor이 있었다. 생빅토르 수도원은 샹포의 기욤Guillaume de Champeaux이 생빅토르 예배당Chapel St. Victor 옆 움막에서 교육한 것에서 출발했다. 이후 움막은 1113년 교황의 기부를 통해 수도원으로 신축되어 수도참사회Canons Regular와 아우구스티누스의 수도 규칙Augustinian Rule를 지켰다. 생빅토르 수도원은 1148년 생트준비에브 컬리지를 매입하며 성장했으나, 이후 쇠퇴했으며 프랑스 혁명기에 해체되었다. 파리식물원은 1626년 루이 13세의 주치의이며 식물학자였던 브로스Guy de La Brosse에 의해 왕을 위한 약초 정원로 조성되었다. 이곳은 왕의 정원Jardin du Roi으로 불렸으며, 파리 최초 식물원으로 1635년 처음으로 약재가 재배되기 시작했다.

한편 당시 파리에는 그 외에도 현재 플라스 르네-비비아니Place René-Viviani의 남쪽으로 생줄리안르파브르 성당Eglise St. Julien le Pauvre이 이미 6세기 이전에 조성되었으며, 이후 이탈리아의 신학자이며 철학자인 토마스 아퀴나스Thomas Aquinas와 프랑스의 르네상스 작가인 프랑수아 라블레François Rabelais를 포함한 지식인들이 활동 거점으로 사용되었다. 또한 파리의 갈로-로마시대의 목욕탕Thermes de Cluny의 부지에 있는 현재 클뤼니박물관Musée de Cluny에는 베네딕트파의 클뤼니 수도원Abbaye de Cluny이 주도해 오텔드클뤼니Hôtel de Cluny가 설립되어 신학교로 운영되었다.

수도원과 시장

당시 파리의 수도원은 과연 무엇을 하는 곳이었을까? 파리의 수도원들은 부속학교를 운영하고, 채색문서를 포함한 서적과 기록물을 제작하고 보관하며, 공예품을 생산하는 주체였다. 이 수도원들은 수천 명의 학생과 학자의 활동 거점으로 이후 파리에서 대학의 시작점이 되었다. 특히 당시 파리의 수도원은 파리의 주교와 프랑크 왕국의 왕으로부터 행정적·경제적으로 자치권을 갖고자 했으며, 교황으로부터 직접 지배를 받았다. 이러한 이유로 파리의 수도원은 주변에 넓은 토지를 소유하여 음식과 와인을 생산하고 소비하며, 이를 매매하여 수입을 만들어낸 도시 시장의 핵심 주체였다.

파리에서 수도원이 운영했던 대표적인 시장은 7세기에 시작된 생드니 시장Foire Saint Denis이다. 또 파리에서 열린 생마티아스 시장Foire St. Mathias이 있었고, 랑디 시장Foire Lendit은 매년 6월 현재 파리 벼룩시장이 열리는 랑디가Rue de Landy를 중심으로 열려 양피지를 포함한 다양한 물건들이 매매되었다.

먼저 생드니 시장은 파리의 북쪽 외곽인 생드니 수도원Abbaye Saint Denis에서 매년 10월 초에 개최되며 급속히 성장했다. 생드니 수도원의 입지는 센강이 크게 회전하여 방향을 바꾸는 파리의 사실상 북쪽 입구였으며, 현재 이곳에는 파리 8대학이 들어서 있다. 당시 생드니 수도원은 시장 운영 기간 동안 파리의 어느 곳에서도 매매가 이루어질 수 없도록 규제했으며, 모든 상품에 대해 통과비, 세관세, 운반비, 다리 통과세, 항구 정박비, 마차세, 도로 이용비, 여객비, 가축이나 금수류 세금을 철저히 부과했다.

이 시기에 생드니 시장에서는 와인, 꿀 등을 매매되었으며, 롬바르디아, 스페인, 프로방스, 색슨, 피카르디 지역의 상인들이 활동했다. 이에 잉글랜드인은 영국해협을 건너 캉슈강Riviere Canche의 현재 에타플Étaples 또는 몽트뢰유-쉬르-메르Montreuil-sur-Mer로 추정되는 캉토빅 항구Port of Quentovic에 진입하여 아미앵Amiens을 지나 파리로 들어왔다. 한편 스페인인은 파리 북서쪽으로 120km 떨어진 센강의 항구인 루앙 항구Port of Rouen를 거쳐서 파리로 들어왔다. 이후 이곳은 센강으로 연결된 생드니 운하를 통해 현재 파리의 북역Gare du Nord 옆의 바미포구Quai de Valmy까지 직접 연결되었다.

카페 왕궁, 항구, 시장

파리는 언제부터 어떻게 서유럽의 최대 도시로 성장했을까? 파리에 카페 왕조의 왕궁이 조성된 시점은 위그 카페 왕Hugues Capet의 지배기였다. 위그 카페 왕은 987년 시테섬 서쪽의 과거 로마제국의 행정관 부지인 현재 법원청Palais de Justice에 왕궁Palais de la Cité을 조성했다. 하지만 카페 왕들은 파리보다는 뱅센Vincennes, 콩피에뉴Compiègne, 오를레앙Orleans의 왕궁들에서 주로 거주했기 때문에 파리의 왕궁은 초기에 왕궁으로 제대로 기능하지 못했다.

파리가 카페 왕궁의 도시로 자리 잡기 시작한 것은 이후 경건왕 로베르 2세 때부터로, 루이 6세와 루이 7세, 필립 아우구스투스의 통치기였다. 카페 왕

파리 시테섬

조의 로베르 2세는 기존 왕궁 부지에 110m×135m 크기의 직사각형 요새를 재조성하고 생니콜라 왕궁성당Chapel Saint Nicholas을 건축했으며, 필립 아우구스투스 왕은 왕궁 내에 서고, 금고, 정원을 조성하며 왕궁 체계를 완성했다. 생니콜라 왕궁성당은 루이 9세에 의해 생트샤펠Sainte Chapelle로 재조성되었다. 이후 필립 4세는 왕궁을 확장하고 부두를 조성하며 파리를 프랑스 영토의 행정과 경제 활동의 중심부로 완성했다.

카페 파리는 이후 왕조의 행정 중심부로서 기능하며, 상업 활동이 활성화되고 인구가 급속히 늘어나 1328년을 전후로 인구 20만 명의 도시로 성장했다.• 카페 파리는 이 시기에 세 번의 도성 증축••을 통해 방사형태로 성장했

• 하지만 파리의 인구는 이후 1348년 선페스트bubonic plague로 감소했고 다시 1500년에 약 15만 명으로 증가했다.

•• 파리에는 메로빙거 왕조와 카롤링거 왕조 지배기 시테섬에 요새가 있었고, 수도원과 성당은 나무 울타리로 방어된 타운이었다. 이후 11세기에 조성된 파리의 첫 번째 도성은 우안을 중심으로 현재 오텔드빌Hôtel de Ville과 루브르를 포함했으나 좌안은 성에 포함되지 못했다. 당시 첫 번째 파리 도

다. 카페 파리는 시테섬 서쪽에 프랑스의 행정을 위한 행정 중심부, 동쪽에는 파리 대성당인 노트르담을 가톨릭 종교 활동의 중심부로 두었다. 특히 카페 파리는 이 시기에 상업과 시장 기능이 성장한 우안, 그리고 지식 생산 기능은 좌안이라는 도시의 기능 분화가 시작되어 새로운 도시 구조로 자리 잡기 시작했으며 이 구조가 현재까지 남아 있다.

파리는 카페 왕조의 행정 중심으로, 다수의 행정공무원과 법률가가 필요했다. 이것이 이 시기 파리의 센강 좌안에 성당과 부속학교에 기원을 둔 대학들이 조성되며 거대한 교육 클러스터로 성장한 이유이다. 또한 카페 왕궁은 귀족들이 도시 거주형 타운하우스 저택을 조성하게 했다. 이들은 곧 가죽, 실크, 갑옷, 무기 등의 고급품 시장을 조성하며 상업을 번성시켰고 대부업자들은 부를 축적했다. 이에 센강 우안에는 시테섬을 따라 상업과 금융이 번성하고 습지가 간척되어 항구와 시장이 확장됐다.

파리의 상인들•은 이 시기부터 카페 왕조의 기존 왕궁이 입지했던 파리의 남쪽 100km 지점의 오를레앙으로부터 북동쪽 저지대의 플랑드르 지역을 직선으로 연결하는 상업 활동으로 크게 번성했다. 서유럽을 관통하는 이러한 상업길은 현재 파리와 브뤼셀, 암스테르담을 연결하는 철도선으로 진화되었다.

카페 파리에서 상업 기능의 성장은 곧 파리의 도시 행정과 도시 구조에 큰

성은 4~6개의 성문과 30개의 타워가 있었으며 길이는 1700m였다. 파리의 두 번째 도성은 필립 아우구스투스 왕이 조성한 필립 아우구스투스 파리성Phillippe Auguste Wall이다. 필립 아우구스투스 파리성은 우안 구간과 좌안 구간으로 나누어 조성되었다. 당시 필립 아우구스투스 파리성의 총 길이는 5400m이며 10개의 도성문과 75개의 타워가 있었으며, 내부 면적은 273ha였다. 이 시기에 우안이 빠르게 성장했으며, 1186년에는 파리의 중심 가로들이 조약돌로 포장되었다. 이후 파리의 세 번째 도성은 샤를 5세가 조성한 파리 도성이다. 이 도성은 1358~1371년에 100년 전쟁 기간에 조성되었다. 당시 파리 도성은 우안 길이 4900m으로 439ha 면적의 도시를 보호했다. 세 번째 파리 도성은 우안의 현재 바스티유 자리에 있던 포르테 생앙투안Porte Saint-Antoine을 포함해 확장했으나, 좌안 구간은 기존의 필립 아우구스투스의 도성을 보수했다.

• 파리의 상인들은 이미 680년을 전후로 은전을 제작해서 유통했으며, 그 이전에 이미 금전을 제작했다.

변화를 주었다. 먼저 상인들은 센강을 이용해 상업 활동의 독점권을 갖는 '연합'을 조성하고 강력한 도시 행정의 주체 세력으로 성장했다. 1296년에는 24명의 시민대표가 참여하는 파리의 '도시의회Conseil de Ville'가 조성되었다. 한편 카페 파리는 상업 활동의 번성으로 외부 세력의 침략을 받았고 가톨릭 동맹Catholic League의 중심부로서 종교전쟁을 겪으며 쇠퇴했다.•

카페 파리는 항구를 통해 진입할 수 있는 수변 도시이다. 파리의 항구이며 진입부는 필립 아우구스트의 통치기 이전까지 센강의 현재 오텔드빌 부지의 플라스 드 그레브Place de Grève의 그레브 항구Port de la Grève였다.•• 그러나 그레브 항구는 이후 파리의 상업 활동을 지탱하기에는 역부족이었다. 필립 아우구스트스의 지배기에 새로운 항구인 포르드레콜Port de l'Ecole이 '센강 상인연합'의 기부로 퐁네프 다리Pont Neuf 건너편 현재 사마리탱 백화점La Samaritaine 부지에 조성되었다. 이후 파리에는 15세기까지 센강을 따라 와인, 곡식, 조약돌, 건초, 생선, 석탄 등을 위한 개별적인 부두들이 연이어 조성되었다.

한편 수도원들은 카페 파리 시기 파리에 거대한 시장을 조성했다. 파리의 센강변은 항구와 함께 시장 기능을 가지게 되었다.••• 파리의 초기 시장은 시테섬 노트르담 대성당 앞의 광장parvis에서 시작되었다. 이후 두 개의 시장이 1137년을 전후로 현재 퐁토샹주Pont au Change인 그랑퐁Grand Pont과 프티퐁Petit Pont의

• 파리는 당시 프랑스 왕국의 정치 공백기에 발생한 100년 전쟁 전후인 1356년부터 1436년까지 잉글랜드인들과 버건디인의 지배하에 있었다. 100년 전쟁은 '프랑스와 그 지원군인 스코틀랜드가 잉글랜드와 버건디 연합에 대항한 전쟁이었다. 또한 파리는 가톨릭 연맹의 중심 거점으로 100년 후에 발생한 프랑스 종교전쟁 과정에서 초토화되었다. 프랑스 종교전쟁은 프랑스의 내전으로 프랑스 가톨릭과 프로테스탄트 위그노 간의 전쟁이었다. 파리의 종교전쟁은 낭트 칙령으로 종결되었다.

•• 파리의 초기 항구 기능은 시테섬의 현재 퐁생루이Pont Saint Louis에 입지했던 포르생랑드리Port Saint Landry, 과거 포르노트르담Port Notre Dame에 있었다.

••• 센강 상인연합은 시장에서 저울을 검사하고 상거래 분쟁을 해결했다. 파리는 이미 864년 화폐소Hotel des Monnaies가 퐁네프 다리 앞 강변에 조성되었다. 또한 파리의 환전소Post au Change가 본격적으로 1141년 그랑 다리Grand Pont, 현재 퐁오샹주Pont aux Changeurs를 중심으로 기능했으며, 대부 업무는 금지되었다.

케드몽테벨로Quai de Montebello에 조성되었다. 한편 파리의 우안이 성장하면서, 노트르담 대성당 앞의 시장이 현재 플라스드로텔드빌Place de l'Hôtel de Ville 앞의 플라스드그레브로 이전했다. 또한 우안 내륙으로 당시 파리의 진입 성문이 있던 현재 샤트레Châtelet에 그랑드부셰리Grande Boucherie 육류 시장이 성장했다.

한편 파리가 기존 외곽 타운인 생드니의 시장을 넘어 독자적인 시장을 운영하기 시작한 것은 12세기 말이다. 루이 6세는 1137년 센강 우안의 레샹포Les Champeaux 부지를 매입하여 새롭게 시장을 조성했다. 레샹포는 '작은 들'이라는 뜻으로 이전에는 파리의 공동묘지로도 이용된 습지였다. 레샹포는 야외 시장으로 육류, 생선, 과일, 채소 시장을 두었고 특히 직물을 매매했다. 레샹포는 북부 생드니의 다른 시장 두 곳과 경쟁하며 시장의 주도권을 획득했다.

이후 레샹포는 그 주변에 징세 구역의 경계를 결정하는 해자를 조성했으며, 이곳에 포목상과 환전소가 생겨났다. 이후 필립 아우구스투스 왕은 1181년 생 라자르Foire St. Lazare 시장을 레샹포로 이전시켰다. 이것이 레알 구역 시장화의 계기이다. 이후 12세기에 번성한 생 제르맹데프레의 시장도 역시 1300년을 전후로 이곳으로 이전해왔다. 당시까지 레샹포 시장은 파리 주교가 주관하고 세금을 거두었다. 이후 왕은 파리 시장 운영에 관여하기 시작했으며 결국 주교로부터 시장 운영권을 획득했다. 레샹포 시장은 20세기까지 레알Les Halles 중앙 시장으로 명맥을 이어갔다.

가톨릭의 파리: 대성당, 오텔드외, 학교

카페 파리는 또한 거대한 가톨릭 도시였다. 당시 파리는 시테섬의 파리 대성당인 노트르담을 중심으로 좌안에는 교구성당과 부속 수도원을 중심으로 서유럽 지식 생산의 중심부로 기능했다. 당시 파리 대성당은 거대한 토지와 부를 소유했으며, 성당의 운영을 담당하는 '클레릭clerics'이 파리 대성당 주변에 다수 거주했다. 파리 대성당과 그 주교는 1300년을 전후로 파리 내의 33개 교구성당들과 88개의 수도원의 운영을 책임지며 막강한 권력을 갖고 있었다.• 한편 파리의 교구성당들과 그 부속 수도원들은 채색문서의 생산 거점으로 성장했고, 그 부속학교들은 기숙 시설을 확보하며 소위 '파리 대학'의 컬리지들을 조성하기 시작했다. 이들은 시장을 주재하며 파리의 시장 규모를 급속도로 증가시켰다.

먼저 생테티엔 대성당은 노트르담 대성당Cathedrale Notre-Dame으로 조성되었고, 다시 루이 7세의 지배기에 파리 주교인 모리스 드 쉴리Bishop Maurice de Sully의 주도로 고딕 건축 양식으로 재건되었다. 당시 노트르담 대성당의 북쪽 구역에는 노트르담 수도원Cloitre Notre Dame이 입지했다. 노트르담 대성당과 수도원은 독립된 타운으로 기능할 정도의 규모로 운영되었고, 이후 파리의 첫 학교인 대성당 학교Episcopal School of Cathedrale Notre-Dame가 조성되었다. 당시 모리스 드 쉴리 주교는 노트르담 대성당 앞 광장에 대성당 진입로인 뤼 뇌브 노트르담Rue Neuve Notre Dame을 조성하면서 오텔드외Hôtel Dieu와 주교의 궁을 재건했다.

오텔드외는 651년 파리 주교였던 생랑드리에 의해 최초로 건립되어 현재까지 기능하는 세계에서 가장 오래된 호스피털이다. 이곳은 의료 봉사 외에 사회의 소외 계층을 위한 자혜 기능을 해왔다.

라탱 구역과 수도원 학교

카페 파리의 초기 학교는 왕궁의 부속학교, 노트르담 대성당 학교, 생트준비에브 수도원Abbaye Sainte Geneviève의 수도원 학교로 총 세 개의 부속학교가 운영되었다.[1] 먼저 설립된 왕궁학교는 이후 왕권의 축소와 함께 세력이 축소되었

• 파리의 1328년 최대 인구는 약 20만 명으로 이 중 수도자와 수녀가 총인구의 10%인 총 2만 명이었다(www.wikipedia.org).

다. 이후 노트르담 대성당 학교와 생트준비에브 수도원 학교가 명성을 얻기 시작했다. 이후 생제르맹데프레 수도원과 생빅토르 수도원에 부속된 학교들도 성장했다.

노트르담 대성당 학교는 파리의 주교가 운영했으며, 1021년 노트르담 수도원에서 처음으로 학생을 받아 시작했다. 노트르담 대성당 학교는 학생들에게 읽기, 쓰기, 산수, 교리문답, 성악을 가르쳤다. 한편 센강 좌안에 교황이 직접 운영하는 학교들이 설립되면서, 대성당 학교의 교과과정은 12세기부터 상급 교과들인 문법, 수사, 논쟁, 수학, 기하, 천문, 음악을 가르쳤으며 12세기 후반부터 쇠퇴했다.

이 시기에 가장 존경받던 교육자인 이탈리아 롬바르디아 태생의 피에레 롬바르드Pierre Lombard가 1145년부터 노트르담 대성당 학교의 신학교수로 활동했고, 그는 1159년에 파리 주교가 되었다. 이후 오를레앙 태생으로 신학교수이며 노트르담 대성당을 재건한 모리스 드 쉴리가 그를 이어 파리 주교가 되었다. 또한 생 도미닉Saint Dominic, 생 보나방튀르Saint Bonaventure 등이 교육 활동을 했다. 노트르담 대성당 학교는 이 시기에 7명의 교황과 29명의 추기경, 그리고 루이 7세를 배출했다.

노트르담 대성당을 중심으로 하는 교육 거점은 이후 100년을 지나면서 점차 센강 좌안의 라탱 구역으로 이전했다. 라탱 구역은 현재 파리의 5구와 6구의 일부로 구성되는 구역이다. 라탱 구역으로 교육의 거점이 옮겨간 것은 모든 대성당과 주요 수도원은 학교를 설립하여 성직자를 교육하도록 했던 교황 그레고리 7세의 교황령 때문이었다. 이 교황령에 의해 교황의 직접적인 지배를 받으며 파리 주교로부터 상대적으로 자유로웠던 수도원들이 라탱 구역에 수도원 학교들을 조성했다. 당시 수도원 학교는 성당을 운영하는 '클레릭clerics'을 교육했으며, 이후 프랑크 왕국의 행정공무원인 '클럭clerk'을 양성했다.

당시 파리의 성당과 수도원 학교의 기본 교육과정은 문법과 교양 교육으로 이루어져 있었다. 먼저 문법은 '3대 교과trivium'인 문법grammar, 표현rhetoric, 논리logic 교육으로 구성되었다. 학생들은 문법 교육을 통해서 당시 유럽의 공용어인 라틴어를 읽고 쓰고 말할 수 있도록 교육받았다. 파리에서 공부하는 거주인과 학생의 공통어는 라틴어였다. 그래서 이들이 모여 있는 구역이 라탱 구역으로 불리게 되었다. 또한 표현 교육에서 학생들은 발표의 기술과 문학을 접했으며, 논리 교육에서는 가정/주장proposition의 가치validity 증명에 집중했다. 한편 이후 설립된 '4대 교과quadrivium'는 교양 교육을 시작으로, 산수, 기하, 천문, 음악을 교육했다.

파리의 성당과 수도원 학교는 한 명의 마스터와 일군의 교사에 의해 운영되었다. 교사들은 일정한 자격을 갖춘 후 상서원장이나 수도원장으로부터 자격을 인정받아 학교에서 교수, 부교수, 조교수 등의 등급을 가지며 수도원 내부나 외부에 거주하며 활동했다. 당시 학교의 교수들은 라탱 구역에 있는 홀hall을 임대해 강의했다. 이것이 파리의 라탱 구역이 이 시기에 교육의 중심부로 성장한 이유이다. 교수들은 보통 수업에서 일반적으로 알아야 하는 중요 내용을 다루는 책과 문서를 사용했다. 당시 교수는 교과서의 설명을 제공했고, 학생은 글을 필사하고 책장의 여백에 설명방주marginalia를 기록했다. 이러한 전통은 현재까지 각주footnote라는 문서 양식으로 남아 있다.

파리의 라탱 구역은 1100년대 초부터 기존의 가톨릭 신학의 한계를 확인하며 거대한 지식을 흡수하기 시작했다. 당시 스페인과 시칠리아로부터 흡수되기 시작한 아베로에스설Averroism과 아리스토텔레스의 철학은 기존의 신학을 넘어 자연과학과 인문주의 학문의 발전을 유도했다. 특히 이즈음 아리스토텔레스의 저서들이 아랍을 경유해 라틴어로 번역·소개되면서 파리의 학자들은 이성과 논리의 개념에 기초해 자연철학과 형이상학을 강의했고 논쟁의 문화가 성장했다. 또한 히포크라테스, 갈레노스, 아비센나Avicenna의 서적들이 의학 교육에 이용되었다.

파리 대학

네 개의 기숙 컬리지, 파리 대학, 출판인쇄

소르본Sorbonne이란 이름으로 알려진 파리 대학Université de Paris의 시초를 무엇으로 보느냐는 논쟁의 대상이다. 일반적으로 노트르담 대성당 학교를 운영한 노트르담 수도원의 조성과 이와 함께 기능했던 생트준비에브 수도원, 생빅토르 수도원에 부속된 세 학교들의 설립을 그 시작으로 보거나, 라탱 구역의 첫 번째 컬리지인 콜레주데디쥐트Collège des Dix-Huit에서 그 기원을 찾아왔다.

파리의 컬리지는 1200년 필리프 2세와 1215년에 교황 이노센트 3세로부터 학교 운영 승인을 받으며 빠르게 성장했다. 파리의 컬리지는 전성기에 총 65개가 소르본을 중심으로 작동하며 하나의 덩어리인 파리 대학으로 간주되었다. 한편 노트르담 신학교의 교사와 학생들은 1120년 노트르담 수도원의 공간

부족으로 생트준비에브 언덕 주변에 거주했다. 이것이 라탱 구역과 파리 대학의 시작으로 이해될 수 있다.

이후 파리 대성당과 수도원의 학교들이 번성하면서 파리에는 학생들의 기숙 문제가 부각되었으며, 종종 주민들과 학생 사이에 하숙비 분쟁이 발생했다. 당시 파리 주교는 주민들과 분쟁을 일으킬 경우 교사와 학생들을 처벌했다. 이런 문제를 해결하기 위해 숙식을 제공하는 컬리지들이 12세기부터 라탱 구역에 조성되었다.

라탱 구역의 첫 번째 컬리지인 콜레주데디쥐트는 영국인 메시레 요세 데 롱드레스Messire Josse de Londres에 의해 오텔드외의 가난한 18명의 학생들을 위해 설립되었다. 이후 13명의 기숙을 위한 콜레주데파브르에콜리에드생토노레Collège des Pauvres Ecoliers de Saint Honoré와 시토 교파의 신학 교육을 위한 콜레주드생베르나르Collège des Bernardins와 수도원, 콜레주드소르본Collège de Sorbonne, 클뤼니 수도원, 콜레주다르쿠르Collège d'Harcourt 등이 조성되었다.

라탱 구역 중심부에 입지한 콜레주드소르본Collège de Sorbonne은 신학자인 로베르 드 소르본Robert de Sorbon•에 의해 가난한 학자들을 위한 호스텔인 메종드소르본Maison de Sorbonne으로 처음 설립되었다. 메종드소르본은 설립 직후인 1259년 교황 알렉산데르 4세로부터 추천을 받으면서 프랑스 신학의 중심부로 성장했다. 이후 파리의 컬리지들은 콜레주드소르본과 연합을 구성하면서 집합체로서 소르본으로 불리기 시작했다.

파리의 컬리지들은 교수와 학자의 길드로 기능하며, 신학과 철학으로 명성을 얻기 시작했다. 이후 파리의 컬리지들은 이곳을 졸업한 교황 이노센트 3세로부터 1215년 인가를 받았으며, 1246년 재정적·법적 자치권을 수여받았다.

• 로베르 드 소르본Robert de Sorbon, 1201~1274은 신학자이자 루이 9세의 고해신부로서, 1257년 파리에 메종드소르본이라는 컬리지를 설립하고 루이 9세로부터 재정 지원을 받아 가난한 학생 20여 명에게 신학을 교육했다.

콜레주드소르본, 1550

당시 파리의 컬리지에서는 교회법을 교육했고, 로마법과 시민법의 교육은 불허되었다.

라탱 구역에는 여러 지역 출신의 학자가 모여들었다. 1237년부터는 잉글랜드 출신으로 옥스퍼드에서 강의했던 로저 베이컨Roger Bacon이 이곳에서 아리스토텔레스의 논리를 기반으로 경험론적 과학과 기하학을 교육했다. 이후 이탈리아 토스카니 지역 출신의 프란체스코 교파의 신학자였던 생 보나벤투르Saint Bonaventure가 1248년 강의를 시작했다. 또한 시칠리아 태생의 신학자이며 법학자인 토마스 아퀴나스Thomas Aquinas가 1252년부터 강의했다. 이곳에서 수학한 학생으로는 피렌체 출신으로 시인으로 활동한 단테 알리기에리Durante degli Alighieri, 프랑스 신학자로서 가톨릭의 개혁을 주도했던 장 칼뱅Jean Calvin 등이 있다.

파리에서 처음 출판이 시작된 시점은 1230년대로 라탱 구역에 일련의 수도원과 컬리지들이 조성되며 지식 활동이 시작된 시점이다. 특히 파리는 이 시기에 채색문서가 유행했으며, 파리에서 개발된 파리 양식은 프랑스 전역으로 확산되었다. 1391년에는 파리의 첫 예술가 길드Confrérie des Peintres and Tailleurs d'images가 설립되었고, 양피지, 채색가, 서적상들이 라탱 구역으로 모여들었다.

한편 파리에서 인쇄가 시작된 것은 그로부터 240년 후인 1470년이다. 파리에 인쇄를 소개한 사람은 바젤 대학의 신학과 철학교수인 요한 헤일린Johann Heynlin이었다. 요한 헤일린 교수는 소르본 대학의 교수였던 기욤 피셰Guillaume Fichet와 함께 1470년 마인츠Mainz로부터 이주해온 세 명의 인쇄 전문인들의 도움으로 프랑스 최초의 인쇄소를 세웠다.

라탱 구역에 인쇄소가 세워지고 1470년에 프랑스에서 인쇄된 첫 책인 『리베르 에비스톨라룸Liber Epistolarum』이 출판되었다. 이 책은 베르가모 출신인 가스파리노Gasparino da Barizizza가 저술한 라틴어의 작문 기술 교육책으로 '가스파리노의 편지'로도 불린다. 1476년에는 첫 성경책이 파리에서 인쇄되어 출판되었다. 이 시기는 유럽 가톨릭 개혁 운동의 최절정기이기도 하다. 이즈음 프랑수아 라블레가 프랑스 르네상스를 대표하는 작가, 의사로서 활동했다.

직선과 대칭의 주거 광장과 도로

파리는 프랑스와 잉글랜드와의 백년 전쟁(1337~1453)과 프랑스 종교전쟁(1562~1598)으로 황폐화된 도시를 재건하면서 중세 도시에서 르네상스-바로크의 도시로 변화했다. 이 시기 파리는 부정형의 도로와 블록에서 벗어나 직선과 격자형으로 이루어진 도시 체계를 갖게 되었다. 이러한 변화는 특히 1589년부터 1715년까지 약 130년 동안 앙리 4세로부터 시작하여 루이 13세와 루이 14세의 지배기에 집중되며, 파리를 유럽에서 가장 아름다운 도시로 만들려는 야심찬 도시 개조가 진행되었다.* 파리의 인구는 1640~1789년 사이 인구 40만~ 60만 명의 도시로 급성장했다.

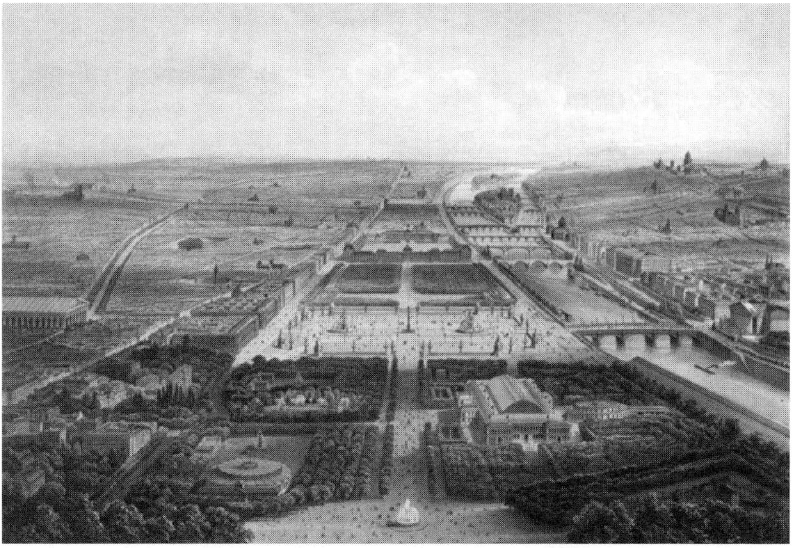

콩코르드 광장 쪽 교차로에서 바라본 1860년대 샹젤리제 모습

파리는 17세기부터 도로면을 따라 개별 건물들의 건물 높이와 건물 배치를 규제하여 가로를 따라 연속적인 건물 전면부가 완성되도록 유도했다. 이러한 개발 방식을 통해 일렬의 타운하우스들로 둘러싸인 대칭 배치의 주거 광장이 조성되었다.

이런 주거 광장 사례로 오텔데투르넬Hôtel des Tournelles 부지에 조성된 루아얄 광장Place Royale, 팔레드라시테Palais de la Cité의 서쪽 정원에 삼각형으로 조성된

• 앙리 4세는 폐허의 파리에서 기존 루브르 요새를 루브르 왕궁으로 증축하며 튀일리 왕궁과 연결했으며, 그 미망인인 마리 드 메디치Marie de Médicis'에 의해 뤽상부르 궁전과 뤽상부르 정원이 조성되었다. 이후 루이 13세는 파리를 유럽에서 가장 아름다운 도시로 만들려는 야심찬 도시 개조를 진행했다. 당시 리슐리외 추기경Cardinal Richelieu의 주도로 센강에 다리 5개가 조성되었고, 또한 콜레주드소르본에 예배당과 본인을 위한 추기경궁인 팔레카디널, 현재 팔레루아얄Palais-Royal이 조성되었다. 한편 루이 14세는 1682년 파리의 왕궁을 베르사유Versailles로 이전했다. 흥미롭게도 파리는 왕궁의 부재기에 예술과 과학의 거점으로 성장했다.

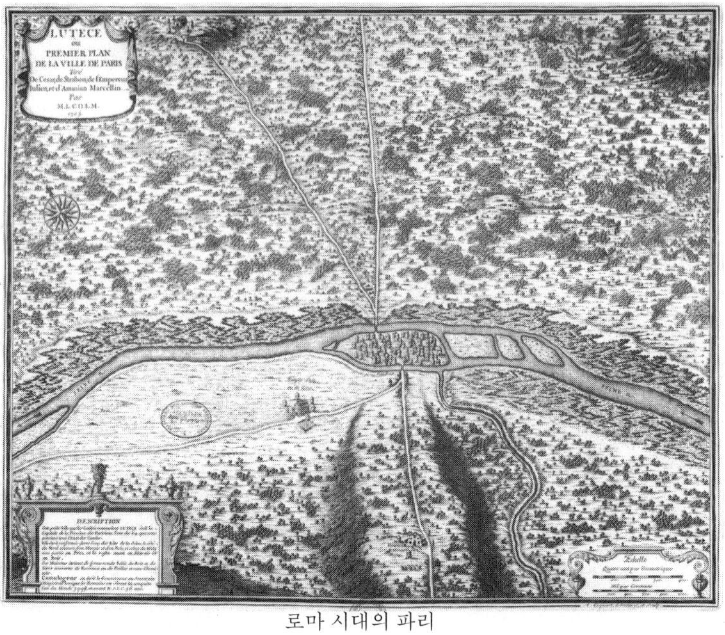

로마 시대의 파리

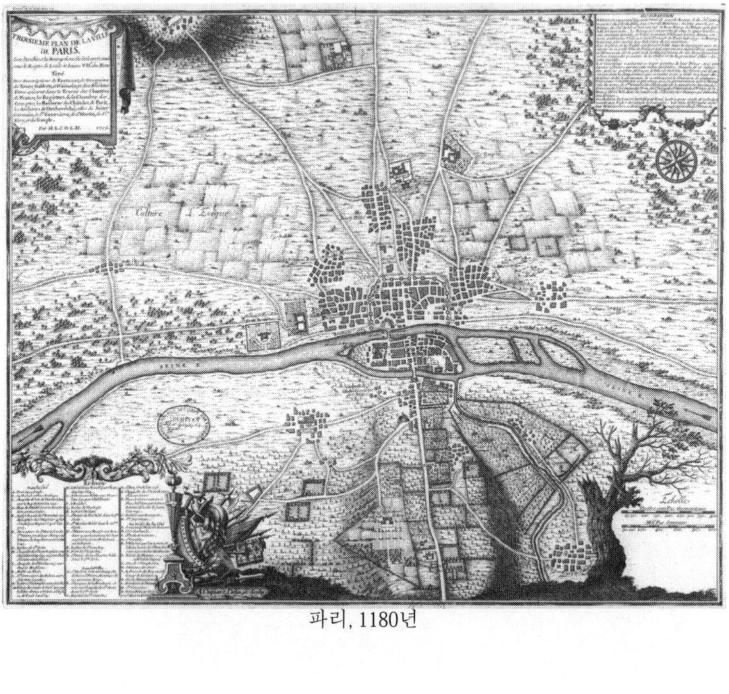

파리, 1180년

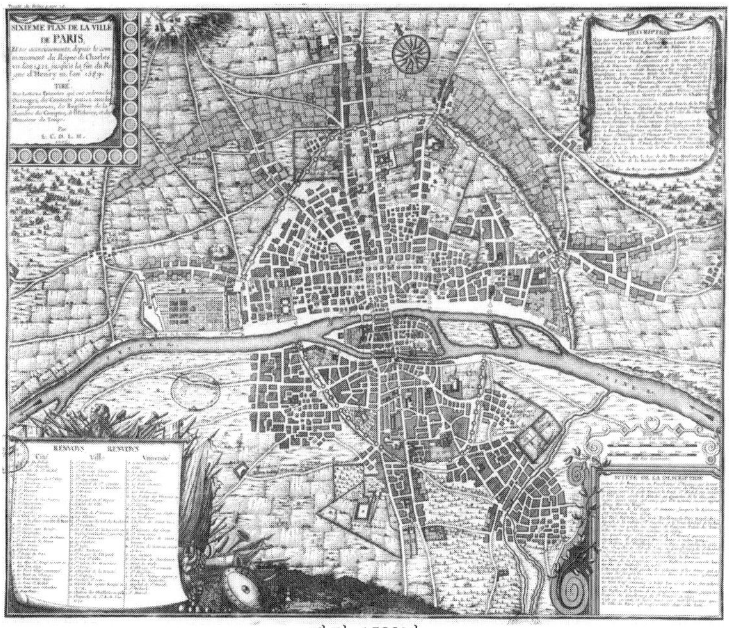

파리, 1589년

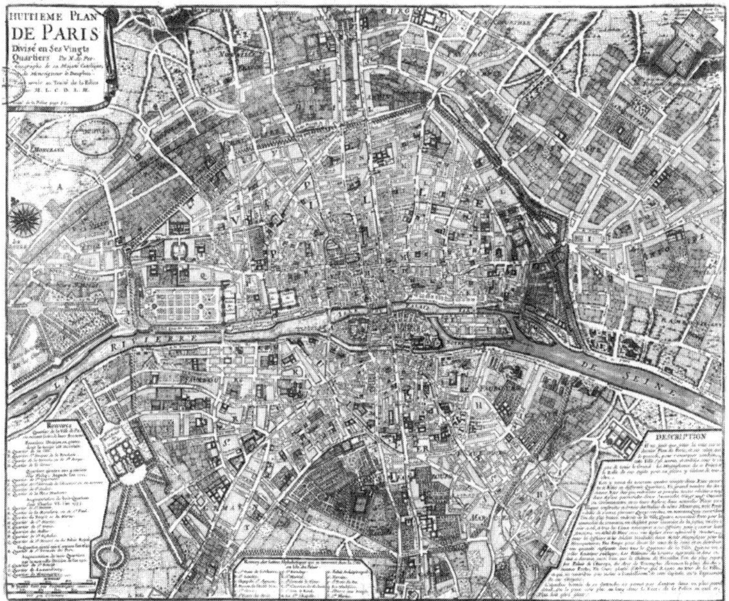

파리, 1705년

도핀 광장Place Dauphine, 튀일리 정원 북쪽 부지에 정사각형으로 조성된 방돔 광장Place Vendôme, 원형의 빅투아르 광장Place des Victoires이 있다.

이후 루이 14세는 필리프아우구스테 도성을 해체하고 그 부지에 대로를 조성하기 위해 조경 설계가인 앙드레 르 노르트르Andre Le Nortre•에게 현재 샹젤리제Champs Elysees로 불리는 튀일리 거리Avenue des Tuileries를 설계하도록 지시한다. 이 계획으로 튀일리 궁과 튀일리 정원이 연결되고, 북서쪽의 현재 샤를드골 광장Place Charles de Gaulle, 원래 에투왈 광장까지 일직선의 도로 경관이 조성되었다.

백과사전과 지식인 커뮤니티

파리는 이 시기에 유럽의 금융의 중심일 뿐 아니라 철학과 과학의 발전을 주도했다. 또한 파리는 18세기에 프랑스 계몽주의와 프랑스 혁명의 중심부로서 출판, 예술, 패션의 중심부로 성장했다. 파리는 이 시기에 종교와 표현의 자유, 그리고 교회와 국가의 분리를 주장한 볼테르Voltaire, 장자크 루소Jean-Jacques Rousseau의 활동지였다.

파리는 이 시기에 기존 가톨릭의 믿음과 원칙에 도전하며, 인간의 이성과 과학의 혁신을 주도했다. 파리는 인쇄가 도입된 1470년부터 지식 활동의 거점으로 성장했으며, 17세기를 전후로 출판의 성장과 과학의 혁신이 구체적인 결과물로 완성되었다. 흥미롭게도 이즈음인 1643년에 파리의 첫 번째 커피하우스가 문을 열었으나 곧 폐업했으며, 1672년에 새로운 커피하우스가 생겨 성업했다.

이 시기에 세계 최초의 『백과사전Encyclopédie』이 1745년 왕립 검열을 통과

• 앙드레 르 노르트르는 이미 그 전에 파리 교외지의 왕궁인 보르비콩트, 베르사이유 궁의 정원을 설계했다.

했으며, 철학자 드니 디드로Denis Diderot와 수학자이며 과학자로 활동한 장르롱 달랑베르Jean le Rond d'Alembert에 의해 1751~1772년 사이 출판되었다. 이 백과사전은 백여 명의 지식인들이 참여한 지식의 보고로 특히 과학과 실용적 사고의 진보와 관용, 이성, 오픈 마인드를 주장한 프랑스 계몽주의의 구체적인 업적이다.

한편 17세기부터 대칭과 직선의 도시 구역을 거점으로 지식인 커뮤니티가 설립되었다. 당시 조성된 지식인 커뮤니티는 프랑스어를 교육·연구했던 아카데미프랑세즈Académie Française, 인문학 아카데미Académie des Inscriptions et Belles-Lettres, 과학 아카데미Académie des Sciences 그리고 파리 천문 관측소Paris Observatory 등이다. 이들은 이후 정치윤리 아카데미Académie des Sciences Morales et Politiques와 함께 프랑스 학술원Institut de France으로 통합되었다.

또한 파리에는 루이 14세의 지배기에 화가와 조각가들로 구성된 왕립 미술-조각 아카데미Académie Royale de Peinture et de Sculpture가 조성되었다. 당시 파리의 왕립 미술-조각 아카데미는 로마의 아카데미아 디 산 루카Accademia di San Luca를 모델로 만들어졌다. 왕립 미술-조각 아카데미는 왕궁에 인접해서 조성된 국립극장인 코메디 프랑세즈Comédie-Française에 본부를 두고 활동했다.

당시 왕립 미술-조각 아카데미는 기존의 파리의 예술인 길드인 아카데미 드 생 뤽Académie de Saint Luc과 차별화하며, 프랑스 왕궁의 후원을 받고 이를 위해 일하는 전문가들로 작품에 인증을 부여했다. 이런 이유로 왕립 미술-조각 아카데미와 아카데미드생뤽은 대립했다. 왕립 미술-조각 아카데미는1665년 첫 전시회를 열었으며, 이들의 전시회는 이후 살롱전으로 발전했다. 이후 왕립 미술-조각 아카데미는 음악 아카데미Académie de musique와 건축 아카데미Académie d'architectur와 함께 아카데미데보자르Académie des Beaux-Arts로 통합되었으며, 이후 프랑스 학술원으로 모두 흡수되었다.

파리에는 1260년에 이미 외과의사 길드와 이발사 길드가 있었다. 파리 대학 최초의 공식적 인체 해부가 1407년에 진행되었으며, 프랑스의 첫 제약학교가 1576년 니콜라 우엘Nicolas Houel에 의해 설립되었다. 1731년에는 왕립 외과의

사 아카데미Royal Academy of Surgery가 1776년에는 왕립 의학협회Royal Society of Medicine, 1796년에는 파리의학협회Society of Medicine of Paris가 조성되었다.

에콜데보자르의 대로와 에콜폴리테크니크의 철도 시스템

도시를 대표하는 대로가 조성되고 그 거점마다 신고전주의-바로크 건축 양식의 웅장한 공공 건물들을 조성하며 도시의 중심 거점들이 완성되었다. 이러한 변화는 '보자르Beaux Arts' 건축 운동과 '도시미화운동City Beautiful movement'이라는 사회 운동으로 불려왔다.

우리가 사랑하는 파리는 이 시기에 그 기본 체계가 완성된 소위 '모던 파리'이다. 파리는 프랑스 혁명이 종료되면서 이러한 변화를 처음 추진했던 도시이다. 프랑스 혁명 전의 파리가 광장과 거리의 도시였다면, 이후의 파리는 철도 시스템을 중심으로 도시에 철도역, 그리고 철도역과 철도역을 연결하는 대로가 해체된 기존 성 부지에 조성되었다.

프랑스 혁명정부 기간 파리의 첫 번째 시장은 흥미롭게도 천문학자였던 장 실뱅 바이Jean Sylvain Bailly였다. 장 실뱅 바이의 집권기에 귀족과 성당의 재산이 국유화되었고, 파리의 성당들이 모두 폐쇄되고 매각되었다. 이 기간에 파리 개조를 위해 임명된 예술가 위원회Commission of Artists는 파리의 밀집 거주 구역을 관통하는 위엄 있는 거리를 만들고, 길고 곧은 가로를 조성하기 위해 상세한 계획안을 만들었다. 이러한 과도기 후 나폴레옹 보나파르트가 정권을 장악하면서 기존 계획안들을 실행했으며, 나폴레옹 3세를 시작으로 이후 100년 동안 거대한 도시의 개조와 확장이 진행되었다. 이 기간에 파리의 인구는 1815년 66만 명에서 1901년 272만 명으로 4.1배 증가했다.

파리의 개조는 에콜데보자르École nationale supérieure des beaux-arts와 에콜폴리테크니크École Polytechnique에서 개발된 건축양식과 엔지니어링 테크놀로지의 주도로 가능했다. 파리의 변화는 동서남북으로 1850년대부터 6개의 주요 철도선과 철도역을 조성하며 진행되었다. 먼저 황제이자 파리시의 초대 행정관으로서 권력을 획득한 나폴레옹 보나파르트는 파리를 개조했다. 나폴레옹은 1801년 건축가인 샤를 페르시에Charles Percier와 피에르 퐁텐Pierre-François-Léonard Fontaine과 함께 파리의 도시 개조를 진행했다.

에콜데보자르가 파리에 미친 영향은 무엇보다 신고전주의 건축양식으로 조성된 판테온, 개선문, 파리의 첫 번째 철교인 퐁데자르, 사크레쾨르 대성당 Basilica of Sacre-Coeur 등을 포함한 일련의 랜드마크들이다.

또한 튀일리 정원에 접한 가로 전면부를 연속된 건물 파사드로 완성하고 도로를 따라 새로운 개발을 유도했다. 파리 가로 경관 변화의 시작점인 뤼드리볼리의 설계안은 1783년부터 파리에서 시행되기 시작한 '가로의 폭에 비례해 건물의 높이를 제한'하는 건축규제를 따랐다. 또한 가로에 면한 건물의 지상층에는 아케이드와 상점이 입주했고, 지상층 위 두 층은 주거지, 그리고 최상층과 다락층을 두었다.

이러한 방식으로 생토노레 대로Boulevard Saint Honoré, 오페라 거리Avenue de l'Opera의 거점인 팔레가르니에Palais Garnier, 루아얄 거리Rue Royale의 거점인 생마리마들렌 성당L'église Sainte Marie Madeleine, 그리고 서북쪽으로는 말셰르브 대로 Boulevard Malesherbes의 거점인 트리니테 성당Eglise de la Trinité과 생 어거스틴 성당 Église Saint Augustin de Paris 등이 조성되었다. 이 시기에 조성된 대로들의 종점과 거점에는 보자르 건축양식의 공공 건물들이 대거 조성되었고, 1860년대에는 새롭게 조성된 대로들을 따라 5만 6000개의 가스 가로등이 처음으로 설치되었다.

프랑스 혁명 기간에 토목공학 교육기관으로 설립된 에콜폴리테크니크는 파리가 당시 새롭게 개발된 철도 체계를 19세기 초부터 적극적인 도시 인프라로서 도입하도록 했고, 19세기 말에 두 번의 국제 박람회에 참여하며 현대 도시의 특성을 정의하는 엔지니어링 기술과 건축 기술을 개발했다. 에콜폴리테크니크의 공학 기술이 파리에서 구체화된 사례는 동서남북으로 1850년대부터 조성된 파리의 6개의 철도역이다.

당시 조성된 파리의 철도역들은 엔지니어링 기술 위에 신고전주의 건축양식으로 장식되어, 교통 인프라로서 기능하며 도시 거점으로서 중심부를 구축했다. 먼저 파리와 서북쪽 노르망디를 연결하는 생라자르역Gare Saint-Lazare, 센강 좌안 남동쪽에 입지하며 파리와 오를레앙, 바르셀로나를 연결하는 오스테리츠역Gare d'Austerlitz, 센강 좌안 서쪽에 입지하며 파리와 보르도, 투르 등의 프랑스 서남쪽 도시들과 연결하는 몽파르나스역Gare Montparnasse, 스트라스부르 대로 Boulevard de Strasbourg에 입지하며 파리와 스트라스부르를 연결하는 파리 동역Gare de l'Est, 파리와 릴, 벨기에, 독일, 네덜란드, 영국을 연결하는 파리 북역Gare du Nord, 만국박람회의 일부로 조성되어 파리와 마르세유를 연결하는 리옹역Gare de Lyon 등이 그 예이다. 한편 1889년 파리에서 열린 첫 번째 세계박람회1889 Universal Exposition는 프랑스 혁명 100주년을 기념하는 행사로서, 에펠탑Eiffel Tower이 조성되어 파리의 모더니티를 선보였다. 또한 파리는 1900년 두 번째 박람회 1900 Universal Exposition를 통해서 파리 메트로Paris Métro를 조성했다.

이후 나폴레옹 3세의 집권기에 센 행정관이었던 조르주 외젠 오스만Georges Eugène Haussmann의 주도로 또 하나의 거대한 도시 인프라 조성 사업이 진행되었다. 나폴레옹 3세는 1840년 런던에서 추방 생활을 하면서 리젠트 도로와 리젠트 파크 입구에 조성된 크레센트 주택군Regent's Park Crescent에 감동을 받았으며, 파리로 돌아와 권력을 잡은 후 이와 비슷한 도시 환경을 조성했다. 나폴레옹 3세는 행정관으로 법학을 공부한 오스만에게 도로 개선 사업을 맡겼다. 파리에는 조르주 오스만의 주도로 17년이라는 짧은 기간에, 길고 곧게 뻗은 대로, 오페라하우스, 중앙시장, 상수도, 하수도, 그리고 대규모 공원이 조성되었다

길고 곧게 뻗은 대로는 파리 군중을 제압하는 수단으로 나폴레옹 1세의 환심을 산 것으로 전해지며, 이후 나폴레옹 3세도 동일한 이유로 이러한 장점을 가진 대로를 조성했다. 나폴레옹 3세는 취임 후 파리 시의회 발표에서 새롭게 제안된 대로 시스템의 장점 중의 하나가 폭동 진압이며, 빈민가 철거와 특히 새

오스만이 조성한 오페라 거리
카미유 피사로 <겨울의 아침, 햇살에 비춘 오페라 거리>(1898)

로 건설된 역 간 연결을 목적으로 했다. 나폴레옹 3세는 현재 초과수용excess condemnation이라 정의된 토지 매입 방법을 통해서 공공이 도로 토지를 확보하고, 도로 개방공간right-of-way이라는 개념을 도입해 통일된 일련의 건물 파사드를 조성했다. 그리고 가로변에는 넓은 보도와 가로수를 조성했다.

이 시기에 루브르 왕궁과 샹젤리제 도로를 연결하는 리볼리 거리가 조성되었다. 이후 생토노레 거리, 세바스토폴 대로Boulevard de Sébastopol, 파리 도시 개조의 핵심 결과물인 생미셸 대로Boulevard Saint Michel, 생제르맹 대로Boulevard Saint Germain, 리샤르-르누아르 대로Boulevard Richard-Lenoir, 오페라 거리Avenue de l'Opéra가 순차적으로 조성되었다.

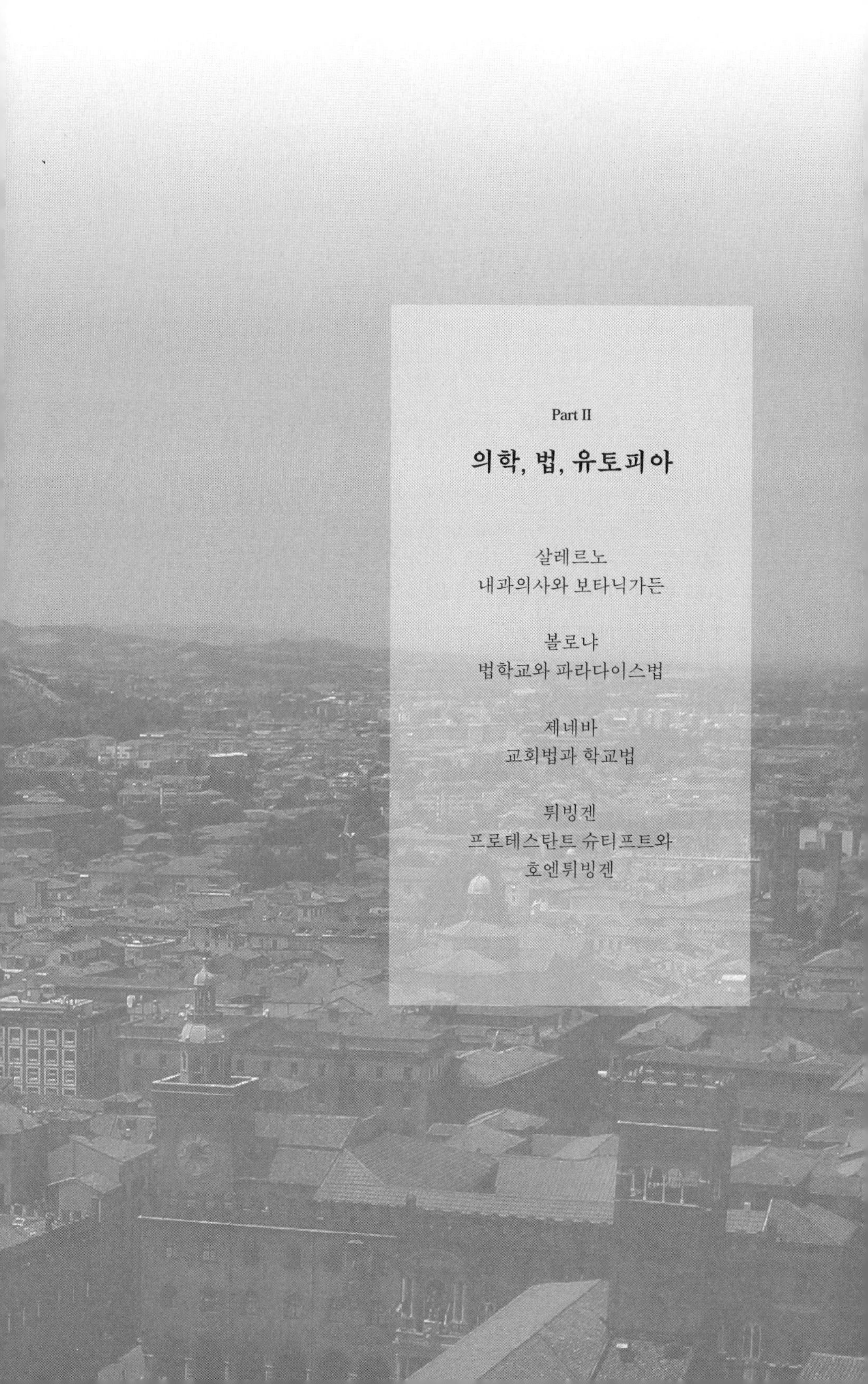

Part II

의학, 법, 유토피아

살레르노
내과의사와 보타닉가든

볼로냐
법학교와 파라다이스법

제네바
교회법과 학교법

튀빙겐
프로테스탄트 슈티프트와
호엔튀빙겐

살레르노
내과의사와 보타닉가든

온화한 겨울과 건조한 여름 기후를 가진 지중해의 '휴양과 치유의 항구' 살레르노는 고등교육과정을 갖춘 최초의 의학교로 평가되는 살레르노 의학교가 설립된 도시이다. 알렉산드리아가 고대 그리스-로마 의학의 중심이었다면, 살레르노는 9~13세기 유럽 의학의 중심부로 '히포크라테스의 도시'로 불렸다.

인간은 질병과 사고를 통해서 이 세계를 다스리는 신의 뜻과 계획을 이해하고 확인했다. 특히 질병에 관한 연구는 고대 사회에서 인간 신체의 해부가 허용된 그리스와 이집트 지역에서 일찍부터 진행되었다. 하지만 로마제국 멸망 후, 중세 유럽의 교회는 신체 해부를 금지했다. 의학 역사에서 기본적인 절개와 치아 발치를 하며 음식과 약물 투여로 질병을 치료하는 내과의와 그리스-이집트-이슬람 문화권에서 해부와 수술을 통해 치료하는 외과의는 서로 경쟁하는 관계였다. 흥미롭게도 중세 유럽에서는 이발사와 외과의가 함께 길드를 조직해 활동했다.

유럽 대륙에서 의료 전문인과 의학 교육이 체계적으로 성장한 계기는 십자군 전쟁이다. 전쟁에서 부상당한 다수의 병사들을 치료하면서 치료 도구와 제약 기술이 소개되었고, 도시의 수질 좋고 환기 잘 되고 햇빛 잘 드는 곳에 보

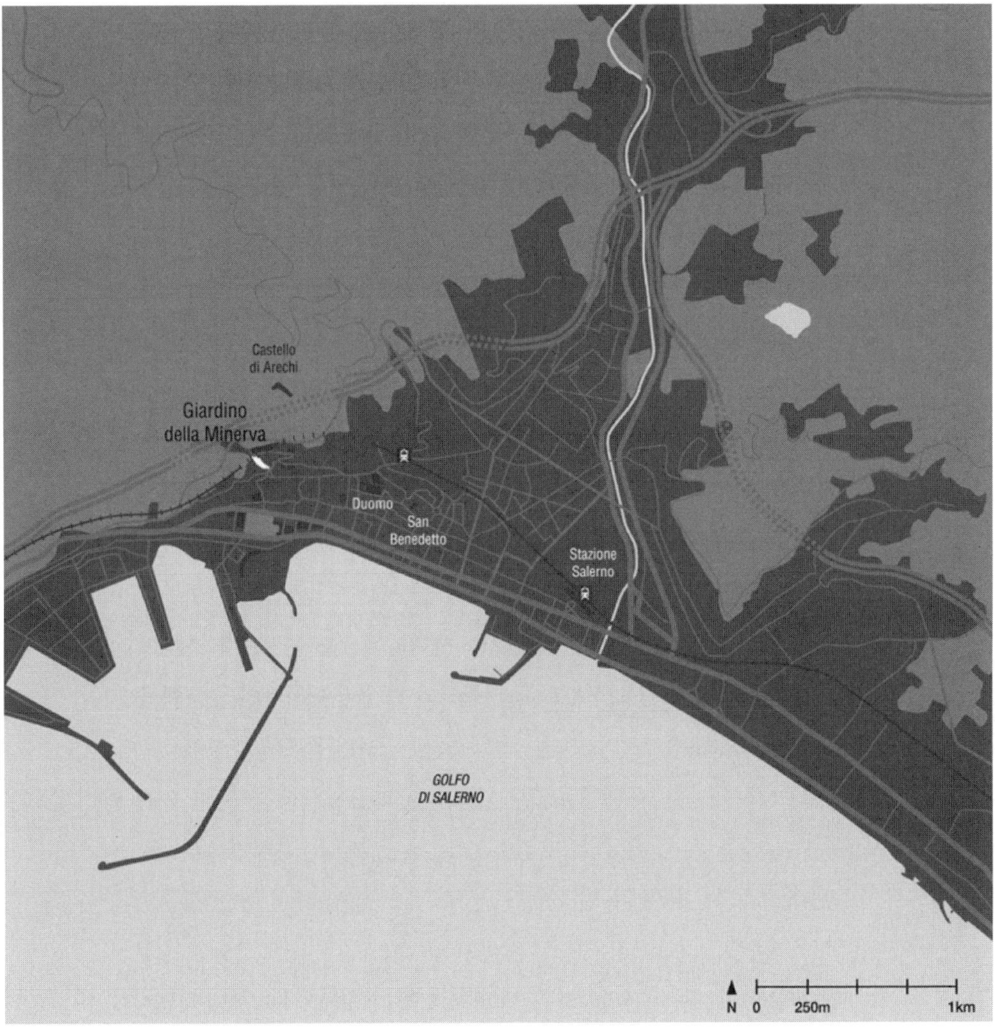
Castello
di Arechi
Giardino
della Minerva
Duomo
San
Benedetto
Stazione
Salerno
GOLFO
DI SALERNO
N
0
250m
1km

타닉가든이 조성되었다. 질병 치료를 위한 약초의 연구와 재배가 이곳 보타닉 가든에서 본격적으로 이루어졌다. 한편 외과의는 교회와 시청의 승인하에 외국인 죄수의 시신으로 '해부극장'에서 해부를 진행했으며 이 해부 과정과 해부된 신체 부위는 화가들에 의해 그림으로 기록되었다.

살레르노는 고대 문명기부터 지중해를 동서로 이동하는 해류를 이용해 그리스의 반도와 섬, 북아프리카의 튀니지와 알렉산드리아, 그리고 더 멀리 아시아의 항구로 그리스 신화에서 치유의 땅으로 소개된 아크레, 야파, 하이파를 통해 레반트 지역과 신성한 땅 예루살렘과 메카로 연결된 항구였다.

살레르노는 고대부터 귀족들과 상류층의 휴양과 치유를 위한 방문지였다. 이후 가톨릭 교파 중 의학 연구와 의료 행위를 강조해온 베네딕트 교파의 몬테카시노 수도원이 7세기 살레르노 항구에 산 베네데토 수도원과 부속 병원을 설립했다. 이 시기에 살레르노는 멀리 알렉산드리아, 바그다드, 시칠리아와 교역하며 다수의 그리스와 아랍 문화권의 의학과 식물학 서적들이 수입되고 라틴어로 번역되었다. 살레르노 의학교가 설립된 시기가 이즈음이다. 살레르노 의학교는 당시 필요한 의료 인력을 교육하며, 노르만족 지배기와 신성로마제국 지배기를 통해 성장했으며, 특히 약물 치료를 목적으로 약초를 재배하는 유럽 최초의 보타닉가든인 호르투스 사니타티스를 운영했다. 살레르노 의학교는 이후 새로 설립된 몽펠리에 의학교와 나폴리 대학과의 경쟁에서 그 위상을 잃고 쇠퇴했다.

살레르노의 형성과 발전

살레르노Salerno는 이탈리아 반도 서남부 캄파니아주에서 지중해-티레니아해를 바라보는 아말피 해안과 치렌토 해안의 중심에 입지하는 항구이다. 살레르노는 멀리 피첸티니 산맥Monti Picentini과 알부르니 산맥Monti Alburni을 뒤에 두고, 가깝게는 서북쪽의 보나디에스 언덕Collina Bonadies과 동쪽의 벨라라 언덕Colle Bellara의 셀레 분지Piana del Sele에 이르노강Fiume Irno과 셀레강Fiana del Sele을 옆에 두고 형성되었다.

살레르노에 처음으로 인간이 거주한 때는 B.C. 9~B.C. 6세기이다. 이후 B.C. 6세기에 이르노강 중류 내륙에 에트루스칸족Etruscan 마을인 이르나Irna, 현재 Fratte가 형성되었다. 이곳은 현재 살레르노 중심부에서 북쪽으로 4km 떨어진 지점이다. 당시 이르나는 이탈리아 반도 가장 남쪽에 조성된 에트루스칸족의 마을로 그리스 식민지였던 서쪽의 포시도니아Posidonia, 현재 Positano와 남쪽의 엘레아Elea, 현재 Velia와 교역했으며. 이후 B.C. 5세기 삼니움족Samnites의 지배를 받았다.

한편 이르나는 B.C. 197년 캄파니아 지역으로 진군해오는 로마군에게 정복되었으며, 이르노강의 서편, 현재 살레르노 중심부에 병영인 살레르눔Salernum이 B.C. 194년에 형성되었다. 살레르눔은 3세기 후반 로마의 디오클레티아누스 황제Emperor Diocletian의 지배하에서 부르티아-루카니아Bruttia and Lucania 지역의 행정 거점이자 상업 항구로 기능했다.

살레르눔이 항구로 발전한 가장 큰 이유는 무엇보다 지중해를 중심으로 한 해안의 입지와 이탈리아 반도의 북남 지역을 연결하는 지형적인 특성 때문이다. 살레르노만은 지중해의 북쪽 해류가 동서 방향으로 회전한 후 시칠리아의 팔레르노Palermo와 메시나Messina를 지나면서 속도가 빨라지며 남쪽의 아프리카 대륙과 동남쪽의 아랍 지역으로 흘러가기 때문이다.

살레르눔는 이러한 이유로 고대부터 항구도시로서 지중해의 해로를 따라 그리스 반도와 섬, 그리고 소아시아의 그리스 문화에 일찍부터 노출되었다. 살레르눔는 B.C. 8세기부터 이탈리아 남부의 고대 그리스 식민 지역이었던 '위대한 그리스Magna Graecia' 지역권 안에서 폼페이Pompei-페스툼Paestum-포시타노Positano의 'P자 도시의 삼각형'의 중심부를 차지했다.

살레르눔는 지중해의 거대한 해류를 따라서 남쪽 대륙인 북아프리카의 튀니지Tunis, 알렉산드리아, 레반트Levant 지역을 넘어 신성한 땅 예루살렘Jerusalem

과 메카Mecca로 가는 항구인 아크레Acre, 야파Jaffa, 하이파Haifa, 그리고 에게해의 스미르나Smyrna, 현재 터키의 이즈마Izmir와 교류했다. 아크레는 헤라클레스가 병사들을 치료하기 위해 사용했던 약초가 자라는 치유의 땅이었다.

한편 이탈리아 반도에서 살레르눔은 해안선을 따라 형성된 육상로인 비아 로마Via Roma를 통해 나폴리와 로마, 비아 포필리아Via Popilia를 통해서 남쪽의 루카니아Lucania와 레지오 칼라브리아Reggio Calabria로 연결되었다. 역사적으로 살레르눔은 육지에서 이탈리아 반도의 북남 방향 이동로인 비아 로마-코르소 가리발디Via Roma-Corso Garibaldi를 통해서 이 지역의 북쪽 진입부인 카바데티레니와 나폴리, 그리고 북쪽 내륙으로 카시노와 로마, 그리고 북쪽 내륙의 베네벤토와 연결되었다.•

살레르노의 항구가 언제 어디에 처음으로 조성되었는지는 확인되지 않는다. 다만 초기 항구는 비아 포르타 디 마레의 해안가이며, 그 동쪽으로 현재 카부르 광장Piazza Cavour이 시장으로 기능했을 것으로 추정된다.

살레르노••가 이 지역 거점으로 성장한 계기는 롬바르드 왕조의 지배하 베네벤토 공국Duchy of Benevento 궁전의 이전이다. 베네벤토 공국의 궁전은 786년 내륙의 베네벤토Benevento에서 바다 항구인 살레르노로 이전되었다. 이는 샤를마뉴의 남부 이탈리아 공격과 비잔틴 제국의 간섭을 피해 궁전과 성을 항구에 조성하고 캄파니아 지역에서 베네벤토의 자치권을 굳건히 하려는 베네벤토 공국의 아레치스 2세Arechis II of Benevento의 의도였다. 살레르노는 이후 839년까지 롬바르드 왕조의 캄파니아 지역의 중심 도시로 기능했다.

살레르노가 지중해 지역에서 의학 교육과 의료 활동의 중심 거점이 된 시

• 인간의 하루 최대 보행 거리를 약 50km로 가정하면, 살레르노부터 카시노의 몬테카시노 수도원 Monte Cassino까지는 3일(160km) 걸리고, 로마까지는 4일(200km) 걸리는 거리이다.

•• 살레르노는 로마제국 몰락 후 553~568년 비잔틴 제국의 지배를 받았으며, 이후 646년부터 롬바르드족의 영토에서 베네벤토 공국의 지배를 받았다.

살레르노의 아레치성

점이 바로 롬바르드 베네벤토 공국의 아레치스 2세의 지배기이다. 특히 이즈음 내륙에 입지한 몬테카시노 수도원과 남부 이탈리아의 수도원들이 아레치스 2세의 후원으로 급속히 성장했다.

한편 살레르노가 동전을 발행하여 지중해 지역에 유통하고 '풍족한 살레르눔Opulenta Salernum'이라 불리며 황금기를 누렸던 시점은 이후 남부 이탈리아를 지배했던 과이마르 왕조Guaimar Dynasty의 수도였던 10~11세기이다. 살레르노는 특히 과이마르 4세 때 북서쪽의 아말피Amalfi, 소렌토Sorrento, 가에타Gaeta, 북쪽의 카푸아Capua, 남쪽의 풀리아Puglia, 타란토Taranto까지의 통일된 남부 이탈리아의 수도로서 성장했다. 하지만 과이마르 왕조는 사라센-아랍의 공격과 살레르노 내부의 권력 투쟁과 이후 950년 전후 노르만족 공격으로 쇠퇴했다.

도시 중심부의 형성

살레르노의 현재 도시 중심부가 조성된 것은 롬바르드 베네벤토 공국과 과이마르 왕조의 지배기이다. 살레르노는 아레치스 2세가 786년 왕궁을 베네벤토에서 이곳으로 이전해오면서 조성되었다. 당시 살레르노 대성당으로부터 북서쪽으로 1.4km 떨어진 곳에 입지한 로마제국의 카스텔로 디 아레치Castello di Arechi 요새가 비잔틴 건축 양식의 궁전으로 개축되었다. 카스텔로 디 아레치는 3세기 해발 300m 높이의 보나디에스 언덕Collina Bonadies에 로마제국의 요새로 처음 조성되어 항구로 진입하는 지중해의 선박들을 감시했다.

또한 살레르노 도성이 카스텔로 디 아레치의 증축과 함께 크기 700×200 m^2의 직사각형 형태로 조성되었다. 당시 도성의 북쪽 경계는 보나디에스 언덕이었고, 동쪽과 서쪽에는 멀리 이르노강과 셀레강이 자연 해자로 기능했다. 도성의 서쪽과 동쪽 끝에는 수도원과 산 마테오 대성당Duomo di Salerno San Matteo이 도성의 일부로 조성되었다. 이후 대성당은 10세기에 예수의 제자인 마태의 유해가 안장되면서, 1076~1085년 사이에 아랍-노르만 고딕 양식으로 재건되고 종탑이 추가되었다. 살레르노는 남북 방향으로 비아 두오모Via Duomo와 동서 방향으로 '비아 도가나 베키아Via Dogana Vecchia-비아 데이 메르칸티Via dei Mercanti-코르소 비토리오 에마누엘레Corso Vittorio Emanuele'가 십자형의 도시 체계를 완성했다.

이즈음 살레르노의 두 번째 항구가 두오모에서 동남쪽으로 200m 떨어진 콩코르디아 광장Piazza della Concordia에 조성되었다.

이 시기 살레르노의 주거지는 두오모를 중심으로 남쪽과 북쪽에 형성되었다. 살레르노 귀족들의 휴양 주거지는 두오모의 북쪽과 북서쪽에 보나디에스 언덕 위의 구릉에 입지했으며, 그 주변에 살레르노 의학교의 교수들이 거주했다. 한편 상인들의 주거지는 두오모의 남쪽으로 항구와 시장에 인접해 형성되었고, 특히 팔라초 핀토Palazzo Pinto, 현재 Provincial Art Gallery와 팔라초 카라라Palazzo Carrara 등의 상인의 저택들이 비아 데이 메르칸티를 중심으로 조성되었다. 또한 비아 데이 메르칸티를 따라 서쪽으로는 나폴리 산세베리노 왕조Sanseverino의 지배하인 14~17세기에 귀족들의 주거지가 팔라초 프루치오네Palazzo Fruscione, 팔라초 드 루지에로Palazzo De Ruggiero, 팔라초 다보사Palazzo d'Avossa, 팔라초 루지 다라고나Palazzo Ruggi d'Aragona, 팔라초 모레세Palazzo Morese 등을 중심으로 형성되어 지식인, 문학자, 예술가들의 문화 활동의 중심을 이루었다.

교역 항구의 성장

살레르노는 849년 롬바르드 베네벤토 공국이 쇠퇴하며, 12세기까지 정치적·사회적 혼돈 속에서 외적인 변화를 겪었다. 살레르노는 950년부터 노르만족의 지배•를 받았고, 이후 1130년대부터는 시칠리아와 신성로마제국-호헨슈

• 노르만족이 남부 이탈리아 정복을 완료한 것은 999년이며 1016년을 전후로 남부 이탈리아를 통치

타우펜 왕가House of Hohenstaufen의 지배를 받았다.

살레르노는 노르만족의 공작영주 로베르 기스카르Robert Guiscard에 의해 1076년 점령된 후, 노르만족 영토의 수도로 기능했다. 이후 살레르노는 시칠리아 왕조의 루제로 2세Ruggero II•의 지배기에 성장했다. 이 시기에 살레르노는 북아프리카와의 국제 교역이 증가했으며 당시 살레르노의 인구는 5만 명으로 추정된다. 북아프리카의 상인들은 가톨릭 지배하의 남부 이탈리아 해안 도시들과의 교역을 위해 바리Bari, 타란토Taranto, 아그리폴리스Agripolis, 가글리오네Gaglione를 포함해 시칠리아에 상점을 운영하며 북아프리카에서 생산한 올리브 오일, 왁스, 가죽, 울을 팔고 대신 밀을 수입했다. 이후 살레르노는 1191년 시칠리아를 흡수한 신성로마제국의 호헨슈타우펜 왕가 출신의 하인리히 6세의 지배를 받으면서 서서히 쇠퇴했다.••

이 시기에 노르만족 로베르 기스카르는 살레르노의 도성을 동쪽으로 확장하여 왕궁인 카스텔 테라체나Castel Terracena를 조성했다. 이와 함께 대성당Duomo di Salerno이 아랍-고딕 양식으로 재건되었다. 약 1200년경 살레르노 도성은 신성로마제국의 프리드리히 2세의 지배하에 군사적 방어를 위해 다시 동쪽으로 약 100×100m^2 크기의 확장부가 조성되었고, 북쪽으로는 아레치성과 기존의 성벽이 연결되었다.

했다. 당시 노르만족의 정복은 롬바르드의 비잔틴 제국과의 전쟁에 그 용병으로 참여한 것이 계기가 되었다. 노르만족Normans은 999~1042년 처음엔 성지순례자로서 그리고 이후에는 비잔틴 제국과 롬바르드 귀족들을 위한 용병으로서 이탈리아에 침입했다.

• 루제로 2세(통치기: 1130~1154년)는 시칠리아 왕인 루제로 1세의 왕위를 계승하며 수도인 팔레르모를 중심으로 이탈리아 남부와 멀리 아프리카까지 튀니지부터 트리폴리까지 영토를 넓혔다.

•• 살레르노는 신성로마제국의 침입을 받은 후 신성로마제국의 동맹에 참여했다. 이에 대주교인 아이엘로의 니콜로는Nicolò d'Aiello는 살레르노를 버리고 나폴리로 도주했다. 이후 신성로마제국과 교황국 간의 대립구도에서 상황은 1194년을 전후로 반전되었다. 즉 나폴리가 먼저 신성로마제국에 함락되고 신성로마제국 편이 되었으며, 살레르노는 이에 저항했으나 이후 천천히 쇠퇴하기 시작했다.

아레치성에서 본 살레르노 항구

한편 신성로마제국의 황제 프리드리히 2세의 아들인 시칠리아왕 만프레드King Manfred of Sicily는 조반니 다 프로치다Giovanni da Procida의 조언에 따라 콩코르디아 광장Piazza della Concordia의 항구를 확장했으며, 또한 남부 이탈리아에서 가장 중요한 산 마테오 축제를 매년 9월 21일에 개최했다.

히포크라테스의 도시

알렉산드리아가 고대 세계 의학의 중심이었다면, 살레르노는 10~11세기에 서유럽 의학의 중심이었다. 살레르노가 의학의 도시인 '히포크라테스의 도시Civitas Hippocratica'로 성장하기 시작한 것은 9세기 이전으로 이는 무엇보다 살레르노의 입지적 특성과 쾌적한 기후의 덕이다.

살레르노는 해안선에 바로 맞닿아 있으며 지중해성 기후에 속해 있어 고대부터 귀족들의 휴양지였다. 살레르노의 여름은 상대적으로 건조하고, 겨울은 온화했으며, 항구를 통해서 다른 지역과 해상으로 연결되었다. 이에 유럽 각 지역의 귀족과 부자가 치유와 휴양을 위해서 방문하기에 용이했다. 예를 들면 잉글랜드를 지배한 정복왕 노르망디공 윌리엄William of Normandy이 휴양과 치료를 목적으로 살레르노에 별장을 두었다.

살레르노가 지식 생산 거점으로 기능하기 시작한 계기는 베네딕트 교파 주도로 793년 현재 산 베네데토 성당Chiesa di San Benedetto 부지에 베네딕트 수도원의 조성이다. 베네딕트 교파의 거점인 카시노Cassino의 몬테카시노 수도원Abbazia di Monte Cassino은 항구인 살레르노에 일종의 출장소인 수도원을 조성했다. 베네딕트 교파의 내륙 본부인 몬테카시노 수도원은 살레르노 도성의 북동쪽 모서리인 프린치페 아메데오 광장Piazza Principe Amedeo의 현재 산베네데토 성당Chiesa di San Benedetto 부지에 항구의 분점으로 산 베네데토 성당-수도원을 운영했다.

몬테카시노 수도원에서는 롬바르드-베네벤토 왕조의 지배기인 7세기 후반에 이미 의학을 연구하기 시작했으며, 이후 아레치스 2세의 후원으로 의학 연구가 급속히 성장했다. 당시 이곳에서는 그리스의 고전인 히포크라테스, 갈레노스, 디오스코리데스Dioscorides의 의학연구서들이 아랍의 의료술로 검증되고 평가되었다.

베네딕트 교파와 몬테카시노 수도원은 살레르노에 처음으로 학문적 분위기를 조성하여 의학교가 작동하는 데 필요한 요소들을 모아주었다. 이에 살레르노의 산 베네데토 수도원은 살레르노 항구로부터 알렉산드리아, 바그다드, 시칠리아와의 교역을 통해서 수입되는 다수의 그리스 서적과 아랍의 의학 논문들이 수입되는 거점으로 성장했다. 이곳에서 수입된 의학 서적들은 곧 내륙의 몬테카시노 수도원 도서관으로 이동되어 수집되고 연구되어 다시 라틴어로 번역되었다. 수도원의 도서실에서는 의학과 식물학 연구가 진행되었다.

살레르노 대성당

살레르노의 수도원-성당이 병원을 조성한 것은 바로 아랍인의 로마의 이탈리아 남부 침입이 본격화된 846년 전후로 추정된다. 롬바르드 가문의 귀족이었던 몬테카시노 수도원의 베르타리우스Bertharius는 수도원-성당에 병원을 운영했다. 베네딕트 수도원-성당은 884년 아랍인의 공격으로 파괴되었으나 몬테카시노 수도원 원장 안젤라리우스Angelarius는 이곳에 다시 현재 산 베네데토 성당을 재건했다. 이후 베네딕트 수도원-성당은 930년을 전후로 남부 이탈리아와 칼라브리아 지역의 베네딕트 수도원 중 최고 성당으로 성장하며, 체계적인 병원 기능을 갖추었다. 이에 전문 의료 교육을 받은 내과의의 수요가 급증했다.

한편 살레르노에는 10세기 도성의 안과 밖에 산 그레고리오 성당Chiesa di San Gregorio, 산 조르조 성당Chiesa di San Giorgio, 산 로렌조 알몬테 수도원Convento di San Lorenzo al Monte 등의 성당과 수도원이 조성되었다. 당시 산 그레고리오 성당은 비아 데이 메르칸티•에 입지한 현재 살레르노 의학교 박물관Museo Didattico

• 비아 데이 메르칸티는 구도심 서쪽의 아레치스 아크Arc of Arechis로부터 동쪽의 포르타노바 광장

della Scuola Medica Salernitana 부지에 건립되었다. 또한 비아 살바토레 드 렌치Via Salvatore de Renzi에는 산 로렌조 알몬테 수도원•이 조성되었다.

살레르노 의학교

현대 대학의 전신으로 여겨지는 살레르노 의학교Schola Medica Salernitana가 언제 조성되었는가는 알려져 있지 않다. 다만 살레르노의 의학교는 856년 전후로 현재 팔라초 코페타Palazzo Copeta 주변에 입지했다고 추정된다. 당시 살레르노 의학교는 '알뭄 에트 히포크라티쿰 메디코룸 콜레지움Almum et Hippocraticum Medicorum Collegium'이라 불렸다. 이후 살레르노 의학교는 1000년을 전후로 최고의 의학교로 성장하며 12세기에 번성했다.[1] 살레르노는 휴양지로서 지중해의 다양한 도시로부터 유입된 의료 지식을 얻을 수 있는 기회가 많았고, 특히 값비싼 동양의 약을 안정적으로 확보할 수 있었다.

살레르노 의학교가 어떻게 설립되었는가는 현재까지 확인되지 않는다.[2] 다만 살레르노에서 남쪽으로 80km 떨어진 그리스 식민도시인 벨리아Velia의 의학교 의학자들이 살레르노로 이주해와 살레르노 의학교를 조성했다는 주장이 있다. '위대한 그리스'에 속한 벨리아는 그리스-로마 시대부터 의학교가 운영되었다. 당시 벨리아의 의학교와 인접한 곳에는 로마제국의 권력자들이었던 파울루스 에밀리우스Paulus Emilius, 키케로Cicero, 브루투스Brutus, 그리고 호라티우스

Piazza Sedile di Portanova까지 동서로 살레르노를 관통하는 길이 약 1km의 중심 상업로이다. 특히 비아 데이 메르칸티는 포르타노바 광장으로부터 시작되는 살레르노의 확장부를 유도하며 근대 살레르노의 중심부인 비아 비토리오 에마누엘레까지 직접 연결된다.

- 산 로렌조 알몬테 수도원은 이후1060년 몬테카시노 수도원에 흡수되었으며, 노르만족 지배기에 버려졌다. 이후 의사인 조반니 다 프로치다의 딸인 클라레가 13세기 말에 수도원을 교황 보니파시오 8세로부터 인수하여 재생해 사용했다.

Horatius, 아우구스투스Augustus 등이 치료와 휴양을 위한 별장을 갖고 있었다.

476년 로마제국이 멸망한 후, 벨리아의 의사들은 가까운 살레르노로 이주해왔다. 이 시기에 남부 이탈리아는 카시오도루스Flavius Magnus Aurelius Cassiodorus Senator의 지배하에 있었다. 남부 이탈리아 칼라브리아Calabria 출신의 카시오도루스는 6세기에 살레르노에서 히포크라테스와 갈레노스의 고전 연구를 추진했다. 이러한 배경 속에 벨리아의 의사들은 살레르노에서 자치적인 의사 길드인 '마스터 컬리지College of masters'를 조직하고 의학을 연구했으며, 이는 곧 살레르노 의학교의 전신인 '살레르니탄 스투디움Salernitan Studium'으로 진화했다고 여겨진다.

한편 살레르노 의학교는 각기 다른 의학적 배경을 가진 네 명의 설립자, 유대인 헬리누스Helinus, 그리스인 폰투스Pontus, 아랍인 아델라Adela, 라틴인 살레르누스Salernus가 그리스-로마 의학 전통을 중심으로 아랍과 유대인의 의학 전통을 융합해 운영했다고도 전해진다. 이러한 배경에서 살레르노 의학교는 종교, 국적, 성별, 나이로 차별하지 않는 관용Tolerance의 문화를 가지고 있었다. 이러한 특성은 당시 사회적 배경이나 성별에 관계없이 교육받을 수 있도록 한 베네딕트 교파의 자유로운 분위기와 의료 봉사를 강조했던 전통의 결과로도 해석된다.

살레르노 의학교의 교육과정과 보타닉가든

살레르노 의학교는 이후 노르만족 로베르 기스카르 통치기였던 11세기 중엽을 전후로 유럽 최고의 의학교로 급속히 성장했다. 살레르노 의학교의 성장은 신성로마제국-호헨슈타우펜 세력 지배하인 13세기에 최고의 전성기를 누렸다. 살레르노는 시칠리아 왕조의 통치기를 전후로 시칠리아와 북부 아프리카와의 교역을 통해서 경험과 실험에 근거해 발전해온 이슬람 의학을 흡수했다.

아비센나의 『의학정전』에 실린 살레르노 의학교

당시 살레르노 의학교가 성장한 계기는 크게 세 가지로 볼 수 있다. 먼저 954년 살레르노 대성당에 성 마태Saint Matthew the Apostle의 유해 일부가 이전되어 안치됐다. 살레르노는 성 마태의 유해 안장 후 성지순례를 위한 방문자가 급속히 증가했다. 이를 통해 살레르노에는 가톨릭 교파가 운영하는 자선 기관과 의료 시설이 성지순례를 오는 다수의 환자들을 위해 집중적으로 조성되었다. 이탈리아의 내과의이자 저술가였던 드렌치Salvatore De Renzi에 의하면 당시 살레르노 의학교는 '도시 전체가 의료 활동의 중심으로 많은 재원을 확보했다'[3]. 특히 살레르노에서 도시의 의료 활동이 활성화되면서 당시 환자들이 거액을 살레르노 대성당과 도시의 자선 기관에 기부했다.

또한 살레르노는 1000년 전후로 가장 강력한 해상세력으로 성장하여 살레르노의 항구가 번성하기 시작했다. 이에 따라 막대한 그리스-로마, 이슬람 문화권의 의학 지식과 의료 체계가 수입되었다. 살레르노 의학교는 이 시기에 의학 교육과 연구, 의료 활동의 전통을 멀리 비잔티움Byzantium, 바그다드Baghdad, 코르도바Cordova로부터 수입하여 체계화했다. 이에 살레르노에 특히 비잔틴과 아랍권로부터의 외국 의학 서적과 의사들의 유입이 집중되었다. 이러한 노력과 발전은 특히 로베르 기스카르 지배기인 1058년 살레르노의 대주교로 임명받은 알파누스Alphanus of Salerno와 그가 살레르노로 초빙하여 함께 활동했던 내과의이며 번역가인 콘스탄티누스 아프리카누스Constantinus Africanus에 의해 주도되었다. 당시 콘스탄티누스 아프리카누스의 의술은 롬바르드와 노르만 지배자들에게 매력적이었다.

이 시기에 살레르노 의학교의 교과과정은 철학, 신학, 법학, 인문학의 기본 교육과 의학 교과로 구성되었다. 이탈리아의 내과의이며 저술가였던 살바토레 드렌치Salvatore De Renzi[4]에 의하면 살레르노 의학교 학생들은 3년 동안 철학과 인문학을 공부하고 이후 4년은 의학 과정을 수료하며 의학박사를 취득했다. 특히 의학 교과과정은 그리스 의학 체계에 콘스탄티누스에 의해 라틴어로 번역된 히포크라테스, 갈레노스, 디오스코리데스의 의학서들이 추가되었다. 학생들은 보통 25~27세 사이에 의학 학위를 취득했다.

살레르노 의학교의 내과의들은 이미 10세기부터 프랑스 왕궁으로 초빙되어 활동했으며, 이후 재활과 의술을 배우러 유럽, 아시아, 북부 아프리카의 학생들이 몰려왔다. 르네상스라는 단어를 처음 소개한 프랑스 역사학자 쥘 미슐레Jules Michelet에 의하면 "교황, 황제, 왕, 귀족들의 의사들이 모두 살레르노에서 교육받았다."

하지만 무엇보다 살레르노 의학교의 차별성은 유럽에서 처음으로 해부학을 교육한 것이다. 당시까지 유럽의 의사들은 일반적으로 인간의 신체와 유사한 돼지를 해부했다. 반면 살레르노에서는 알렉산드리아 의학교에서 교육받고 로마에서 활동했던 갈레노스의 의학 교육을 추구해 신체 해부를 진행했다. 또

살레르노 보타닉가든에서 강의 중인
마테우스 실바니쿠스

한 살레르노 의학교는 이슬람의 의학적 관찰과 의학적 경험을 통해 의학 지식과 의료 활동을 평가하고 검증[5]했으며, 치료제로 약초를 활용했다.

살레르노 의학교에서 활동했던 대표적인 의학자와 의사는 알파누스와 콘스탄티누스 아프리카누스를 포함해, 임신, 출산 등의 여성학과 성형학 관련 연구를 진행한 트로타Trota•와 살레르노 태생으로 신성로마제국의 황제인 프리드리히 2세, 교황 니콜라우스 3세의 주치의로 활동한 조반니 다 프로치다Giovanni da Procida, 부자 모두 의사로 활동했던 요하네스 플란테리우스Johannes Plantearius와 마테우스 플란테리우스Matthaeus Plantearius,•• 그리고 제약 치료를 개척한 마테우

• 트로타는 12세기 중엽에 활동한 여성 의사이며 저술가였다. 토레 디 루지에로Torre di Ruggiero 태생으로 살레르노에서 산부인과 의사로 활동하며 여성의학 연구를 진행하며 일련의 저서들을 저술했으며, 임신, 출산 등을 포함해 여성학과gynaecology과 성형학cosmetics에 관련된 『여성의 조건에 관한 책Liber de sinthomatibus mulierum』과 『여성 치료에 관하여De curis mulierum』 등의 저서를 출간했다. 이후 그녀의 저서는 12~13세기에 프랑스와 잉글랜드에 널리 확산되었다.

•• 살레르노에서 13세기 초에 거주하며 부자 모두 의사로 활동한 요하네스 플란테리우스와 마테우스

미네르바 가든

스 실바티쿠스Matthaeus Silvaticus 등이다.

살레르노 의학교의 가장 대표적인 또 하나의 특성은 치료를 목적으로 약초를 재배하는 보타닉가든인 호르투스 사니타티스Hortus Sanitatis Botanico를 운영한 것이다. 살레르노의 보타닉가든은 마테우스 실바티쿠스가 1334년 약초 재배를 위해 현재 미네르바 정원Giardino della Minerva의 일부 부지에 조성했다. 호르투스 사니타티스는 유럽 최초의 보타닉가든이었다.

마테우스 실바티쿠스는 중세의 의학 저술가이며, 식물학자였다. 그는 북부 이탈리아 만투아Mantua 태생으로 살레르노 의학교에서 식물학과 의학을 공부하고 교수가 되었다. 그는 1317년 『치료제pharmacopoeia, Pandectarum Medicinae』라

플란테리우스의 저서인 『Liber de Simplici Medicina Circa Instans』는 이후 유럽의 전역으로 전파되어 1480년에는 브뤼셀, 1500년대 초에는 파리와 상트페테르부르크에서 『Livre des Simples Medecines』으로 재발간되었고, 최근에도 해설과 함께 재출간되었다.

는 650쪽의 백과사전을 저술했다. 그가 소개한 대부분의 치료제는 식물이었으며, 상당 부분이 그리스 의사이자 제약 식물학자인 페다니우스 디오스코리데스의 저서를 종합한 것이었다. 이 책에서는 아랍 의학의 영향을 찾아볼 수 있는데, 책에 언급된 487개의 식물 이름 중에 233개가 아랍 이름이 라틴화된 것이었다. 이 책은 1500년 전후 인쇄술이 도입되면서 유럽에서 최소 11번 출간되었다.

의료 활동의 규제와 의학교의 쇠퇴

번성하던 살레르노 의학교가 쇠퇴하게 된 계기는 무엇보다 시칠리아 왕국의 루제로 2세가 시행한 의학 교육의 법적 기준 정비와 제약 행위 규제를 꼽을 수 있다. 루제로 2세는 1140년에 의사 시험에 통과하지 못하면 의료 행위를 금지하는 법을 시행했다. 이에 살레르노 의학교 졸업자가 취득하는 의학박사 학위[6]는 의학 교사가 될 수 있는 이수증certificate으로만 간주되고, 의료 행위를 허가하는 면허증license으로서의 기능을 상실했다.

이후 루제로 2세의 손자인 프리드리히 2세는 1221년 살레르노 의학교의 의학 교육과 의료 행위에 독점권을 부여해주었다. 이에 따라 신성로마제국 내에서는 누구도 살레르노 의학교의 공인 시험을 통과하지 않으면 의료 행위를 할 수 없게 되었다. 이후 프리드리히 2세는 1224년 의료법을 공포하고 시칠리아 왕국에서의 의학 교육과 의료 행위에 대한 좀 더 까다로운 법적 기준을 마련했다.[7] 이 법에 의해 의학생은 정규 대학의 교육과정을 이수하고, 이후 4년의 의학 공부와 수술 훈련을 받은 후 자격시험을 통과하면 의학박사 학위가 수여되어 의학교사가 되었다. 또한 의사 면허 지원자는 진료를 하기 위해서 의사 지도하에 추가 1년의 수습 과정을 받고 살레르노 의학교의 마스터로부터 공개 시험에 합격하도록 상세하게 규제했다.[8]

프리드리히 2세 의료법은 진료 수가도 규제했으며, 제약 생산 활동도 규제했다. 이 법률의 시행은 의학 교육과 관련해 의학의 역사에서 가장 중요한 사건으로 평가된다. 이에 따라 의료 행위가 직업으로 간주되기 시작했다.[9] 특히 제약 규제와 관련해 약의 판매와 순도를 규제했으며, 불순물이 포함된 경우 처벌했다. 이를 어기면 모든 재산이 몰수되었고, 불순물을 포함한 약 생산을 허가한 정부 검사관은 사형에 처해졌다.[10]

살레르노 의학교는 신성로마제국의 황제 프리드리히 2세가 완성한 법적 규제에 따라 의학박사 학위를 수여하는 첫 번째 학교가 되었다. 하지만 이러한 일련의 의학 교육과 의료 행위의 규제는 결국 살레르노가 당시 지중해의 서쪽 끝에서 새롭게 설립되어 의학 교육을 제공하기 시작했던 몽펠리에 의학교와 나폴리 대학과의 경쟁에서 상대적으로 뒤처지는 의도하지 않은 결과를 초래했다.

프리드리히 2세는 이후 일련의 칙령을 통해 살레르노의 역할을 제한하기 시작했다. 그는 1224년 나폴리에 나폴리 대학Università degli Studi di Napoli Federico II을 설립했다. 나폴리 대학은 초기에는 살레르노와 로마의 대학에 비해 경쟁력에서 뒤처졌으나• 점차 살레르노 의학교를 능가했다. 특히 당시 살레르노 의학교의 교수들은 아비센나Avicenna의 『의학정전Canon of Medicine』의 가치와 해부학에 근거한 의료 행위를 부정했으며, 다시 그리스-라틴의 고전적 의학술로 회귀했다. 이것이 살레르노 의학교가 13세기가 되면서 몽펠리에 의학교에 뒤지기 시작한 이유이다. 이후 살레르노 의학교는 이론 중심의 의학교로 남았으며, 1811년 황제 나폴레옹 1세의 칙령으로 폐교되었다.

• 나폴리 대학의 소속 전공들이 1245년 살레르노로 이전되어 잠시 남부 이탈리아 통합 대학이 구성되었다. 하지만 이러한 노력은 실패하여 나폴리 대학은 다시 1258년 나폴리로 이전했다.

볼로냐
법학교와 파라다이스법

천년의 대학도시 볼로냐는 인간의 자유와 가치를 보장하는 노예해방법인 '파라다이스법'이 공포된 곳이며, 소수 귀족의 행정권 독점을 금지하는 '반독재법'을 입법한 최초의 도시이다. 또한 볼로냐는 르네상스와 로마네스크 건물들로 채워진 '빨간 도시'이며, 육즙 요리와 탈리아텔레 파스타의 '미식의 도시'이며, '지식인의 도시'로 불려왔다.

볼로냐는 도시 중심부를 가로지르는 '비아 에밀리아'를 통해 서로마제국의 수도였던 밀라노와 아드리아해의 항구인 리미니와 라베나를 통해 멀리 비잔틴제국의 콘스탄티노플과 교역하며 일찍부터 비잔틴 문화에 노출되었다. 또한 볼로냐는 사베나-이디체 하천과 레노강을 이용한 나빌레 운하를 이용해 13세기에 이탈리아의 최대의 직물 생산 거점으로, 15세기부터 실크를 생산하며 부를 축적했다.

볼로냐가 지식 생산의 거점으로 성장한 배경은 11~12세기 신성로마제국 황제의 권력에 대항했던 교황의 투쟁이었다. 이즈음 볼로냐에는 볼로냐 법학교가 설립되어 교회법과 시민법 그리고 롬바르드 도시 연합이 필요로 하는 상업 활동과 자치 행정에 관한 법들을 만들었다. 이후 볼로냐는 콘스탄티노플의

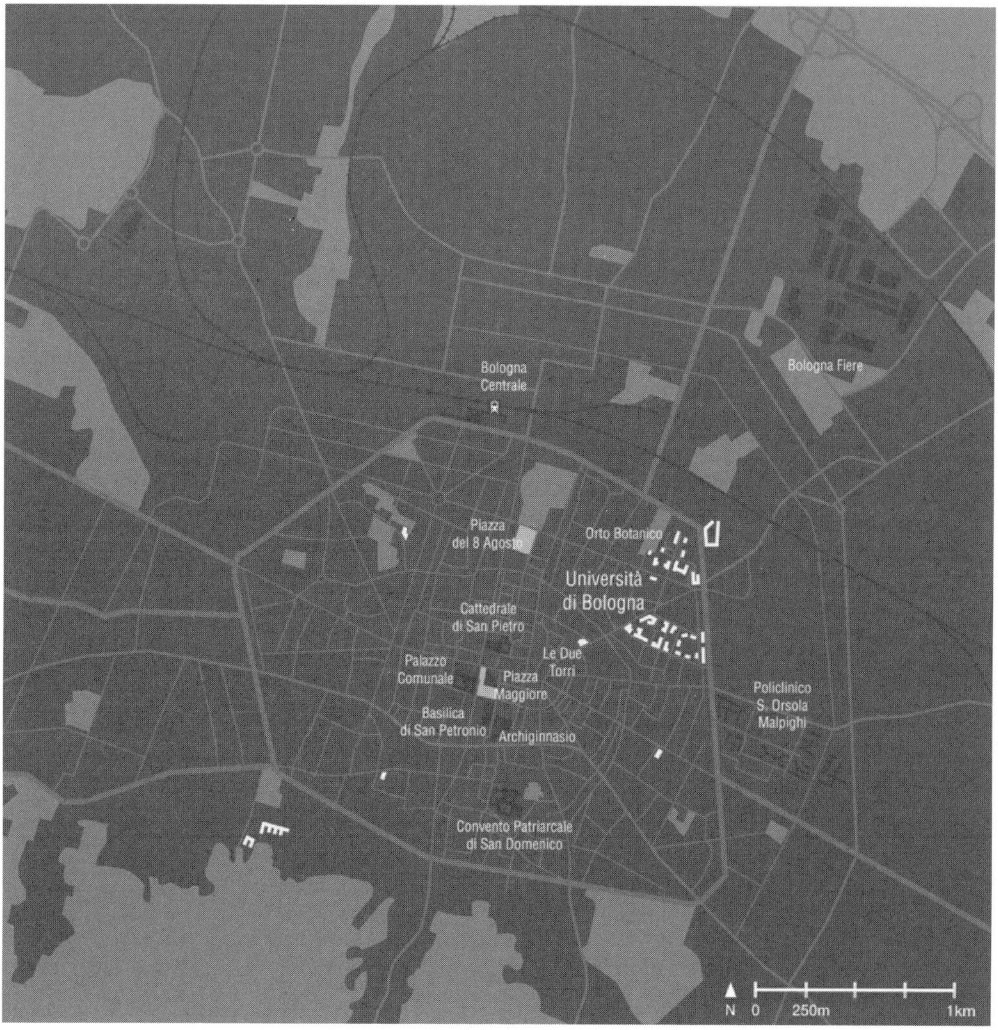
Bologna Centrale
Bologna Fiere
Piazza del 8 Agosto
Orto Botanico
Università di Bologna
Cattedrale di San Pietro
Le Due Torri
Palazzo Comunale
Piazza Maggiore
Policlinico S. Orsola Malpighi
Basilica di San Petronio
Archiginnasio
Convento Patriarcale di San Domenico
N
0
250m
1km

함락으로 비잔틴과 아랍의 의학과 과학의 지식과 학자들을 흡수했고, 해부극장을 갖춘 아르키진나시오를 조성하며 17세기까지 의학, 수학, 천문학, 그리고 라틴어가 아닌 이탈리아어로 인간을 그려낸 인문학의 중심이 되었다.

비옥한 포 평야와 보노니아

볼로냐는 이탈리아 반도 북쪽의 파두스강Flume Padus을 따라 비옥한 포 평야Po Plain를 품은 에밀리아-로마냐Emilia-Romagna 지역을 바라보는 도시이다. 이 지역은 전통적으로 글루텐 함량이 적은 밀가루를 생산하는 역사적으로 유럽에서 가장 비옥한 농업 생산지의 하나이다.

볼로냐는 서-남-동쪽의 구릉들로 둘러싸인 'U' 형태의 분지에 입지한다. 볼로냐는 남쪽으로 아페니니 산맥Monti Appennini을 넘어 70km 떨어진 곳에 입지한 피렌체와 별개의 문화권을 형성해왔다. 이곳은 서남쪽의 레노강Fiume Reno이 사베나-이디체 하천Torrente Savena-Idice을 만나 북쪽으로 흘러 페라라Ferrara를 지나 동쪽의 아드리아해로 흘러나간다. 이런 지리적 입지로 인해 볼로냐는 북쪽의 페라라, 파도바, 베네치아, 그리고 남쪽의 피렌체와 로마로 연결되는 이탈리아 반도의 북남 이동 동선의 중심부였다. 또한 볼로냐는 서쪽으로 160km 떨어진 곳의 밀라노로부터 모데나Modena, 파르마Parma, 피아첸자Piacenza와 동쪽의 아드리아해의 항구인 리미니Rimini•와 라베나Ravenna, 그리고 멀리 베네치아와 콘스탄티노플까지 연결되는 비아 에밀리아Via Emilia••의 서동 이동로의 거점으로 이탈리아 반도에서 동서남북 방향으로 연결되는 십자로의 중심점이다.

• 리미니는 로마와 연결된 비아 플라미니아Via Flaminia와 비아 에밀리아Via Emilia가 만나는 종점 도시였다.

•• 비아 에밀리아는 리미니에서 비아 플라미니아를 통해 로마로 연결된다.

볼로냐의 기원은 B.C. 1000년경 청동기 시대로 추정되며, 이후 B.C. 650~B.C. 450년 에트루스칸족Etruscan의 타운인 펠시나Felsina가 형성되어 B.C. 450~B.C. 189년에 켈트족의 일부인 골족의 타운인 보나Bona가 되었다. 볼로냐는 이후 B.C. 189년부터 로마제국의 지배를 받으며 인구 1만 2000~3만 명의 타운인 '무니시피움 보노니아Municipium Bononia'로 성장했다. 로마제국의 역사상 첫 번째 지리학자인 폼포니우스 멜라Pomponius Mela에 의하면, 볼로냐는 당시 이탈리아의 부유한 다섯 도시 중 하나였다.

볼로냐가 현재의 격자형 가로 체계와 도시 블록을 갖게 된 것은 로마제국의 도시계획의 결과이다. 로마제국의 보노니아는 남북으로 6개의 카르도와 동서로 8개의 데큐마노스로 형성되어 현재까지 유지되어왔다. 당시 도시 중심부를 동서로 관통했던 비아 에밀리아는 여전히 기능을 유지하며 스트라다 마지오레Strada Maggiore, 비아 리촐리Via Rizzoli, 우고 바시Ugo Bassi, 산 펠리체San Felice 등으로 불리고 있으며, 당시의 로마 포룸은 현재 마조레 광장Piazza Maggiore에 입지해 있었다.

산 피에트로 대성당, 산토 스테파노 성당

볼로냐에 기독교가 소개된 것은 4세기 초 이전이다. 볼로냐의 기독교 신자였던 아그리콜라Agricola와 그의 노예였던 비탈레Vitale가 디오클레티아누스 황제의 명으로 304년 원형극장에서 순교했다. 이후 원형극장과 이시스 신전 부지에는 7개의 성당으로 구성된 산토 스테파노 성당Basilica di Santo Stefano이 건설되었고, 이들의 순교를 기리기 위해 산 비탈레 아그리콜라 성당Chiesa San Vitale ed Agricola이 조성되었다. 이후 기독교를 허용하는 밀라노 칙령Edictum Mediolanense•

• 313년에 시행된 밀라노 칙령은 서로마제국의 마지막 왕인 리시니우스와 동로마제국의 콘스탄티

이 공포된 후 첫 번째 주교인 자마Satint Zama가 이곳에 파견되었다.

볼로냐가 도성 안에 대성당을 조성하고 본격적인 도시로서 기능하기 시작한 시점은 5세기이다.• 이즈음 볼로냐의 산 피에트로 대성당Cathedrale Bologna di San Pietro이 현재 부지에 조성되었다. 볼로냐의 주교들은 5세기부터 대성당에 거주했으며, 인접한 곳에 세례당baptistery, 호스피스hospice, 성직자와 전도사를 위한 기숙 성당학교가 조성되었다. 산 피에트로 대성당은 이후 1575년 재건되었고, 종탑은 1028년 설립되었다.

볼로냐는 교황의 직접 지배를 받는 도시로서 5세기 중엽에 성 페트로니우스Bishop St. Petronius가 주교로 임명되었다. 볼로냐는 성 페트로니우스 주교의 행정하에 지식 생산의 거점으로 성장했고, 성 페트로니우스는 볼로냐의 수호성인이 되었다.

성 페트로니우스는 이 시기에 볼로냐의 첫 번째 성인 셀레니테성Selenite Walls을 조성했다. 또한 그는 산 조반니 성당Chiesa di San Giovanni in Monte과 가까운 곳에 산토 스테파노 성당Basilica di Santo Stefano을 조성했다.

특히 산토 스테파노 성당은 기존의 이시스 신전 부지에 조성되었다. 산토 스테파노 성당은 이후 롬바르드의 지배기인 727년을 전후로 정복자의 중심 거점으로 사용되었고, 983년에서 1493년까지 베네딕트 수도원Benedictine monks of Cluny으로 베네딕트 교파의 거점 성당으로 기능했다. 이후 산토 스테파노 성당은 11~13세기에 걸쳐 네 개의 성당이 조성되었고, 이후 일곱 개의 성당으로 구성된 거대한 콤플렉스로 증축되어 7성당Sette Chiese 또는 산타 게루살레메Santa Gerusalemme 성당으로도 불린다.

누스 황제가 밀라노에서 로마제국에서 기독교를 허용했던 공동 합의문이다.

• 볼로냐는 4세기에 대성당을 밀라노에서 303년에 순교한 성 나보르Saint Nabor와 성 펠릭스Saint Felix에 헌정해 도성 밖에 조성했으나 906년 화재로 소실되었다.

가톨릭 밀라노와 비잔틴 라베나의 영향

로마제국이 분할되면서, 동로마제국의 수도는 330년에 콘스탄티노플 Constantinople로 이전했으며, 서로마제국의 수도는 286~408년까지 밀라노였다. 당시 볼로냐 교구는 서로마제국의 수도인 밀라노에 속하며 그 지배를 받았다. 서로마제국은 이후 408년 서고트족의 공격을 받아 수도를 다시 밀라노에서 이탈리아 반도의 동쪽 끝인 라베나로 이전했다. 라베나는 이후 서로마제국의 수도가 되었으며, 535년부터는 다시 동로마제국의 이탈리아 행정을 담당하는 유럽 거점으로 기능했다. 이 때문에 라베나는 로마니아Romània로도 불렸다.

볼로냐가 이 지역의 문화 거점으로 급속히 성장한 것은 바로 동쪽으로 60km 떨어진 지점에 입지한 라베나와의 지리적 근접성 때문이었다. 볼로냐는 이 시기에 서로마제국의 수도였던 라베나와 함께 잠시 성장했으며, 다시 동로마제국의 서유럽 행정 거점이 된 라베나의 영향과 비잔틴 문화의 영향을 받으며 성장했다. 볼로냐는 774년 샤를마뉴Charlemagne에 함락되었으나, 곧 로마에 수도 기능을 둔 교황국의 지배를 받는 도시가 되었다.

교황국의 교회법

볼로냐가 독립된 도시로 자치 행정을 통해 성장하게 된 계기는 흥미롭게도 도시 행정을 책임지는 주교의 임명권을 획득하려는 교황과 이 권한을 지키려는 신성로마제국 황제 간의 서임권 투쟁Investiturstreit•에서 시작되었다.

• 교황국의 서임권 투쟁은 교황 그레고리우스 7세와 신성로마제국의 황제 하인리히 4세 사이의 갈등에서 시작되었다. 서임권 투쟁은 신성로마제국 황제의 서임권 권력에 대한 교황의 정치적인 도전이었다. 교황은 이 시기에 유럽의 세습왕들의 권력에 도전했으며, 도시 행정의 수장인 주교 bishop와 수도원의 원장abbot의 임명권을 황제에게 도전하여 확보하고자 했다. 라베나의 대주교

당시 유럽에서는 신성로마제국의 황제에 도전한 교황의 세력이 커지면서 큰 충돌이 발생했다. 특히 이탈리아 반도는 11~12세기에 신성로마제국의 황제와 교황 간의 권력 투쟁의 중심부였다. 이는 이탈리아 도시들이 유럽의 어느 지역보다 과거 로마시대의 도시 문화와 자치적인 도시 행정의 전통을 이어받았기 때문이다. 특히 이탈리아의 중부와 북부의 도시들은 과거에 누렸던 자치 행정권을 확보하기 위해 신성로마제국의 황제에게 대항했으며, 또한 주교와 교황에게 저항했다.

볼로냐는 이러한 황제와 교황의 대립 구도에서 1116년 교황국의 행정지배로부터 자유로운 '볼로냐 코무네Comune di Bologna'를 설립했다. 당시 볼로냐는 교황국의 지배하에 있었으나, 서임권의 투쟁 과정 초기에 신성로마제국 황제의 편에 섰다. 1125년 볼로냐는 신성로마황제 하인리히 5세로부터 볼로냐의 법적·경제적 자치 행정권을 획득했다.

볼로냐는 신성로마제국의 비호를 받으며 교황의 권력을 벗어나 성장했다. 이러한 관계 속에 볼로냐에 교황국 행정체계의 기본이 되어온 교회법Canon Law을 연구하는 볼로냐 법학교Scuola Giuridica Bolognese가 설립되어 성장했다. 당시 볼로냐 법학교의 설립자 중 한 명인 법학자 이르네리오Irnerio 교수는 신성로마제국 황제의 볼로냐 자치 행정권 승인에 서명한 장본인이었다. 볼로냐가 교회법에 관심을 둔 것은, 신성로마제국의 제국행정법을 완성해야 했으며, 가톨릭 행정의 기본인 교회법의 허점을 찾고자 했기 때문이다.

한편 볼로냐가 구엘피 롬바르디아 도시 동맹Guelfi Lombard League의 도시들과 함께 급속히 성장한 것은 1176년 레냐노 전투Battle of Legnano에서 신성로마제국

였던 귀베르트Guibert는 1080년 신성로마제국의 비호하에 교황 클리멘스 3세로 선출되었다. 이 과정에서 그는 당시 교황 그레고리우스 7세와 충돌했다. 당시 교황 그레고리우스 7세는 도시의 주교와 수도원장의 인사권을 갖고 있던 신성로마제국의 하인리히 4세에게 도전하며 서임권 충돌이 시작되었으며, 1122년 황제 하인리히 5세와 교황 칼리스투스 2세에게 제한된 주교 임명권을 부여하는 보름스 협약으로 종료되었다.

의 프리드리히 1세Friedrich Barbarossa에 승리하면서부터이다. 볼로냐는 1167년부터 신성로마제국의 황제와 교황의 경쟁 구도에서 기존의 친황제 입장을 버리고 프리드리히 1세에 대항하며 친교황파인 롬바르디아 도시 동맹에 합류했다. 롬바르디아 도시 동맹은 결국 레냐노 전투에서 프리드리히 1세와 기벨리니Ghibellini 연합에 승리하며 콘스탄츠 평화협정Peace of Constance을 이끌어냈다.

운하와 실크 생산

볼로냐는 10세기부터 수계를 이용해 운하 시스템을 조성하고 이를 적극적으로 도시의 성장에 활용했다. 볼로냐가 운하 시스템을 이용해 아드리아해의 항구들과 라베나와 연결되기 시작한 것은 700년 전후이다. 하지만 이는 소극적인 지역 운송 체계였다. 볼로냐는 905년 전후로 포강 지역의 해상 운송의 주도권을 유지하고, 지형의 낙차를 이용해 수력에너지를 생산 활동에 활용하려는 목적으로 본격적인 운하 시스템을 조성했다.

볼로냐는 이 시기에 남쪽 구릉으로부터 흘러내려오는 레노강의 지류를 이용해 레노 운하Canale di Reno를 조성하고, 사베나 하천을 이용해 사베나 운하Canaletta del Savena를 조성했다. 이와 함께 볼로냐는 기존의 아포사 하천Torrente Aposa과 연결된 길이 40km의 나빌레 운하를 완성하여 볼로냐의 운하 시스템은 북동쪽의 에밀리아노 로마뇰로 운하Canale Emiliano Romagnolo와 레노강이 만나 멀리 포강으로 직접 연결되었다.

볼로냐는 운하 시스템을 통해 수력 제분소와 직물 공장을 설립했고, 여기서 생산한 직물을 나빌레 운하와 육로를 통해서 동로마제국의 유럽 기지였던 라베나와 아드리안해의 항구인 리미니, 그리고 베네치아로 직접 운송했다. 볼로냐는 13세기에 이탈리아의 최대 직물 생산 거점이 되었으며, 1191년부터는 하인리히 6세의 승인하에 볼로냐 화폐를 주조하고 통용시켰다.

볼로냐는 특히 1401년부터 친교황 구엘피 동맹이었던 조반니 1세Giovanni I부터 시작된 벤티볼리오 가문House of Bentivoglio의 지배기에 양모와 실크의 생산으로 급속히 성장했으며, 15세기부터 기술 혁신을 통해 양질의 실크를 생산했다. 볼로냐는 이미 산업혁명기 이전 실크 생산의 최전성기에 100개의 실크 생산기를 운영했다. 실크 생산은 도성 내부에서 진행되어 장인들의 작업장에서 최종 생산이 마무리되었으며, 현재 갈바니 광장Piazza Galvani에서는 1449년부터 17세기까지 누에고치 매매가 진행되었다. 양질의 실크 생산으로 부를 축적한 볼로냐는 인접한 밀라노, 베네치아, 피렌체와 경쟁하며 상업 교역과 문화 전파의 중심 도시가 되었다.

마조레 광장, 아케이드, 타워

볼로냐는 12세기 말~13세기에 12개의 성문을 가진 마지막 성인 토레소티 성Cerchia dei Torresotii을 조성했다. 당시 볼로냐는 인구 5만 명의 도시로 코르도바, 파리, 베네치아, 피렌체에 이어 유럽에서 다섯 번째 거대 도시로 성장했다. 이 시기에 볼로냐에는 두 곳의 도시 중심부가 있었다. 첫 번째 중심부는 시민 행정의 중심부로 현재 마조레 광장Piazza Maggiore이며, 또 하나는 동쪽부의 셀레니테성Selenite Walls 밖 교황권의 중심부로 성당과 수도원이 입지한 산토 스테파노 광장이다.

볼로냐의 마조레 광장이 현재의 형태를 갖게 된 것은 1200년 무렵이지만, 이곳은 과거 로마제국의 '무니시피움 보노니아'의 중심부였던 로마 포룸의 부지이다. 마조레 광장을 중심으로 광장의 북쪽부에 1200~1230년 사이 팔라초 델 포데스타Palazzo del Podestà가 조성되어 당시 도시의 행정관인 '포데스타Podesta'*의

• 이탈리아 도시들은 1176년 행정의 자치권을 획득한 후, 도시의 행정권이 기존의 귀족들인 그란디

볼로냐의 중심부인 마조레 광장과 산 페트로니오 대성당

도시 행정 기능을 수용했다.

광장의 서쪽에는 팔라초 다쿠르시오Palazzo d'Accursio가 당시 법학자였던 아쿠르시우스Accursius의 저택으로 조성되었고, 이후 1336년부터 시청의 행정 건물로 사용되었다. 또한 광장 남쪽에는 팔라초 데이 노타이Palazzo dei Notai가 볼로냐의 공증인 길드의 본부로 조성되었다.

마지막으로 마조레 광장의 동쪽에는 산 페트로니오 성당Basilica of San Petronio이 조성되었다. 이 성당은 교황국의 재원으로 주교가 건설한 것이 아니라 볼로냐시가 자치 행정을 기념해 공공 기능을 가진 건물로 건설한 매우 독특한 프로젝트로서 1929년에야 비로서 지배권이 시에서 교구로 넘어갔다. 또한 산 페트

grandi와 시민을 대표한 상인들인 포폴로popolo의 두 그룹으로 나뉘어 경쟁했다. 이탈리아 도시들은 이러한 경쟁에서 포데스트 제도를 사용했다. 포데스트podest는 도시에 연고가 없는 외부인에게 제한된 시기 동안 제한된 권력을 부여하는 제도이다. 포데스트는 그 지역의 종파나 가문에 연계될 수 없으며, 이들은 6~12개월의 임기 이후 감사를 받았다.

로니오 성당 동쪽에는 팔라초 데이 반치Palazzo dei Banchi가 조성되어 은행 기능을 수용했다. 이 건물은 1449년 실크 박람회가 개최된 곳으로, 건물 뒤 동쪽으로 시장과 연결되었다. 또한 도시 중심부 동쪽으로 산토 스테파노 성당의 진입부인 메르칸치아 광장Piazza della Mercanzia은 상인들의 활동 거점으로 상거래 분쟁을 해결했던 팔라치 메르칸치아Palazzi della Mercanzia가 입지했다.

한편 볼로냐는 아케이드와 타워의 도시로 도시 경관이 매우 독특하다. 11세기를 전후로 도시 중심부가 아케이드화된 보행 보도인 포르티코portico가 도로를 따라 선형으로 조성되었고, 현재 그 총길이는 38km에 달한다. 볼로냐의 아케이드는 11~12세기의 도시의 급속한 성장에 따라 부족한 주거 공간을 확보하려는 목적으로 조성되었으며, 부실한 공공 규제의 결과물로 추측되어왔다.

볼로냐에는 12~14세기에 타워들이 조성되었으며, 1250년 전후로 180개의 타워가 있었으나, 이후 상당수가 철거되고 무너졌다. 이 시기 볼로냐에 타워들이 왜 조성되었는지는 알려지지 않으며, 생산된 직물의 건조를 위해서 조성되었다고 추정된다. 특히 1109~1119년을 전후로 현재까지 남아 있는 아시넬리 타워Torre degli Asinelli, 91m와 가리센다 타워Torre dei Garisenda, 46m가 포르타 라베냐나 광장Piazza di Porta Ravegnana에 조성되었다.

볼로냐 대학과 볼로냐 법학교

볼로냐 대학의 명확한 설립 시기는 확인되지 않고, 다만 1088년에 형성되었을 것으로 추측되며,[1] 그보다 이른 11세기 초에 자유교양 교육을 제공하는 학교들이 번성한 시기에 설립되었다는 주장도 있다. 당시 볼로냐 대학은 '알마 마테르 스투디오룸Alma Mater Studiorum'으로 불렸으며 '모든 학문이 퍼져 나간 곳'이란 뜻이다. 교훈은 '보노니아 도케트Bononia Docet'로 '진리'였다. 볼로냐 대학은 1158년 프리드리히 1세로부터 대학 인가를 받았다.

볼로냐 대학의 강의 모습

한편 볼로냐 대학의 일부로 기능해온 볼로냐 법학교는 이미 1070년 이전에 조성되었다고 추정된다. 볼로냐 법학교는 12세기 초부터 시민법과 교회법의 연구와 교육의 중심으로 성장하여 13세기까지 지속적으로 발전했다. 이즈음 유럽의 다른 대학, 살레르노와 몽펠리에의 학교가 의학에 집중했으며, 파리대학과 옥스퍼드 대학은 신학에 집중했다.

이후 볼로냐 대학에는 1200년을 전후로 의학 전공이 설립되어 중세에 금지되었던 해부학이 발전하며 그 명성을 구축했다. 특히 콘스탄티노플의 함락으로 콘스탄티노플로부터 비잔틴과 아랍의 의학과 과학의 지식과 학자들이 유입되었다. 이 시기 볼로냐 대학은 유럽과 이태리 전역의 귀족 학생이 선망하는 대학이 되었으며, 13세기 초 학생 규모가 이미 만 명이 되었다. 이곳에서는 13

세기 후반부터 14세기 초반기에 의학과 함께 철학, 수학, 천문학 등이 함께 발전했으며, 다시 17세기에 과학 연구가 최고로 성장했다. 한편 초기에 볼로냐 대학에서 신학은 부수적인 학문이었으며, 1360년이 되어서야 대학으로 흡수되었다.* 이즈음 이탈리아의 다른 도시들에 대학들이 설립되기 시작했다.

1250년 전후 볼로냐 대학은 고정된 강의실을 소유하지 못했으며, 수도원의 대형홀에서 강의를 진행했다. 볼로냐 대학은 고정된 입지와 건물이 없었고 교육 기능이 도시에 분산되어 있었다. 이러한 도시 분산형 대학 시설은 교황 비오 4세가 1562년 아르키진나시오archiginnasio 콤플렉스를 조성할 때까지 계속되었다.

한편 볼로냐 대학의 학생들은 독특한 학생조직 중심의 대학연합체를 구성하여, 도시민으로서 권리 확보를 목적으로 도시와 단체협상권을 획득했다. 실제로 볼로냐 출신이 아닌** 동일 지역 출신의 학생과 학자는 길드를 구성하여 하나의 컬리지로 조직되었다. 이 컬리지는 '나티오natio'라 불린 컬리지로, 일종의 외국 학생 상조회mutual aid societies of foreign student로 기능했다, 그리고 다수의 나티오들은 곧 '우니베르시타스universitas'라는 큰 연합체를 구성했다.

나티오 컬리지는 독자적인 운영 지침에 근거해 마스터를 두었으며, 대표를 선출하여 운영했고, 시로부터 학자들을 고용해 교육을 받았으며 학장rector을 선출했다. 마스터는 국적과 필요에 따라 학생들의 학비를 수령하고 생활을 지도하며 운영했다. 이러한 조직은 대학 시설들이 지속적으로 도시에서 분산되어 기능하도록 유도했으며, 이후 이탈리아 대학의 체계와 캠퍼스의 모델이 되었다. 이후 학생들과 볼로냐 주민 사이의 분쟁이 심각해지면서, 일부 학생들이

* 볼로냐 대학에 신학 전공이 설립된 시기는 1360년으로 교황 이노센트 6세에 의해서이다. 당시까지 볼로냐에서 신학은 대학이 아닌 수도원 학교에서 교육되었다.

** 볼로냐 출신이 아닌 학생은 높은 수업료를 지불했으며, 범죄나 부채에 관한 볼로냐 시법의 단체 처벌로부터 보호받기 위해 17개 국가 출신으로 구성된 치스몬타네스Cismontanes 컬리지와 영국을 포함한 18개 국가로 구성된 울트라몬타네스Ultramontanes 컬리지를 구성했다.

추방되어 인접한 빈첸자Vincenza, 아레초Arezzo, 파도바Padova, 시에나Sienna 등으로 이주하여 새로운 대학이 만들어졌다.

볼로냐 대학이 이 시기에 법학의 연구와 교육으로 그 명성을 얻으며 성장하게 된 이유는 크게 두 가지이다. 먼저 롬바르디아 동맹 도시들이 성장하면서 이들 도시에서의 상업 활동과 자치 행정에 관한 법률 체계 구성이 시급해지고 사회적 요구가 증대했다. 당시 황제의 편에 선 구엘피 롬바르드 도시 동맹의 도시들은 상업 활동과 도시 행정의 자치권을 확보하면서, 도시 운영을 위한 행정법과 상업 활동을 위한 상법이 필요했다.

이에 볼로냐 대학은 초기에 공문서와 편지를 작성하는 '공증 기술Ars Notoria'과 '작문 기술Ars Dictaminis'을 중심으로 교육했으며, 13세기에 연설 교육도 추가되었다. 당시까지 롬바르드 동맹을 구성했던 도시 출신의 학생들은 오랫동안 법학의 중심이었던 라베나에서 법을 교육받았다. 하지만 라베나가 트라베르사리 가문Domus Traversari 지배기에 프리드리히 1세의 기벨리니 연합을 구성했다. 이로 인해 라베나가 교황과의 마찰로 그 위상을 잃게 되면서, 볼로냐는 법학 교육의 거점 기능을 라베나로부터 넘겨받는다.

볼로냐 법학교의 형성과 성장을 촉발한 계기는 1070년에 로마법인 유스티니아누스 법전Code of Justinian을 발견한 것이었다. 유스티니아누스 법은 로마제국의 황제 유스티니아누스 1세가 530~533년 고대 그리스의 법인 판덱테스pandektes를 근거로 완성한 로마법이다. 유스티니아누스 법은 법문인 '코덱스codex'와 이를 설명하는 해설서인 '다이제스트Pandects'로 구성되었다. 당시 발견된 것은 다이제스트였다. 오랫동안 묻혀 있던 로마법이 발견될 수 있었던 것은 당시 법학자들이 황제와 교황 간의 서임권 투쟁 과정에서 도시의 자치 행정에 관한 정통성을 찾고 해석하기 위한 역사적 증거로서 고대법들을 찾았기 때문이다.

볼로냐 법학교는 이러한 서임권 충돌 과정에서 교황의 지지를 버리고 황제의 편을 들었다. 이것이 볼로냐 대학이 1158년 프리드리히 1세로부터 대학 차터를 획득하게 된 이유이다. 이후 볼로냐 법학교는 고대 로마법의 연구에 집중하며, 중세 로마법을 구성하는 교회법Corpus Juris Canonici과 시민법Corpus Juris Civilis을 완성했다. 당시 교회법은 기독교 제국을 다스리는 가톨릭법으로 개인의 결혼에도 관여했으며, 시민법은 범죄법을 제외한 모든 인간의 지위에 관한 법이었다.

이에 볼로냐 법학교에서는 1250년대 후반부터 중세 로마법을 연구한 이탈리아, 프랑스, 독일 문화권의 주요 법학자들인 '글로사토르glossator'가 학문적 중심 역할을 했다.

볼로냐 출신으로 법학 전공 창시자이며 글로사토르 그룹의 창시자인 이르네리우스Irnerius는 1070년에 볼로냐에서 법학을 가르치기 시작했고, 볼로냐 태생 변호사로 옥스퍼드 대학에서 활동했던 프란키스쿠스 아쿠르시우스Franciscus Accursius도 볼로냐 법학교에서 강의했다. 12세기 역사학자인 야코부스 드 보라기네Jacobus de Boragine를 포함한 글로사토르 학자 다수가 볼로냐 법학교에서 활동했다. 또 14~15세기에도 교회법의 대가였던 조반니 안드레아Giovanni d'Andrea가 볼로냐 법학교에서 교회법을 교육하며 명성을 주도했다.

파라다이스법과 반독재법

볼로냐가 지식 생산의 도시로서 큰 의미를 갖는 것은 1256년 농노를 해방시키려는 목적으로 '파라다이스법Liber Paradisus'을 공포한 첫 번째 도시이기 때문이다. 볼로냐 법학교는 13세기 중엽부터 법학 연구의 가치와 방향을 황제를 지배를 정당화하기 위한 법학 연구에서 도시 행정과 인권 보장을 위한 법학 연구로 전환했다.

볼로냐는 1256년에 농노 해방을 목적으로 '리베르 파라디수스Liber Paradisus'라는 법을 공포했다. 이전에는 농노의 사회경제적인 위치가 시뇨리Signori로 불리던 주인에 속박되어 있었다. 볼로냐의 파라다이스 법은 시의 재원으로 농토에 소속되어 영주가 소유하는 봉건적 농노제도feudal serfdom를 폐지하고 노예를 해방시켰다.

볼로냐는 1256년 마조레 광장 포데스타 궁의 아렝고Arengo 종 앞으로 볼로냐 시민들을 소집했다. 도시의 행정권을 갖고 있는 포데스타와 각 계급의 대표자들은 400명의 영주가 소유했던 농노 6000명의 자유를 공포했다. 그들은 코무네 예산으로 아동은 볼로네 은화Lire로 8원, 성인은 볼로네 은화Lire로 10원의 시장 가격에 근거해 총 5855명의 노예를 5만 4014원으로 해방시켰다.

볼로냐의 코무네가 왜 당시 농노를 해방시켰는가에 관해서는 해석이 다양하나 유력한 설명은 다음과 같다. 당시 볼로냐의 교외 영주Signorie들은 포살타 전투battle of Fossalta에서 패배하고 자본과 힘을 모두 잃었다. 한편 자유인은 노동자로 역할을 하며 세금을 내야 했다. 당시 볼로냐는 시 재정이 어려워져 해방된 농노는 곧 볼로냐에 세금을 내야 하는 의무를 지게 되었다는 것이다. 시행된 배경은 그렇다 하더라도 파라다이스법은 인간의 평등을 주장하는 강력한 역사적 문서가 되었다. 볼로냐는 또한 1271년 '반독재법anti-magnate Law'을 입법하여 부자와 권력자가 도시 행정, 원로원Council of the Elders, 예술공예무기협회Society of Arts, Crafts and Weapons에 참여하는 것을 제한했다.

비잔틴 지식의 유입과 르네상스의 의학, 천문학, 인문학

볼로냐 대학이 법학을 넘어 일련의 학문을 발전시킨 계기는 비잔틴에서 이주해온 학자들과 아랍 문화권으로부터 지식들의 유입된 것이었다. 특히 콘스탄티노플의 함락으로 비잔틴 문화권의 학자들과 아리스토텔레스의 학문적 후예들인 아비센나Avicenna와 아베로에스Averroes*의 지식이 유입되어 14세기 초부터 수학, 점성술, 천문학이 아드리아해를 따라서 먼저 베네치아, 파도바,

볼로냐로 순차적으로 소개되며 결국 유럽 대륙의 르네상스를 만들었다.

먼저 볼로냐 대학에는 1260년 피렌체 태생의 화학자인 타데오 알데로티가 의학 교육을 시작하면서 의학 전공이 설립되었다. 당시 타데오의 강의는 히포크라테스, 갈레노스, 아비센나 등의 의학 연구를 이용했다. 이후 볼로냐의 의학은 법학과 동등한 중심 학문으로 성장했다. 특히 볼로냐의 의학 교육은 해부와 수술이 별개의 전공으로 나뉘어 발전했다. 당시 문디누스Mundinus는 볼로냐에서 근대 해부학의 기초를 만들었고 인간 신체의 해부를 진행했다.

또한 볼로냐 대학에는 아리스토텔레스 철학이 유입되어 수학, 천문학, 인문학이 성장했다. 특히 아비센나와 아베로에스로부터 큰 영향을 받았던 아브루초Abruzzo 지역 출신의 체코 다스콜리Cecco d'Ascoli가 1322년 볼로냐 대학의 수학과 천문학 교수이자 의사로서 활동하면서부터 볼로냐의 천문학이 발전하기 시작했다. 이후 페라라 출신으로 플라톤주의 천문학자였던 도메니코 마리아 노바라Domenico Maria Novara가 천문학 교수로 활동했다. 도메니코 마리아 노바라는 제자인 코페르니쿠스Copernicus와 함께 '달이 알데바란을 가리는 성식' 현상을 관찰했다.

한편 볼로냐 대학의 인문학 교육은 논리 연구를 중심으로 확장되었고, 1320년을 전후로 문법, 시, 수사학을 중심으로 문법과 작문법을 교육했던 '우니베르시타스 아르티스타룸Universitas Artistarum'으로 성장했다. 당시 볼로냐 대학의 인문학 프로그램은 '스투디아 후마니타티스Studia Humanitatis'로 불리며 수사학과 시를 중심으로 진행되었다. 이즈음 흥미롭게도 볼로냐에서는 당시 중세 고급 언어인 라틴어가 아닌 이탈리아어로 가톨릭 세계가 아닌 일상의 내용을 그려낸 작품들이 일군의 작가들에 의해 완성되기 시작했다.

- 아비센나는 페르시아 지역의 철학자이며 이슬람 황금시대의 주인공으로 철학과 과학의 백과사전과 중세시대부터 1650년까지 의학의 기본서로 쓰였던 『의학정전The Canon of Medicine』의 저자였다. 또한 코르도바 출신의 아베로에스는 아리스토텔레스의 학문을 공부한 천문학자이자 법학자였다.

먼저 토스카나어로 쓰인 사후 세계에 관한 상상의 기행문인 『신곡Divine Comedy』이 피렌체 태생인 단테 알리기에리Dante Alighieri에 의해 완성되었다. 역시 토스카나어로 쓰인 100개의 이야기를 담은 『데카메론The Decameron』과 106명의 성공한 여성들의 일생을 이야기로 묶은 『유명한 여성들에 대해서De Mulieribus Claris』를 저술한 피렌체 출신 조반니 보카치오Giovanni Boccaccio가 활동했다.

토스카나 지역의 아레초 태생으로 인문학의 아버지, 일등 여행가로 불리는 프란체스코 페트라르카Francesco Petrarca가 유럽과 북이탈리아를 여행하며 그리스와 로마의 이야기들을 엮어 출판했다.

이러한 배경으로 볼로냐는 이탈리아 인문학의 중심 거점으로 1440년대부터 1570년대까지 약 100년간 전성기를 누렸다. 이 시기에 볼로냐 대학은 법학과 의학을 넘어 이탈리아 인문학과 예술의 중심부가 되었다.

도시 중심부의 재개발과 대주교 도시

볼로냐가 유럽의 도시 가운데서 존재감을 드러내게 된 것은 무엇보다 1530년 산 페트로니오 성당에서 교황 클레멘스 7세가 신성로마제국의 황제 카를 5세의 축성식을 거행한 것이었다.• 이후 볼로냐는 현재 달력 체계인 그레고리력을 도입한 교황 그레고리우스 13세의 교황기인 1582년 대주교의 도시로 그 위상이 승격되었다. 교황 그레고리우스 13세는 볼로냐 태생으로 볼로냐 대학에서 법학을 공부했고, 이후 교황으로서 과학, 예술, 지도 등의 발전을 주도했던 후원자였다.

• 볼로냐는 1506년 교황 율리우스 2세 때 교황국으로 흡수되어, 이후 프랑스 점령기가 시작되기 전까지 교황의 직접 지배를 받으며 300년 동안 성장했다. 볼로냐는 이후 프랑스의 지배(1797~1814)와 오스트리아의 지배(1849~1860)를 받았으며, 이후 이태리 왕국 도시가 되었다.

볼로냐, 1640

볼로냐는 특히 1564년을 전후로 도시 중심부를 재조성하며 대주교 도시로서의 위상을 정립했다. 당시 볼로냐는 교황 비오 4세의 후원으로 대규모 도시 재개발의 재원을 획득했다. 볼로냐는 이를 계기로 현재 도시 중심부를 구성하는 팔라초 데이 반치의 포르티코인 파발리오네Pavaglione를 완성했고, 그 남쪽으로 대규모 대학 시설인 아르키지나시오Archiginnasio를 조성했다. 또한 마조레 광장 서쪽으로 현재 네투노 광장Piazza del Nettuno 중심부에 넵툰 분수를 중심으로 도시 중심부가 완성되었다.

당시 볼로냐가 지속적으로 성장할 수 있었던 것은 무엇보다 볼로냐가 배출한 인재들의 활동의 결과이다. 볼로냐 대주교로 임명된 추기경 가브리엘레 팔레오티Cardinal Gabriele Paleotti•를 포함해 교황국에서 활동했던 다수의 볼로냐 출신의 성직자와 교황 그레고리우스 13세를 비롯해, 교황 니콜라우스 5세, 교황 알렉산데르 6세, 교황 이노센트 9세, 교황 그레고리우스 15세가 모두 볼로냐 대학 출신이다. 이 과정을 거치면서 볼로냐는 17세기를 전후로 96개의 수도원과 성당 및 부속 시설들을 가진 가톨릭의 도시가 되었다.

아르키진나시오, 보타닉가든

볼로냐가 교황 비오 4세의 도시 개조 재원을 받아 조성한 시설은 당시 볼로냐 대학의 새로운 대학 중심부로 기능하기 시작한 팔라초 델 아르키진나시오Palazzo dell'Archiginnasio였다. 아르키진나시오는 안토니오 모란디Antonio Morandi의 감독하에 1562~1563년에 건설되었다. 아르키진나시오는 산 페트로니오 성당 동쪽 건너편에 팔라초 데이 반치와 연결되어 조성되어, 당시 도시 여러 곳에 흩어져 있던 교육 시설들을 하나로 통합하려는 목적으로 건축되었고, 스투디움Studium이라 불렸다.

아르키진나시오는 기존의 산타 마리아 데이 불가리 성당Cappella di St. Maria dei Bulgari을 감싸며 두 개의 포르티코를 갖춘 코트야드를 중심으로 조성되었다. 상부층의 중앙 코리더에는 시민법과 교회법 전공 법학생의 교실을 수용했으며, 철학, 문학, 의학 전공 학생들artisti의 공부방이 입지했다. 또한 아르키진나시오의 상부층에는 1637년 안토니오 레반티Antonio Levanti가 조성한 해부극장이 있다. 해부극장 사방에 다수의 조각물들이 있는데 이들은 고대와 당대의 의사들이며, 특히 왼쪽부터 오른쪽으로 그리스의 히포크라테스와 로마의 갈레노스,

- 가브리엘레 팔레오티(주교기: 1567~1582, 대주교기: 1582~1597년)는 볼로냐 태생으로 볼로냐 대학에서 시민법과 교회법을 전공한 졸업생이었다. 가브리엘레 팔레오티는 가톨릭 신앙을 회복하고 병자와 빈자를 위한 다수의 자선단체를 조직했으며, 산 피에트로 대성당을 재건했다.

볼로냐 아르키진나시오의 해부극장

그리고 볼로냐 출신의 외과의로 코성형수술rhinoplasty의 초기 개척가인 가스파레 탈리아코치Gaspare Tagliacozzi의 조각상이 있다. 이후 아르키진나시오의 일부가 1838년부터 아르키진나시오 도서관Archiginnasio Municipal Library으로 사용되었다.

이와 함께 현재 볼로냐 대학의 본부로 사용되고 있는 팔라초 포기Palazzo Poggi가 1560년 알레산드로 포기Alessandro Poggi와 그의 형제인 조반니 포기Cardinal Giovanni Poggi 추기경의 저택으로 조성되었다. 팔라초 포기는 이후 1714년 볼로냐 과학연구소House of the Instituto dell Scienze of Bologna와 1725년 천문 관측소Museo della Specola를 수용했다.

한편 볼로냐 대학은 1568년에 처음으로 보타닉가든Orto Botanico dell'Università di Bologna을 살라 보르사Sala Borsa 옆의 팔라초 푸브리코Palazzo Pubblico의 코트야드

에 조성했다. 원래 볼로냐 의학교와 연계된 보타닉가든은 당시 경쟁 도시였던 피사, 파도바, 피렌체보다 늦게 조성되었다. 이후 보타닉가든의 일부가 1587년에 5000m^2 규모의 보르게토 산 줄리아노Borghetto S. Giuliano 부지로 이전했다.

볼로냐의 보타닉가든은 식물학자인 루카 기니Luca Ghini가 처음으로 제안했다. 하지만 루카 기니는 피사의 보타닉가든Orto botanico di Pisa 조성을 위해 피사로 이주했다. 볼로냐의 보타닉가든은 그의 후계자인 울리세 알드로반디Ulisse Aldrovandi에 의해 조성되었다. 울리세 알드로반디는 볼로냐 태생으로 볼로냐와 파도바에서 공부했으며, 1561년 볼로냐 대학 최초의 자연과학 교수가 되었다.

볼로냐의 보타닉가든은 1653년을 전후로 이미 1500수종을 보유했으며, 1745년 온실이 조성되어 외래 수종을 보육했다. 1765년에는 프란체스코 타돌리니Francesco Tadolini가 설계한 온실이 비아 산 줄리아노Via San Giuliano에 조성되었다. 이후 보타닉가든은 1803년 비아 이르네리오Via Irnerio의 현재 위치로 이전했다. 현재 보타닉가든에는 5000종의 현지 및 기타 지역의 식물들이 자라며 세 개의 온실이 있다.

한편 볼로냐 대학은 프랑스 지배기에 커다란 변화를 겪었다. 특히 나폴레옹의 지배기인 1803년 대학 본부가 아르키진나시오로부터 팔라초 첼레시Palazzo Celesi로 이전하여, 이를 중심으로 새로운 대형 캠퍼스가 조성되었다.

제네바
교회법과 학교법

'프로테스탄트의 로마'로 불렸던 제네바는 중세 가톨릭 사회의 개혁 비전과 이를 실현하기 위한 법체계와 교육시스템을 준비한 도시이다. 제네바는 1536년부터 가톨릭 개혁가인 장 칼뱅의 주도와 도시 의회의 협력으로 제네바 개혁을 통해 인간의 유토피아적 이상을 실제 도시 환경으로 어떻게 실현할 수 있으며, 이러한 변화를 위해 시민은 무엇을 해야 하는가를 보여주었던 흥미로운 사례이다. 이러한 제네바의 개혁은 이후 잉글랜드와 네덜란드의 아메리카 식민지에 조성된 학교도시의 모델로 이용되었고, 이후 18세기에 계몽주의 가치를 추구하는 지식의 거점이 되었다.

로마 가톨릭 세력에 대항한 새로운 사회와 새로운 도시는 어떤 모습인가? 이에 대한 해답은 독일의 가톨릭 개혁 역사가인 베른트 묄러가 언급한 "휴머니즘 없이, 개혁 없고Without humanism, no Reformation" 그리고 "대학 없이 개혁 없다Without universities, no Reformation"는 구호로 이해된다. 중세 사회의 전면적인 변화와 로마 가톨릭의 개혁은 종교로부터 독립된 도시 행정과 이를 실현할 도전적인 전문 행정가를 배양하는 교육도시를 세우는 것으로 시작되었다. 이러한 프로테스탄트의 개혁 노력이 구체화된 대표적인 도시는 당시 장 칼뱅의 활동 거점

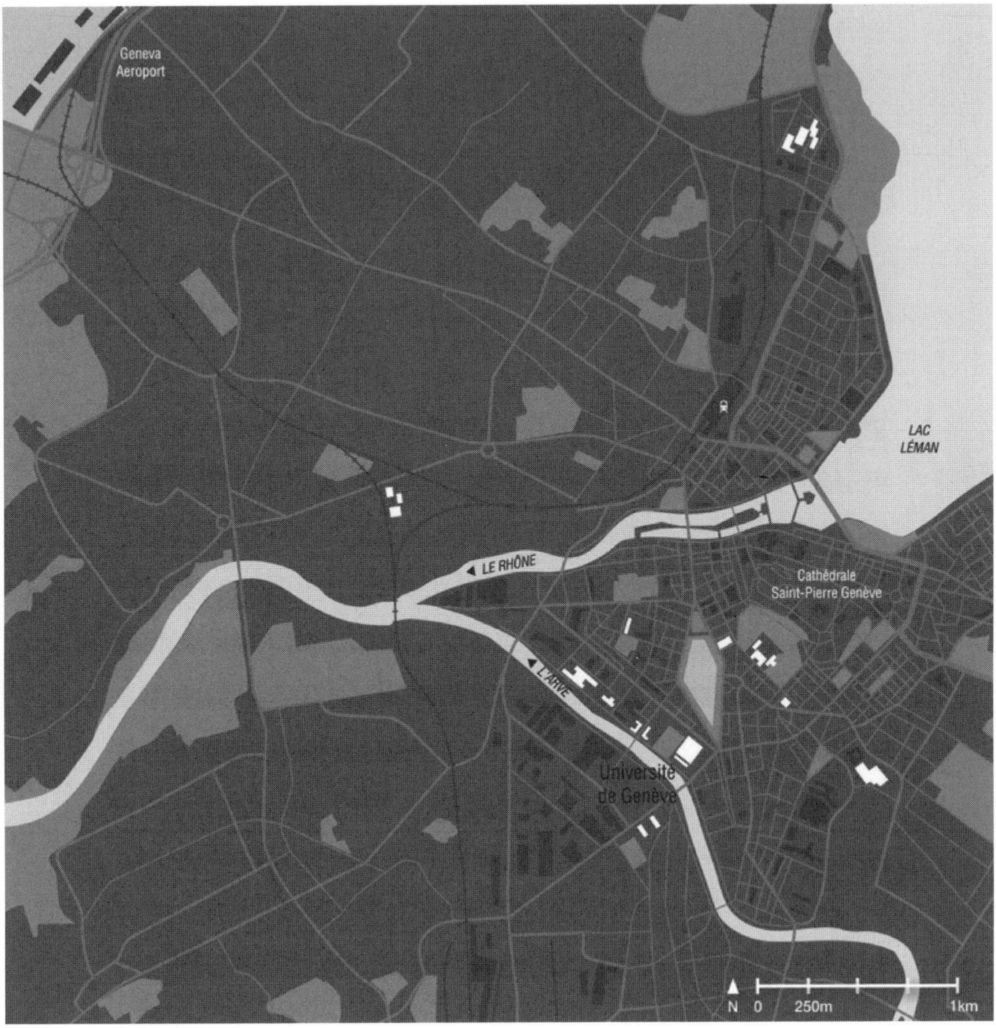
Geneva
Aeroport
LAC
LÉMAN
LE RHÔNE
L'ARVE
Cathédrale
Saint-Pierre Genève
Université
de Genève
N
0
250m
1km

인 제네바와 마르틴 루터의 신학적 동반자였던 필리프 멜란히톤이 활동한 튀빙겐이었다.

제네바는 유럽의 내륙 도시들이 알프스를 거쳐 로마로 연결되는 상업로의 진입부로서 남쪽의 리옹과 그 주도권을 다투며 경쟁했으며, 또한 같은 이유로 이탈리아, 프랑스, 독일 문화권의 이념, 지식, 자본의 은신처였다. 제네바는 1536년 로마 가톨릭교가 지배했던 '구스위스 연방'을 탈퇴하고 베른과의 방어 동맹을 통해 프로테스탄트의 도시 국가로 성장했다. 당시 법학자였던 장 칼뱅의 주도로 교회법과 제네바 도시법이 입법되고 사법권이 제한된 종교법정이 설립되면서, 제네바는 가톨릭 교회로부터 독립해 자치 행정과 교육의 도시로 변화했다. 이를 위해 제네바는 '제네바 학교법'을 입법하고, 현재 칼뱅 컬리지인 '제네바 컬리지'와 현재 제네바 대학인 스콜라 제네벤시스 신학교와 법학교를 설립하여 사회의 도덕 교육, 그리고 공무원과 법률가 양성을 위한 교육체계를 구축했다.

레만 호수와 로만 게나바

제네바는 쥐라산Massif du Jura을 병풍처럼 두르고, 레만 호수Lac de Leman에 면한 트랑셰 언덕Plateau des Tranchées에서 레만강과 론강Le Rhône을 바라보며 성장해 왔다. 이곳은 알프스 산맥 몽블랑Mont Blanc의 북서쪽 사면에서 남쪽으로 흘러내려온 빙수가 모이는 곳으로* 연중 기온이 0~18℃ 사이로 온화한 기후를 유지한다.

* 레만 호수의 물은 서쪽으로 론강으로 흘러가며, 알프스의 샤모니Chamonix-Mont-Blanc로부터 아르브 밸리Arve Valley를 흘러내려온 아르브강Le Arve과 합류하여 지중해로 흘러나간다. 샤모니는 프랑스, 스위스, 이탈리아의 경계이다.

제네바 전경

제네바는 유럽의 내륙 지역을 알프스를 거쳐 로마와 연결해주는 '손강-론강 축Saône-Rhône axis'의 시작점이었다. 제네바는 이러한 지리적 특성으로 레만 호수를 가로질러 북쪽의 프랑스 문화권의 프리부르Fribourg, 독일 문화권의 베른Bern, 로잔Lausanne과 시장을 두고 경쟁했으며, 멀리 라인강의 도시들인 바젤Basel, 프라이부르크Freiburg, 스트라스부르Strasbourg와 연결되고 나뉘어졌다. 특히 제네바는 론강을 따라 남쪽의 지중해로 나가는 길과 아르브강을 따라 동남쪽으로 역시 이탈리아로 가는 이동 거점인 리옹Lyon과 오랫동안 경쟁해왔다.

제네바에 거주지가 처음 형성된 곳은 레만 호수의 동북쪽, 현재 생제르베Saint-Gervais 구역으로 B.C. 4500~B.C. 4000년 즈음이다. 신석기 시대에 마을이 항구 주변에 조성되었고, 청동기 시대를 지나면서 점차 주변으로 확장했다. 이후 제네바에 신도시가 조성된 것은 B.C. 121년 전후였다. 당시 켈트족의 일족인 헬베티아족은 트랑세 언덕 위, 현재 오트빌Haute Ville에 마을을 조성했다.

제네바는 이후 B.C. 1세기에 로마제국에 점령되어 율리우스 카이사르의 유럽 정벌의 병영인 게나바Genava가 되었다. 게나바는 해자와 요새를 갖추고, 현재 생피에르 대성당Cathedrale St. Pierre Geneva 부지에는 신전을 두었다.

게나바에서 지식 활동이 시작된 것은 313년 로마제국의 황제 콘스탄티누스의 밀라노 칙령에 의해 기독교가 승인되고, 생피에르 성당이 조성되면서부터이다. 생피에르 성당은 이후 350년부터 예배를 위한 북쪽 성당과 세례당, 성경 공부를 하는 성당학교로 사용된 남쪽 성당과 동쪽 성당으로 순차적으로 확장되었다. 이후 400년경 게나바의 첫 주교인 이삭St. Isaac이 파견되어 활동했다.

게나바의 행정과 일상의 중심부는 부르 드 푸르 광장Place du Bourg de Four에 입지했던 포룸이었다. 게나바는 3세기를 전후로 안시Annecy와 샹베리Chambery를 통해 리옹Lyon과 그르노블Grenoble, 남쪽의 아비뇽Avignon으로 연결되어 상업 활동이 번성했다. 부르 드 푸르 광장은 이후 9세기부터 제네바의 중심 시장으로 기능했으며, 북쪽의 항구와 주변의 구릉을 중심으로 저택과 창고가 조성되었다.

대성당과 시장

제네바에 지식 생산의 인프라가 조성되기 시작한 시점은 카롤링거 왕조 지배기인 8세기이다. 당시까지 제네바는 443~534년 전후로 부르군트 왕국의 지배를 받으며, 잠시 수도로 기능했으나, 543년부터 프랑크 왕국 카롤링거 왕조의 지배를 받았다.

이 시기에 제네바는 로마제국 멸망 이후 유럽 대륙을 통일한 샤를마뉴 황제가 추진한 카롤링거 르네상스의 영향을 받았다. 카롤링거 르네상스 개혁의 기본이었던 교회법은 베네딕트 수도 생활을 성직자의 수도 생활 모델로 채택하고, '수도자들이 도시의 수도원에서 주교와 함께 생활해야 한다'고 규제했다. 이에 따라 제네바 대성당의 성당학교가 조성되었고, 특히 도성 외부에는 교구 성당이 신축되고 묘지와 신전들은 수도원으로 개조되었다.

제네바에서 본격적인 지식 활동이 시작된 시점은 바로 이즈음으로 그 계기는 1000년 오트빌 중심부에 입지했던 기존 세 성당들을 해체하고 생피에르

생피에르 대성당

대성당을 건축한 것이다. 이후 생피에르 대성당을 중심으로 11~14세기에 도성의 내부와 외부에 가톨릭 교구성당과 수도원들이 조성되었다. 먼저 이 시기에 마들렌 교구성당Cure Madeleine이 현재 부지에, 생제르베 교구성당Cure St. Gervais이 코르나뱅Cornavin에 조성되었다. 한편 생제르맹 교구성당Cure St. Germain이 현재 시청 부지에 조성되었고, 시청Maison de Ville이 건축되면서 카톨리크 로멘 성당Eglise Catholique Romaine 부지로 이전했다.

가톨릭 교파 중에서 제네바에 가장 먼저 수도원을 조성한 베네딕트 교파는 11세기에 성 외부 동쪽으로 현재 제네바 자연사박물관Natural History Museum of

Geneva과 인접한 에콜 프리메르 프랑세즈Ecole Primaire Francaise de Geneve와 에콜 드 로슈 체육관Salle de Gymnastique de l'école de Roches 부지에 수도원을 조성했다. 프란체스코파는 13세기 성 내부에 수도원을 조성했고, 성지순례자들을 위한 오피탈 제네랄Hôpital General을 당시 클라리스 여자 수도원Clarisses 부지에 운영했다. 도미니크 수도회도 13세기에 성 외부의 남쪽으로 현재 플라스 드 뇌브Place de Neuve 옆 뮈제 라트Musee Rath 부지에 수도원을 운영했다. 아우구스티누스 수도회는 플라스 데 오귀스틴Place des Augustine 부지에 입지했다. 이 시설들은 이후 장 칼뱅의 종교개혁이 시작되면서 제네바의 학교들로 그 기능과 소유권이 이전되었다.

제네바는 카롤링거 왕가의 지배가 종료되면서, 1032~1401년까지 신성로마제국의 영토로서 제네바 백작의 지배를 받았으며, 그 이후부터 1522년까지 주교의 지배하에 인접한 사보이 가문House of Savoy•의 정치적 간섭을 받았다. 제네바는 이 시기 로마 가톨릭의 비호를 받는 '구스위스 연방Alte Eidgenossenschaft'••의 구성원으로 14세기에 자치권을 인정받고 상업도시로 성장했다.

제네바를 상업도시로 성장시켜준 것은 무엇보다 대성당을 중심으로 열렸던 제네바 시장Foire de Geneva이다. 제네바 시장이 언제부터 시작되었는지 확인되지 않으나, 리옹 시장이 시작된 1463년보다 이른 14세기로 추측된다. 제네바

• 사보이 가문은 1003년을 전후로 알프스 지역에서 현재 프랑스와 이탈리아 영토인 사보이 지역을 다스렸다. 사보이 가문은 15세기에 백작에서 공작으로 상승되면서, 제네바를 지배하기 위해 군사적인 위협과 정치적 회유를 함께 진행했다. 사보이 공작은 1449~1522년까지 사보이 가문 출신의 주교를 제네바에 두고 그 정치력을 행사했다. 특히 사보이 귀족으로 이후 추기경으로 활동했던 피에르 드 라 봄Cardinal Pierre de La Baume은 제네바 주교로 활동 중에 퇴출되었다. 또한 사보이 공인 샤를 엠마뉘엘 1세Charles Emmanuel I가 제네바 기습 공격을 주도했으나 패했다. 당시 제네바의 시민들은 사보이 백작의 회유에 반대하여 자치행정을 위한 입법기구인 '타운의회General Council'의 설립을 요구했다.

•• 구스위스 연방Alte Eidgenossenschaft은 브루넨 협정을 통해서 조성되었으며, 종교개혁 이후 스위스 공화국/헬베티아 공화국으로 진화되었으며, 현재 스위스의 기원이 된다.

제네바의 중앙시장이었던 부르 드 푸르 광장

시장은 부르 드 푸르 광장을 중심으로 중심 가로인 그랑 뤼Grand Rue-뤼 드 로텔 드빌Rue de l'Hotel de Ville을 따라 시청 근처에 개장했다.

13세기를 전후로 베네치아의 해상 무역이 증가하고 베네치아와 독일 남부 지역을 연결하는 서쪽 알프스 루트가 번성하면서, 제네바의 상업 거점 기능이 급속히 성장했다. 제네바 시장은 당시 독일 남부와 스위스에서 생산되는 의류, 금속, 무기 등을 매매하는 중요한 거점이었다. 이 과정에서 제네바는 외국 상인들이 돈세탁을 하는 자금의 은신처로도 이용되었다.[1]

이후 제네바의 서남쪽으로 80km 지점에 인접한 리옹의 시장이 제네바의 시장 기능을 빼앗기 시작했다. 당시 리옹 시장은 1463년에 프랑스의 왕 루이 11세에 의해 개최되었다. 리옹이 빠르게 성장한 것은 무엇보다 이탈리아 상인들이 주도했던 은행과 국제 무역의 기능을 리옹이 흡수하여 그 커뮤니티가 리옹에 조성되었기 때문이다. 리옹은 이후 1500년을 전후로 자본을 축적하며 프랑스 문화권에서 파리와 경쟁했으며,[2] 제네바는 이때부터 본격적으로 리옹과 내륙 지역의 시장 주도권을 두고 경쟁했다.

오트빌과 바스빌

제네바가 도성을 처음으로 건립한 것은 11세기이다. 이후 제네바는 1538~1560년 사이 도성•을 증축하고 북쪽으로는 론강의 수변을 간척하여 시장이 확장되었고, 남쪽과 동쪽으로 역시 교외지가 수도원으로 개발되었다. 이 시기에 제네바는 트랑셰 언덕을 중심으로 흥미로운 도시 구조를 갖고 있었다. 제네바의 거주인들은 크게 성직자, 귀족, 시민의 세 그룹으로 사회적 신분이 구별되었다. 따라서 제네바 성 내부의 윗동네인 오트빌Hauteville과 아래쪽 항구에 면한 바스빌Basville은 사회적 신분에 따라 주거지와 활동 공간이 나뉘었다.

부르 드 푸르 광장을 중심으로 주교와 성직자, 귀족, 그리고 장인들의 주택들이 골목을 따라 입지했다. 당시 부르 드 푸르 광장은 북쪽의 호수변에 포르트 광장Place du Port과 롱주말 광장Place Longemalle과 마들렌 성당을 직선으로 연결하는 언덕길인 뤼 드 라 퐁텐Rue de la Fontaine과 뤼 베르덴Rue Verdaine, 그리고 서쪽으로부터 그랑 뤼와 뤼 드 로텔 드빌이 하나로 교차하는 곳이었다. 이 구역의 주택들은 이후 프로테스탄트 개혁자들의 거주지로 확장되었다.

한편 제네바의 성 안, 과거 곡물창고가 있던 남쪽 구역에는 1500년경 뤼 데 그랑주Rue des Granges를 중심으로 장인들의 거주지가 형성되었다. 장인의 주

• 제네바의 16세기 도성은 현재 남쪽의 뤼 드 코레테리Rue de Correterie-뤼 드 라 크루와 루주Rue de la Croix Rouge와 동쪽의 뤼 디탈리Rue d'Italie 등에 입지했다.

제네바, 1552

택들은 당시 폭이 좁은 파사드를 가진 직사각형 형태로, 파사드 앞쪽 공간은 상점으로 사용되었고, 깊숙한 내부는 주거 공간으로 사용되었다.

제네바는 15세기에 론강의 수변을 간척하여 뤼 뒤 론Rue du Rhone을 조성하고 세 개의 광장을 조성했다. 특히 몰라르 광장Place du Molard에는 몰라르 시장이 조성되면서, 이를 중심으로 퓌스테리 광장Place de la Fusterie, 롱주말 광장Place du Longemalle이 작동하며 거대한 시장군을 형성했다. 상인들의 거주지와 상점들이 이를 중심으로 입지했다.

이 시기에 제네바는 제네바 시장을 위해 아랫동네의 뤼스 바스Rues Basses를 중심으로 상가를 조성했다. 당시 조성된 목조 상가는 크기 $2.1\times2.8m^2$ 모듈로 된 일종의 쇼핑몰로서 '오트 방크Hauts-Bancs'로 불렸으며, 16세기까지 상인과 예술인에게 임대되었다.[3] 오트 방크는 이후 교수와 학생의 기숙사로 개조되어 사용되었다.

프로테스탄트 개혁과 칼뱅

제네바는 1536년 로마 가톨릭의 지배를 받는 '구스위스 연방'에서 탈퇴하여 프로테스탄트 도시국가가 되었다. 이미 제네바는 1526년 사보이 가문으로부터 독립하고 프로테스탄트로 개종한 베른의 군사 지원을 받으며 자치 방어를 했다. 제네바는 베른•과의 동맹을 통해 로마 교황청의 요구를 거절하며, 독립된 도시 행정을 갈구한 제네바의 시민들과 베른의 강력한 요구로 1536년 프로테스탄트의 도시임을 공포했다.

가톨릭 도시였던 제네바가 프로테스탄트 도시로의 개조가 시작된 것은 1532년 장 칼뱅에 의해서이다. 제네바는 이 시기에 빠르게 성장했으며 그 성장은 외부로부터의 인구 유입에 기인한다. 제네바의 인구는 이미 1537년 무렵 약 1만 300명으로 당시 베른의 인구 4000~5000명을 앞질렀으며, 1560년대의 전염병에도 불구하고, 1589년을 전후로 1만 3000명으로 증가했다.•• 제네바는 1538~1560년 사이 도성을 새롭게 개축했다. 특히 남쪽의 성문이 아르브강의 다리와 연결되었고, 코르나뱅에는 생제르베 광장이 조성되었다. 제네바에는 1537년을 전후로 1000개의 건물들이 있었고, 100개의 창고, 12개의 방앗간이 있었다고 전해진다.

제네바에 프로테스탄트 이주민이 처음으로 도착한 시점은 1523년이나, 제네바 시민들은 독일에서 시작된 프로테스탄트를 문화적으로 쉽게 받아들이지 못했으며 마르틴 루터Martin Luther와 훌드리히 츠빙글리Huldrych Zwingli의 개혁 이론을 알지 못했다. 당시 베른을 개종시킨 종교개혁가인 기욤 파렐Guillaume Farel

• 베른은 당시 독일의 도시로서 프로테스탄트 도시로 개종했다. 베른의 프로테스탄트로의 개종을 주도했던 대표적 인물은 기욤 파렐이다. 기욤 파렐은 파리 대학에서 개혁적 가톨릭 교육을 받고 파리의 콜레주 카르디날 르무앙Collège Cardinal Lemoine에서 문법과 철학을 강의했으며, 1532년부터 제네바에 거주하면서 제네바의 프로테스탄트 개종을 유도했다.

•• 1589년은 사보이 가문과의 전쟁이 일어난 해이다.

종교개혁 기념비
왼쪽부터 기욤 파렐, 장 칼뱅, 테오도뤼 베자, 스코틀랜드의 개혁가 존 녹스

은 1532년부터 제네바에 머물렀다. 기욤 파렐은 파리 대학을 졸업한 프로테스탄트 종교개혁가로서 마르틴 루터의 영향을 받고 취리히와 스트라스부르에서 활동했다. 하지만 제네바 시민들은 전통적으로 독일어권의 도시 베른보다는, 프랑스 언어권인 로마 가톨릭의 도시 프리부르를 좀 더 가깝게 느꼈다.

기욤 파렐은 1536년 장 칼뱅이 제네바에 머무른다는 소식을 접하고, 장 칼뱅에게 함께 제네바의 프로테스탄트 개혁을 진행하자고 제안했다. 당시 장 칼뱅은 제네바가 아닌 바젤로 이동 중이었으며, 프랑수아 1세와 카를 5세의 파비아 전투Battle of Pavia로 잠시 제네바에 머무는 중이었다. 장 칼뱅은 프랑스의 신학자이며 실용적인 비전가로서 독일어권이 아닌 프랑스권의 개혁 노력에 공감했다.

장 칼뱅은 그의 개혁에 참여한 다수의 개혁자들을 제네바로 이주시켰으며, 이들의 이주는 결국 제네바의 생산과 무역 자본과 상업의 체제를 변화시켰다. 당시 장 칼뱅을 따르던 제네바 이주자들은 인쇄와 출판업 종사자가 많았다. 이들은 프로테스탄트를 위한 성서와 신학 연구물들을 라틴어와 프랑스어로 함께 번역·출판하며 포교에 참여했다. 여기에 참여한 대표적인 인물은 로베르 에스티엔Robert Estienne이다. 로베르 에스티엔은 프랑스의 사전 편집자이자 문법 전문가였으며, 그의 아들인 앙리 에스티엔Henri Estienne 역시 그리스 로마 고전학자이며 인쇄업자로서 활동하며 프랑스어의 표준화에 기여했다. 무엇보다 이들은 유럽의 다수의 개혁파 학자들을 제네바의 신학교와 학교로 불러들이며 제네바가 '프로테스탄트의 로마Protestant Rome'로 진화되도록 유도했다.

장 칼뱅은 1509년 프랑스 피카르디Picardy 지방의 누아용Noyon에서 태어났다. 장 칼뱅은 파리의 콜레주 드 몽테기College de Montaigu, 현재 University of Paris에서 신학과 철학을, 이후 1526년 무렵 오를레앙 대학University of Orleans에서 법학을 공부했다. 장 칼뱅은 그의 법학 지식을 이용해 제네바에서 일련의 종교법들과 도시 행정법들을 효과적으로 준비했다. 장 칼뱅은 특히 콜레주 드 몽테기에서 인문학자인 에라스뮈스와 당시 프랑스의 왕 프랑수아 1세의 왕실 의사였던 기욤 코프Guillaume Cop와 교류하며 그 영향을 받았다. 이들은 인본주의자이며 개혁적 프로테스탄트 사상을 공유한 지식인들로서 장 칼뱅의 프로테스탄트에 대한 관심이 높이기에 충분했다.

제네바에서 1536년 시작된 장 칼뱅의 개혁 노력은 먼저 주교의 권리였던 종교와 행정의 일체화를 부정하며, 주교의 사법권을 제한하면서 종교적인 교화 기능을 가진 종교법정Consistory과 일반 행정을 맡는 시의회Conseil Général로 분리했다. 또한 장 칼뱅은 제도적으로 이러한 사법 기능과 행정 기능을 나누고 이의 운영을 책임질 전문 고등교육기관을 설립하고 운영하려 했다.

제네바의 시의회는 1536년 종교와 행정을 함께 담당했던 로마 가톨릭 세력을 추방한 후, 행정을 담당할 행정체가 필요했다. 시의회는 제네바에 처음 정착한 장 칼뱅에게 과거 주교의 역할과 권한을 주었다. 하지만 뚜렷한 개혁 목표를 갖고 있던 장 칼뱅은 시의회로부터 반감을 얻으며, 결국 1541년 제네바에서 추방되었다. 당시 정치적 싸움은 리베르티니파Libertines와 로마 가톨릭파Romanitists, 그리고 이에 대항한 칼뱅과 위그노Hugenot파의 대립이었다.

장 칼뱅은 제네바에서 추방된 이후 마르틴 부세Martin Bucer의 초대로 1538~1541년 사이 스트라스부르에 머물렀다. 당시 스트라스부르는 신성로마제국 내에서 개혁적인 프로테스탄트 도시였다. 마르틴 부세는 알자스 지역의 셀레스타Sélestat 출신으로 1523년 생오렐리아 성당St. Aurelia's Church에서 목회를 했으며, 1529~1534년 스트라스부르 성당들의 개혁을 주도했다.

장 칼뱅은 스트라스부르에서 생니콜라 교회Saint Nicolas Church, 생트마들렌 교회Sainte Madeleine Church, 뇌프 사원 교회Temple Neuf 등에서 활동했으며, 특히 생니콜라 교회에서 피난 온 프랑스 위그노를 위한 목회를 했다. 또한 그는 스트라스부르에 설립된 장 스투름 김나시움Jean Sturm Gymnasium•에서 강의했다. 장 칼뱅의 스트라스부르에서의 종교와 교육의 개혁 활동은 이후 제네바 개혁에 큰 영향을 주었다.

특히 스트라스부르의 장 스투름 김나시움은 인본주의자인 장 스투름Jean Sturm이 기존 도미니크회 수도원 부지에 설립하여 인본주의 교육을 추구했다. 장 스투름 김나시움은 이후 스트라스부르 대학Université de Strasbourg의 전신이 되었으며, 또한 독일의 근대적 중등학교인 김나지움의 모델이 되었다.

제네바 시의회는 1541년 결국 시 행정과 종교 병폐가 개선되지 않자, 장 칼뱅에게 돌아와 줄 것을 요청했다. 장 칼뱅은 제네바의 시의회와 종교법정이 상호 어떠한 구도로 제네바를 개혁할 것인가를 고민했다. 특히 칼뱅은 그가 원하는 종교법정 제도를 명확하게 의회에게 인지시켜주었다. 또한 자신이 구상하

• 장 스투름 김나시움은 당시 스트라스부르의 라틴 이름인 '아르겐토라툼Argentoratum'을 따서 '스콜라 아르겐토라텐시스Schola Argentoratensis'라 불렸다.

는 대로 종교법정이 구성되지 않으면 제네바에 돌아오지 않겠다고 강조했다.

칼뱅의 유토피아 비전

프로테스탄트 개혁가이며 법학자였던 장 칼뱅이 제네바에서 실현하려 했던 이상적인 도시는 과연 어떤 모습이었을까? 장 칼뱅은 종교로부터 독립된 행정과 이를 실현하기 위한 교육도시를 꿈꾸었다. 이러한 이상은 칼뱅이 출판한 『기독교의 법Christianae Religionis Institutio』•에 근거해 완성되었다. 칼뱅은 제네바에 정착한 후 교회법Ordonnaces Ecclesiastiques과 시민법Édits Civils인 제네바 헌법Edits Civils de la République de Genève을 입법하고 제네바에 새로운 교육 기능과 프로그램을 투입하며 도시 개조를 추진했다.

칼뱅의 프로테스탄트 철학과 이상은 제네바의 시의회가 입법한 교회법에 분명히 드러나 있다. '1541년 교회법'의 목적은 주교 중심으로 기존의 단일화된 종교적 지배 구조와 행정체계로부터 행정체계를 분리하는 것으로, 특히 교회가 갖는 시민 재판권의 권한을 규제하려는 법이었다. 종교법정의 조성과 제네바의 시민법인 제네바 헌법이 '1541년 교회법'을 근거로 입법되어 1559년 대학 설립의 근거가 되었다.

칼뱅은 제네바의 입법권은 시의회가 갖고 종교법정이 처벌의 판단 권한을 갖는, 분리된 사법 구조를 구상했다. 당시 이러한 접근은 칼뱅이 활동했던 스트라스부르의 교회 개혁 모델과도 유사했다. 여기서 종교법정은 장로와 목사

• 『기독교의 법Christianae Religionis Institutio』은 프랑스어판까지 7번에 걸쳐 출판되었다. 초판은 1536년에 출판된 초판은 여섯 장으로 된 라틴어책이었다. 이후 『기독교의 법』은 1539년 17장으로 내용이 증가되어 다시 라틴어로 출판되었고, 이후 1541년 프랑스어로 출판되었다. 1543년에는 내용이 21장으로 늘어났으며, 1550년에는 다시 보강되어 출판되었다. 최종판은 1559년의 라틴어판과 1560년의 프랑스어판이다.

로 구성되어 시정부의 권위에 반하는 어떤 일도 취급하지 않았으며, 상담, 중재, 교육의 기회를 강화시켜 죄인들이 회개하도록 유도하는 것이 목적이었다. 만약 처벌이나 강제성이 필요하다고 판단되면 종교법정은 적합한 경고를 한 뒤 시의회에 보고하며, 이후 시의회가 재판권을 갖도록 규정했다.

칼뱅의 이러한 사회 가치는 도시 행정의 주체를 완전히 바꾸었으며, 행정의 권한을 종교 공동체와 완전히 분리시켰다. 이러한 노력은 제네바를 도덕적으로 거듭나게 하는 데 결정적인 역할을 했다. 칼뱅은 이 종교법정을 통하여 가장 효과적으로 평신도인 일반 교인과 직접 교류했다. 이러한 노력은 성공적이었으며, 결국 제네바는 장 칼뱅의 이상주의적 세계관을 담은 행정과 교육체계의 개혁으로 유럽 프로테스탄트 도시들의 모델이 되었다. 특히 그의 제자였던 존 녹스John Knox는 이후 스코틀랜드에서 활동했으며, 스코틀랜드에서 1560년 국교회가 장로교회가 되는 데 기여했다.

학교의 도시

장 칼뱅은 기존 로마 가톨릭 세력이 소유하고 운영하던 주요 시설들인 성당과 수도원을 일련의 교육 시설로 개조했다. 칼뱅은 제네바의 교회법을 통해서 이러한 시설 소유권의 이전과 기능의 개조를 실현했다.

제네바의 교회법은 아이들의 도덕 교육을 체계화해 시민의 도덕적인 부패를 미연에 방지했다. 칼뱅은 이러한 교회법을 통해 법을 제정할 수 있는 변호사와 법학자를 교육하고, 종교법정을 구성하는 목사를 교육하는 학교인 스콜라 제네벤시스 신학교와 법학교Schola Genevensis Seminary and Law School를 설립했다. 이 학교들은 의도적으로 기존의 화려한 르네상스 건축 양식을 제거해 도덕적인 개조를 건물의 외형으로 표현했다.

장 칼뱅은 1541년 제네바 교회법을 제정할 당시 학교 시스템의 개조 계획

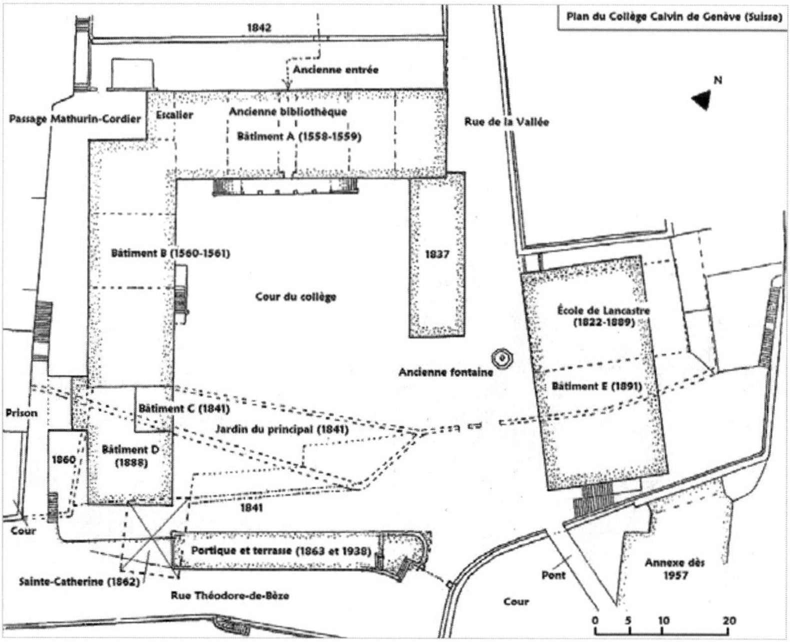

제네바 컬리지 건물 배치도

을 갖고 있었다. 하지만 당시 제네바의 정치 상황에서 그가 구상하던 학교를 조성할 수 없었다. 이후 1559년 제네바의 학교법인 '레게스 아카데미아이 제네벤시스Leges Academiae Genevensis'를 시의회에서 입법하고 학교 설립을 추진했다.

당시 이러한 학교법은 칼뱅이 1538~1541년 스트라스부르에 머무르며, 스트라스부르 김나시움Strasbourg Gymnasium을 중심으로 한 교육 체계로부터 얻은 경험에 근거했다.

스트라스부르 김나시움은 크게, 6세 미만 유아 대상의 유치원, 6~15세 청소년 대상으로 고등교육에 필요한 라틴어를 교육했던 김나지움, 16세 이상 대상으로 그리스어, 히브리어 철학, 수사학, 물리학, 역사, 법학, 신학을 교육한 고등전문학교의 3개 기관으로 나뉘어 운영되었다. 칼뱅은 이러한 체계하에 역시 스트라스부르의 사례를 바탕으로 김나지움에 해당하는 '콜레주 드 제네브Collège de Genève'와 고등전문학교에 해당되는 '스콜라 제네바Schola Geneva'라는 두 개의 교육 기관을 설립하여 운영했다.

칼뱅과 시의회는 학교를 설립하기 전, 학교의 부지 확보, 교수진의 구성, 교수와 학생의 기숙사를 준비했다. 흥미로운 것은 건축 부지 매입, 건축비 등 학교 설립에 들어가는 재원이 기존 리베르티니파와 로마 가톨릭파들이 소유했던 토지들의 매각을 통해 해결되었다는 것이다. 특히, 도성 내 프란체스코파 소유의 다수의 토지들이 처분되었고, 이곳에 제네바 컬리지가 조성되었다. 또한 칼뱅과 시의회는 토지들을 제네바 시민들에게 매각하여 건축 비용과 교수진 인건비로 사용했다.

장 칼뱅이 설립한 제네바 컬리지는 원래 제네바 시의회가 1428년 리브Rive의 프란체스코회 수도원 옆에 조성한 콜레주 드 라 리브Collège de la Rive를 모델로 운영되었다. 콜레주 드 라 리브는 7학년의 사립 초등학교로 운영되었다. 첫 두 학년에서 학생들은 프랑스어와 라틴어의 읽기와 쓰기를 배웠으며, 상급 과정에서는 라틴어와 그리스 작가들을 집중적으로 공부하며, 독해와 자신의 생각을 분명하게 말로 표현하는 작문을 학습했다.

칼뱅과 시의회는 1559년 콜레주 드 라 리브를 바탕으로 제네바 컬리지를 조성했다. 제네바 컬리지는 의무교육 학교로서 주로 빈곤층을 대상으로 교육을 제공했다. 당시 라 리브의 학장이었던 앙투안 소니에르Antoine Saunier, 마투랭 코르디에Mathurin Cordier, 기욤 파렐이 구약, 장 칼뱅이 신약을 교육했다.

당시 제네바 컬리지의 부지는 환기가 잘 되어 1500년대에 계속 발생했던 흑사병을 예방할 수 있다는 장점을 갖고 있었다. 컬리지는 뤼 뒤 뵈 콜레주Rue du Vieux College를 중심으로 인쇄소가 입지되었다고 추정되는 뤼 로베르 에스티엔Rue Robert Estienne과도 연결되었다. 여기에는 이후 르네상스 양식의 건물이 윙으로 증축되었고, 19세기에도 역시 증축부와 신건물이 조성되었고, 1987년에 마지막 건물이 추가되었다. 제네바 컬리지는 1969년 콜레주 칼뱅Collège Calvin으

제네바 대학 본관

로 개명하며 이전했다.

한편 장 칼뱅과 테오도르 드 베제Théodor de Bèze는 1559년 제네바에서 스콜라 제네벤시스 신학교와 법학교를 설립했다. 이 학교는 이후 '제네바 아카데미 Genevan Academy'로 개명되었으며, 현재 제네바 대학의 전신이다. 스콜라 제네벤시스는 당시 제네바의 행정과 사법 전문인 양성을 목적으로, 시의회를 위해 도시법을 작성하고 입법하는 변호사와 법학자, 그리고 종교법정의 목사와 설교자의 양성을 위해 신학을 교육했다.

스콜라 제네벤시스는 1559년 6월 5일 장 칼뱅이 생피에르 교회에서 집회를 주도하며 개교했다. 스콜라 제네벤시스는 1559년을 전후로 리베르티니파로 장 칼뱅의 반대자였던 아미 페링Ami Perrin의 소유지를 부지로 사용했고, 1564년 첫 건물이 완공되었다. 스콜라 제네벤시스의 학생은 다수가 외국 학생들로서, 설립 첫해 162명에서 6년 후인 1565년에 1600명으로 급속히 증가했다. 이들은 신학, 법학, 수사학, 철학, 물리학, 역사, 그리스어, 히브리어를 중심으로 인문학 교육을 받았다.

제네바는 1560년부터 잉글랜드의 청교도, 네덜란드의 개혁파 교회, 프랑스의 위그노, 독일의 2차 종교개혁Second Reformation 등을 포함해 유럽 종교개혁 교육의 중심이 되었다. 스콜라 제네벤시스는 이후 잉글랜드와 네덜란드의 아메리카 식민지에 조성된 학교의 모델로 이용되었다.

이후 자연과학, 법학, 철학 전공이 추가되었고, 19세기에는 의학 전공이 신설되어, 현재 제네바 대학으로 성장했다. 현재 제네바 대학의 프로테스탄트 신학과 인문학 전공은 이후 조성된 파크 데 바스티온Parc des Bastions과 우니베르시테 광장Place de l'Universite으로 이전했으며, 그 외 전공들은 아르브 강변의 북쪽 구역에 입지한 우니 마일Uni Mail 캠퍼스에 입지한다.•

• 제네바 대학의 우니 뒤푸르Uni Dufour 캠퍼스에는 본부와 행정동이 있으며, 아르브 강변의 북쪽 구역에 입지한 우니 마일Uni Mail 캠퍼스에는 사회과학, 법과대학, 경제학, 사회과학, 심리학, 교육학, 번역통역학 전공이 자리 잡고 있다.

튀빙겐
프로테스탄트 슈티프트와 호엔튀빙겐

'독일의 철학과 화학의 심장'인 네카어강의 작은 도시 튀빙겐은 좋은 도시가 반드시 대도시일 필요는 없으며, 인구 10만 명인 소도시의 대학이 그 도시의 국제 경쟁력을 책임질 수 있다는 것을 확인해준다. 튀빙겐은 프로테스탄트 신학자인 필리프 멜란히톤, 천문학자인 요하네스 케플러, 철학자인 게오르크 헤겔, 신경정신학자인 알로이스 알츠하이머가 활동하며 독일의 신학, 철학, 화학, 의학을 정의하며 근현대 독일의 기술 혁신과 과학 발전을 이끌어왔다.

중세의 튀빙겐은 로마 가톨릭의 지역권에서 와인을 생산하며 매매했던 시장으로, 라인강-네카어강을 따라서 하이델베르크와 슈투트가르트와 연결되었다. 튀빙겐은 1231년 도시 자치법과 도시 차터를 획득하며 독립적인 도시경제 활동을 주도했다. 이 시기에 튀빙겐은 네카어 강변의 언덕에 조성된 윗동네인 '오베르슈타트'와 북쪽의 아메어강을 따라 평지의 아랫동네인 '운터슈타트'으로 나뉘어서 기능했다.

튀빙겐의 지식 활동은 아우구스티너 수도원과 노넨하우스 수도원이 설립되면서 시작되었으며, 라틴 학교인 스콜라 아나톨리카가 네카어강의 남쪽 둑방의 슐베르크에 설립되어 현재까지 우란트-김나지움으로 기능하고 있다. 이

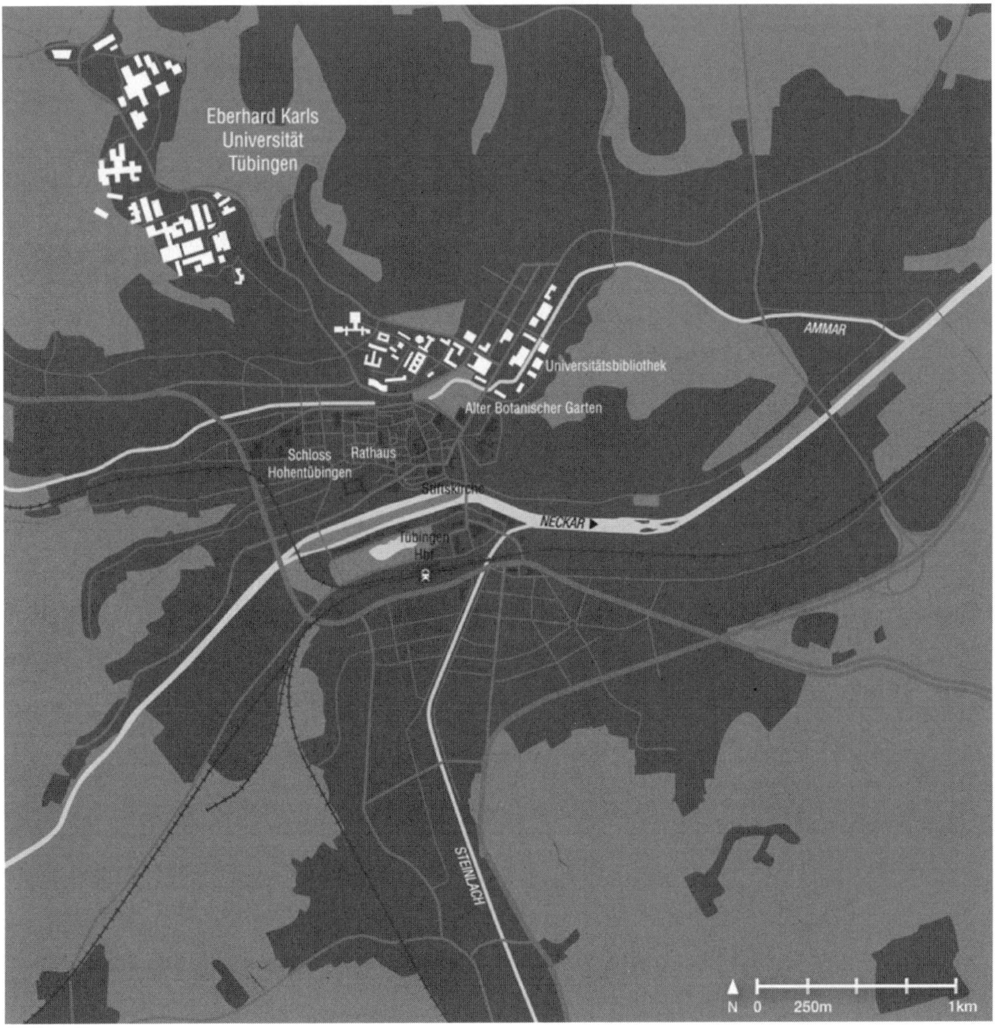
Eberhard Karls
Universität
Tübingen
Universitätsbibliothek
Alter Botanischer Garten
AMMAR
Schloss
Hohentübingen
Rathaus
Stiftskirche
NECKAR
Tübingen
Hbf
STEINLACH
N
0
250m
1km

후 튀빙겐은 대학이 있는 주변 도시 바젤, 프라이부르크, 하이델베르크, 잉골슈타트와 경쟁하려는 에버하르트 5세의 정치적 야망에 의해 파리 대학을 모델로 튀빙겐 대학을 설립하여 인본주의적 교육과 개혁적 신학 연구를 진행했다. 특히 튀빙겐 대학은 1534년부터 마르틴 루터의 신학적 동반자였던 필리프 멜란히톤의 활동 거점으로 '가톨릭 개혁과 루터 프로테스탄트'의 중심부가 되었다. 이 시기에 아우구스티너 수도원은 신성로마제국의 대표적인 프로테스탄트 신학교인 '튀빙거 슈티프트'로 개조되어 기능했다.

튀빙겐 대학은 이후 근대적 교육 시설의 투자를 진행하면서, 콘라드 예배당을 해부극장으로 개조했고, 천문 관측소, 화학연구소, 보타닉가든을 조성했다. 또한 튀빙겐의 도성이 1840년 해체되면서, 튀빙겐 대학은 자연과학 전공을 설립해 연구 중심의 대학으로서 급속히 발돋움했다. 당시 튀빙겐 대학은 북쪽으로 대강당과 대학도서관을 중심으로 한 빌헬름스포어슈타트 구역과 북서쪽으로 수술 병원과 물리학연구소를 포함한 자연과학-메디컬 병원 구역을 조성하며 확장했다. 한편 튀빙겐 대학은 1816년 원도시의 호엔튀빙겐궁을 매입하여 자연과학 시설로 개조했다. 이곳은 펠릭스 호페 자일러가 근대 생화학의 핵심 요소인 헤모글로빈을 발견했고, 이후 프리드리히 미셔는 핵산을 발견하며 생화학과 세포생물학의 성지가 되었다.

네카어강의 튀빙겐

튀빙겐은 독일에서 가장 부유한 서남부 지역권인 바덴뷔르템베르크주Baden Württemberg의 소도시이며 대학도시이다. 바덴뷔르템베르크는 서유럽의 라인강River Rhine을 끼고 형성되어, 근현대 독일의 기술 혁신과 과학 발전의 중심부로 부를 축적해온 지역이다.

튀빙겐은 슈투트가르트 대도시권의 일부로서, 네카어강River Neckar에서 북

튀빙겐 도시경관, 1643

쪽으로 30km 떨어진 곳에는 바덴뷔르템베르크의 행정 중심 도시인 슈투트가르트가 입지한다. 한편 튀빙겐의 북쪽 경계에는 해발 300~500m의 쇤부흐Schönbuch라는 자연숲이 있으며, 남동쪽 20km 지점에는 넓은 구릉산맥인 슈베비셰 알프Schwäbische Alb가 입지한 전원형의 도시이기도 하다.

튀빙겐은 북서쪽에서 내려오는 케센바흐강River Käsenbach과 서동 쪽으로 흐르는 아머강River Ammer, 그리고 슈타인라흐강River Steinlach이 네카어강과 합류되는 렘스 계곡Valley Rems의 구릉지이다. 그래서 튀빙겐의 상당 부분이 경사지로 도시는 슐로스베르크Schlossberg와 외스터베르크Österberg의 구릉지를 중심으로 성장했다. 튀빙겐은 이후 근현대 시기를 지나면서 아머강을 넘어 북서쪽과 북동쪽의 빌헬름슈포어슈타트Wilhelmsvorstadt, 모르겐슈텔레Morgenstelle, 슈나렌베르크Schnarrenberg, 그리고 헤어레스베르크Herrlesberg 등의 인접 구릉지들로 확장해왔다.

튀빙겐은 6~7세기부터 알레마니족Alemanni의 거주지로 형성되었고, 이후 네카어 강변에 카스트라 알라마노룸Castra Alamannorum으로 불린 로마제국의 식

민 도성이 조성되었다. 튀빙겐이 역사에 처음 언급된 때는 1078년이며, 1231년경 도시 차터를 받았고, 14세기 중엽에는 뷔르템베르크 백작령이 되었다.

튀빙겐의 도시 역사는, 작은 마을로 형성되어 성장해온 시기와 튀빙겐 대학이 설립되면서 대학도시로서 성장한 시기로 나누어서 볼 수 있다. 또한 여기서 튀빙겐 대학의 성장은 중세 대학으로서의 형성과 성장, 그리고 그 이후의 근현대 대학으로서의 성장 시기로 구분해 이해할 수 있다.

오베르슈타트와 운터슈타트

중세의 튀빙겐은 팰러타인백작Palatine Counts of Tübingen의 지배를 받는 백작령으로 로마 가톨릭 마을로 성장했다. 특히 튀빙겐은 이 지역에서 와인을 생산하며 매매했던 거점 시장으로서, 라인강과 네카어강을 따라서 하이델베르크와 슈투트가르트와 연결되었다. 이후 튀빙겐은 1231년 도시자치법municipal law을 만들어 시민의 자유를 보장하는 도시civitas가 되었으며, 튀빙거 페니그Tübinger Pfennig라는 통화를 자체적으로 통용했다.

당시 튀빙겐은 네카어 강변의 언덕에 조성된 윗동네인 '오베르슈타트

슈티프츠키르헤와 네카어강

Oberstadt'와 북쪽으로 네카어강과 평행하게 흐르는 아머강Ammer을 따라 평지의 아랫동네인 '운터슈타트Unterstadt'로 나뉘어서 기능했다. 당시 튀빙겐의 크기는 대략 400m×600m의 직사각형으로 이곳이 도성으로 정의되고 보호되었다. 또한 남쪽의 네카어강과 북쪽의 아머강은 튀빙겐의 북쪽과 남쪽의 자연 해자로서 튀빙겐을 방어했으며 그 확장을 제한했다.

이 시기에 튀빙겐 북쪽 6km 지점에 시토 수도회의 베벤하우젠 수도원이 조성되었고, 성지순례길인 '성 야고보 길'이 베벤하우젠 마을과 튀빙겐을 연결했다. 그리고 튀빙겐의 중심부에는 성 게오르크 교구성당Pfarrkirche St. Georg, 현재 stiftskirche과 성 야고보 성지순례 호스피털 성당Jakobuskirche이 있었다.

아우구스티너 수도원과 노넨하우스 수도원

튀빙겐의 지식 활동은 튀빙겐 대학의 설립 이전부터 시작되었다. 백작령 시기에 이미 두 개의 수도원과 학교가 설립되어 기능했다. 먼저 1262년 아우구스티너 수도원Augustinerkloster이 현재 튀빙거 슈티프트Tübinger Stift 부지에 들어섰고, 1333년에는 노넨하우스 수도원Nonnenhaus이 현재 바임 노넨하우스 7Beim Nonnenhaus 7 부지에 조성되었다. 또한 1312년에는 초등학교인 스콜라 아나톨리카Schola Anatolica가 네카어강 남쪽 둑방의 슐베르크Schulberg에 조성되어 현재까지 우란트 김나지움Uhland-Gymnasium으로 남아 있다.

튀빙겐은 이후 1342년 뷔르템베르크 백작령에 매각되어, 뷔르템베르크의 본격적인 지식 활동 중심부로 성장했다. 특히 튀빙겐 대학이 설립된 1477년부터 튀빙겐은 뷔르템베르크의 지식 생산의 거점으로서, 그리고 1534년부터 신성로마제국 신학 연구의 중심부로 기능했다.

튀빙겐 대학과 라틴 구역

그렇다면 1477년을 전후로 튀빙겐은 왜 그리고 어떻게 대학을 설립했으며, 또 어떻게 대학도시로 성장하기 시작했을까?

튀빙겐 대학의 설립은 뷔르템베르크 백작 에버하르트 5세Württemberg Count Eberhard V의 정치적인 야망에서 비롯되었다. 에버하르트 5세는 대학 설립을 통해 당시 신성로마제국의 작은 백작령에 불과했던 뷔르템베르크를 공작령으로 상승시키고자 열망했다. 당시 튀빙겐 주변의 바젤Basel, 프라이부르크Freiburg, 하이델베르크Heidelberg, 잉골슈타트Ingolstadt는 이미 대학을 설립하여 튀빙겐에게 정치적으로 큰 자극이 되었다. 하지만 튀빙겐은 하이델베르크처럼 공작이나 백작의 왕궁이 있는 도시가 아니었으며, 대규모 수도원의 교육시설을 갖춘 종교 거점도 아니었다.

백작 에버하르트 5세는 지극한 인본주의자로서 문화적 야심을 갖고 있었으며, 또한 행정 및 종교 개혁가이기도 했다. 그의 대학 설립의 꿈은 결국 교황과 볼로냐와 연결된 그의 어머니인 메히틸트Mechtild of the Palatinate의 네트워크를 이용하여 실현되었다. 이에 교황 식스토 4세는 1476년 교황령을 공포하여 대학 설립을 허가했고, 1477년 튀빙겐 대학이 설립되었다. 이후 1484년 황제 프리드리히 3세가 대학을 승인했다.

백작 에버하르트 5세는 파리 대학Université de Paris을 모델로 마스터로 구성된 마지스트로룸universitas magistrorum을 중심으로 튀빙겐 대학의 운영 체계를 완성했다. 또한 그는 파리 대학과 연계해 연구자를 초빙하면서 튀빙겐 대학의 위상을 높였다. 그리고 그는 인본주의적 역사가인 요하네스 베르겐한스Johannes Vergenhans, 학문의 자유를 추구했던 헤브라이스트 요하네스 로이클린Hebraist Johannes Reuchlin, 신학자인 가브리엘 비엘Gabriel Biel 등을 왕궁으로 초대하여 튀빙겐에 거주하도록 했다.

튀빙겐 대학은 설립 당시 신학, 법학, 의학, 철학 전공에 14명의 교수들을 두었으며, 인본주의적 학문과 교육을 시작하며, 종교개혁을 위한 거점으로 활약했다. 대학의 정식 전공은 아니었으나, 튀빙겐 대학은 인문학을 교과과정에 포함하여, 시학, 수사학, 윤리학, 고어학, 수학 등의 교육을 집중적으로 진행했다.

한편 튀빙겐 대학은 설립 이후 1476~1500년 사이에 50개 이상의 대학 건물들을 건립하며 급속히 성장했다. 당시의 튀빙겐의 성장과 건축붐은 '별들의 시간Tübingens Sternstunde'으로 불린다. 튀빙겐 대학의 건축붐은 결국 기존 튀빙겐의 윗마을을 완전히 개조하는 계기가 되었다. 1435년 튀빙겐에는 새로운 시청사Rathaus가 조성되었고, 이후 식량 창고, 무기고, 네카어강 석교, 수도원, 병원, 소금 창고 등이 신축 및 재건되었다.

당시 튀빙겐 대학의 건물들은 윗마을인 호엔튀빙겐으로부터 중심부의 교구성당까지, 그리고 상업 활동의 거점인 아랫마을까지 구릉의 가로를 따라 경사를 이용하여 입지했다. 이곳에는 대학 건물뿐만 아니라 초기부터 학생, 교수를 위한 주거 건물, 제본, 서점, 화학상, 공방 등의 민간 건물들도 혼합되어 튀빙겐의 라틴 구역Tubingen Latin Quarter을 완성했다.

튀빙겐 대학의 건물들은 대학 성당인 슈티프츠키르헤Stiftskirche, 대학본관 건물인 알테 아울라Alte Aula, 학생기숙사 건물인 부르제Alte Burse, 아우구스티너 수도원Augustinerkloster, 학장 사택, 교수 사택 등으로 이루어져 있다. 건물들의 크기는 기능에 맞도록 조정되었으나, 평면 형태나 건축 외관은 도시의 민간 건물들과 유사했다.

당시 튀빙겐의 라틴 구역은 일반적인 유럽식 건물의 특징인 코트야드를 두지 않았으며, 오히려 문즈가세Munzgasse, 클로스터베르크Klosterberg, 부르자가세Bursagasse, 네카어가세Neckargasse, 키르헤가세Kirchgasse 등의 가로들을 따라 조성되어 마을과 하나 된 도시를 완성했다. 대부분의 유럽의 대학들이 점진적으로 조성되었던 것과 달리, 튀빙겐은 지도자의 비전하에 단기간에 한꺼번에 조성되었기에 특별한 사례이다. 그래서 튀빙겐 대학의 행정과 교육 기능들은 도시 중심부에 집중되었고, 학생들의 기숙사, 교수 사택, 도서관, 호스텔 등과 하나의 거대한 클러스터를 구축했다.

한편 에버하르트 5세의 지배하에서 가브리엘 비엘은 프로테스탄트 개혁이 1534년 튀빙겐에서 입법될 때까지 새로운 철학과 신학의 기초를 완성했다. 또한 에버하르트 5세는 아우구스티너 수도원을 보다 개방적인 신학을 따르는 도미니크회 수도원으로 개조하려 했으나 실패했다. 하지만 튀빙겐의 이러한 노력은 당시 유럽 지식 생활의 핵심 이슈가 된 '신구의 경쟁Via Antiqua and Via Moderna'이라는 사회적 이슈를 부각시키고 그 중심무대로 나아가는 계기가 되었다.

마르크트 광장의 멜란히톤 동상

필리프 멜란히톤, 튀빙거 슈티프트

이후 뷔르템베르크의 울리히 공작Duke Ulrich von Württemberg은 1534년부터 튀빙겐 대학을 '가톨릭 개혁과 루터파 프로테스탄트'의 중심부로서 지속적으로 성장시켰다. 또한 그는 마르틴 루터의 신학적 동반자로서 프로테스탄트 개혁의 중심인물인 필리프 멜란히톤Philipp Melanchthon의 자문에 따라 튀빙겐 대학의 학교시스템을 개혁했다. 필리프 멜란히톤은 1535년을 전후로 프로테스탄트 신학의 교육을 주도했으며, 가톨릭 개혁의 일환으로 가톨릭 수도원의 재산을 몰수하고, 아우구스티너 수도원을 튀빙거 슈티프트Tübinger Evangelisches Stift라는 교육 기숙 시설로 개조했다. 이후 튀빙거 슈티프트는 신성로마제국의 대표적인 프로테스탄트 신학교로서 루터파 목사들을 배출하고 지속적인 개혁과 전도사 교육의 거점이 되었다.

한편 크리스토퍼 공작Duke Christopher은 1594년 기존 프란체스코파 수도원 학교 건물을 몰수하여 귀족학교인 콜레지움 일루스트레Collegium Illustre를 조성했다. 콜레지움 일루스트레는 독일 문화권 최초의 귀족학교로서 정치, 자연과학, 외국어, 승마, 펜싱, 무용을 교육했으며, 스칸디나비아와 헝가리의 학생들이 입학할 정도로 인기를 끌었다. 튀빙겐의 콜레지움 일루스트레는 신성로마제국의 교육 모델과 독일 엘리트의 귀족 문화를 완성했다.

빌헬름스포어슈타트, 슈나렌베르크, 모르겐슈텔레

독일 역사의 분수령인 '로마 가톨릭 대 루터 프로테스탄트' 간의 삼십 년 전쟁1618~1648은 루터파 신학의 거점이었던 튀빙겐을 황폐화했다. 특히 이 시기에 튀빙겐은 신성로마제국의 정복, 흑사병의 발병, 스웨덴군의 정복, 프랑스군의 정복 등의 시련의 제물이었다. 삼십 년 전쟁의 종료 후 튀빙겐 대학의 기능이 회복되었고, 도시는 근현대 도시로의 변화를 준비했다.

이러한 변화는 역시 카를 오이겐 공작Duke Karl Eugen이 1744년부터 주도한 튀빙겐 대학의 개혁으로 시작되었다. 물론 튀빙겐 대학은 17~18세기에도 독일의 루터파 신학 연구의 중심부였다. 카를 오이겐 공작은 대학의 학문 영역을 확대하고 근대적인 교육 시설들을 조성했다. 이에 따라 튀빙겐 대학은 기존 도시 중심부에서 점차 북서쪽으로 확장했다.

튀빙겐 대학은 1588년부터 성 야고보 성지순례 호스피털 성당St. Jakobuskirche 옆의 콘라드 예배당Konradkapelle을 해부극장Anatomischen Theater, 1696으로 개조했으며, 이후 1835년 새로운 해부극장을 외스터베르크에 신축했다. 이후 천문 관측소가 호엔튀빙겐의 북동쪽 타워에 화학연구소와 함께 조성되었다. 또한 노넨하우스 옆의 정원은 알테 아울라와 알테 부르제 사이의 보타닉가든으로 이전되었다.

빌헬름스포어슈타트의 아우라 신관

이후 튀빙겐 대학은 1850년을 전후로 연구 중심 대학으로 급속히 성장했다. 튀빙겐 대학은 1863년 자연과학 전공을 설립한 최초의 독일 대학이었다. 튀빙겐 대학은 1811년 독일 대학의 국립화가 이루어지면서 대학의 행정 재량권을 잃었으나 오히려 국가의 재원 투자로 새로운 건물 신축이 급속히 진행되는 계기가 되었다.

한편 1840년에는 튀빙겐 도성이 해체되고 1861년에는 튀빙겐에 철도가 조성되었다. 튀빙겐의 도성 해체와 함께 기존의 보타닉가든이 과거 콜레지움 일루스트레의 운동장 부지로 이전되어 도시의 중앙공원인 엘리시움Elysium으로 조성되었다. 또한 보타닉가든에 인접한 곳에 새로운 화학연구소와 다용도의 커뮤니티 문화센터인 루스트나우어 토르Lustnauer Tor와 스포츠홀인 툰할레

Turnhalle 등 공공 문화 시설이 차례로 조성되었다.

한편 북쪽에 새롭게 대학 구역으로 조성된 빌헬름스포어슈타트는 빌헬름슈트라세Wilhelmstraße를 중심으로 대칭형의 블록으로 대학 건물들과 민간 주택들이 함께 조성되었다. 이러한 혼합배치는 대학과 도시 간의 기능 통합을 유도했으며, 특히 교수와 학생들을 위한 민간 주택들이 그 중심부를 구성했다. 또한 이 구역에는 새로운 대강당과 대학도서관이 조성되었고, 또한 새로운 해부학 강의실과 해부극장을 갖춘 해부학연구소가 외스터베르크 언덕 진입부에 조성되었다.

한편 튀빙겐 북서쪽에 병원 구역이 조성되어 수술 전용 병원이 현재 공공병리 연구소Hygiene-Institut 자리에 조성되었다. 이후 튀빙겐은 1871년 독일의 통일을 전후로 자연과학 전공의 연구소들과 일련의 병원들이 집중적으로 건설되었다. 이즈음 의학병원, 물리학연구소, 여성전문병원, 정신병원 등 다수의 연구소와 병원이 캠퍼스 북쪽 확장을 주도했다.

튀빙겐 대학의 두 번째 확장은 제2차 세계 대전 이후 북서쪽의 슈나렌베르크Schnarrenberg와 모르겐슈텔레Morgenstelle 구릉지로 진행되었다. 이 시기의 캠퍼스 확장은 학생의 증가와 자연과학과 의학의 세분화로 새로운 건물과 병원의 신축이 대규모로 진행되었다. 특히 이러한 외부로의 확장과 함께 구도시 캠퍼스 건물의 재생이 함께 진행되었다.

튀빙겐 대학은 1937년에 이미 북서쪽의 슈나렌베르크로 대학병원의 확장을 구상했으며, 이에 따라 대학의 면적이 기존 46ha에서 170ha로 늘어나는 캠퍼스 확장 계획을 세웠다. 슈나렌베르크에 병원 구역은 1958년에 수립된 개발계획에 따라 슈나렌베르크슈트라세를 중심으로 의료, 제약 기관들과 병원들이 집중적으로 조성되었다.

또한 1968~1974년 튀빙겐 대학에는 모르겐슈텔레 구릉을 중심으로 자연과학 연구소들이 집중적으로 설립되었다. 현재 생물학 연구소가 된 보타닉 연구소, 보타닉가든, 수목원이 조성되었으며, 북쪽으로 대규모의 학생 기숙 주거

호엔튀빙겐성

시설도 건설되었다.

한편 튀빙겐 대학은 1803년부터 1816년까지 왕궁이었던 호엔튀빙겐성의 소유권을 획득했다. 이러한 결과는 당시 뷔르템베르크의 궁이 루드비히스부르크와 슈투트가르트에 조성되면서 호엔튀빙겐성이 불필요하게 되었기 때문이었다. 이후 호엔튀빙겐성은 자연과학 시설들을 수용했으며, 근대적인 생화학과 세포생물학의 탄생지가 되었다. 특히 이곳에서 펠릭스 호페-자일러Felix Hoppe-Seyler가 헤모글로빈을 발견했고, 이후 1869년 프리드리히 미셔Friedrich Miescher는 핵산을 발견했다. 이후 호엔튀빙겐성에는 인류학, 고고학, 민속학의 문화 전공 시설들이 입주했다.

Part III

실험-관찰, 길드-소사이어티, 광장

파도바
조형미술과 해부극장

케임브리지
컬리지-쿼드랭글과 캐번디시 연구소

런던
영국박물관과 레지던셜 스퀘어

뉴욕
로어 맨해튼의 그리니치 빌리지와 도시 블록
스퀘어

파도바
조형미술과 해부극장

윌리엄 셰익스피어의 희극 『말괄량이 길들이기』(1594)의 배경인 파도바는 신을 옆에 두고 '인간'에 더 깊은 관심을 가졌던 도시이다. 파도바는 그 황금기인 13~15세기부터 단테, 페트라르카, 보카치오가 인간의 이야기를 모으고, 도나텔로와 조토 디 본도네가 인간을 조각했던 르네상스의 작업실이었기 때문이다.

파도바는 그 남서쪽 경계에 놓인 에우가네이 언덕의 온천에서 시작되었다. 파도바는 1000년 전후로 양모 직물 생산으로 부를 축적하며, 자치행정체인 코무네로서 헌법과 의회를 통해 도시 행정을 주도했다. 이 시기에 파도바는 알프스와 베네치아를 연결하는 바치리오네강과 브렌타강의 운하 소유권과 무역 시장을 두고 베네치아, 베로나, 비첸자와 경쟁하며 성장했다.

파도바의 본격적 지식 생산 활동은 남쪽의 대학도시인 볼로냐로부터 1000명의 학생과 교수가 이주해오면서 시작되었다. 이들은 파도바 대학을 설립하고 당시 법학 연구의 거점이었던 볼로냐와 경쟁했다. 이후 파도바는 1318~1404년 카라라 가문의 후원으로 과학 연구와 예술의 중심부로 성장했다. 이 시기에 파도바는 콘스탄티노플로부터 이주해온 피에트로 다바노 교수를 통해

Padova Station
Padova
Fiere
Piazza
dei Signori
Università degli Studi
di Padova
Palazzo
de Bo
Duomo
Ospedale
La Basilica
di St. Antonio
Orto
Botanico
FIUME BACCHIGLIONE
N
0
250m
1km

그리스-로마의 지식과 아비센나와 아베로에스의 가치관과 사상을 흡수하며 철학, 인문학, 과학의 거점으로 성장했다.

파도바는 피렌체, 시에나, 볼로냐, 베네치아를 옆에 두고 자유로운 예술 창작이 허락된 휴머니즘의 인큐베이터였다. 특히 파도바의 스크로베니 예배당의 천장 프레스코는 아랍에서 수입된 파란색 염료인 라피스 라졸리를 이용해 상상의 신의 세계가 아닌 인간이 경험하는 하늘과 별로 무한의 세계를 표현했다. 또한 인간과 신의 관계가 아닌 인간과 인간의 소통을 위한 '로지아'라는 건축의 갤러리 공간이 도시 중심부인 시뇨리 광장의 대의회 건물인 로지아 그란 과르디아에 조성되었다.

파도바는 특히 15~18세기에 세계 최초의 임상병원인 오스페달레 산 프란체스코 그란데, 유럽 대륙에서 처음으로 조성된 의학교 부속의 보타닉가든과 해부극장, 천체관측소를 조성하며 의학과 천문학의 실험과 과학연구 인프라를 조성해 도시 중심부를 완성했다. 특히 카라라 가문의 레자 카라레세 궁전에는 '아카데미아 데이 리코라티'가 설립되어, 갈릴레오 갈릴레이, 해부학자이며 근대 해부병리학의 아버지인 조반니 파티스타 모르가니, 해부학자 안드레아 베살리우스 등이 대학종합시설인 팔라초 델 보를 중심으로 활동했다.

베네타 습지와 파타비움

베네타 평원Pianura Veneta의 대학도시인 파도바Padova는 이 지역에서 가장 오래된 도시이다. 파도바는 남서쪽으로 10km 떨어진 지점에 에우가네이 언덕Colli Euganei을 두고, 북서-남동 방향으로 흐르는 바칠리오네강Fiume Bacchiglione•

• 바칠리오네 강은 알프스의 레비코 호수Lago di Levico와 칼도나초 호수Lago di Caldonazzo에서 발원해 내륙의 비첸자와 파도바를 통해 아드리아해로 흐르는 길이 약 120km의 하천이다.

과 동쪽에서 흘러 내려오는 브렌타강Fiume Brenta이 만나는 습지에 형성되었다.

파도바의 입지는 북부 이탈리아 지역에서 서쪽의 밀라노Milano로부터 베로나Verona와 비첸자Vicenza를 지나 아드리아해의 항구인 베네치아를 연결하는 서동 이동로의 중간 거점이다. 이에 파도바는 바칠리오네강을 통해 북서쪽의 비첸자와 연결되었으며, 동쪽으로 16세기에 조성된 브렌타강의 운하를 통해 베네치아와 아드리아해로 연결되었다. 브렌타강의 운하는 갈릴레오 갈릴레이Galileo Galilei와 카사노바Giacomo Girolamo Casanova가 파도바와 베네치아를 오고갈 때 이용한 이동 수단이기도 하다.

그리스의 역사가인 호머Homer와 파도바 출신의 이탈리아 역사가인 티토 리비오Tito Livio에 의하면, 파도바는 트로이 전쟁에서 패한 베네티인•이 파도바의 남서쪽 경계를 정의하는 에우가네이 화산 언덕의 온천지에 정착하며 마을로 형성되었다. 당시 이곳은 브렌타강과 바치리오네강의 합류지로 '습지'를 의미하는 고대 그리스어인 파두스Padus로 불렸다.

파두스는 당시 로마공화국 연합에 참여했으며, 카르타고 연합과 로마공화국 연합이 싸운 칸나이 전투Battle of Cannae에 2만 명의 전사를 파견한 막강한 군사력을 갖춘 세력이었다. 이후 파두스는 B.C. 45년 로마제국의 지역 거점municipium인 '파타비움Patavium'으로 개명했다. 파타비움은 로마제국을 수립한 초대 황제 아우구스투스Augustus의 지배기에 말 사육, 양 목축업, 양모 생산으로 로마제국 내에서 로마와 카디즈Cadiz 다음으로 번성했다.

파타비움은 당시 바칠리오네강을 따라 조성된 도성으로 그 경계가 정의되었고, 비아 산 프란체스코Via San Francesco와 연결된 폰테 산 로렌조Ponte San Lorenzo와 폰테 몰리노Ponte Molino를 포함한 네 개의 로마 다리들로 접근하게 되어 있었다. 파타비움의 진입부는 현재 가리발디 광장Piazza Garibaldi이었으며, 북남 방향

• 베네티인Veneti은 그리스 도시연합에 대항한 트로이Troy(현재 터키의 Hisarlik)와 파플라고니아Paflagonia의 연합군으로 파견되었으나 패했다.

의 중심가로인 카르도는 남쪽의 로마와 연결되었다. 파타비움의 중심부인 로마 포룸은 현재 카부르 광장Piazza Cavour이며, 동서 방향의 중심가로인 데큐메노스를 통해 밀라노와 연결되었고, 카부르 광장 북동쪽에 아레나Arena Romana di Padova를 두었다.

파타비움에 기독교가 전파된 시점은 1세기로 매우 이르다. 이즈음 그리스인인 성 프로스도시무스Saint Prosdocimus가 안티오크Antioch, 현재 터키의 안타키아Antakya에서 수도한 후 예수의 제자인 성 베드로Saint Peter the Apostle에 의해 파도바의 첫 번째 주교로 파견되어 활동했다. 이후 8세기부터 파타비움에 대성당이 조성되었다고 추정되며, 역시 이즈음 도성 외곽에 수도원들이 조성되어 지식 활동이 시작되었다. 하지만 파타비움은 로마제국이 몰락하고 정치적인 공백하에서 452년 전후로 훈족, 고트족, 그리고 540~568년에 동로마제국, 601년부터는 롬바르드족 등으로부터 연이은 침략과 지배를 받으며 쇠퇴했다.

코무네 파도바와 카라라 파도바

북부 이탈리아에서 11~12세기 황제의 주교와 수도원장 임명권에 도전한 교황의 서임권 투쟁Investiturstreit이 본격화되었다. 특히 당시까지 황제가 임명한 주교가 행정권을 가지고 도시를 운영했다. 그런데 도시가 성장하면서 누가 도시를 운영할 것인가, 그리고 누가 주교를 임명할 것인가를 둘러싸고 황제와 교황 간 분쟁이 지속되었다. 도시와 수도원의 행정을 책임지는 주교와 수도원장의 서임권을 둘러싼 투쟁은 신성로마제국의 황제 하인리히 4세와 교황 그레고리우스 7세와의 갈등으로 증폭되었다.

북부 이탈리아의 도시들은 흥미롭게도 이러한 신성로마제국의 황제와 교황 간의 갈등구도에서 영주와 시민이라는 새로운 사회계급을 탄생시켰다. 북부 이탈리아는 교황을 지지하는 '구엘피Guelfi'와 황제를 지지하는 '기벨리니Ghibellini'

로 나뉘어서 전쟁을 치렀다. 이 지역의 카라레시Carraresi, 캄포삼피에로Camposampiero, 에스테Este 가문들은 구엘피파를 지지했고, 반면 다 로마노Da Romano 가문은 기벨리니파를 지지했다. 그렇지만 전쟁이 장기화되면서 북부 이탈리아 도시들은 도시의회 의장의 의지와 실리에 따라 입장을 바꾸며 전쟁에 참여했다. 파도바는 이 시기에 밀라노 주도의 친교황파인 구엘피파 세력인 롬바르디아 도시 동맹Lega Lombarda•에 참여했다.

파도바가 대토지 소유자인 영주Signore••의 직접적인 지배를 벗어나 자치 행정체인 코무네comune로서 도시 행정을 시작한 것은 1000년부터이다. 파도바는 당시까지 캄포삼피에로, 에스테, 다 로마노 가문들의 지배를 받았다. 파도바는 이후 도시 행정의 기본틀인 헌법을 만들고, 시의회와 행정조직credenza을 조성하여 코무네를 운영했다. 한편 1175년 권력을 일정 기간 위임받아 도시 행정을 책임지는 최초의 포데스트podestà•••가 에스테 가문에서 선출되었다.

파도바가 강력한 전투력을 갖춘 도시로 성장한 것은 13~14세기이다. 이 시기에 베네토 지역에서는 파도바, 비첸자, 베네치아, 베로나가 내륙과 해안을 잇는 수로 소유권을 독점하기 위해 서로 경쟁했다. 이미 이 도시들은 12세기부터 바칠리오네강와 브렌타강의 운하 소유권과 이를 이용한 유통시장의 독점을 통해 부를 축적했다.

파도바는 이후 코무네 시기를 종료하고, 다시 강력한 카라라 가문Carrara family의 지배를 받았다. 1318~1404년 사이 파도바는 아홉 명의 영주들의 주도

• 롬바르드 도시 동맹은 파도바를 포함해, 베로나, 비첸자, 베네치아 공화국으로 결성된 기존의 베로나 동맹의 연장선이었다.

•• 북부 이탈리아의 도시행정은 '세이너리Seigneury' 제도로 운영되었다. 이 제도는 기존 교외지에 거주하는 대토지 소유자인 영주, 즉 '시뇨레Signore'가 농지와 주변의 거점 타운들을 소유하고 운영하는 제도이다. 피렌체의 메디치 가문, 밀라노의 스포르차 가문, 베로나의 델라 스칼라 가문 페라라와 만토바의 에스텐시 가문을 사례로 들 수 있다.

••• 이탈리아 도시 행정에서 포데스타와 유사한 직책이 렉터rector이다.

15세기 파도바 모습

로 도시가 부흥하고 과학과 예술의 발전했다. 특히 프란체스코 일 베키오Francesco il Vecchio가 통치한 약 35년 동안 가장 번성했다.

도시 중심부의 건물들

파도바가 현재 모습의 도시 중심부를 조성하게 된 것은 1174년 파도바 대화재가 계기가 되었다. 대화재 이후 파도바는 도성을 증축하고 종교와 공공행정 건물인 대성당, 영주의 궁, 시청, 법원, 저택 등을 차례로 재건했다. 이러한 도시 중심부의 재건 과정에서 파도바의 노동자와 장인은 부를 축적했으며, 길

팔라초 델라 라조네

드를 조성하고 대성당을 중심으로 활동했다. 파도바 대성당인 두오모의 재건, 살로네Salone로 불리는 팔라초 델라 라조네Palazzo della Ragione 개보수, 산 안토니오 성당 신축과 재건이 이 시기에 이루어진 대표적인 건축 프로젝트이다. 특히 파도바 두오모 북쪽에는 카라라 가문의 궁전 콤플렉스인 레자 카라레세Reggia Carrarese가 조성되어 지식인, 과학자, 의사, 예술가 등의 활동 거점으로 이용되기 시작했다.

파도바의 상징적 중심부인 파도바 대성당인 두오모가 언제 처음 조성되었는지 확인되지 않으나 8세기로 추정된다. 파도바 두오모의 일부인 세례당이 12세기에 기존 로마 포룸이 입지했던 카부르 광장으로부터 동쪽으로 400m 지점에 조성되었다고 추정된다.* 두오모의 동쪽으로 살로네로 불리는 팔라초 델라

라조네Palazzo della Ragione는 1219년 파도바 법원으로 처음 조성되었고, 현재 컨퍼런스·전시관으로 사용되고 있다. 새롭게 조성된 팔라초 델라 라조네는 하나의 큰 광장을 북쪽의 프루타 광장Piazza della Frutta과 남쪽의 에르베 광장Piazza delle Erbe으로 나누었다. 팔라초 델라 라조네는 파도바의 경제 활동의 중심부를 완성했으며, 팔라초 델라 라조네로부터 로자 델 카피타니오Loggia del Capitanio까지 지상층의 아케이드는 파도바의 도시 경관을 정의했다.

한편 산 안토니오 성당Basilica San Antonio은 리스보아 출신의 프란체스코파 가톨릭 성직자이며 성당의 의사였던 산토 안토니Santo Anthony of Padua를 기념하기 위해 그의 사망 직후인 1232년에 착공해 1310년에 완성된 성당이다. 파도바는 산토 안토니의 사망 직후 성지순례의 장소가 되어 치타 델 산토Città del Santo로 불려왔다. 이후 산 안토니오 성당에 1504년 성당학교인 스쿠올라 델 산토Scuola del Santo가 조성되었다.

두오모 북쪽 비아 아카데미아Via Accademia에는 파도바의 지식 활동의 중심부로 기능했던 카라라 가문의 카라라 궁전 콤플렉스인 레자 카라레세가 영주 우베르티노 다 카라라Ubertino da Carrara의 주도로 조성되었다. 레자 카라레세는 이후 영주 프란체스코 일 베키오Lord Francesco il Vecchio의 지배기에 파도바의 학문과 예술의 번영을 주도한 거점이었다. 이 시기에 레자 카라라는 시인, 화가, 조각가, 과학자, 의사, 법학자들의 교류의 중심부였으며 예술가와 작가 활동의 인큐베이터로 기능하기 시작했다.

이후 레자 카라레세에는 1599년 '아카데미아 데이 리코라티Accademia dei Ricovrati가 설립되었다. 이 학교는 베네치아의 귀족이며 추기경이었던 페데리코 발디세라 바르톨로메오 코르나로Federico Baldissera Bartolomeo Cornaro에 의해 설립되

- 대성당의 오른쪽에 입지한 세례당의 일부분이 12세기에 조성되었으며, 이후 14세기에 개보수되어 현재의 모습을 갖추었다. 현재 파도바 두오모는 1577년 하이 르네상스High Renaissance 건축양식으로 조성되었다.

었다. 당시 아카데미아 데이 리코라티는 파도바 대학의 의학교수로 활동했던 게오르기오스 카라파티스Georgios Kalafatis 교수와 갈릴레오 갈릴레이 등이 활동하며 파도바의 인문학과 과학 지식의 거점으로 기능했다. 이후 아카데미아 데이 리코라티는 1949년에 '파도바 과학 인문 예술 아카데미Accademia Galileiana di Scienze, Lettere ed Arti'로 이름을 바꾸었다.

파도바 대학의 인문학

파도바의 지식 생산의 핵심 거점인 파도바 대학Università degli Studi di Padova을 누가 언제 어떤 목적으로 설립했는가는 알려지지 않았다. 그럼에도 파도바 대학의 법학교Facolta di Giurisprudenza는 12세기 중엽부터 기능했다. 파도바의 주교로 활동한 게라르두스 포마델루스Gerardus Pomadellus와 같은 법학전공 교수들이 이미 1165년을 전후로 법학과 신학을 교육하며 활동했다.

이후 볼로냐 대학으로부터 약 1000명 이상의 학생과 교수가 학문의 자유를 위해 1222년 파도바로 이주해와 파도바 대학이 설립되었다고 전해진다. 파도바 대학은 1228년을 전후로 법학, 논리, 문법, 의학을 교육했으며 1238년 황제 프리드리히 2세에게 인가를 받았다.

파도바 대학은 이후 1260년대부터 코무네의 지휘하에 다시 성장하며, 자리를 잡았다. 파도바 대학은 1274년 교황 그레고리 10세의 공포로 파리 대학과 볼로냐 대학과 동일한 대학의 위상을 공식적으로 획득했고, 볼로냐의 대학생들이 1306년과 1322년에 추가로 이주해오면서 본격적으로 발전하기 시작했다.

파도바 대학에 의학 전공이 언제 개설되었는지는 정확히 알려져 있지 않으나 14세기부터 이미 의학 교육의 명성을 확보하고 있었다. 신학 과정은 1363년 교황 우르바노 5세 교황령papal bull에 따라 설립되었다. 이즈음 파도바 대학을 중심으로 당시 그 주변의 토르나첸세 컬리지Collegium Tornacense, 세인트 마르코 컬리지College of St. Marco, 카디날 필레오 디시플 요한 물러 칼리지College of Cardinal Pileo Disciple Johann Muller를 포함해 일곱 개의 컬리지들이 함께 기능했다.

한편 파도바 대학은 1399년 법학교과 인문-의학교로 분화되었다. 당시 법학교Universitas Juristarum는 시민법, 교회법, 신학을 교육했으며, 인문학교Universitas Artistarum는 천문학, 논리학, 문법, 수사학, 철학, 그리고 의학을 교육했다. 특히 파도바 대학은 법학을 제외한 인문학 분야에서 곧 볼로냐를 능가했다. 이후 두 전공은 19세기 초가 되면서 다시 결합했다.

파도바 대학의 인문학이 당시 빠르게 성장한 이유는 볼로냐와 달리 주교로부터 간섭을 받지 않고 학문적 자유를 보장했던 독립된 학교 운영이었다. 파도바의 카라라 가문의 영주들은 파도바 대학의 자유와 자치권을 보장하며 이러한 성장에 기여했다. 특히 파도바 대학은 이후 베네치아의 지배하에 세 명의 도시귀족patrician으로 구성된 '리포르마토리 델로 스투디오 디 파도바 Riformatori dello Studio di Padova'라고 불린 대학 이사회를 통해 운영되었다.

또한 파도바 대학은 볼로냐 대학과 동일하게 학생들이 대학의 운영에 참여하는 권리를 부여했다. 학생들은 이를 통해 교수를 임명하고 교수들의 임금을 결정했다. 당시 파도바 대학의 학생들은 그 출신 지역에 따라 프랑스, 이탈리아, 독일, 프로방스 네 그룹을 구성했다. 특히 파도바 대학은 1306년 유대인의 입학을 허락한 유럽 유일의 대학이었다.

이런 이유 외에 파도바 대학이 볼로냐 대학을 앞지르기 시작한 구체적인 계기는 무엇이었을까? 무엇보다 콘스탄티노플에서 공부하고 파리에서 박사학위를 받은 피에트로 다바노 교수Professor Pietro d'Abano를 파도바 대학으로 초청한 것을 꼽을 수 있다. 피에트로 다바노 교수는 파도바에 당시 아베로에스와 아비센나의 혁신적인 연구들과 이슬람 문화권의 의학, 수학, 철학 지식들을 전달했다. 당시 볼로냐 대학은 법학교육에 집중했고, 이에 반해 파도바 대학은 시문학과 인문학에 집중하며 초기 르네상스의 철학자, 인문학자, 과학자, 철학자들을 배출하며 명성을 축적했다.

프레스코와 조형예술

파도바는 또한 이 시기에 카라라 가문의 후원하에 프레스코와 조형예술의 최고 거점으로 성장했다. 특히 파도바의 영주였던 카라라 가문의 프란체스코 일 베키오의 부인 피나 부자카리니Fina Buzzaccarini는 예술을 후원하여 파도바가 조형예술의 거점으로 성장하는 데 기여했다.

당시 파도바에서 카라라 가문의 후원을 받으며 활동한 예술가들은 시에나 출신의 조각가이며 건축가인 조반니 피사노Giovanni Pisano, 피렌체 출신의 화가인 조토 디 본도네Giotto di Bondone, 화가인 과리엔토 디 아르포Guariento di Arpo, 베로나파Veronese school를 설립하고 베로나와 파도바에서 활동한 화가 알티치에로 다 베로나Altichiero da Verona, 피렌체 태생으로 밀라노와 파도바에서 활동했으며 초기 르네상스 프레스코 화가로 산 안토니오 성당과 파도바 두오모 세례당의 프레스코를 완성한 주스토 드 메나부오이Giusto de' Menabuoi, 조각가이며 건축가로 비첸자, 베네치아, 파도바에서 활동한 안드리올로 드 산티Andriolo de' Santi 등이 있다.

이 중 가장 영향력 있는 화가였던 조토는 파도바에 6년간 머물면서 스크로베니 성당Cappella degli Scrovegni과 팔라초 델라 라조네에 신이 아닌 인간이 관찰한 하늘과 별의 무한의 세계를 천장의 프레스코화로 완성했다. 파도바의 북쪽 경계지에 입지한 스크로베니 성당에는 조토가 남긴 프레스코화 〈성모 마리아와 예수의 생애의 장면〉과 제단부에는 조반니 피사노Giovanni Pisano의 조각상 〈성모와 두 천사〉가 있다.

한편 파도바는 베네치아 공화국의 지배를 받게 된 1405년 이후부터 베네치아와 파도바를 연결하며 르네상스를 대표하는 프레스코, 조형예술, 건축 분야의 작업 무대가 되었다. 이즈음에는 피렌체의 조각가인 도나텔로Donatello, 프란체스코 스콰르치오네Francesco Squarcione, 안드레아 만테냐Andrea Mantegna, 베네치아의 대표적 화가인 티치아노Tiziano Vecelli 등이 활동했다

특히 산 안토니오 성당에는 당시 예술가들의 작품들이 집중되어 있다. 먼저 1400년대 초기 당시 최대의 인기 조각가였던 도나텔로는 베네치아 장군의 미망인과 아들로부터 프로젝트를 의뢰받아 성당 주변에서 거주하며 베네치아의 장군 에라스모 다 나르니Erasmo da Narni의 기마상을 완성했으며, 또한 성단 내부의 제단의 십자가 예수상을 완성했다. 인접한 스쿠올라 델 산토Scuola del Santo는 원래 길드 하우스로 티치아노의 프레스코 작품들로 치장되었다. 또한 가리발디 광장 북동쪽으로 에레미타니 성당Chiesa degli Eremitani의 일부인 오베타리 예배당Cappella Ovetari에는 당시 화가로 활동했던 안드레아 만테냐Andrea Mantegna가 그린 르네상스 프레스코화가 있다.

과학과 의학의 도시

파도바의 성장과 함께 파도바 대학은 대학의 중심 시설과 특히 의학, 과학, 천문학의 실험 시설과 연구 인프라들이 도시 중심부에 구축되어 도시 전체가 과학의 도시로 변화되었다.

이 시기에 파도바의 핵심 연구 시설인 파도바 보타닉가든, 해부극장, 그리고 천문 관측을 위해 사용되었던 성의 메인 타워가 개조되어 완성되었다.

파도바의 또 하나의 독특한 거점은 임상병원인 오스페달레 산 프란체스코 그란데Ospedale di San Francesco Grande[1]이다. 오스페달레 산 프란체스코 그란데는 임상 실험에 근거한 치료를 목적으로 유럽의 최초의 대학병원으로 설립되어 이후 파도바를 과학과 의학의 도시로 발전시키는 첫 번째 연구 인프라로 기능했다. 오스페달레 산 프란체스코 그란데는 북쪽의 비아 산 프란체스코Via San Francesco와 서쪽의 비아 델 산토Via del Santo로 둘러싸인 삼각형 부지 위에 기존 성당을 중심으로 가든과 함께 조성되었다.

오스페달레 산 프란체스코 그란데 병원은 당시 부자와 빈자가 모두 치료

팔라초 델 보

받을 수 있는 새로운 병원을 구상했던 법관인 보나파리Bonafari와 시빌라 드 체토Sibilla de Cetto의 주도로 조성되었다. 오스페달레 산 프란체스코 그란데 병원은 이후 오스페달레 주스티니아네오Ospedale Giustinianeo가 1789년 설립될 때까지 약 400년 동안 파도바의 중심 병원과 의학 교육 거점으로 기능했다. 이후 파도바시가 1959년 이 콤플렉스를 매입하여 현재 파도바의 의학보건박물관으로 개조해 사용하고 있다.

한편 파도바 대학은 1539년을 전후로 대학종합시설인 팔라초 델 보Palazzo del Bo를 조성했다. 팔라초 델 보는 당시 도시에 흩어져 있던 대학의 교육 연구 기능을 한곳으로 모은 거대한 콤플렉스였다. 파도바 대학의 팔라초 보는 이러한 관점에서 볼로냐 대학의 팔라초 델 아르키진나시오에 약 25년 앞서서 조성된 선구적인 대학 연구 시설이다.

팔라초 델 보는 이후 세 개의 코트야드 코르틸레 안티코Cortile Antico, 코르틸레 누보Cortile Nuovo, 코르틸레 메리디아네Cortile delle Meridiane를 중심으로 증축

파도바 대학 천체관측소인 라 스페콜라

되어왔다. 이후 팔라초 델 보는 1938~1945년 사이 전면 보수되었으며, 인문학-철학 전공은 현재 파도바 두오모의 북쪽 팔라초 델 리비아노Palazzo del Liviano로 이전되었으며, 천체-물리학 관측소가 아시아고 구릉지에 조성되었다.

이 시기에 『천구의 회전에 관하여De revolutionibus orbium coelestium, 1543』를 통해 대안적 우주관으로 지동설을 발표한 니콜라스 코페르니쿠스Nicolaus Copernicus가 파도바 대학의 개방된 학문적 분위기에서 수학했다. 또한 토스카나 지역 출신의 물리학과 천문학 분야의 갈릴레오 갈릴레이가 베네치아 공화국의 개방된 학문적 분위기를 이용해서 1592~1618년 사이 20년 동안 파도바에 머무르며 수학과 기하학, 천문학을 강의했다. 갈릴레이는 이 시기에 망원경을 제작하여 달 표면과 은하수를 관측하고, 1610년 처음으로 목성의 위성들을 확인했다. 팔라초 델 보에는 갈릴레이가 강의했던 아울라 마그나가 있다.

파도바는 1594년 팔라초 델 보 내에 유럽에서 현존하는 가장 오래된 해부극장을 조성하여 1872년까지 사용했다. 해부극장에서는 베살리우스Andreas Vesalius가 강의했으며, 예술가와 과학자들이 해부 과정을 참관했다. 해부학자이며 의사였던 가브리엘레 팔로피우Gabriele Falloppio가 활동했고, 안드레아 베살리우스는 브뤼셀 출신으로 파도바 대학을 졸업하고 볼로냐 대학과 피사 대학에서 강의했으며, 해부학자이며 근대 해부병리학의 아버지인 조반니 바티스타 모르가니Giovanni Battista Morgagni가 활동했다.

파도바의 해부극장

특히 안드레아 베살리우스는 의학교 졸업 후 교황 바오로 4세와 아그나티우스 데 로욜라Ignatius de Loyola를 도와 한센병 환자를 치료했고, 파도바 의학교의 수술과 해부 전공 교장이 되었으며 이후 황제 카를 5세의 주치의로 활동했다. 베살리우스는 베네치아에서 활동한 화가인 티치아노의 학생이었던 요한 반 칼카르Johan van Calcar를 소개받아, 그와 함께 첫 번째 해부학 교재인 『여섯 개의 해부학 그림Tabulae Anatomica Sex(1538)』을 출판했다. 이후 베살리우스는 1543년 7권의 책으로 된 『인간의 몸구조에 대해서De Humani Corporis Fabrica』를 출판하여 카를 5세에게 헌정했다. 이 책의 삽화도 역시 요한 반 칼카르가 그렸다.

또한 파도바의 놀라운 연구 인프라의 하나는 보타닉가든이다. 파도바의 보타닉가든은 바빌론의 공중 정원을 제외하면 세계에서 가장 오래된 보타닉가든이다. 메디치 가문도 1544년 피사에 보타닉가든을 설립했기에 어디가 최초냐는 문제는 약간의 논쟁이 있다. 보타닉가든은 약초를 재배하고, 학생들이 약

파도바의 보타닉가든

초와 비약초를 구별할 수 있도록 하기 위해 조성되었다.

파도바의 보타닉가든은 베네치아의 교역 항구로부터 다양한 식물들을 수집해 수용해왔다. 또한 이곳에는 도서관과 연구 시설들이 세워졌고, 파도바의 의학, 제약, 화학, 생태학, 식물학의 발전에 기여했다. 현재 파도바 보타닉가든의 면적은 약 22000m^{2}이며, 6000종 이상의 외래식물, 의료식물, 독성식물, 식충식물 등을 수용해왔다. 이곳은 이후 16세기에 거대한 수력 물레방아가 설치되면서 수압을 이용해 다수의 분수들이 조성되었다. 또한 1704년에는 약재 도난을 막으려는 목적으로 네 개의 문과 진입부가 거대한 원형의 벽돌담과 함께 조성되었으며, 이후 19세기에 온실과 보타닉 극장이 조성되었다.

케임브리지
컬리지-쿼드랭글과 캐번디시 연구소

대학도시의 대명사인 케임브리지는 아이작 뉴턴의 '만유인력의 법칙', 찰스 다윈의 '진화론', 프랜시스 해리 크리켓과 제임스 왓슨의 'DNA의 이중육각형 구조', 그리고 스티븐 호킹의 '빅뱅이론'까지, 관찰과 실험에 근거해 근현대 과학과 테크놀로지의 역사를 주도해온 과학의 성지이다. 흥미롭게도 이러한 과학의 도시 케임브리지는 매년 350만 명이 방문하는 관광도시이다.

케임브리지는 북해로 흐르는 우즈강과 캠강의 저지대 습지인 펜에서 강을 건너는 나루터로 잠시 타운 차터를 획득하여 '스토어브리지 시장'을 통해 시장의 도시로 성장했다. 하지만 케임브리지는 유럽도시의 위상을 확인해주는 대성당을 갖고 있지 않은 소도시로서 북동쪽으로 대성당 도시인 일리의 지배를 받았다. 케임브리지에서 지식 생산 활동이 시작된 계기는 일리의 베네딕트회 수도자들이 1025년 세인트 존 호스피털을 공부방으로 개조하고 세인트 베넷 성당을 설립한 것이다. 이후 케임브리지는 아우구스투스회, 프란체스코회, 도미니크회 교파의 수도원과 성당들이 다수 조성되었고, 성직자 교육을 목적으로 클레어 컬리지, 콘바일 홀, 트리니티 홀, 코퍼스 크리스티 컬리지 등을 설립하며 일군의 컬리지와 사각형의 건물인 쿼드랭글로 성장했다.

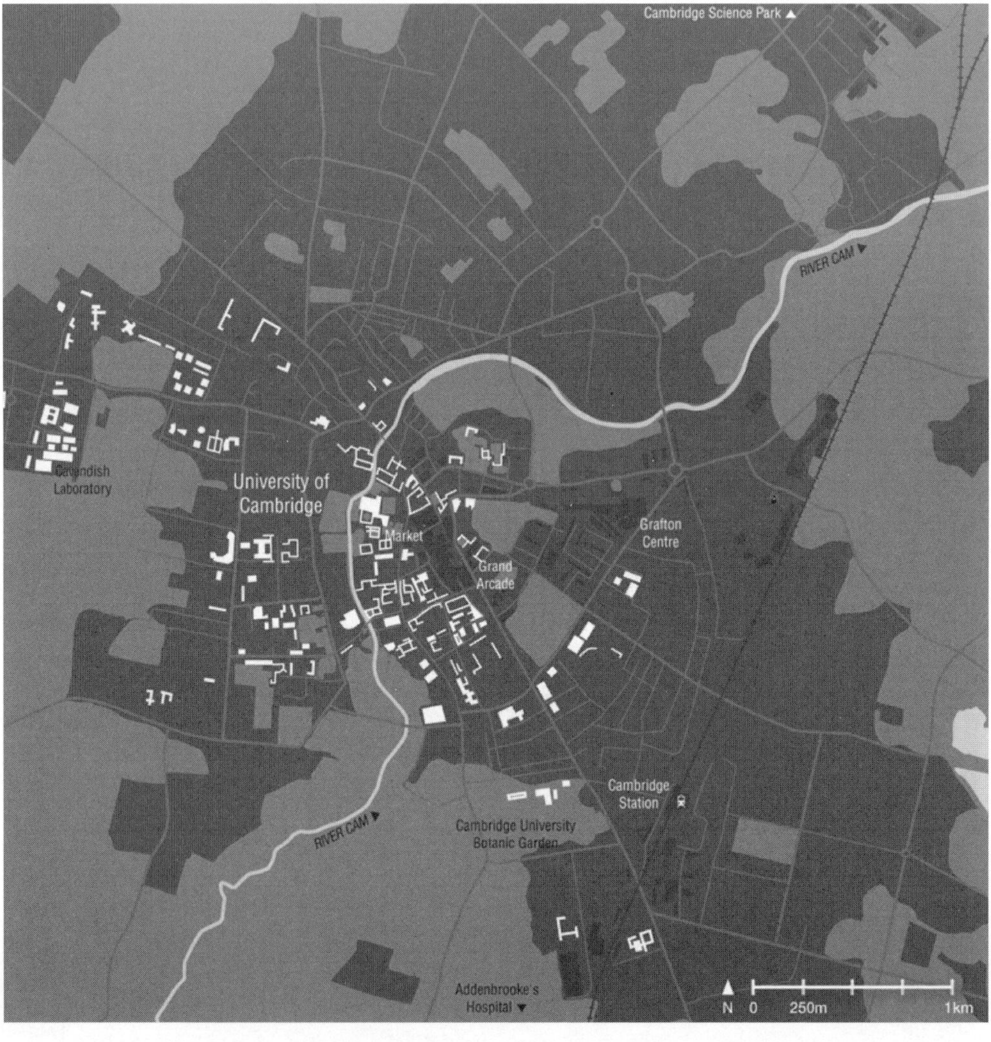
Cambridge Science Park ▲
RIVER CAM ▶
Cavendish
Laboratory
University of
Cambridge
Market
Grand
Arcade
Grafton
Centre
Cambridge
Station
RIVER CAM ▶
Cambridge University
Botanic Garden
Addenbrooke's
Hospital ▼
N 0 250m 1km

한편 케임브리지의 과학은 의학자이며 의사인 윌리엄 하비가 파도바로부터 이주해와 해부를 통한 인체 혈액 순환의 이론을 증명하면서 시작되었다. 이 시기에 학부생이던 존 하버드는 보스턴으로 이주하여 하버드 대학의 전신인 뉴컬리지를 설립했다. 실험을 통한 과학 연구는 자기장의 이론을 주장한 윌리엄 길버트와 근대 물리학의 기본 이론을 완성한 아이작 뉴턴이 활동하면서 천체물리학, 물리학, 생물학의 영역으로 확장되었다. 또한 보타닉가든이 입지했던 뉴뮤지엄 부지에는 현대 응용과학과 엔지니어링 테크놀로지 개발을 주도해온 캐번디시 연구소가 설립되어 핵물리학, 분자생물과학, 천문물리학 등 현대물리학을 개척하며 R&D 클러스터의 지역 거점으로 기능해왔다.

현재 케임브리지는 도시 중심부의 경계를 가르는 직경 2km의 '케임브리지 링'을 따라 네 개의 도시 진입 버스 노선과 다섯 개의 대형 주차장을 운영하며, 도시 중심부를 보행자를 위한 환경으로 만들었으며, 그 외곽에 첨단 R&D 클러스터의 중심부로 조성된 케임브리지 사이언스 파크와 병원 시설인 아덴브룩스가 조성되어 있다.

캠강과 캐슬힐

케임브리지에 인간이 처음 거주한 것은 3500년 전으로 피츠윌리엄스 컬리지Fitzwilliams College 부지에서 발견된 농지 유적을 중심으로 모여 살았다. 이곳은 그레이트우즈강River Great Ouse 충적지의 남쪽에 그 지류인 캠강River Cam을 두었다. 이 지역은 고도 6~24m인 저지대로 펜fen이라 불려온 습지이다.* 이 지역은 배가 캠강을 따라서 북쪽의 북해로부터 남쪽 내륙으로 항해해 들어오는 최

* 펜fen이란 습지의 대표적인 유형 중의 하나이며, 잡초가 핀 습지, 나무가 자라는 습지, 그리고 피티 보그peaty bog가 있다.

상류 지점이었다. 이후 주거지는 후기 철기시대인 B.C. 1000년을 전후로 캠강 북쪽으로 요새와 사냥 도구들이 발견된 캐슬힐Castle Hill까지 확장되었으며, 기원전 1세기를 전후로 벨가에족Belgic tribe이 거주했다.

케임브리지에 타운이 형성된 계기는 40년을 전후로 영국을 정벌한 로마군대가 런던을 지나 요크로 진격한 것이었다. 이곳은 배가 내륙으로 들어오는 최상류 캠강을 건너는 곳으로 캐슬힐은 캠강을 이용해 케임브리지를 방어하기 좋은 군사 거점이었다.

로마제국은 70년을 전후로 캐슬힐을 중심으로 도로와 도성들을 조성하여 두롤리폰테Duroliponte라 불린 군사 타운을 현재 세인트 피터 성당St. Peter's Church 부지를 중심으로 완성했다. 당시 두롤리폰테는 역사적인 남북 방향의 어마인 스트리트Ermine Street로부터 케임브리지를 지나 펜즈와 런던으로 연결되었고, 동서 방향으로 중부 내륙과 북부 웨일스, 서해안, 아일랜드까지 연결했던 비아 데바나Via Devana의 교차점이었다. 이곳은 특히 비아 데바나를 통해 우즈강의 최상류 거점인 고드먼체스터Godmanchester를 지나 북동쪽 20km 지점 일리Ely와 북동쪽 40km 떨어진 킹스린King's Lynn을 통해서 북해로 연결되었고, 북서쪽으로는 콜체스터Colchester로부터 체스터-리버풀까지 연결되었다.

앵글로색슨의 퀘이사이드, 차터

로마제국이 405년 케임브리지를 떠난 후 앵글로색슨족Anglo-Saxons이 캐슬힐과 그 주변에 거주했다. 이들은 이곳을 그란테부르게Grantebrycge로 불렀으며 펜랜드fenlands 지역의 무역 거점으로 성장시켰다. 이후 앵글로색슨의 케임브리지는 덴마크 바이킹인 데인족Danes들의 침입을 받아 데인로Danelaw의 일부로 흡수되어 바이킹의 무역 거점으로 성장했다. 이후 케임브리지가 다시 앵글로색슨인의 지배를 받게 된 것은 10세기이다.

케임브리지의 중심부가 마침내 캐슬힐로부터 캠강 우안의 현재 퀘이사이드Quayside와 킹스퍼레이드King's Parade로 이전하게 된 것은 앵글로색슨 시대부터 상업 활동의 중심부인 마켓 힐Market Hil과 수도원들이 조성되었기 때문이다. 이미 케임브리지는 이 지역의 수상 교통의 중심인 캠강을 건너는 포구로 기능해 왔다. 이에 퀘이사이드는 캠강을 기준으로 현재 맥덜린 컬리지Magdalene College의 건너편으로 브리지 스트리트Bridge Street의 시작점이었다. 여기서 힐hill이란 구릉지가 아니라 평지에 조성되어 973년을 전후로 이미 기능하기 시작한 시장과 만남의 장소를 의미한다. 케임브리지의 도시 중심부에는 캐슬 마운드와 마켓힐, 캠강과 이를 가로지르며 연결하는 비아 데바나Via Devana•가 조성되었다.

한편 북부 프랑스에는 서프랑크 왕국과 바이킹족 간의 협정을 통해서 노르망디공국Duchy of Normandy이 조성되었다. 노르망디공국의 정복왕 윌리엄William the Conqueror은 1066년 잉글랜드를 정복했다. 캠강은 노르망디공국 지배기에 그렌타Grenta로 불렸으며 케임브리지는 그렌타브리게Grentabrige 또는 칸테브리게Cantebrigge로 불렸고 이후 케임브리지로 바뀌었다. 케임브리지는 1086년을 전후로 인구 2000명의 타운으로서 1068년 캐슬힐에 도성을 조성했다.

케임브리지가 타운으로 성립된 것은 헨리1세Henry I 때인 1101년이며, 1200년에 첫 번째 타운 차터를 획득했다. 케임브리지는 이를 통해 케임브리지 시장Cambridge Fair과 스터브리지 시장Stourbridge Fair••을 열어 이 지역의 수로 교통과 통

• 비아 데바나는 이후 '브리지 스트리트라 불렸으며, 현재 캐슬 스트리트-맥덜린 스트리트- 브리지 스트리트-시드니 스트리트-세인트앤드루스 스트리트이다.

•• 스터브리지 시장은 존 왕King John이 1199년 케임브리지의 스테레스브리게Steresbrigge에 입지한 레퍼 채플Leper Chapel에 사회 낙오자를 위한 모금을 위해 3일 시장 개최권을 승인하면서 시작되었다. 1211년 캠강의 스터브리지 커먼Stourbridge Common의 피스트Feast of the Holy Cross에서 처음으로 열렸다. 스터브리지 시장은 전성기에 유럽에서 가장 큰 시장으로 성장했으며, 13세기 후반 이를 운영하는 레퍼 커뮤니티가 폐쇄되면서 그 운영권과 감시권을 두고 케임브리지 타운과 케임브리지 대학이 투쟁했다. 스터브리지 시장은 18세기 후반까지 성황이었으나 육상 운송 시스템과 운하 시스템이 발전하며 쇠퇴하여1933년 종료되었다.

과세를 독점했다.• 케임브리지의 종교적 중심인 그레이트 세인트 메리 성당Church of the Great St. Mary이 킹스퍼레이드와 마켓 스트리트의 교차로 중심에 조성된 것이 1205년이다. 그러나 케임브리지가 1381년 농민 혁명에 참여하면서, 1382년 타운 차터가 개정되어 은행업, 맥주 제조, 도량 측정 등의 감독권이 타운에서 대학으로 이전되었다.

성당과 수도원, 종교 길드의 컬리지

케임브리지의 초기 지식 생산 활동의 거점은 인접한 도시인 일리의 베네딕트회 수도원이 11세기에 케임브리지에 설립한 세인트 베넷 성당St. Benet's Church이다. 세인트 베넷 성당은 현재 마켓 힐의 남쪽 베넷 스트리트Benet's Street에 조성되어 케임브리지의 중심부를 이루었다.

케임브리지에는 이를 시작으로 아우구스투스회, 프란체스코회, 도미니크회의 성당과 그 부속 수도원들이 다수 조성되었다. 흥미롭게도 이러한 가톨릭 교파의 성당과 수도원들은 이후 헨리 8세Henry VIII가 진행한 가톨릭 개혁과 수도원의 해체에 따라 해체되었고, 그 토지들은 이후 케임브리지 대학을 구성하는 다수의 컬리지들에 배정되었다.

케임브리지의 세인트 베넷 성당이 조성되기 이전에 케임브리지의 북동쪽 20km 떨어진 곳에 대성당을 가지고 있었던 일리••에는 대성당학교인 일리 수

• 케임브리지는 이 시기에 화폐생산소mint를 설립하여 '그란트Grant'라는 코인을 유통했다.

•• 케임브리지의 북동쪽 20km 지점에 비옥한 토지를 가진 키머리지 클레이 섬Kimmeridge Clay Island에 입지한 일리는 케임브리지셔Cambridgeshire에 대성당을 둔 주교좌 마을이었다. 이 시기에 일리의 대성당과 일리 수도원은 이후 870년 덴마크인들에 의해 파괴되었으나, 이후 970년 재건되었다. 정복왕 윌리엄의 친척이며 윈체스터 주교Bishop of Winchester인 월클린Walkelin의 형제였던 시메온Simeon은 1082년 일리의 대성당학교의 교장이 되었고, 다음 해인 1083년에 대성당 시공을 시작

도원Abbey of Ely이 베네딕트회 수도자들에 의해 이미 오랫동안 운영되었다. 당시 일리의 대성당과 수도원학교는 케임브리지에 호스텔과 성당을 조성하여 운영했다. 케임브리지의 세인트 베넷 성당은 케임브리지에서 가장 오래된 건물이다. 세인트 베넷 성당의 벨 타워는 앵글로색슨 건축 양식으로 조성되었으며, 이후 1586년 개축되었다. 세인트 베넷 성당은 1579년까지 인접한 코퍼스 크리스티 컬리지Corpus Christi College의 예배당으로 기능했으며, 코퍼스 크리스티 컬리지는 성당의 후원 기관이었다.

한편 일리의 베네딕트회 수도자들은 1350년부터 케임브리지의 현재 버킹엄 컬리지Buckingham College의 부지에 스팔딩인Spaldyngs Inn, 이후 이름이 바뀐 보더 호스텔Border Hostel을 운영했으며, 세인트 메리 맥덜린 컬리지College of St Mary Magdalene 부지에는 1428년 버킹엄 컬리지 프라이어리Buckingham College Priory를 운영했다.

케임브리지에서 11세기부터 활동한 또 하나의 가톨릭 교파들 중의 하나는 아우구스티노 수도 참사회Augustinian Canons Regular이다. 이들은 블랙 캐논Black Canons이라 불리며 성아우구스티누스의 계율에 따라 생활하는 성직자였다.* 아우구스티노 수도 참사회 수도자는 1092년 브리지 스트리트 입구의 북쪽 경계 구역인 현재 제수스 컬리지Jesus College 부지에 '성묘회Fraternity of the Holy Sepulchre'를 설립하고 케임브리지의 라운드 성당을 조성했다. 한편 현재 콘 익스체인지 스트리트Corn Exchange Street의 뉴뮤지엄New Museums 부지에는 아우구스티누스 프라이어리Augustinian Friary 수도원이 운영되었다.**

했다. 대성당은 1539년 완성되었다. 일리는 비옥한 토양을 가진 농업 타운으로서, 버드나무, 갈대, 잡목, 야생 조류 등으로 만드는 생산물의 무역 거점이었다. 특히 일리는 바빌론 웨어Babylon ware라는 도자기를 12세기부터 1860년까지 700년 이상 생산했다.

- 이들은 12세기에 생긴 새로운 수도자적 종교 그룹으로 브리티시 아일에 본격적으로 정착했다. 이들은 소외된 장소에서 명상하며 수도원에서 생활하는 수도자들과 달리, 타운에서 생활하며 성당을 방문하는 사람들을 위한 예배와 결혼식, 세례식, 성찬식 등의 성례sacrament에 관여한다.

코퍼스 크리스티 컬리지의 뉴코트

또한 1226년을 전후로 라운드 교회 남쪽으로 현재 시드니 서식스 컬리지Sidney Sussex College 부지에 프란체스코회 수도원을 조성했다. 서식스 백작 부인 레이디 프랜시스 시드니Lady Frances Sidney는 시드니 서식스 컬리지를 프로테스탄트 신학교로 조성했다. 도미니크회 수도원은 1238년 이전에 현재 이매뉴얼 컬리지Emmanuel College 부지에 조성되었으며, 역시 1538년 해체되었다. 당시 컬리지들은 성당chapel이나 수도원abbey과 연계되어 기능했으며, 컬리지의 재학생들은 설립자의 정신을 기렸다.

케임브리지의 성장 과정에서 흥미로운 요소는 길드guild의 역할이다. 특히 케임브리지의 젠틀맨 집단은 11세기부터 종교길드religious guild를 조성하여 교구성당을 중심으로 활동했으며 케임브리지 대학의 구성 단위인 컬리지들을 설립하는 주체가 되었다. 당시 케임브리지 종교길드의 목적은 빈곤의 원조, 상해의 복구, 예배·장례의 협조, 그리고 교구성당의 양초 조명의 기부였다. 케임브리지에는 13세기까지 31개의 교구길드parish guilds가 작동했으며, 이후 1547년 전

•• 이후 아우구스티노 수도 참사회 수도자는 활동 거점을 1112년 반웰Barnwell로 이전했다. 이후 케임브리지 북동쪽으로 9km 떨어진 교외지인 로드Lode에 호스피털인 '앵글리지 수도원Anglesey Abbey'이 조성되어 이후 1212년 수도원으로 전환되었다.

후로 소멸했다. 케임브리지의 대표적인 종교길드는 세인트 메리 길드Guild of St. Mary, 코퍼스 크리스티 길드Guild of Corpus Christi, 세인트 캐서린 길드Guild of St. Katherine, 세인트 피터 앤드 세인트 폴 길드Guild of St. Peter and St. Paul 등이다.

먼저 세인트 메리 길드는 1282년을 전후로 케임브리지의 중심부인 마켓 플레이스Market Place에 입지한 세인트 메리 성당에 거점을 두었으며, 1352년 왕가의 지원을 획득하여 세인트 베넷 교회를 중심으로 활동했다. 한편 세인트 메리 길드는 1349년을 전후로 전성기를 누렸던 코퍼스 크리스티 길드와 함께 코퍼스 크리스티 컬리지Corpus Christi College를 조성했다. 한편 세인트 캐서린 길드는 1380년에 조성되어 세인트 앤드루스 성당을 중심으로 활동했다. 또한 세인트 피터 앤드 세인트 폴 길드[1]는 세인트 피터 성당을 중심으로 활동했다.

피터 하우스, 대학도서관, 킹스 컬리지 채플

케임브리지 대학이 어떻게 처음 조성되었는가에 관해서 확실히 알려져 있지 않다. 다만 옥스퍼드 대학의 학생들이 1209년 주민들과의 분쟁으로 옥스퍼드를 떠나 케임브리지로 이주해온 후 대학을 조성했다고 전해진다. 이 두 대학은 영국 사회의 역사 속에서 문화적, 학문적으로 공통점을 가지면서도 오랜 경쟁의 역사를 갖고 있다. 두 대학은 이러한 라이벌의 관계로 묶여 옥스브리지Oxbridge로 불려왔다.

케임브리지 대학은 이미 1231년 잉글랜드 왕 헨리 3세로부터 '구성원들을 교육할 수 있는 권한'과 '면세 혜택'을 보장하는 차터를 획득했다. 이후 케임브리지 대학은 1233년 교황 그레고리우스 4세로부터 교황령papal bull을 획득하여 케임브리지 졸업생들이 기독교 영토 어디에서든 가르칠 권리를 부여했다. 이에 따라 케임브리지 대학의 위상은 급등했다.

이후 케임브리지 대학을 구성하는 컬리지 중에서 현재까지 기능하는 가장

킹스퍼레이드 앞의 세넛 하우스와 그레이트 세인트 메리 교회

오래된 피터하우스Peterhouse가 일리의 주교이며 베네딕트 교파의 수도자였던 발삼Hugh de Balsham의 주도로 1280년 에드워드 왕으로부터 차터를 획득했다. 이와 함께 케임브리지의 세인트 존 호스피털Diocesan Hospital of St. John의 형제단이 해체되고 그곳에 '학자의 공부방studious scholars'이 설립되었다. 학자의 공부방은 1284년 기존의 호스피털 형제단과 차별화된 교육자를 육성했으며, 다시 학자의 공부방은 해체되고 발삼 주교가 피터하우스를 설립했다.

중세 유럽의 다른 대학 출신의 연구자들이 공부와 강의를 위해 케임브리지를 방문하기 시작한 것은 1290년부터로 추정된다. 케임브리지 대학은 1290년 교황 니콜라우스 4세의 편지에서 케임브리지가 '어디서나 가르칠 수 있는 권한을 가진 일반 대학Studium Generale'으로 서술되었으며, 교황 요한 22세의 1318년 편지에서 이러한 위상이 다시 확인되었다.

한편 케임브리지에서는 1349년, 1361년, 1630년에 흑사병이 발생했으며, 이 과정에서 캠강의 북쪽 마을은 1361년 흑사병으로 거의 전멸했다. 이에 교구

캠강과 킹스 컬리지

성당들의 운영이 불가능하게 되면서 합병하게 되었으며, 이 시기에 잉글랜드에서는 성직자의 1/3이 흑사병으로 사망했다. 성직자 부족에 대응하기 위해 새로운 네 개의 컬리지인 콘바일 홀, 트리니티 홀, 코퍼스 크리스티 컬리지, 클레어 컬리지가 성직자 교육을 위해 케임브리지에 설립되었고, 이후 15세기까지 다수의 컬리지들이 조성되었다.

케임브리지 대학은 상징적 중심부인 케임브리지 도서관과 킹스 컬리지 예배당King's College Chapel과 행정 건물인 올드 스쿨Old School로 구성되었다. 케임브리지의 대학도서관은 초기에 현재 세넛하우스Senate House 옆의 올드 스쿨 건물에 입지했다. 대학도서관은 윌리엄 로링William Loring이 책을 기증했던 1416년 이전부터 운영되었다.• 한편 킹스 컬리지 예배당은 헨리 5세가 공사를 시작했으며, 헨리 8세에 의해 완공되었다.

• 케임브리지 도서관은 16세기부터 확장했으며, 1931~1934년 사이 현재 도서관을 건립해 이전했다.

트리니티 컬리지의 그레이트 코트

컬리지 시스템과 쿼드랭글

케임브리지 대학의 특성은 무엇보다 고유 자산과 수입을 가진 독립적이고 자치적인 컬리지들로 이루어진 소위 '컬리지어트 대학collegiate university'이라는 것이다. 현재 케임브리지 대학은 31개의 컬리지로 구성되어 있으며, 이를 중심으로 150개 이상의 학과department가 단과대학faculty, 스쿨school•, 협동과정syndicate을 구성해 기능해왔다.

케임브리지의 컬리지 중에서 가장 오래된 컬리지는 피터하우스이며, 이후 1584년까지 펨브로크Pembroke, 건빌 앤 카이어스Gonville and Caius, 트리니티홀, 코

• 케임브리지 대학에서 '스쿨school'은 학부나 다른 단위들과 관련 지어 나눠놓은 넓은 행정의 묶음이다. 각 스쿨은 각 구성 단체의 대표자들로 이루어진 감독 단체인 '스쿨위원회Council of the school'를 가지고 있다. 예술과 인문학Arts and Humanities, 생물과학Biological Sciences, 임상 의학Clinical Medicine, 인문학과 사회과학Humanities and Social Sciences, 물리과학Physical Sciences, 테크놀로지Technology의 여섯 개의 스쿨이 있다.

퍼스 크리스티, 킹스, 지저스Jesus, 퀸스, 세인트 캐서린, 세인트 존스, 맥덜린, 트리니티, 이매뉴얼, 특히 프로테스탄트 주도의 가톨릭 개혁을 주도했던 시드니 서식스를 포함해 15개의 컬리지가 조성되었다.

케임브리지 대학의 컬리지는 소규모 학생 그룹으로 개별 지도와 숙식을 제공하고, 학위를 수여하며 강의를 진행하는 체계이다. 각 컬리지는 독립적으로 대학 내 강의진과 펠로를 임명하고, 신입생을 선발하는 재량을 갖고 있다.

케임브리지와 옥스퍼드 컬리지의 주된 교육 방법은 지도교수에 의한 개인 지도이다. 이에 학생들은 한 주에 과목에 따라 1~4번에 걸쳐 1~3명의 학생들이 1시간의 개인지도를 교수나 조교로부터 받는다.

한편 케임브리지의 컬리지 캠퍼스 공간은 쿼드랭글quadrangle이라는 독특한 공간 구성 요소로 완성되고 확장되어왔다. 쿼드랭글은 그 이름이 전하듯이 네 개의 변으로 둘러싸인 공간을 의미하며 외형상 코트야드와 유사하다. 케임브리지 대학과 옥스퍼드 대학에 그 기원을 두고 있는 쿼드랭글은 이후 확장하는 캠퍼스에서 중심을 만들고 적절한 구조 변화를 유도해온 도시설계언어이다. 특히 케임브리지 대학의 건빌 앤 카이어스 컬리지와 이매뉴얼 컬리지는 쿼드랭글의 전형이라 할 수 있다.

폴 터너Paul Turner 교수는 이러한 쿼드랭글의 형태상의 목적을, "첫째, 클서스터 수도원에서 비롯되어, 미혼의 남자와 소년의 커뮤니티를 형성하여 수면, 식사, 교육, 종교 관련의 공간들을 제공하며, 둘째, 그 역사적 배경에서 일종의 자기 방어의 구조체이며, 셋째, 학생들의 생활을 통제할 수 있도록 주입구들을 최소화하며 공간의 경제적 효율을 최대화할 수 있다"라고 기술한다.

마켓스퀘어, 세인트 메리 성당, 타운홀

케임브리지의 일상의 중심부는 매일 열리는 시장으로 앵글로색슨 시대부

마켓스퀘어

터 현재까지 마켓힐에 입지한 마켓스퀘어이다. 마켓스퀘어의 북서쪽에는 케임브리지의 상징적 중심부인 세인트 메리 성당•이 조성되어 있다. 세인트 메리 성당은 케임브리지 대학의 공식적인 미팅과 토론의 장소였으며, 무엇보다 종교개혁 활동의 중심부였다.

또한 마켓스퀘어의 남쪽으로 케임브리지 타운홀••이 입지하며 타운 중심부를 완성했다. 이후 마켓스퀘어에는 1614년 홉슨 수로Hobson's Conduit가 조성되면서 비로소 그 중앙부에 분수가 조성되고 담수가 타운 중심부로 운반되었다. 한

• 세인트 메리 교회의 초기 건물은 1290년에 화재로 소실되고 이후 1478, 1519년 재건되었으며 다시 1766, 1851년, 1888년, 그리고 20세기에 지속적으로 리모델링되었다. 교회의 타워 부분은 1608년 완성되었다.

•• 케임브리지 타운 홀Cambridge Town Hall은 타운에 들어오는 입장료나 시장에서 상업 활동을 위한 입장료를 지불하는 '요금소Tolbooth'의 기능을 했다.

편 1653년부터 케임브리지와 런던을 연결하는 역마차가 운행되기 시작했으며, 케임브리지 최초의 신문인 ≪케임브리지 신문Cambridge Journal and Weekly Flying Post≫이 1744년에 발행되었다. 한편 세인트 메리 성당 북쪽으로 세넛 하우스가 조성되어 기존 세인트 메리 교회의 미팅과 토론의 장소 기능을 대체하게 되었다.

마켓스퀘어의 남쪽에는 18세기에 샤이어홀Shire Hall이 조성되었고, 대형 화재 후 신축된 타운홀로 통합되었다. 이 과정에서 케임브리지 법원은 1842년 캐슬힐로 이전했다. 이후 케임브리지 타운홀은 다시 케임브리지 길드홀로 조성되어 현재 시의회 본부가 입지해 있다. 현재 마켓스퀘어의 남동쪽부에는 두개의 쇼핑센터인 그랜드 아케이드Grand Arcade와 라이언 야드Lion Yard가 입지한다.

수도원 해체와 가톨릭 개혁

케임브리지 대학은 1502년까지 대학 내에서 처음으로 신학 교수직을 설립하면서 큰 변화를 만들기 시작했다. 당시 르네상스 인문주의자이며 신학자였던 에라스뮈스Desiderius Erasmus가 1511년 케임브리지를 방문하면서 케임브리지에는 새로운 르네상스의 교육이 도입되어 가톨릭으로부터 멀어지기 시작했으며, 1520년대에 북유럽으로부터 루터교와 종교개혁의 영향을 받아들였다.

케임브리지 대학은 신교의 중심이 되었고, 마켓스퀘어의 세인트 메리 성당은 에라스뮈스, 마르틴 부세, 토마스 크랜머의 설교 장소였다. 이들은 또한 킹스 컬리지 북쪽 화이트 호스 테이번White Horse Tavern을 중심으로 활동했다. 당시 에라스뮈스는 신학부의 교수로서, 그리스어로 작성된 신약성경Greek New Testament을 번역했으며, 북유럽 르네상스를 유도했던 새로운 교과서들을 저술했다. 잉글랜드 왕 헨리 8세는 1530년대를 전후로 『일반기도서Book of Common Prayer』의 저자이며 캔터베리의 대주교였던 토머스 크랜머Thomas Cranmer를 포함한 지식인들과 함께 가톨릭교와 루터의 교리와 차별화된 영국 국교회인 성공회Church of England를 정초했다.

이후 케임브리지 대학에서는 헨리 8세의 수도원의 해체령•에 따라 먼저 교회법 전공이 해체되었고 스콜라 철학 교육이 중지되었다. 또한 헨리 8세는 트리니티 컬리지를 설립하여 고전, 성경, 수학 교육을 지향했다. 이즈음 케임브리지 대학 출판사가 1534년 왕으로부터 출판 차터를 획득하며 출판 사업을 시작했다.

당시 동부 잉글랜드는 '청교도 운동Puritan Movement'의 중심이었고, 특히 케임브리지의 이매뉴얼 컬리지, 세인트 캐서린 홀, 시드니 서식스 컬리지, 크라이스트 컬리지는 이러한 청교도 운동과 이념을 개발했던 중심부였다. 이러한 컬리지들은 특히 1630년대부터 시작된 잉글랜드인의 10년 동안의 대이주Great Migration를 주도하며 결국 뉴잉글랜드의 매사추세츠주로 이주했던 2만 명의 청교도들을 배출했다.••

• 잉글랜드의 대학들은 1536~1541년 헨리 8세가 진행한 '수도원의 해체Dissolution of the Monasteries' 정책으로 커다란 변화를 겪었다. 당시 '수도원 해체'의 목적은 잉글랜드, 웨일스, 아일랜드의 모나스터리, 콘벤트, 프라이오리, 프라이아리의 수입을 몰수하고, 자산이 매각하며, 시설을 원래 기능으로 복귀시키는 것이었다. 이를 통해 헨리 8세는 왕가의 재산 증식을 통해 1540년대 일련의 전쟁들을 추진하는 재원을 마련했다. 헨리 8세는 또한 1534년 의회를 통해 '교회수장법Act of Supremacy'을 잉글랜드와 웨일스에서 통과시키면서, 잉글랜드의 교회 수장이 되었으며, 교황권으로부터 잉글랜드를 독립시켰다. 당시 수도원의 해체는, 조지 버나드George Bernard 교수의 말을 빌리면 "1530년 후반부에 영국 역사상 가장 혁명적인 변화"를 발생시켰다. 그는 "당시 잉글랜드에 900개의 종교건물이 있었으며, 이 중 260개의 몽크, 300개의 일반 캐논, 142개의 수도원, 183개의 프라이어리가 있었고, 여기에 약 1만 2000명이 종사했고, 4000명의 수도자, 3000명의 신부, 3000명의 일반 수도자, 2000명의 수녀가 있었고 성인 남자 50명 중 1명이 관련되었다"고 주장한다.

•• 존 하버드John Harvard는 1627년 이매뉴얼 컬리지에 학부생으로 입학했다. 그는 이후 보스턴으로 이주한 후, 1638년 하버드 대학의 전신인 뉴컬리지New College에 기부하며 실질적인 하버드 대학의 설립자가 되었다.

실험과 과학

가톨릭교에서 벗어난 케임브리지 대학이 다음 세대에 추구한 지식 활동은 실험을 통한 과학이었다. 초기 케임브리지의 과학의 발전은 의학으로 시작되어 천체물리학, 물리학, 생물학, 자연과학의 영역에서, 윌리엄 하비William Harvey, 윌리엄 길버트William Gilbert, 아이작 뉴턴Isaac Newton, 존 아덴브룩Dr. John Addenbrooke 등이 과학혁명을 주도했다.

먼저 의학자이며 의사로 케임브리지에서 수학하고 파도바 대학에서 유학한 윌리엄 하비는 1628년 논문 「동물의 심장과 혈액의 운동On the Motion of the Heart and Blood in Animals」에서 혈액순환 시스템의 중심부가 심장이라는 것을 해부를 통해서 증명했다. 또한 역시 케임브리지 대학을 졸업한 윌리엄 길버트는 1600년에 논문 「자기장과 자기체, 그리고 지구On the Magnet and Magnetic Bodies, and on the Great Magnet the Earth」를 발표했으며, 이후 전기와 자기에 관한 이론의 기초를 완성했다.

한편 케임브리지에는 1663년 '루카시안 수학 교수직Lucasian professorship of mathematics'이 만들어지고, 6년 후에 당시 트리니티 컬리지의 젊은 학자였던 아이작 뉴턴이 교수로 임용되었다. 뉴턴은 과학 이론이 매우 엄격한 실험으로 발전한다고 믿으며 실험을 통해 근대 과학의 기본을 완성하며 케임브리지의 수학을 당시 최고의 수준으로 끌어올렸다. 뉴턴은 당시 케플러Kepler와 갈릴레오Galileo의 연구 업적을 발전시켰으며, 1686년 과학의 혁명을 주도했던 논문 「자연철학의 수학적 원리Principia Mathematica」를 발표하며 근대 물리학의 기본 원리•를 구축했으며, 미분학을 발전시켜 과학에 수학을 활용했다.

케임브리지에는 이 시기에 세인트 캐서린 컬리지의 펠로이자 의사였던 존

• 아이작 뉴턴은 중력의 '역제곱의 법칙inverse square law'을 통해 행성들의 타원형 순환궤도를 설명했으며, '만유인력의 법칙law of universal gravitation'을 발전시켰다.

아덴브룩의 유언과 기부로 아덴브룩 호스피털Addenbrookes Hospital이 설립되었다. 이후 병원은 1766년 트럼핑턴 스트리트Trumpington Street, 현재 저지 비즈니스 스쿨Judge Business School 부지에 조성되었다. 이후 병원은 1976년 케임브리지의 남쪽 경계지의 힐스 로드의 현재 케임브리지-바이오메디컬 캠퍼스Cambridge Biomedical Campus로 이전했다.

케임브리지 대학은 16세기부터 18세기 초까지 보타닉가든을 조성하려다 여러 번 실패했다. 1760~1763년 트리니티 컬리지의 부마스터인 리처드 워커Richard Walker의 기부로 현재 콘 익스체인지 스트리트의 아우구스티누스 수도원의 맨션 하우스Mansion House 부지를 포함한 5에이커의 부지에 런던의 첼시 피식 가든Chelsea Physic Garden•을 모델로 조성되어 워커리안 보타닉가든Walkerian Botanic Garden으로 불렸다. 현재 이곳에는 뉴뮤지엄New Museums이 입지해 있다.

케임브리지 대학의 실험과학의 연구 전통은 19세기 말부터 대규모의 현대적인 응용과학과 엔지니어링 테크놀로지 개발을 주도해온 실험연구 인프라와 R&D 클러스터의 주도로 이어져왔다. 케임브리지 대학의 캐번디시 연구소Cavendish Laboratory••는 물리학의 획기적인 진보를 통해 핵물리학, 분자생물과학, 천문물리학 등의 현대물리학을 개척하며, 2011년 기준으로 29개의 노벨상을 획득해온 케임브리지 현대과학의 심장이며, 이 지역의 첨단 일자리 창출과 지역 산업 구조의 진화를 유도해왔다.

케임브리지 대학은 1871년 물리과학대학School of Physical Sciences에 캐번디시

• 런던의 첼시 피식 가든은 약초 정원으로 1673년 조성되었다. 여기서 'physic'이란 'science of healing'을 의미하며, 옥스퍼드 대학의 옥스퍼드 보타닉가든University of Oxford Botanic Garden에 이어 두 번째로 조성된 보타닉가든이었다. 이후 이곳에는 식물학 교수 토머스 마틴Thomas Martyn에 의해 정원 공간이 배치되고 관리되어 르네상스식 가든으로 체계화되었다.

•• 캐번디시 연구소Cavendish Laboratory는 화학자이며 물리학자인 헨리 캐번디시와 그의 친척으로 대학총장Chancellor of the University이었던 윌리엄 캐번디시William Cavendish의 기부를 기리며 명명되었다.

실험물리학 교수직을 준비하고 교육연구소로 캐번디시 연구소를 설립하려 했다. 초대 캐번디시 물리학 교수직에 에든버러 대학과 케임브리지 대학 출신으로 전자기장 이론을 주장한 제임스 클럭 맥스웰James Clerk Maxwell이 초빙되었다.

이후 캐번디시 연구소에서는 1932년 뉴질랜드 태생의 물리학자인 어니스트 루서퍼드Ernest Rutherford의 주도로 존 콕크로프트John Cockcroft와 어니스트 월턴Ernest Walton에 의해 원자가 분리되어 핵물리학 연구를 개척했다. 또한 맥스 페르디난드 페루츠Max Ferdinand Perutz와 존 코더리 켄드루John Cowdery Kendrew의 팀, 1953년 프랜시스 크릭Francis Crick과 제임스 왓슨James Watson의 팀이 단백질의 구조와 DNA 이중 나선 구조를 밝히면서 근대 분자생물과학의 신기원을 열었다.

R&D 클러스터, 케임브리지 링, 파크-앤드-라이드

케임브리지 대학은 1970년대 초부터 타운센터 주변의 대규모 부지 개발을 통해 첨단 IT, 바이오, 메디컬 분야의 첨단 테크놀로지 개발을 위한 R&D 클러스터과 메디컬 콤플렉스를 조성해왔다. 이들은 중앙의 타운센터에서 차량으로 10분 안에 갈 수 있는 2~3km 거리에 케임브리지 링Cambridge Ring을 따라 그 외곽에 시계 방향으로 케임브리지 사이언스 파크Cambridge Science Park, 아덴브룩스 부지Addenbrooke's Site, 웨스트 케임브리지West Cambridge의 총 세 개 구역에 조성되었다.

케임브리지 대학의 최초 R&D 클러스터는 케임브리지 사이언스 파크이다. 케임브리지 사이언스 파크는 1973년 트리니티 컬리지에 의해 기존 트리니티 컬리지가 소유하던 북쪽 3km 지점에 입지한 총면적 152에이커 부지에 조성되었다. 이곳은 타운센터로부터 밀턴Milton을 향하는 밀턴 로드와 중심부 외곽을 지나는 A14의 교차로이다. 케임브리지 사이언스 파크는 '옥스퍼드-케임브리지 아크Oxford-Cambridge Arc'라는 거대한 테크놀로지 클러스터의 중심부이며 '실리콘

펜Silicon Fen'이라 불리는 케임브리지 지역의 핵심부로서, 현재 84개의 기업에 총 5000명이 근무하고 있다.

한편 케임브리지의 도시 중심부에 입지했던 아덴브룩스 병원이 1976년 타운센터로부터 남쪽으로 3km 떨어진, 현재 아덴브룩스 부지로 확장 이전했다. 아덴브룩스 부지는 케임브리지 철도역과 연계되어 총 면적은 95에이커에 총 1180개 병상을 갖춘 아덴브룩스 병원을 중심으로 의과대학과 약학대학과 함께, 보건대학, 생물의학, 건강과학 분야의 연구 시설들이 입지하며 총 7000명의 전문 인력이 근무하고 있다.

또한 웨스트 케임브리지는 타운센터로부터 서쪽 1.7km 지점, 총면적 163에이커 부지에 대학 캠퍼스와 R&D 시설을 두고 있다. 이곳에는 수의대학 건물과 캐번디시 연구소Cavendish Lab, 컴퓨터 공학 연구실William Gates Building, 응용 광전자학 센터CAPE, 마이크로소프트 연구소Microsoft Research 등의 민간 R&D 시설들이 입지한다.

케임브리지의 독특한 특성은 차량 동선으로부터 자유로운 완벽히 보행화된 타운센터이다. 보행화된 케임브리지의 타운센터는 케임브리지의 경계를 나누는 직경 2km의 '케임브리지 링'과 이를 따라 주변에 조성된 다섯 개의 주차장과 네 개의 타운센터 진입 버스 노선으로 운영되고 있다. 케임브리지 링은 크라이스트 피스Christ's Piece 공원을 중심으로 반경 1km에 입지한 고리형 가로로부터 방사형으로 뻗어나가는 도로체계이다. 케임브리지의 '파크 앤드 라이드Park and Ride' 프로그램은 도시 외곽으로부터 타운센터로의 차량 접근을 최소화하고, 운전자가 링 주변 주차장에 주차하고 보행, 자전거, 버스를 이용하도록 유도하며 버스 노선이 외곽의 R&D 클러스터와 병원들을 연결하고 있다.

런던
영국박물관과 레지던셜 스퀘어

600개의 가든스퀘어로 완성된 런던은 가톨릭교 성당과 수도원의 도시가 어떻게 지식의 생산과 교류의 거점인 학교, 소사이어티, 대학의 도시로 변화되었는가를 보여주는 좋은 사례이다.

런던은 12세기부터 양모와 금속 제품의 생산 기술이 발전하며 길드가 주도한 국제 교역으로 부를 축적했다. 이러한 길드는 가톨릭교와의 밀접한 관계를 통해, 런던을 세인트 폴 대성당을 중심으로 수도원, 성당, 호스피털의 도시로 변화시켰다. 이후 런던은 프랑스로부터 위그노의 이주와 그 자본이 유입되고, 안트베르펜의 폐항에 따라 북해의 거점 항구 기능을 대신하며 성장했다. 한편 런던은 1665년 대흑사병과 1666년 대화재를 겪은 후, 17~19세기 초까지 아메리카-아시아의 식민 거점 개발과 산업혁명으로 얻은 막대한 부로 재건되었다.

런던의 도시 재건 이전에 진행된 잉글랜드 종교개혁과 수도원 해체로 블룸스버리와 홀본에 입지했던 성당과 수도원의 대규모 부동산의 소유권이 왕과 귀족에게 이전되었다. 이후 귀족의 대토지는 임대 수익을 목적으로 테라스 하우스와 결합되어 블룸스버리 스퀘어라는 레지던셜 스퀘어를 개발했으며, 이를

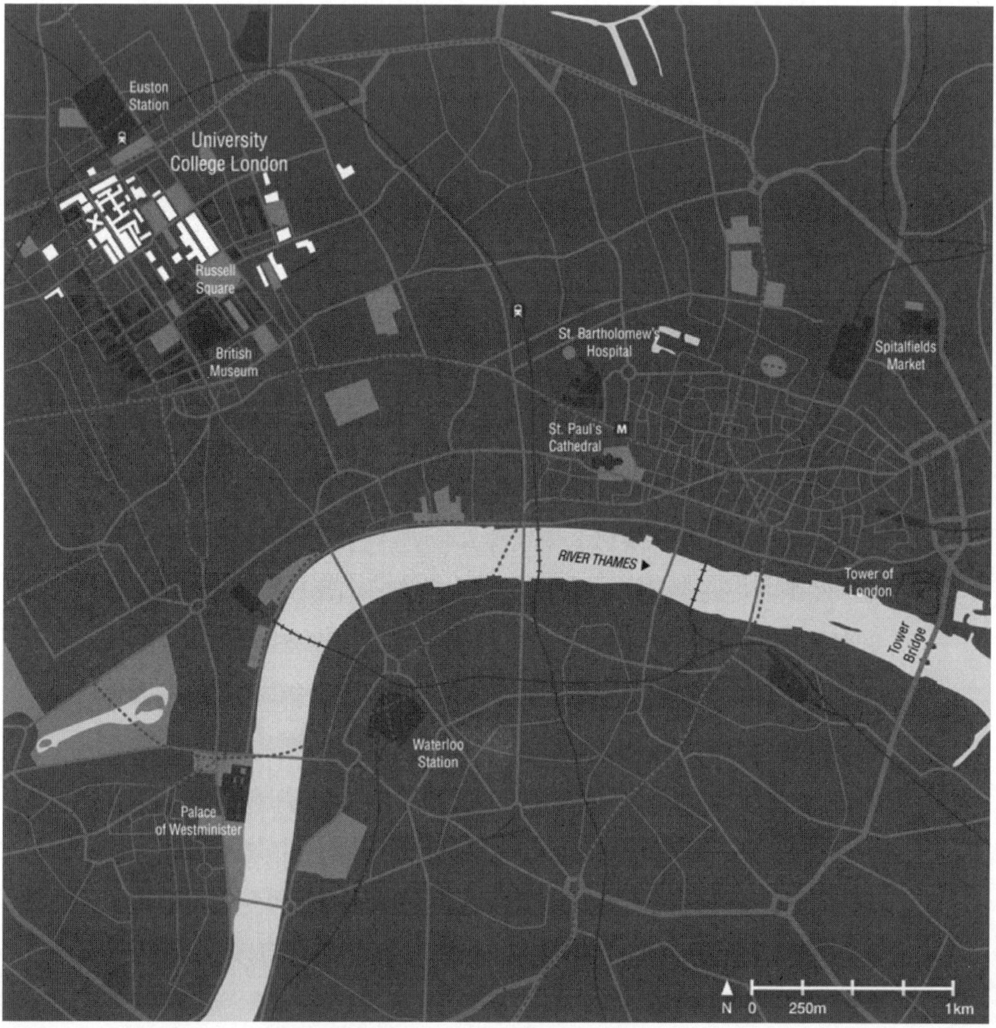
Euston
Station
University
College London
Russell
Square
British
Museum
St. Bartholomew's
Hospital
Spitalfields
Market
St. Paul's
Cathedral
RIVER THAMES
Tower of
London
Tower
Bridge
Waterloo
Station
Palace
of Westminister
N
0
250m
1km

시작으로 이곳에는 소호 스퀘어, 퀸 스퀘어, 베드퍼드 스퀘어, 러셀 스퀘어 등이 조성되어 새로 조성되는 주거 커뮤니티의 중심부를 구성했다.

이 시기에 블룸스버리와 홀본의 그레셤 컬리지, 영국의 사이언스 아카데미였던 왕립학회, 영국박물관 및 도서관 등은 지식 교류의 중심부로 기능했으며, 레지던셜 스퀘어는 런던에서 실용 지식과 사회 계몽을 주장했던 작가, 지식인, 학자들의 활동 거점으로 자리 잡았다. 이곳에는 학술단체, 전문인협회, 소사이어티, 그리고 런던 기계학교를 포함한 런던 대학교, 킹스 컬리지, 런던정치경제대학, 왕립 연극 아카데미, 런던언론학교, 시티유니버시티 런던, 런던프리학교 등과 올몽드 스트리트 병원, 국립신경정신병원, 런던 컬리지 부속병원, 왕립 런던병원, 국립 이비인후병원 등의 전문 의료 인프라의 중심으로 진화했다.

론디니움

'세 언덕의 도시'로 불리는 런던에 인간이 거주한 것은 B.C. 4500년 이전으로 추정된다. 런던은 당시 주변 지역에 거주했던 켈트족들의 경계이며 교차지였다. 특히 에프라강River Effra이 템스강River Thames과 합류하는 지점의 복스홀 브리지Vauxhall Bridge는 템스강을 건너는 장소였다. 이곳은 템스강의 하구를 통해 영국 해협을 지나 멀리 프랑스의 해안, 유럽 대륙의 라인강, 그리고 남쪽으로 비스케이만Bay of Biscay을 통해 보르도와 이베리아 반도로 연결되었다.

런던이 로마제국의 도시로 형성된 것은 로마군대가 침략해온 43년이다. 런던은 당시 로마군이 콜체스터Colchester•로 향하는 중간 병영으로 활용하기 위해 템스강 북쪽 둑에 조성했다. 로마 병영은 61년 켈트족의 침략으로 해체되

• 콜체스터는 켈트족의 가장 오래된 대표적인 타운이며 경제 활동의 중심부였으며, 이후 로마제국의 브리타니아 지방의 수도이자 항구로서 기능했다.

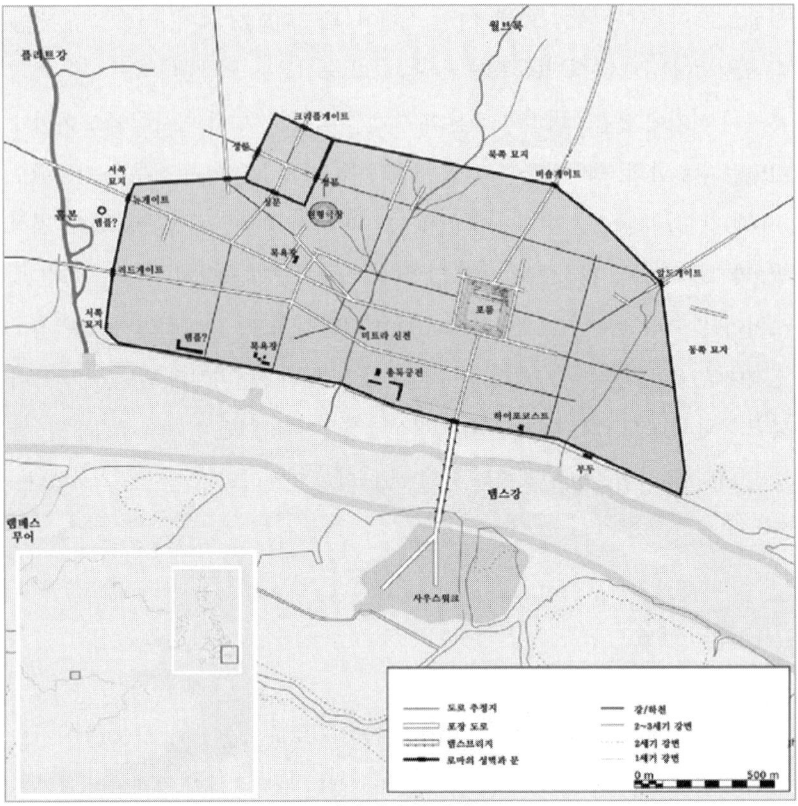

로마제국의 론디니움

었고, 이후 병영은 로마제국의 타운인 '론디니움Londinium'으로 기능했다.

론디니움은 140년을 전후로 콜체스터의 기능을 대신했다. 당시 론디니움은 템스강의 지류인 월브룩 하천Walbrook을 중심으로 가장 높은 루드게이트 언덕Ludgate Hill에 이후 세인트 폴 대성당이 된 다이아나 신전Diana Godess Temple이 입지했고, 인접한 콘힐Cornhill에는 포룸이 타운 중심부를 구성했으며, 그 남쪽으로 강변의 타워힐Tower Hill에는 런던 타워가 입지했다. 이후 론디니움은 로마제국의 멸망과 함께 행정 기능이 소멸되었으나 타운으로서 450년 전후까지 기능했다.

론디니움의 남북 방향의 중심 도로인 카르도는 남쪽으로 런던 브리지를 지나 현재 A2와 이어져 캔터베리로 연결되었고, 북쪽으로 콜체스터로 향하는 현재 A10로 이어졌다. 한편 동서 방향의 중심 도로인 데큐메노스는 서쪽의 플리트강Fleet River을 넘어 뉴게이트Newgate를 지나 뉴게이트 스트리트Newgate Street, 칩사이드Cheapside, 롬바드 스트리트Lombard Street를 통해 동쪽의 알드게이트Aldgate로 연결되었다.

론디니움의 중심부였던 포룸은 카르도와 데큐메노스가 교차하는 현재 막스앤스펜서 백화점Marks and Spencer과 리든홀 마켓Leadenhall Market 부지에 입지했다. 당시 포룸은 약 168m×167m의 정사각형 형태로 주변에는 상점이 입지했고, 300년까지 행정과 공공 기능의 중심부였다. 1세기에 행정관의 궁Praetorium이 가든과 함께 현재 캐논 스트리트 스테이션Canon Street Station 주변에 입지했다. 또한 템스 강변의 후긴힐Huggin Hill을 포함해 여러 곳에 공공 목욕장을 두었다.

앵글로색슨의 룬덴윅과 바이킹 데인로

로마제국이 해체되고 현재 독일 영토인 니더작센 지역의 색슨족과 슐레스비히홀슈타인 지역의 앵글로족이 410~560년 사이 북해를 건너 잉글랜드로 이주해와 일군의 앵글로색슨 왕국들을 설립했다. 이후 이들은 바이킹과 덴마크인의 침입에 대항하여 9~10세기에 잉글랜드로 단합해 힘을 모았다.

당시 앵글로색슨족은 490년 론디니움의 서쪽 부지인 현재 웨스트민스터City of Westminster를 정복하고 '룬덴윅Lundenwic'이라는 타운을 조성했다. 앵글로색슨의 룬덴윅은 650년을 전후로 이들의 고향인 유럽 본토의 니더작센과 슐레스비히홀스타인 지역과의 상업으로 번성했다. 당시 룬덴윅의 중심부는 7~9세기 말까지 상업 활동의 거점으로 성장한 코벤트 가든 부지였다. 그러나 룬덴윅은 이미 5세기부터 덴마크 바이킹족의 침략을 받기 시작했으며, 결국 851년부터 쇠퇴했다.

런던에 기독교가 소개된 시점은 7세기이다. 이즈음 론디니움에는 최고지인 루드게이트힐Ludgate Hill에 세인트 폴 대성당이 조성되었다. 또한 룬덴윅의 현재 웨스트민스터 사원 부지는 런던 최초의 수도원인 베네딕트 교파의 바킹 수도원Barking Abbey이 설립되었다. 이후 캔터베리 대주교Archbishop of Canterbury였던 세인트 던스탠Saint Dunstan은 970년대 전후로 이곳에 다시 베네딕트 수도원을 조성했다.

시장, 차터 컴퍼니, 스트랜드, 코벤트 가든

런던이 앵글로색슨 잉글랜드의 실질적인 중심부로 기능한 것은 11세기에 잉글랜드의 왕궁이 룬덴윅에 조성되면서부터이다. 당시 잉글랜드의 이동식 왕궁이 템스강이 꺾이는 소니 아일랜드Thorney Island에 그 전략적인 입지 특성을 이용해 조성되었다. 이후 잉글랜드의 정부 기능이 확장되면서 영구적인 왕궁으로 자리 잡았다.

런던은 이때부터 앵글로색슨 잉글랜드의 수도인 윈체스터Winchester가 갖고 있던 수도 기능을 대신하며, 사실상 외국 무역과 전쟁 방어를 위한 중심부로 기능하기 시작했다. 런던은 잉글랜드와 노르망디공국 간의 헤이스팅스 전투Battle of Hastings 종료 후부터 약 550년간 성장하며 잉글랜드 런던과 튜더 런던으로 변화했다.

런던은 이 시기에 템스강을 중심으로 세 개의 독립된 중심부인 런던시City of London Corporation, 웨스트민스터Westminste, 서더크Southwark가 독자적으로 성장했다. '스퀘어마일Square Mile'로 불렸던 런던시는 런던의 소규모 생산과 상업 활동의 중심부였다. 런던시의 인구는 1100년 1만 8000명, 1300년 10만 명으로 증가했으며*, 특히 프랑스 본토로부터 위그노 주민과 자본이 유입되면서 1605년

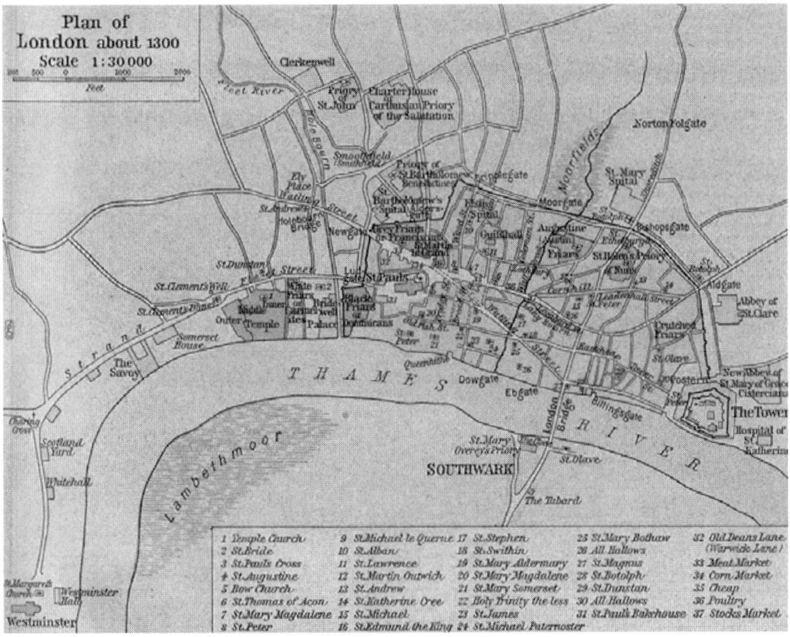

1300년대 런던의 도시 구조

22만 5000명으로 급속히 증가했다. 특히 런던은 1572년 유럽 대륙의 관문 항구였던 안트베르펜이 폐쇄되면서, 북해의 거점 항구로서 기능하며 성장했다.

런던시는 1067년 정복왕 윌리엄으로부터 기존 에드워드 왕 때부터 지켜오던 도시의 권리를 보장하는 '타운 차터'를 획득하고 상업 활동의 중심부로 성장했다. 12세기부터 잉글랜드에선 산업 활동을 독점하는 길드가 왕으로부터 '시장 차터'를 획득하고 매년 2~3일간 시장을 개장하며 활동하기 시작했다.

잉글랜드의 상업 활동은 13세기에 급속히 성장했으며, 잉글랜드 전역에 이러한 길드와 시장 차터의 거점으로 새로운 타운들이 계획되어 조성되었다.

• 런던은 14세기 중엽 흑사병이 발생하여 인구의 1/3을 잃었으며, 이후 1381년 농민의 난 중심부로 다시 인구를 잃었다.

특히 잉글랜드 동부에는 시장을 통한 양모 상품의 생산과 매매가 이탈리아, 프랑스, 독일과의 무역으로, 그리고 14세기부터는 유럽의 저지대 지역과 스웨덴의 도시로 확장했다. 이러한 양모 생산품의 국제 무역의 매개체는 홍미롭게도 성당과 당시 새롭게 세력을 확장하는 시토회 교파와 아우구스티누스회 교파의 수도원이었다. 런던의 양모 국제 상인들은 결국 잉글랜드의 시장을 종료시키며 국제 교역의 주체로서 '차터 기업'을 구성해 활동했으며, 금속 생산과 선박 제조 기술의 발전을 주도하며 런던의 산업 구조를 변화시켰다.

런던의 차터 기업은 중세 및 근대 상인 조직으로 생산과 매매 활동을 위한 길드였으며, '리버리 기업livery company' 또는 '워십풀 기업worshipful company'이라 불렸다. 이들은 이후 '기업corporation'으로 성장하며 매매와 생산 활동의 규제와 교육, 그리고 임금, 노동 조건, 산업 기준 등을 규제하고 결정했으며, 일정한 자격 기준을 갖춘 변호사회, 엔지니어회로도 성장했다.

런던의 길드와 차터 기업은 결국 도시 내에 부유층을 형성해 그 주거지가 생겨났고, 런던을 길드홀과 성당의 도시로 변화시켰다. 런던은 이미 15세기를 전후로 잉글랜드의 양모 생산과 무역을 주도한 국제 상인들이 도시의 부유 계급으로 등장했다. 런던의 상인들은 1551년을 전후로 런던시에서 웨스트민스터로 가는 중심 도로인 스트랜드Strand의 남쪽 편에 템스강을 따라 저택을 조성했으며, 그 중간에 성당과 수도원이 조성되었다. 이즈음 코벤트 가든Covent Garden이 런던의 중심 시장으로 성장하며, 이미 1170년대부터 해외로부터 수입된 향신료, 향수, 팜오일, 보석, 실크, 가죽, 무기 등의 수입 상품을 매매했다.

또한 런던의 길드는 종교개혁 전까지 성당의 기부회, 기도회, 행사와 축제 등을 주도하며 로마 가톨릭 세력과 밀접한 관계를 구축했으며, 런던에 개별적인 길드홀을 조성했다. 런던 길드홀Guildhall을 중심으로 런던의 대표적인 길드 12개•가 경쟁적으로 조성되었다.

• 런던에서 당시 왕의 차터를 획득하고 활동한 12개의 대표적인 길드는 의류상인회, 향신료상인회,

직물염색상인회, 생선상인회, 골드스미스상인회, 의류재단인회, 린넨의류를 매매하는 스키너상인회, 실크와 벨벳 등 고급 의류를 매매하는 하버대셔상인회, 소금상인회사, 철제상인회, 가스코니와 교역상인회, 의류생산인회이다.

런던은 스페인 세력의 지배로부터 독립한 네덜란드의 대영국 무역이 재개된 1565년까지 이미 북해의 거점 항구 기능을 확고히 했다. 이러한 런던의 국제 교역항으로서의 위상은 당시 런던시에 조성된 항구와 시장 기능을 규제하는 세관Custom House과 안트베르펜의 화폐시장을 모델로 조성된 화폐교환소•를 통해 확인된다. 특히 이 시기에 폐항된 안트베르펜으로부터 유대인 금융가와 그 자본이 런던으로 대거 유입되었다. 런던은 이러한 자본력으로 러시아 회사Russia Company, 1555, 동인도회사East India Company, 1600, 아프리카 무역 회사Company of Adventurers of London Trading to the Ports of Africa, 1618 등이 왕의 차터를 획득하여 신세계와 교역하는 독점 무역기업의 거점이 되었다.

수도원, 호스피털, 극장

런던은 1300년을 전후로 수도원과 성당, 그리고 그에 부속된 고아원이며 자혜시설인 호스피털hospital의 도시였다. 런던의 절반 이상의 토지는 종교개혁 이전을 기준으로 수도원, 수녀원, 기타 가톨릭교 시설이었으며, 그 거주자의 1/3은 수도승, 수녀, 수사였다.

런던 도성의 내부에는 세인트 폴 대성당을 중심으로 북쪽의 알드게이트 안쪽에 아우구스토 참사 수도회파의 그레이 수도원과 프란체스코회 수녀원이 입지했다. 도미니크회 교파의 블랙 수도원은 홀본에 처음 조성되었고, 이후 1276년 플리트 스트리트 남쪽 강변으로 이전했다. 또한 오스틴 프라이어스 수

• 영국의 상업가이며 자본가인 토머스 그레셤Thomas Gresham이 새로운 화폐교환소를 1565년 런던시에 조성했다. 이 화폐교환소는 이후 엘리자베스 1세 여왕에 의해 왕립 환전소로 전환되었다.

도원Austin Friars Monastery은 무어게이트와 무어필드 남쪽으로 현재 잉글랜드 뱅크 Bank of England의 북동쪽에 입지했다.

한편 런던 도성 밖 서쪽으로 블룸스버리, 현재 세인트 게일 서커스St. Giles Circus에는 헨리 1세의 부인인 마틸다 왕비Queen Matilda에 의해 수도원과 예배당에 부속된 세인트 게일 호스피털Hospital of St. Giles이 한센병자의 수호 성인이었던 세인트 게일St. Giles을 기려 조성되었다. 이곳은 런던시로부터 분리되어 전염을 예방할 수 있었다. 또한 런던 타워 옆 현재 세인트 캐서린 부두St. Katharine Docks에는 세인트 캐서린 성당과 호스피털이 마틸다 여왕에 의해 이 구역의 병약자들을 위해 조성되었다.

현재 런던 대학교 연합의 킹스 컬리지 의학교King's College London School of Medicine의 교육병원인 세인트 토머스 호스피털St. Thomas' Hospital의 전신이 1106년 서더크 대성당 부속 세인트 메리 오버리 수도원St. Mary Overie Priory의 자혜시설로 설립되었다. 당시 세인트 오브리 수도원은 아우구스티누스회 수도원으로 하이 스트리트의 버로 우체국 부지에 입지하여 병자, 약자, 집이 없는 자에게 거처를 제공했다. 이곳은 흥미롭게도 1537년 영어 성경책이 처음 발행된 곳이다. 초기 호스피털은 수도원 해체령으로 1539년 패쇄되었으나 세인트 토머스 호스피털은 1551년 세인트 토머스 수도원을 재건해 설립되었고, 현재까지 운영되고 있다.•

또한 유럽에서 가장 오래된 호스피털로서 설립 초기 입지에서 현재까지 기능해온 세인트 바톨로뮤 호스피털St. Bartholomew's Hospital/Royal Hospital of St. Bartholomew과 베네딕트 교파의 세인트 바톨로뮤 프라이오리 수도원St. Bartholomew the Great Priory이 런던시 북쪽 알드게이트 외곽의 스미스필드Smithfield에 헨리 1세의 측근이며 성직자였던 라히어Rahere에 의해 설립되었다. 세인트 바톨로뮤 호

• 런던의 세인트 토머스 병원은 1862년 부지에 철도선이 조성되면서, 서더크로부터 현재 국회의사당인 웨스터민스터궁Palace of Westminster 건너편 램버스Lambeth로 이전했다.

스피털은 수도원의 해체기에도 영향을 받지 않았으며, 이후 1547년 왕 헨리 8세에 의해 재건되었다.•

세인트 바톨로뮤 호스피털의 초대 원장은 의사이자 해부학자였던 토머스 비카리Thomas Vicary였다. 토머스 비카리는 런던의 이발사-외과의 길드Company of Barber-Surgeons의 초대 마스터로 활동했으며, 헨리 8세의 외과의로서 매년 이발사-외과의 길드를 위해 사형된 죄수의 사체 네 구의 해부권을 확보하여 길드홀에 해부 교육 프로그램을 만들었다.

세인트 바톨로뮤 호스피털은 또한 17세기에 혈액의 본질과 순환체계를 설명했던 윌리엄 하비, 그리고 18세기에 퍼시발 폿Percivall Pott과 존 아버너티John Abernethy에 의해 근대 수술의 원칙들을 개발했다. 의사였던 윌리엄 하비는 케임브리지 대학의 건빌 앤드 카리어스 컬리지를 졸업하고 파도바 대학을 졸업한 후 케임브리지 대학으로 초빙되었고, 이후 1607년부터 세인트 바톨로뮤 호스피털에서 활동했다. 세인트 바톨로뮤 호스피털에서는 19세기 후반 베드퍼드 펜윅Mrs. Bedford Fenwick의 주도로 간호사의 직능이 체계화되었다.

한편 당시 스미스필드의 차터하우스 스퀘어Charterhouse Square 북쪽에는 월터 매니Walter Manny에 의해 카르투지오 수도원과 부속 런던 차터하우스London Charterhouse 병원이 설립되었다. 이곳은 과거 1348년에 발생한 런던 흑사병 희생자의 시체를 매장했던 대규모 묘지였다. 현재 차터하우스 스퀘어를 중심으로 수도원 부지에는 60세 이상의 남성 빈원소인 차터하우스가 운영되고 있으며, 동쪽에는 퀸메리 런던 대학Queen Mary University of London의 차터하우스 스퀘어 캠퍼스와 바트 암 연구소Barts Cancer Institute, 울프슨 예방의학연구소Wolfson Institute of Preventive Medicine, 윌리엄 하비 연구소William Harvey Research Institute, 남서쪽에는 런던

• 런던의 기존 그레이 수도원 부지에 사보이 호스피털Savoy Hospital, 1512과 크라이스트 호스피털Christ's Hospital, 1552이 조성되었고, 차터하우스Charterhouse, 1611가 다시 교육 활동과 구제 활동을 시작했다. 런던은 이후에도 파운들링 호스피털Foundling Hospital, 1739, 인퍼마리London Infirmary, 1740, 세인트 루크 호스피털St. Luke's Hospital for Lunatics, 1740 등이 조성되었다.

편두통 병원City of London Migraine Clinic이 거대한 병원 클러스터를 구성하고 있다.

런던은 1530년대의 종교개혁 시대에 유럽 대륙의 다른 도시들과 비교해 상대적으로 사회적 충돌이 크게 발생하지 않은 도시이다. 당시 런던의 지배층은 가톨릭에서 프로테스탄트로의 점진적인 전환에 호의적이었다. 한편 헨리 8세는 1536년 수도원 해체령•을 발표하여 1541년까지 그 법령을 실행했다. 당시 헨리 8세는 '교회수장법Act of Supremacy'의 입법과 1차 종교탄압First Suppression Act과 2차 종교탄압Second Suppression Act으로 잉글랜드를 교황권의 지배로부터 독립시켰다. 이와 함께 1536~1541년 수도원의 해체 정책을 통해 잉글랜드, 웨일스, 아일랜드 수도원들의 수입을 몰수하고, 자산을 매각하며, 시설을 환수했다.

결국 헨리 8세의 수도원의 해체는 런던에 대규모 토지 소유의 변화와 개발 활동을 유도했다. 먼저 런던의 로마 가톨릭 성당과 수도원이 소유하던 부동산의 대부분••이 왕에게 몰수되었으며, 이후 부동산은 귀족에게 매각되었다. 런던에는 수도원의 부속학교들이 해체되면서, 수도원이 그동안 담당했던 교육 기능을 대신할 학교와 보육시설인 호스피털이 조성되었다. 이러한 성당과 수도원의 부속학교와 호스피털의 소유권과 기능 변화는 런던시의 서쪽 외곽인 홀본과 블룸스버리에서 집중적으로 발생했다.

먼저 밀크 스트리트Milk Street에 런던시 학교City of London School가 당시 런던시 타운 클럭Town Clerk이었던 존 카펜터John Carpenter에 의해, 세인트 폴 학교St. Paul's School가 세인트 폴 대성당의 북쪽 필지에 신학자이며 인본주의자였던 존

• 영국의 수도원 해체는 헨리 8세가 잉글랜드, 웨일스, 아일랜드에서 수도원을 해체하여 그들의 수입을 확보하고 재산을 처분하여 이를 귀족이나 기관에게 재분배한 일련의 행정 및 사법적 과정들이다. 이러한 과정의 첫 단계로 '교회수장법Act of Supremacy, 1534'으로 왕이 잉글랜드의 성당의 수장이 되었다. 이에 따라 잉글랜드는 교황권으로부터 독립했다. 이후의 과정은 '1차 탄압령First Suppression Act, 1536'과 '2차 탄압령Second Suppression Act, 1539'으로 진행되었다.

•• 당시 홀리 트리니티 알드게이트는 영주 오들리에게, 차터하우스는 영주 노스에게, 블랙 플라이어스는 로드 코브엄에게, 레퍼 호스피털 세인트 게일즈는 로드 더들리에게, 레퍼 호스피털 세인트 제임스는 헨리 8세에게 각각 소유권이 넘어갔다.

콜렛John Colet•에 의해 설립되었다. 이와 함께 머천트 테일러 스쿨Merchant Taylor's School이 현재 로즈 매너Manor of the Rose에 머천트 테일러 컴퍼니의 토마스 화이트Sir Thomas White, 리처드 힐스Sir Richard Hilles, 이매뉴얼 루카Emanuel Lucar, 스티븐 헤일즈Stephen Hales에 의해 설립되었다.

블랙프라이어스 수도원 극장의 상상도

한편 현재 블랙 프라이어스 역Blackfriars Station 북쪽으로 세인트 브라이드 교회St. Bride's Church에 인접한 세인트 브라이드 인St. Bride's Inn의 부지에 브라이드웰 왕궁Bridewell Palace이 조성되었으나, 다시 1553년 여성재활소와 고아원으로 개조되었다. 이즈음 베네딕트 수도자의 학교였던 웨스트민스터 스쿨Westminster School이 다시 개교했다.

이 시기 런던의 독특한 특성은 무엇보다 대중문화의 탄생이다. 런던에 극작가 윌리엄 셰익스피어William Shakespeare가 등장하면서 연극 문화가 성장했다.•• 런던에서 연극이 유행한 이유는 가톨릭 생활로부터 자유로워진 시민들에게 연극은 가톨릭 시대가 감추었던 인간 사회의 가치와 일상을 깨우쳐주었고, 특히 당시 동경의 대상이었던 이탈리아 도시와 문화를 소개해주었기 때문이다.

• 존 콜렛은 에라스뮈스의 친구로서 기독교 인문주의의 핵심 인물이며, 상인 길드의 회원으로, 세인트 폴 대성당의 주임 사제였다.

•• 윌리엄 셰익스피어는 1592년부터 드라마 작품을 쓰기 시작했으며, 그의 희극, 비극, 역사기 등이 1623년을 전후로 재거드 앤드 블라운트Jaggard and Blount 출판사를 통해 출판되었다.

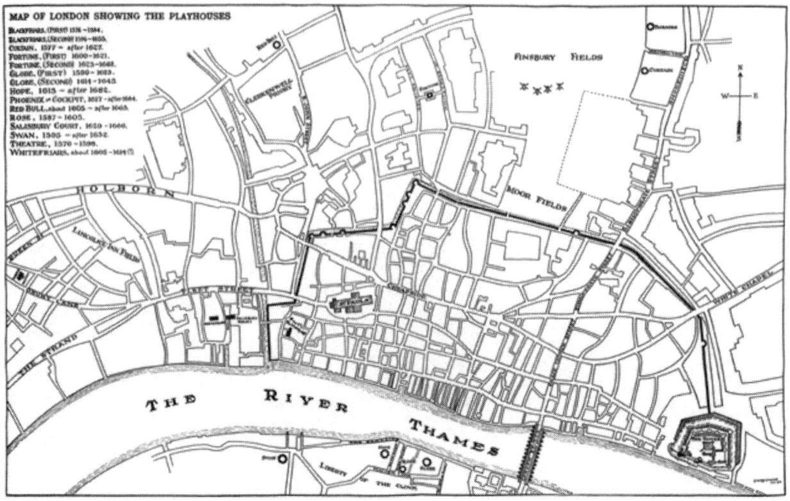

16~17세기 런던의 극장 지도

당시 런던의 극장은 런던 도성의 밖 외곽에 조성되었다. 이 시기에 극장의 조성은 전염병과 폭동의 위험으로 왕에 의해 금지되었다. 그럼에도 엘리자베스 여왕의 연극에 대한 애정으로 연극은 16세기 후반에 인기를 얻었다. 첫 번째 연극의 중심은 런던 도성 북쪽의 외곽인 쇼어디치Shoreditch의 시어터 극장The Theatre과 커튼 극장The Curtain이었다. 이후 템스강 강남의 서더크는 호스피털, 여관, 시장, 유흥가들과 함께 연극의 중심부가 되었다. 서더크에는 로즈 극장The Rose, 스완 극장Swan Theatre, 글로브 극장Globe Theatre, 호프 극장Hope Theatre, 도셋가든 극장Dorset Garden Theatre, 로열 극장Theatre Royal, 퀸스 극장Queens' Theatre, 블랙프라이어스 극장Blackfriars Theatre 등이 조성되었다.

도시 재건과 확장

런던은 17~19세기 초까지 대흑사병Great Plague of London과 대화재Great Fire of London의 대재앙을 겪으며 도시 구조의 변화와 확장을 경험했다. 런던시 인구는 1631년 13만 명에서 대흑사병 발생 전에 50만 명으로 증가했다. 이후 흑사병으로 런던 인구의 1/5인 10만 명이 사망했고, 대화재로 런던시의 2/3의 구역들이 전소되었다. 런던은 이후 스튜어트-조지 왕조 시대를 통해 재건되며, 특히 아메리카 식민지의 개발과 산업혁명으로 발생된 부로 대영제국의 수도를 완성했다.

스튜어트-조지 왕조 시대 런던은 전염병1665년과 대화재1666년 이후 런던시를 넘어 서쪽의 새로운 주거지를 개발하며 빠르게 성장했다. 런던시는 기존 도시 범위를 넘어 급속히 서쪽으로 확장했다. 이 과정에서 런던시는 대화재가 진압된 직후 '도시재건법Rebuilding Act of 1667'을 공포하여 신축 건물의 규모와 형태를 규제했다.• 현재 런던의 관광지는 이 시기부터 18세기 후반까지 조성된 런던으로, 트라팔가 스퀘어Trafalgar Square를 중심으로 하는 보행권으로 이루어져 있다.

당시 런던의 서쪽 확장과 이로 인한 인구 이동은 양질의 주거 환경에 매력을 느낀 귀족과 상류계층에 의해 주도되었다.•• 이러한 도시 확장은 흥미롭게도 결국 런던이 사회계층에 따라 주거 구역들이 공간적으로 분리되는 결과를 초래했다. 먼저 웨스트민스터에 팰몰Pall Mall이 1661년 찰스 2세에 의해 조성되

• 런던의 '도시재건법Rebuilding Act of 1667'은 도시의 개발을 규제하는 조닝 코드zoning code의 시초이다. 런던시의 도시 재건은 이후 10년 동안 진행되었다. 먼저 런던시는 그 심장부인 세인트 폴 대성당을 1697년부터 1708년 재건했다. 또한 도성의 러드게이트Ludgate, 무어게이트Moorgate, 뉴게이트Newgate, 템플바게이트Temple Bar gate가 1672~1673년에 재건되었다. 런던은 이후 1710년 '교회 50개 재건위원회Commission for Building Fifty New Churches'가 설립되어 교회 재건이 순차적으로 진행되었다.

•• 건축도시 이론가인 스틴 아일러 라스무센Steen Eiler Rasmussen은 이러한 귀족들의 이동은 그들의 가족, 친인척, 하인뿐만 아니라 상인과 장인, 엘리트층에 속하는 사람들의 인구 증가와 맞물려 진행되었다고 주장한다.

A LARGE AND ACCURATE M
Ichnographically Defcribing all the Streets, Lanes, Alleys, Courts, Yards, Churches, Halls and Hou
SMITH-FIELD
THE RIVER OF THAMES
MAP ACCOMPANYING "LONDON IN THE TIME OF THE STUARTS" BY SIR

1677년 런던 지도

F THE CITY OF LONDON
urveyed and Delineated, By JOHN OGILBY Esq; His Majesties Cosmographer.
Vpper Moore Fields
Gardners Garden
Spittle Fields
OLD ARTILLERY GARDEN
Goodmans Fields
GREAT TOWER HILL
THE TOWER

었고, 버킹엄 공작로부터 1762년 이 건물을 매입한 조지 3세는 이를 버킹엄하우스Buckingham House로 개조하고 확장했다.

이에 따라 웨스트민스터의 서쪽 구역인 웨스트엔드West End에 부촌인 메이페어Mayfair가 조성되었다. 또한 웨스트엔드의 리젠트 스트리트Regent Street 개발이 리젠트 왕자Prince Regent, 이후 조지 4세의 후원으로 왕궁 건축가였던 존 내시John Nash•의 주도로 진행되었다.

이 시기에 런던의 상류층은 서쪽 끝의 웨스트엔드와 웨스트민스터를 지나 켄싱턴Kensington, 리치먼드Richmond, 런던 외곽의 윈저Windsor 등의 왕궁의 입지를 따라 세인트 제임스 파크St. James's Park, 하이드 파크Hyde Park, 켄싱턴 가든Kensington Gardens, 윔블던 커먼Wimbledon Common 등의 거대한 오픈 스페이스들을 중심으로 저택들을 건설했다.

1750년 이후 웨스트민스터 브리지Westminster Bridge를 시작으로 템스강에 새로운 다리들••이 조성되면서 런던은 강 건너 남쪽으로 현재 사우스 런던South London으로 확장했다. 또한 런던은 런던항Port of London의 기능이 확장되면서 이스트엔드East End를 지나 템스강의 하류를 따라 동쪽으로 성장했다.

• 존 내시는 리젠트 왕자의 주택인 칼턴하우스Carlton House로부터 북쪽으로 올소울스 교회All Souls Church를 지나 현재 리젠트 공원Regent's Park을 연결하는 리젠트 스트리트를 제안하고 이를 따라 연속된 건물들을 일관된 삼차원의 가로 경관으로 조성하도록 배치하고 건물의 코니스(지붕의 처마 부분)와 입구의 형태를 규제했다. 이후 존 내시는 전원풍의 설계 방법을 이용해 리젠트 파크를 설계했으며, 이를 정의하는 원형의 주택군인 파크 크레센트Park Crescent, 그리고 웨스트엔드를 템스강과 연결하는 야심찬 리젠트 카날Regent's Canal이 순차적으로 조성되었다.

•• 런던은 1750년까지 런던 브리지London Bridge가 템스강을 건너는 유일한 다리였다. 런던에는 1750년 이후 웨스트민스터 브리지Westminster Bridge, 1750와 블랙 프라이어스 브리지Blackfriars Bridge, 1769가 완성되었다. 이후 런던은 1810년대 말부터 워털루 브리지Waterloo Bridge, 1817, 런던 브리지London Bridge, 1832, 앨버트 브리지Albert Bridge, 1873, 복스홀 브리지Vauxhall Bridge, 1906, 서더크 브리지Southwark Bridge, 1921, 램버스 브리지Lambeth Bridge, 1932 등을 순차적으로 조성하며 남쪽으로 도시를 확장했다.

그레셤 컬리지, 왕립학회, 영국박물관

스튜어트-조지 왕조 시대 런던이 1750년대부터 확장하면서 도시 중심부에는 두 개의 지식 생산 거점이 서쪽의 세인트 제임스 스퀘어와 동쪽의 블룸스버리에 각각 조성되었다. 먼저 템스강의 북쪽 구역은 17세기 초부터 런던시와 웨스트민스터시의 중간지인 블룸스버리Bloomsbury와 홀본Holborn에 그레셤 컬리지Gresham College와 영국박물관British Museum을 중심으로 지식 생산의 거점으로 성장했다. 이러한 변화는 17세기 중반부터 웨스트엔드의 세인트 제임스 스퀘어를 거점으로 왕립예술아카데미Royal Academy of Arts와 왕립연구소Royal Institution of Great Britain가 설립되면서 진행되었다.

현재 블룸스버리와 홀본의 버나드 인 홀Barnard's Inn Hall에 위치한 그레셤 컬리지는 런던 왕립 환전소의 설립자인 토머스 그레셤Sir Thomas Gresham의 유언과 런던시와 상인 길드의 기부금으로 설립되었다. 그레셤 컬리지는 비숍스게이트Bishopsgate에 있는 그레셤의 저택에 처음 설립되었으며, 이후 1710년 크레인 코트Crane Court로 이전했고, 이후 몇 번의 이전을 거친 후 1991년 현재 홀본의 버나드 인 홀로 이전해왔다.

당시 그레셤 컬리지의 성공은 이후 런던의 과학 분야의 지식인 커뮤니티인 '왕립학회Royal Society'의 설립을 유도하며, 런던 지식사회에서 계몽주의 가치의 확산에 크게 기여했다. 그레셤 컬리지는 초기에 천문학, 신학, 기하학, 법학, 음악, 물리학, 수사학 일곱 개의 전공 수업으로 구성되었고, 교수진은 중세 대학 3교과trivium인 문법, 논리학, 수사학 그리고 4교과quadrivium인 산술, 음악, 기하, 천문을 중심으로 구성되었다. 당시 그레셤 컬리지에서 활동한 대표적 학자들은 천문학 전공의 크리스토퍼 렌Christopher Wren과 1665~1704년까지 기하학 전공 교수로 활동한 로버트 후크Robert Hooke가 있다.

또한 이 시기에 그레셤 컬리지와 밀접한 관계를 갖고 운영된 왕립학회The Royal Society of London for Improving Natural Knowledge는 런던을 중심으로 활동했던 과학

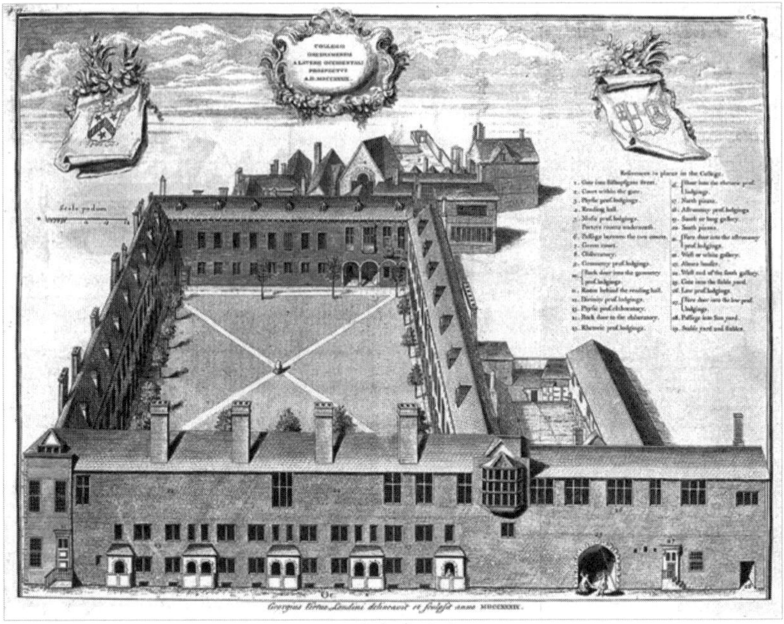

그레셤 컬리지

분야의 지식인 커뮤니티로서 현재까지 운영되고 있다. 왕립학회는 찰스 2세로부터 차터를 받았으며, 이후 자연과학자와 의사의 모임으로 운영되었다. 당시 왕립학회의 모토는 '누구의 말도 그대로 받아들이지 말라'는 뜻의 라틴어인 'Nullius in verba'로서 당시 이 과학지식 커뮤니티의 신념과 정신을 말해준다. 왕립학회는 1665년 학술지인 ≪필로소피칼 트랜잭션Philosophical Transactions of the Royal Society≫을 출판하기 시작했으며, 그레셤 컬리지를 포함하여 주변의 장소에서 모임을 진행했다.

왕립학회는 1645년 프랜시스 베이컨Francis Bacon이 그의 저서인 『뉴 아틀란티스New Atlantis』를 통해 소개한 '새로운 과학new science'으로부터 큰 영향을 받았다. 당시 왕립학회는 프랑스 과학자들과 1657년 파리의 '몽모르 아카데미Montmor Academy'의 직접적인 영향을 받아 설립되었다. 이 시기에 왕립학회는

1657년 피렌체에서 갈릴레오 갈릴레이Galileo Galilei, 조반니 알폰소 보렐리Giovanni Alfonso Borelli, 빈첸초 비비아니Vincenzo Viviani 등의 학생들이 조성한 과학 커뮤니티인 '아카데미아 델 치멘토Accademia del Cimento'•의 서적과 실험논문을 번역했다.

왕립학회는 1673년 이후부터 지속적으로 그레셤 컬리지에서 운영되었으며, 1667년 옥스퍼드나 케임브리지와 차별화된 연구 콤플렉스를 조성하려고 노력했다. 특히 존 에블린John Evelyn은 로버트 보일Robert Boyle에게 보내는 1659년 9월 3일 자 편지에서 중앙 연구소와 아파트의 조성 계획을 제안했으며, 주거, 도서관, 예배당을 가진 '필로소피칼 컬리지Philosophical College'라는 연구 콤플렉스의 제안도 1661년 벵트 쉬테Bengt Skytte와 에이브러햄 카울리Abraham Cowley에 의해 제안되었고 1667년 이를 실현화하려는 모금 운동도 시행했으나 실현되지는 못했다. 왕립학회는 1967년부터 칼턴 하우스 테라스Carlton House Terrace에 입지해왔다.

한편 인접한 웨스트엔드의 세인트 제임스 스퀘어는 17세기 중반부터 런던의 또 다른 지식 생산의 거점으로 기능했다. 먼저 세인트 제임스 스퀘어의 북쪽으로 벌링턴 가든에는 왕립예술아카데미Royal Academy of Arts가 조지 3세에 의해 설립되어 디자인 기술을 교육하고 전시했다. 또한 왕립연구소는 런던의 과학 교육과 연구를 위한 단체로서 수소를 발견한 헨리 캐번디시Henry Cavendish와 조지 핀치George Finch 등에 의해 설립되었다. 이 단체는 1800년에 왕으로부터 차터를 획득하고 과학 지식의 확산과 실험을 통한 실용과학의 발전을 추구해왔으며, 어니스트 루서퍼드Ernest, Baron Rutherford of Nelson를 포함해 현재까지 15명의 과학 분야의 노벨상 수상자를 배출했다. 또한 이곳에는 교육과 지식의 확산을 목적으로 독립된 운영체계를 가진 런던 도서관London Library이 1841년에 설립되었다.

• 아카데미아 델 치멘토Academia del Cimento는 레오폴도 왕자와 페르디난도 2세의 지원으로 운영되었다.

한편 블룸스버리의 영국박물관은 뮤지엄 스트리트Museum Street•를 따라 런던에 조성된 일군의 박물관들의 중심부이다. 블룸스버리 스퀘어의 서북쪽 그레이트 러셀 스트리트Great Russel Street에 입지한 영국박물관은 1753년 설립된 이후 '인간의 역사와 문화'를 담은 800만 점 이상의 기록물을 소장해왔으며, 특히 200년 동안 영국 식민지 발자취를 소장하며 지속적으로 확장했다.

영국박물관은 의사이자 과학자였던 한스 슬론Sir Hans Sloane의 유언과 컬렉션을 기반으로, 17세기에 건축된 몬터규 하우스Montagu House를 2만 파운드에 매입하여 1753년 의회 법령에 따라 설립되었다. 영국박물관은 1759년 1월 15일 몬터규 하우스에서 학자들을 위해 최초로 갤러리와 열람실을 오픈했다.

한스 슬론의 컬렉션은 수단, 이집트, 그리스, 로마, 고대 근동 및 극동, 아메리카 대륙으로부터의 약 4만 권의 서적, 7000개의 필사본, 337종의 식물 표본, 알브레히트 뒤러Albrecht Durer의 원고와 드로잉을 포함해 총 71만 점으로 구성되어 있었다.

영국박물관은 이후 영국 내전의 기록물인 토머슨 컬렉션Thomason Collection of Civil War Tracts, 극작가 데이비드 개릭David Garrick 수장품인 희곡 1000본, 1772년 나폴리의 영국 대사였던 윌리엄 해밀턴Sir William Hamilton의 그리스 도자기 컬렉션 등을 기증받았다. 또한 영국박물관은 1778년 제임스 쿡James Cook 선장을 비롯한 탐험가들이 세계일주 항해에서 가지고 돌아온 물품들을 전시했다.••

• 런던의 뮤지엄 스트리트를 따라 고대 이집트박물관 등이 있으며 뮤지엄 테이번, 카툰 뮤지엄과 브런즈윅 스퀘어의 파운들링 뮤지엄, 도티 스트리트의 디킨즈 뮤지엄이 런던 지식 사회의 거점으로 기능했다. 또한 고어 스트리트 근처에는 페트리 뮤지엄과 그랜트 뮤지엄이 입지한다.

•• 영국박물관은 1822년 조지 3세의 개인 도서관인 킹스라이브러리King's Library의 소장품을 기부받아 박물관 확장 계획을 수립했다. 당시 킹스라이브러리는, 6만 5000권의 저서와 1만 9000개의 팸플릿, 지도, 차트, 지형 도면 등을 소장했다. 당시 신고전주의 건축가인 로버트 스머크Sir Robert Smirke는 박물관 동쪽부 확장 계획을 수립하여 신축했다. 이때 노후된 몬터규 하우스는 철거되었고, 킹스라이브러리갤러리King's Library Gallery가 1827년 완성되었고, 동쪽 부속 건물이 1831년 완성되었다. 한편 영국박물관 내의 영국도서관은 원형 열람실Round Reading Room을 중심으로 국

인쇄출판과 커피하우스

런던에 인쇄기가 처음 소개된 것은 15세기로 당시 상인이며 외교관으로 브뤼주에서 활동하던 윌리엄 캑스턴William Caxton에 의해서이다. 윌리엄 캑스턴은 쾰른에서 인쇄술을 배우고 브뤼주에서 인쇄 사업으로 성공했으며, 이후 1476년 런던에 처음으로 인쇄기를 들고 이주해온 후 런던의 첫 번째 인쇄서적사인 캑스턴 출판사를 설립했고 이후 런던의 머천트 어드벤처러 길드Company of Merchant Adventurers of London의 회장이 되었다. 윌리엄 캑스턴은 1476년 웨스트민스터에서 영국 문학의 아버지로 불리는 제프리 초서Geoffrey Chaucer가 캔터베리로의 순례길에 나눈 24개 이야기를 묶어 『캔터베리 이야기The Canterbury Tales』를 처음으로 발행했다.

한편 런던시에서는 16세기 초부터 17세기에 인쇄와 신문이 널리 보급되고 문해율이 높아졌으며, 콘힐 옆 상업 구역에 커피하우스Coffee House가 처음 조성되면서• 지식인의 모임과 논쟁의 장소로 이용되었다. 특히 런던의 출판업과 신문업은 런던시 도성 외곽의 플리트 스트리트를 중심으로 형성되었고, 이곳의 필스 커피 하우스Peele's Coffee-House는 종이 면세를 위한 대책을 수립하는 활동의 거점이 되었다.

런던의 플리트 스트리트와 인접한 슈 레인Shoe Lane에 윌리엄 캑스턴의 견습생인 윈킨 드 워드Wynkyn de Worde의 인쇄소가 1500년 개업했으며, 또 리처드 핀손Richard Pynson이 세인트 던스탠 교회St. Dunstan's Church 옆에 인쇄소를 개업했다. 또한 런던에서 1621년 ≪코란테 신문Corante newspaper≫이 처음 발행되었고, 이후

립도서관의 기능을 했으나, 1997년 세인트팬크래스 역 주변의 새 부지의 건물로 도서관 기능이 이전되었다.

- 이 시기 런던에서는 커피하우스를 시작으로 1665년 그레시안 커피하우스, 1688년 로이드 커피하우스, 1693년 웨스트민스터에 화이트 초콜릿 하우스, 1806년에 조너선 커피 하우스, 1806년에 군터 티샵 등이 개업했다.

1695년 ≪플라잉-포스트 신문Flying-Post≫, 런던의 최초 일간신문인 ≪데일리 코란트Daily Courant≫가 1702년에, ≪글로브The Globe≫가 1803년에, ≪모닝 크로니클Morning Chronicle≫이 1769년에, ≪타임스The Times≫가 1788년에 발행되었다.

블룸스버리 스퀘어와 러셀 스퀘어

런던의 블룸스버리와 홀본에서는 성당과 수도원으로부터 그 소유권이 왕과 귀족으로 이전된 대형 부동산이 당시 급속히 증가하는 유입 인구를 대상으로 하는 주거 개발의 사업 대상지로 이용되었다. 런던의 레지던셜 스퀘어는 토지소유자와 민간 건물 개발자의 역할이 나뉜 매우 독특한 도시개발 방법의 사례•이다. 레지던셜 스퀘어의 개발 주체인 지주는 건설 개발자와 부동산 임대 계약••을 맺고 지속적으로 수익을 창출했다.

당시 이 구역에서 개발된 주거지는 이탈리아와 파리에서 조성되어 소개되기 시작한 대칭형의 '광장square'에 잉글리시 테라스 하우스terrace house를 그 주변에 대칭으로 배치하는 형태로 '타운하우스town house'의 군으로 완성되었다. 이러한 런던의 스퀘어는 '레지던셜 스퀘어residential square'라 불리며 런던에 약 600개

• 영국 건축 이론가인 존 서머슨John Summerson은 1600년대 개발된 런던의 근린 광장 개발의 3단계의 원칙을 주장했다. 첫째, 귀족의 주도로 이루어진다. 그리고 토지 소유자가 그 광장에 주택house을 소유한다. 또한 스틴 라스무센Steen Eiler Rasmussen은 '백작 또는 공작이 그의 재산을 개발할 때 그가 지역 공동체의 성격을 결정한다는 것을 관찰했다. 둘째, 광장, 가로, 그리고 시장 또는 교회가 포함되어 하나의 개발 유닛이 완성된다. 셋째, 중개자middleman로서 주택 건설을 주도하는 건설 투기업자가 등장한다. 이러한 런던 광장 개발 환경에는 세 부류의 사람들의 역할이 분화되면서 개발이 진행되었으며, 이들 간에는 돈과 공간을 제공하는 계약이 만들어지기 시작했다. 첫째, 토지를 소유하고 임대를 해주는 사람인 지주, 둘째, 건설에 필요한 비용을 끌어 모으고 지주에게 임대를 받는 사람인 개발업자, 셋째, 건물을 임대해서 거주하는 세입자로 구성되었다.

•• 부동산 토지의 임대 시스템은 사유지 개발에 필수였으며 의회의 법령을 따라 토지가 매각되기 이전에는 일반적으로 가족이나 재단에 계승되었다.

가 입지해 있다. 레지던셜 스퀘어는 대부분 민간 소유지이나 도시 중심부의 스퀘어는 일반에게 개방되어 동네 공원으로 활용된다. 현재 런던에는 코벤트 가든이 기존 웨스터민스터의 시장 부지에 조성된 후, 그 주변으로 1635년에 레스터 스퀘어Leicester Square, 1684년에 세인트 제임스 스퀘어St. James's Square, 1698년에 버클리 스퀘어Berkeley Square, 1721년에 메이페어의 그로스베너 스퀘어Grosvenor Square가 조성되었다.

블룸스버리 스퀘어

런던의 블룸스버리와 홀본에는 17~18세기에 귀족 가문과 민간 개발자에 의해 레지던셜 스퀘어를 중심으로 주거 개발이 집중되었다. 현재까지 400년 동안 블룸스버리의 타운하우스와 레지던셜 스퀘어는 런던의 도시 변화를 주도하고 외적 환경의 아이덴티티를 정의해왔다.

1665년에 조성된 빅토리아 건축양식으로 둘러싸인 블룸스버리 스퀘어Bloomsbury Square를 시작으로, 1800년에 조성된 정형의 대형 가든인 러셀 스퀘어Russell Square, 1783년에 조성된 원형의 가든에 조지 왕조 건축 양식의 타운하우스들로 정의된 베드퍼드 스퀘어Bedford Square를 포함해 다수의 스퀘어가 입지한다. 블룸스버리와 홀본의 레지던셜 스퀘어는 특히 1930년대부터 도시 블록형 대학 캠퍼스와 의료 및 의학교의 구심점으로 기능해오고 있다.•

블룸스버리 스퀘어의 개발은 토머스 리오시슬리Thomas Wriothesley에 의해 먼

• 블룸스버리에는 또한 국립신경병원을 포함한 많은 병원들의 거점인 퀸 스퀘어, 런던 컬리지가 입지한 고든 스퀘어, 워번 스퀘어와 토링턴 스퀘어, 그리고 영국의료협회가 입지한 타비스톡 스퀘어, 런던 대학교의 약학대학, 고아를 위해 홀본의 해턴 가든에 설립된 파운들링 병원의 연계 시설인 파운들링 뮤지엄이 입지한 브런스윅 스퀘어 등이 입지한다.

블룸스버리 스퀘어 타운하우스

저 주도되었다. 토머스 리오시슬리는 1650년대 후반 블룸스버리 스퀘어의 개발계획을 수립하여 자신의 저택과 레지던셜 스퀘어의 남쪽부 주택 건설 허가를 획득하여 1660년대 초 런던의 첫 레지던셜 스퀘어인 사우샘프턴 스퀘어Southampton Square가 조성되었고, 이후 1669년 블룸스버리 스퀘어로 이름이 바뀌었다. 이후 블룸스버리 스퀘어가 본격적인 주거 중심의 커뮤니티로 조성된 것은 18세기에 리오시슬리 러셀Wriothesley Russell에 의해서이다. 러셀은 이곳에 블룸스버리 마켓Bloomsbury Market을 조성했고, 동쪽과 서쪽 편에 알링턴 로Allington Row와 시모어 로Seymour Row라는 주택군들을 조성했다.

블룸스버리는 1800년대 초에 본격적으로 주거지화되었다. 이러한 커뮤니티의 주거지화는 블룸스버리 스퀘어로부터 러셀 스퀘어를 향해 북쪽으로 확장했다. 이 시기에 블룸스버리 스퀘어의 북쪽에 입지했던 사우샘프턴 하우스가 1770년대에 해체되고, 중상층 가족을 대상으로 일련의 테라스 하우스로 둘러싸인 러셀 스퀘어가 프랜시스 러셀Francis Russell의 주도로 조성되었다. 이후 블룸스버리 스퀘어와 러셀스퀘어 사이의 베드퍼드 하우스가 19세기 초반에 해체되

핀스버리 서커스에 입지한 런던 인스티튜션, 1827

고 현재의 테라스 하우스가 있는 베드퍼드 플레이스Bedford Place가 조성되었다.

블룸스버리와 홀본은 19세기에 런던 지식인의 주거와 활동의 거점이 되었고, 이곳에 런던 원예 협회Horticultural Society of London를 시작으로, 왕립 자선 협회Royal Philanthropic Society, 런던 천문학 협회Astronomical Society of London, 애서니움 클럽Athenaeum Club, 실용지식의 전파 협회Society for the Diffusion of Useful Knowledge, 런던 지리학회Geographical Society of London, 화학협회Chemical Society 등의 일련의 지식인 소사이어티들이 집중적으로 설립되었다.

블룸스버리와 홀본이 지식인 커뮤니티의 거점으로 성장한 이유는 무엇보다 지식 교류 활동과 출판 활동의 거점들인 영국박물관, 영국도서관•과 일군

• 영국도서관은 원래 영국박물관의 일부로 19세기 중반까지 원형열람실에 자리 잡고 있었다. 영국도서관은 연구 도서관으로 기원전 2000년 전의 역사물과 원고를 포함해 1400만 건의 책과 원고, 저널, 신문, 잡지, 소리음악 레코딩, 비디오, 연극대본, 특허, 데이터베이스, 지도, 우표, 그림 등의 인쇄물과 디지털 양식의 소장품을 보유한 세계 최대의 도서관이다.

의 공연장들•이 입지했기 때문이다. 또한 1820년대에 종이가 면세 대상으로 지정되면서 테일러 앤드 프랜시스Taylor & Francis를 포함해 출판 사업이 크게 확장되고 1827년 ≪스탠다드 신문The Standard≫과 1843년 ≪이코노미스트The Economist≫, 1881년 ≪이브닝 뉴스Evening News≫ 등이 발간되었다.

한편 1820년을 전후로 설립된 런던의 대학들은 비성공회, 비가톨릭, 비프로테스탄트 교인의 활동과 입학을 허용하며 순수한 과학 지식의 확산과 실용 연구를 추구했던 다수의 에든버러 과학자들의 이주를 부추기며 이들을 흡수했다. 실제로 런던 대학교University of London의 전신인 '런던 인스티튜션London Institution'이 정치가였던 샘 우즈Sam Woods에 의해 롬바드 스트리트에 설립되었다. 런던 인스티튜션••은 가톨릭과 프로테스탄트 교인에게만 입학을 허용했던 옥스퍼드 대학과 케임브리지 대학과 차별화하며, 비종교인들에게도 과학 교육을 허용했다.

런던의 대학

블룸스버리와 홀본에 대학들이 본격적으로 조성되기 시작한 시점도 1820년대이다. 이곳은 현재 사우샘프턴으로, 블룸스버리 스퀘어, 러셀 스퀘어를 중심으로 대학과 학교들이 다수의 박물관, 의료기관, 예술기관과 백화점, 상가, 호텔 등의 상업 시설들과 인접하여 집중되어 있다. 이들은 두 개의 스퀘어를 중심으로 반경 400m의 보행 환경 내에서 배후 블록의 소규모 가로를 따라 타운하우스, 주택, 교회 등과도 연결되고 있다.

• 블룸스버리에는 영국박물관 주변으로 일련의 연극장들인 리케이온 극장, 사보이 극장, 개릭 극장, 리릭 극장, 아폴로 극장, 뉴빅토리아 극장, 화이트홀 극장, 런던심포니 오케스트라가 조성되었다.

•• 런던 인스티튜션은 1815년 핀스버리 서커스Finsbury Circus로 이전하여 화학 교육에 집중했다.

런던 대학교University of London를 구성하는 런던 대학London University*이 1826년에, 킹스 컬리지King's College London**가 1829년에 설립되었다. 그 주변에 런던 기계학교London Mechanics' Institute로 설립된 버크벡 컬리지Birkbeck College가 1823년에, 런던 정치경제대학London School of Economics and Political Science***이 1895년에, 런던 언론학교London School of Journalism가 1920년에, 시티 유니버시티 런던City University London이 1966년에, 런던 자유학교London Free School가 1966에 설립되었다.****

블룸스버리에 대학 건물이 집중적으로 조성된 구역은 유니버시티 컬리지 런던University College London*****이 소유한 일군의 대학 건물, 연구소, 병원들로 메인

* 이 책에서 University는 모두 대학으로 표시했으나, 이 장에서는 University of London은 런던 대학교로, London University를 런던 대학으로 이름 붙였다.

** 킹스 컬리지는 그 이름이 의미하듯 1829년 조지 4세와 웰링턴 공작에 의해 설립되고 로얄 차터를 받은 영국에서 세 번째로 오래된 대학이다. 킹스 컬리지는 런던 대학, 현재 UCL의 교육철학과 설립배경에 대한 신학적 논쟁에 대한 반대로서 설립되었다. 런던 대학의 비종교적인 성격은 당시 사회기득권층에 의해 거센 반대에 부딪혔으며, 이에 경쟁 기관의 설립이 추진되었다. 킹스 컬리지는 웨스트민스터의 템스 강변 스트랜드에 설립되었고, 이후 예술 및 인문학, 사회과학, 공공정책과 자연, 과학 등의 전공들이 스트랜드 캠퍼스에 설립되었다. 현재 킹스 컬리지는 센트럴 런던에 템스 강변을 따라 네 개의 캠퍼스와 사우스 런던의 덴마크 힐에 아홉 개의 아카데믹 스쿨들이 분산되어 입지한다. 킹스 컬리지는 무엇보다 유럽에서 의학 교육과 생물의학 연구 분야의 최대 교육기관으로, 킹스 컬리지 의학교의 교육병원인 세인트 토머스 병원이 있다.

*** 런던 정치경제대학, 이하 LSE는 1895년 사회주의 원칙들의 점진적인 진보와 개발을 추구한 개혁가들이 조성한 페이비언 협회의 멤버인 시드니 웹Sidney Webb, 그레셤 월러스Graham Wallas, 조지 버나드 쇼George Bernard Shaw가 설립했다. LSE의 설립 제안은 1895년 2월 이사회에 의해 받아들여졌으며, 같은 해 10월, 웨스트민스터의 존 스트리트의 아델피 건물에서 첫 수업이 진행되었다. LSE는 이후 1900년 런던 대학교University of London에 통합되었다.

**** 블룸스버리에는 이 외에도 잉글랜드 제약학교England's School of Pharmacy, 잉글랜드 웨일스의 법학 컬리지College of Law of England and Wales, 런던 현대무용학교London Contemporary Dance School, 왕립 연극 아카데미Royal Academy of Dramatic Art, 1904, 굿이너프 컬리지Goodenough College가 있다. 또한 인접한 베드퍼드 스퀘어에는 AA건축학교Architectural Association School of Architecture와 일군의 미국 대학들의 런던 캠퍼스들이 기능한다.

***** 유니버시티 컬리지 런던University College London은 1826년 원래 런던 대학London University으로 처음 설립되었으며, 이후 1836년 로얄 차터를 통해 킹스 컬리지와 함께 런던 대학교로 흡수되

유니버시티 컬리지 런던의 월리엄 월킨스 빌딩

캠퍼스를 조성하는 고어 스트리트이다. 유니버시티 컬리지 런던의 메인 캠퍼스의 중심부인 중앙도서관으로 옥타곤 빌딩이라 불리는 메인 빌딩이 올드 카마던 스퀘어old Carmarthen Square에서 공사를 시작해 재정난으로 158년이 지난 후 완성되었다. 한편 중앙도서관을 중심으로 UCL 과학도서관, 페트리 이집트 고고학 박물관Petrie Museum of Egyptian Archaeology, 블룸스버리 극장Bloomsbury Theatre을 중심으로 UCL 법학부, UCL 고고학부, UCL 건축환경학부을 포함한 일련의 전공학부 건물들이 입지한다.

UCL은 런던 대학교를 구성하는 컬리지 중에서 가장 오래되고 가장 대규모의 컬리지로 런던에 설립된 최초의 대학이며, 또한 영국 최초의 비종교 학교였다.

UCL은 당시 스코틀랜드 태생 에든버러 대학 출신의 신학자이며 경제학자

었다. 이때 런던 대학은 유니버시티 컬리지, 이후 다시 유니버시티 컬리지 런던으로 명칭을 바꾸었다.

였던 제임스 밀James Mill과 역시 에든버러 출신의 행정가이며 변호사로 '실용지식 전파 협회'를 설립했던 헨리 브로엄Henry Brougham에 의해 설립되었다. 이들은 당시 가치판단의 기준을 사회의 이익과 행복에 기여하는 데 두었던 근대의 '공리주의'의 대표 철학자 제러미 벤담Jeremy Bentham의 사회 비판과 실험 정신에 근거한 교육을 추구했다.

UCL은 당시 부유한 성공회교 자녀만을 교육했던 옥스퍼드와 케임브리지 대학의 종교적·사회적 특성과 차별화해 설립되었다. 이 때문에 UCL은 설립 초기에 '신을 부인하는 고어 거리의 컬리지' 라는 별칭이 있었다. UCL은 공리주의자, 유대인, 비성공회 기독교인의 후원을 받으면서 비종교적인 기관으로서 자리매김하고 '중산층의 15~20세 사이의 자녀'를 교육하는 데 중점을 두었다. UCL은 옥스퍼드와 캠브리지와 달리 종교와 관계없이 학생들을 인정하고, 남성과 동등한 조건으로 여성의 입학을 허가했다.

UCL의 초대 학장은 에든버러 출신의 상인이자 지질학자이며 교육개혁가였던 레너드 호너Leonard Horner였다. 레너드 호너는 현재 헤리엇-와트 대학Heriot-Watt University이 된 에든버러 과학기술학교School of Arts of Edinburgh의 설립자이며, 에든버러 아카데미Edinburgh Academy의 설립자 중 한명으로, 1808년에 설립된 런던 지질학회Geological Society of London에서 활동했다. UCL은 이후 정치경제학, 고전과 의학, 지리학 전공과 슬레이드 미술학교Slade School of Fine Art를 설립했다.

한편 블룸스버리는 런던의 의료 기관의 거점이기도 하다. 1834년 유니버시티 스트리트의 북쪽에 UCL 의과학교UCL Medical School와 UCL 부속병원University College London Hospital이 설립되었다. 그 주변에는 UCL 약학부UCL School of Pharmacy로 남아 있는 약학 협회 컬리지College of the Pharmaceutical Society, 보건대School of Hygiene and Tropical Medicine가 된 런던 열대의학 스쿨London School of Tropical Medicine, 왕립수의학교Royal Veterinary College 등이 설립되었다.*

- 유니버시티 컬리지 런던의 의학 커뮤니티는 1980년대부터 일련의 의학, 약학, 병원들과의 합병을

특히 퀸 스퀘어를 중심으로 그레이트 오몽드 스트리트 병원Great Ormond Street Hospital, 국립신경병원National Hospital for Neurology and Neurosurgery, 왕립 런던병원Royal London Homoeopathic Hospital, 이스트먼 치과 병원Eastman Dental Hospital, 국립 이비인후과병원Royal National Throat, Nose and Ear Hospital, 그리고 1925년 스트랜드로부터 타비스톡 스퀘어Tavistock Square로 이전해온 영국의학협회British Medical Association가 집중되어 있다.

한편 런던 대학교•가 블룸스버리에 대규모로 조성되기 시작한 것은 1930년대이다. 런던 대학교는 제1차 세계 대전 직후 분산되어 기능했던 대학 시설들을 하나로 통합하기 위해 1931년 베드퍼드 공작Duke of Bedford으로부터 영국박물관 주변에 거대 부지를 매입하여 통합된 캠퍼스를 조성해왔다. 현재 런던 대학교는 러셀 스퀘어를 중심으로 본부는 19층의 아르데코 건축양식의 세닛 하우스Senate House, 세닛 하우스 도서관Senate House Library을 포함해 180개의 건물들을 고든 스퀘어Gordon Square, 타비스톡 스퀘어Tavistock Square, 토링턴 스퀘어Torrington Square, 워본 스퀘어Woburn Square를 중심으로 소유하고 있다.

런던 대학교는 원래 정치가였던 샘 우즈Sam Woods에 의해 과학, 문학, 예술 지식의 확산과 특히 과학 교육을 위해 런던 인스티튜션으로 런던시 잉글랜드

통해서 거대하게 성장해왔다. 먼저 UCL은 1988년에 이비인후과 협회, 정형외과 협회, 비뇨기과 협회, 미들섹스 병원 의과 학교와 합병했으며, 이후 1990년대에는 1995년 안과학협회, 1996년 아동건강협회, 1996년 발병학 협회, 1997년 신경학 연구소, 1998년 왕립 자유 병원의과 대학, 1999년 이스트먼 치과 연구소, 1999년 슬라브족과 동유럽 학교, 2012년 약학 대학원을 합병하며 성장했다. 또한 가까운 곳에 런던 나노과학센터, UCL 암센터, UCL 귀연구소, UCL 이스트먼 치학연구소, UCL 소아과 연구, UCL 신경과연구소가 입지한다.

• 런던 대학교를 구성하는 대규모 컬리지들은 킹스 컬리지 런던, 버크벡, 골드스미스, 런던 경영대, 퀸 메리, 로열 할로웨이, SOAS, 런던 경제정치과학대들이다. 한편 헤이드롭 컬리지Heythrop College는 철학과 신학, 세인트 조지St George's는 의학을 전문으로 하며, 제국런던컬리지Imperial College London는 2007년부터 런던 대학교로부터 독립되었다. 이들은 런던 대학교를 구성하는 컬리지들은 독립적인 행정과 제정체계를 갖고 운영되며, 연방 대학교의 일부로서 최근에는 학위를 독자적으로 수여한다.

뱅크의 서쪽 올드 주리Old Jewry에 설립되었다. 런던 인스티튜션은 초기에 웨스트엔드의 영국 왕립 인스티튜션Royal Institution of Great Britain에 대응하는 과학지식의 확산 기관으로 비종교인들에게도 과학 교육을 허용했다.* 런던 인스티튜션은 이후 1836년 로얄 차터에 의해 당시 런던 대학London University과 킹스 컬리지가 연합체를 구성하며 벌링턴 아케이드 북쪽의 벌링턴 가든Burlington Gardens, 현재 왕립 예술 아카데미Royal Academy of Arts 건물에 처음 설립되었다. 런던 대학교는 이후 1900년부터 1920년대까지 베드퍼드 컬리지Bedford College, 로열 할로웨이Royal Holloway, 런던 정치경제대학을 흡수했으며, 이후 일련의 컬리지들을 흡수**하며 급속히 성장했다.

런던 대학교 세넛 하우스

* 런던 인스티튜션은 1815년 핀스버리 서커스Finsbury Circus로 이전하여 화학 교육에 집중했다.

** 런던 대학교는 1901년에 리젠트 파크 컬리지Regent's Park College, 1904년에 골드스미스 컬리지Goldsmiths College, 1907년에 임페리얼 컬리지Imperial College, 1915년에 퀸 메리 컬리지Queen Mary College, 1916년에 동양-아프리카학교School of Oriental and African Studies, 1920년에 버크벡 컬리지Birkbeck College를 흡수했다.

뉴욕
로어 맨해튼의 그리니치 빌리지와
도시 블록 스퀘어

뉴욕은 세계에서 부동산 가치와 개발 밀도가 가장 높은 도시 중심부에서 과연 예술 활동과 대학의 거점이 어떻게 성장할 수 있는가를 보여주는 매우 흥미로운 사례이다. 특히 로어 맨해튼의 그리니치 빌리지 구역과 뉴욕 대학은 지난 150년간 격자형의 도시 블록 체계 위에서 워싱턴 스퀘어 파크와 유니언 스퀘어를 중심으로 형성되어 뉴욕의 문화 생산을 주도해왔다.

로어 맨해튼의 배터리파크에 네덜란드의 요새와 시장으로 1653년 형성된 뉴암스테르담은 1664년 영국의 지배를 받으며 뉴욕으로 이름을 바꾸었다. 뉴욕은 북아메리카 동부 해안의 경쟁 도시이며 선발 주자였던 북쪽의 보스턴과 남쪽의 필라델피아와는 대조적으로 도시계획안 없이 성장하기 시작했다. 뉴욕이 이 두 도시들을 누르고 동부 지역의 최대 도시로 성장한 계기는 허드슨강으로부터 내륙의 이리 호수를 연결하는 이리 운하가 조성된 것이었다.

이리 운하의 시작점인 허드슨강 항구가 있는 그리니치 빌리지는 19세기 초부터 북아메리카 내륙의 자연 풍광을 그림에 담아 소개한 토머스 콜과 그 제자의 모임인 '허드슨강파'의 활동 거점으로 성장했다. 이들은 이후 워싱턴 스퀘어를 중심으로 활동하며, 국립 아카데미를 설립했다. 휘트니 스튜디오 클럽은 미

Madison
Square Park
Parsons
School of
Design
Union
Square Park
Greenwich
Village
Washington
Square Park
M
M
Cooper Union
New York
University
HUDSON RIVER
EAST RIVER
Broadway
One World
Trade Center
City
Hall
Wall St.
Brooklyn Bridge
N
0
250m
1km

국 젊은 미술가의 활동의 중심부가 되었다. 또한 워싱턴 스퀘어부터 셰리던 스퀘어 주변은 체리 레인 극장을 비롯해 여러 극장이 입지해 연극과 공연의 거점으로 성장했다.

뉴욕이 현재의 격자형 도시 형태를 갖게 된 계기는 '커미셔너 도시계획안Commissioners' Plan of 1811'의 제안과 실행이다. 뉴욕시는 신속한 토지 개발과 매매를 유도하려는 목적으로 커미셔너 도시계획안에서 맨해튼을 약 2000개의 도시 블록으로 나누는 격자형 도로체계를 제안했다. 이즈음 상류사회와 특권층 학생의 고등교육에 집중하며 세인트 패트릭 대성당의 남쪽 부지에 입지했던 컬럼비아 컬리지에 대응하여, 모든 학생에게 평등하게 실용 학문을 교육할 목적으로 뉴욕 대학이 1831년 뉴욕 시청 옆에 설립되었다.

이러한 격자형 도시 블록 위에 형성된 대학 공간을 '도시 캠퍼스'로 정의하며, '교외 캠퍼스'와 구별한다. 이러한 캠퍼스의 구분은 그 입지 특성에 근거하나 결국 이로 인해 캠퍼스의 공간적인 구조와 특성이 차별화된다. 먼저 교외 캠퍼스는 담장으로 둘러싸인 독립 커뮤니티로서 단일 부지 위에 조성된 '단지'형의 대학 공간을 의미한다. 교외에 입지한 다수의 미국의 대학 캠퍼스와 한국의 대학 캠퍼스가 여기에 해당한다.

반면 '도시캠퍼스'란 격자형의 도시 블록 위 복수의 필지에 대학 건물이 흩어져서 대학의 기능이 작동하는 대학 공간이다. 도시 중심부에서 형성되어 오랫동안 확장해온 대다수의 유럽의 대학 캠퍼스와 서울 동숭동의 구 경성제국대학 캠퍼스의 도시 블록이 이에 해당한다.• 도시캠퍼스는 캠퍼스 주변의 높은 토지

- 도시캠퍼스의 대표적인 미국 대학 사례는 뉴욕시 컬럼비아 대학의 모닝사이드 하이츠 캠퍼스Morningside Heights Campus, 펜실베이니아 대학의 웨스트 필라델피아 캠퍼스West Philadelphia Campus, MIT 공과대학의 이스트-웨스트 게이트 캠퍼스Cambridge East and West Gate Campus, 보스턴 대학의 찰스 리버 이스트와 웨스트 캠퍼스Boston University Charles River East and West Campus, 그리고 런던의 런던 대학교University of London와 UCL의 캠퍼스, 뉴욕 대학의 그리니치 빌리지 캠퍼스Greenwich Village Washington Square Campus 등이다.

비용과 고밀도 환경 때문에 개발이나 확장이 제한적이며, 따라서 일체화된 대학 캠퍼스 조성이 어렵다는 단점을 갖고 있다. 따라서 도시캠퍼스 형태의 대학은 최소의 교육-연구 공간을 확보하고, 학생과 교직원을 위한 주거와 문화복지 시설, 의료 시설, 연구 시설 등은 주변의 커뮤니티와 함께 섞여서 기능한다.

뉴욕 대학은 '도시캠퍼스'의 전형으로, 뉴욕시청에서 워싱턴 스퀘어로 이전하면서, 대학의 첫 번째 건물인 올드 유니버시티 빌딩과 메인 빌딩을 건축했다. 이후 뉴욕 대학은 1973년부터 공공 공간인 워싱턴 스퀘어에 엘머 홈스 밥스터 도서관을 건립하고 이를 중심으로 지속적으로 건물을 신축, 매입, 임대하며 캠퍼스를 조성했다. 특히 뉴욕 대학은 워싱턴 스퀘어 남쪽으로 수퍼 블록형의 워싱턴 스퀘어 빌리지와 고밀도 기숙 시설들을 조성하며 거대한 대학생 주거 커뮤니티를 완성했다.

한편 그리니치 빌리지와 인접한 유니언 스퀘어는 1980년대부터 뉴욕 대학의 두 번째 거점으로 기능해왔다. 대중교통의 환승 거점이었던 유니언 스퀘어는 이미 쿠퍼유니언 과학-예술학교, 예시바 대학 등이 입지하며 지식 생산과 예술 활동의 중심부가 되었다. 뉴욕 대학은 1980년대부터 이곳에 유니버시티 홀과 팔라디움 홀을 포함한 일련의 기숙사 건물들을 신축해왔다. 현재 뉴욕 대학은 워싱턴 스퀘어와 유니언 스퀘어를 중심으로 도시 블록 위에 30개 이상의 대학 소유 또는 임대 건물들을 운영하며 독특하게 성장해왔다.

맨해튼섬과 뉴암스테르담

대륙에서 대서양으로 뻗어 나온 긴 반도처럼 보이는 맨해튼은 사실 길이 21.6km, 폭 3.7km의 섬이다. 맨해튼의 면적은 여의도 면적의 13배로 88km^2이며, 북쪽의 할렘강Harlem River, 서쪽의 허드슨강Hudson River, 동쪽의 이스트강East River으로 경계가 나뉜다.

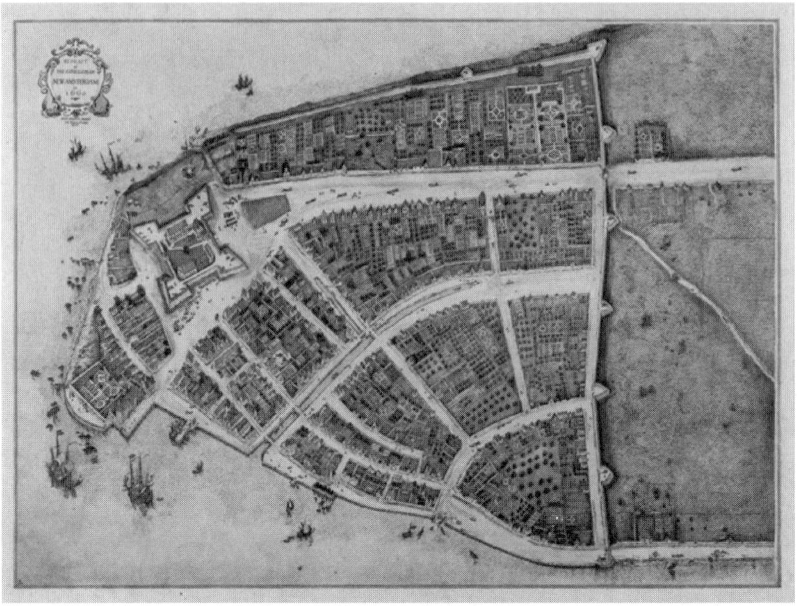

뉴암스테르담 카스텔 계획안, 1660

남쪽으로 바다에 면한 맨해튼의 다운타운•인 로어 맨해튼Lower Manhattan에 1624년 대서양을 건너온 네덜란드인이 가죽을 교역하면서 처음으로 시장이 열렸다. 당시까지 이 지역은 아메리카 대륙의 원주민 중 하나인 레니레나페족Lenni Lenape Native Americans의 활동지였다. 네덜란드인은 이곳에 영구적인 교역 거점을 조성했다.

네덜란드의 교역 브로커인 피터 미나위Peter Minuit••는 1625년 로어 맨해튼

• 맨해튼은 북에서 남으로 순차적으로 업타운Upper Manhattan, 미드타운Midtown Manhattan, 다운타운인 로어 맨해튼Lower Manhattan으로 나뉘며, 서쪽과 동쪽은 5번가를 중심으로 나뉜다.

•• 피터 미나위는 스페인 가톨릭의 정권을 피해 브뤼셀의 서남쪽 85km의 투르네에서 노르트라인베스트팔렌주로 이주해온 프로테스탄트 집안 출신이었다.

을 방문했다. 피터 미나위는 현재 독일 영토인 노르트라인베스트팔렌주 태생이며, 네덜란드 서인도회사의 직원으로 새로운 교역 물산을 찾고 있었다. 그는 레나페족 원주민에게 1626년 당시 60길더 가치의 물건들과 맨해튼 섬을 교환했다.• 피터 미나위는 그다음 해에 로어 맨해튼을 다시 방문해 1631년까지 네덜란드 식민지의 책임자로 일했다.

네덜란드인은 이스트강과 현재 허드슨강인 노스강North River이 만나는 맨해튼의 남쪽 끝 언덕 위에 포르트 암스테르담Fort Amsterdam••이라는 요새를 조성했다. 당시 포르트 암스테르담은 미국 원주민과 영국의 공격을 방어하는 요새였다. 네덜란드인들은 이를 조성하기 위해 1628년부터 아프리카 노예를 수입했다. 이곳이 현재 배터리 파크Battery Park이며, 인접한 볼링 그린Bowling Green과 펄 스트리트Pearl Street를 통해 인접한 마을과 연결되었다. 요새 주변에는 유럽인과 노예의 마을이 형성되었다.

네덜란드인의 요새와 마을은 1647년부터 뉴네덜란드의 행정관인 피터 스타위베산트Peter Stuyvesant에 의해 자치 행정을 시작했다. 1653년 이곳은 뉴암스테르담New Amsterdam이라는 자치 도시가 되었고, 현재 월 스트리트Wall Street에 목재 울타리가 조성되었다. 1658년에 지금의 할렘인 니우하를럼Nieuw Haarlem이 농촌 마을로 조성되었다.

뉴암스테르담은 이후 1664년 영국에 흡수되어 요크 공작Duke of York을 기리며 뉴욕New York으로 개명되었다. 당시 뉴욕의 범위는 현재 월 스트리트의 남쪽부였으며 인구는 약 1500명이었다. 이후 1698년 뉴욕에 트리니티 교회Trinity

• 암스테르담 역사회Institute for Social History of Amsterdam의 환산에 의하면, 당시 60길더는 2006년 기준으로 천 달러 가치에 해당한다. 당시 원주민과 네덜란드인은 매매에 대한 서로 다른 개념을 갖고 매매를 했을 것으로 추측되어왔다. 국립 네덜란드 도서관의 연구에 의하면, 여름과 겨울에 이주하며 생활하는 미국 원주민은, 물, 공기, 토지는 매매가 불가한 대상으로 간주했다. 즉, 당시 미국 원주민은 토지 소유권의 개념을 가지고 있지 않았다.

•• 포르트 암스테르담과 그 언덕은 1788년 매립을 위한 토사 확보를 목적으로 해체되었다.

Church가 설립되었고, 1720~1730년대에 신문이 발행되고 극장이 설립되었다. 뉴욕은 이 시기에 북아메리카 동부 해안의 선발 도시였던 필라델피아•와 달리 도시설계 계획 없이 성장했다.

이리 운하

뉴욕은 미국 독립전쟁 직전부터 빠르게 성장했다. 1767년을 전후로 특히 주택 조성이 급증했다. 당시 뉴욕의 주택 수요는 기존의 산발적인 소규모의 필지 중심의 개발에서 대규모의 블록 개발로 전환되어 진행되었다. 이즈음 뉴욕의 경계가 월 스트리트를 넘어 북쪽의 체임버스 스트리트Chambers Street로 확장했다. 뉴욕이 처음으로 토지 측량에 근거한 버나드 래처Bernard Ratzer의 뉴욕시 도시계획안Plan of the City of New York in North America••을 마련한 것이 1776년이다.

한편 뉴욕이 북아메리카 동부 해안에서 필라델피아와 볼티모어를 누르고 가장 큰 도시와 항구로 성장하는 된 것은 무엇보다 이리 운하Erie Canal가 건설되고 부터이다.••• 이리 운하는 허드슨강의 뉴욕 항구로부터 내륙 버팔로Buffalo의 이리 호수Lake Erie까지 연결하는 총길이 584km의 수로이다. 이리 운하는 당시 아메리카 대륙의 중서부와 북동부의 농산물을 동부의 도시들로 운송하는 핵심

• 필라델피아는 당시 윌리엄 펜William Penn과 측량자인 토마스 홈스의 1683년 도시계획안을 근거로 형성된 계획도시였다.

•• 당시 버나드 래처의 뉴욕시 도시계획안은 뉴욕의 첫 번째 공공 오픈 스페이스인 그레이트 스퀘어Great Square의 조성을 제안했다. 당시 제안된 그레이트 스퀘어는 현재 뉴욕시 경찰국 본부를 포함하는 드랜시 스트리트Delancey Street과 그랜드 스트리트Grand Street로 정의되는 드랜시 부지Delancey property 개발안의 일부였다. 아쉽게도 당시 미국의 독립전쟁이 발발하면서 그레이트 스퀘어 부지는 뉴욕시의 재산으로 몰수되어 소규모의 부지들로 나뉘어 매각되었다.

••• 뉴욕은 1789년 조지 워싱턴George Washington 행정부하에서 알렉산더 해밀턴Alexander Hamilton 초대 재경부 장관의 활동으로 동부의 경제 중심으로 급속히 성장했다.

래처의 1776년 뉴욕 도시계획안

수단이었다. 이로 인해, 뉴욕시, 버팔로, 뉴욕주가 미국 국내와 해외의 도시들과의 무역으로 부를 축적하게 되었다.

뉴욕시 인구는 이리 운하가 건설되면서 1800년 6만 명에서 1820년의 15만 명, 1840년 30만 명, 1850년 51만 5000명으로 급속히 성장했다. 당시 뉴욕의 북쪽 경계는 남북전쟁이 발발하기 전인 1850년대까지 42번가였다. 뉴욕은 남북전쟁 종료 후 인구가 다시 급속하게 증가해, 1880년 이전에 이미 인구 백만 명의 도시가 되었으며, 1890년 전후로 맨해튼 섬 전체가 개발되었다.

뉴욕 커미셔너 도시계획안과 북쪽 확장

뉴욕주 주지사였으며 이후 부통령을 지낸 대니얼 톰킨스Daniel D. Tompkins는 1807년 커미셔너를 임명해 뉴욕의 급속한 성장에 대응하기 위해 뉴욕의 도시

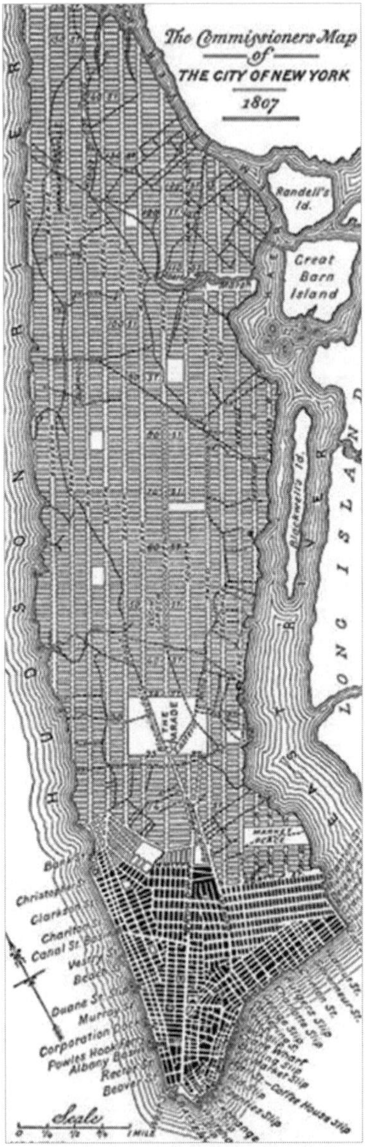

1807년 버전 커미셔너 도시 계획안

계획안Grid Plan of 1807을 수립했다. 뉴욕시는 이후 뉴욕주로부터 권한을 이양 받아 커미셔너 위원회를 조성하고, 도시계획안을 보완하여 커미셔너 도시계획안Commissioners' Plan of 1811을 완성했으며, 이후 커미셔너 도시계획안은 뉴욕주 의회의 승인을 받아 입법화되었다. 뉴욕시의 1811년 커미셔너 도시계획은 이후 1870년 그리드 확장 계획으로 보완되었다.

1811년 커미셔너 계획안은 제안된 도시계획을 실현했다는 점에서 도시 역사상 가장 성공한 도시계획의 하나이다. 1811년 커미셔너 계획안은 맨해튼에 폭 30m인 12개의 남북의 애비뉴, 그리고 폭 18m의 155개의 동서 방향의 가로를 조성하여 약 2000개의 격자형 도시 블록으로 세분화했다. 이를 통해 1811년 커미셔너 계획안은 효과적인 토지 개발과 매매를 유도하고, 공간적으로 무질서하고 빠르게 진행되는 민간 개발을 통제하고 이에 질서를 부여했다. 다시 말해 1811년 커미셔너 계획안은 맨해튼의 남쪽 끝에 집중된 개발을 방사형 블록 형태가 아닌 격자형 블록 형태로 개발을 유도하고, 균일한 주거 블록과 주거 블록 내 기본 필지, 건물 전면부와 일체화된 가로 전

존 바흐만의 뉴욕시 조감도, 1866

면부를 형성하려 했다.

이러한 도시개발의 결과로 맨해튼은 1837년부터 도시를 남북으로 가로지르며 뉴욕시와 주변의 외곽 지역을 연결하는 교통 인프라가 1번 애비뉴, 2번 애비뉴, 3번 애비뉴, 파크 애비뉴, 브로드웨이, 6번 애비뉴 등을 따라 집중적으로 형성되었다.• 이후 뉴욕의 도시개발은 1850년 42번 스트리트를 넘어 북쪽으로 진행되었으며, 3~4층 높이의 건물들과 교회들이 도로를 따라 조성되었다.

• 이 시기에 파크 애비뉴를 따라 뉴욕-할렘 철도가, 2번 애비뉴와 3번 애비뉴를 따라 맨해튼-브롱크스를 연결하는 3번 애비뉴 고가철도, 2번 애비뉴 고가철도, IRT 렉싱턴 애비뉴 지하철 노선, BMT 브로드웨이 지하철 노선, 이스트 리버 드라이브 확장 구간, 6번 애비뉴 지하철 노선이 건설되어 남북 확장을 주도했다.

센트럴파크와 어퍼이스트 사이드

맨해튼은 1850년대에 42번 스트리트를 넘어 성장했으나 도시의 공공 오픈 스페이스를 제대로 확보하지 못했다. 당시 맨해튼의 지식인들은 고밀도의 난개발을 우려했다. 이런 현실 때문에 ≪뉴욕 이브닝 포스트New York Evening Post≫의 편집장이었던 윌리엄 브라이언트William Cullen Bryant가 뉴욕시에 공원을 조성하기 위한 시민운동을 시작했다. 이후 새로 선출된 뉴욕 시장 앰브로즈 킹스랜드Mayor Ambrose Cornelius Kingsland가 공공 오픈 스페이스의 필요성을 이슈화하며 공원 조성의 입법을 추진했고, 뉴욕주는 센트럴파크의 개발을 감독하는 센트럴파크 위원회Central Park Commission를 구성해 운영했다.

뉴욕시는 대규모 공원 조성을 목적으로 1856년 중반부터 남북 방향으로 59번 스트리트로부터 106번 스트리트까지, 그리고 동서 방향으로 5번 애비뉴에서 8번 애비뉴까지 총면적 843에이커, 약 3.41km^2의 부지를 8백만 달러에 매입했다. 이후 북쪽으로 110번 스트리트까지 추가로 부지를 매입했다. 한편 센트럴파크 위원회는 1857년 조경 현상 설계를 개최했으며, 프레더릭 로 옴스테드Frederick Law Olmsted와 캘버트 보Calvert Vaux의 '그린스워드 계획안Greensward Plan'이 당선되었다. 센트럴파크는 이 설계안에 따라 미국 최초의 거대한 도시 공공 공원으로 조성되었다.

당시 맨해튼의 1811년 커미셔너 계획안에 따라 개발된 대표적인 격자형 도시 블록 중의 하나는 어퍼 이스트 사이드 구역이다. 특히 어퍼 이스트 사이드 구역의 개발은 무엇보다 센트럴파크가 조성되면서 가속화되었다. 이 시기에 기존 부유층의 맨션이나 로하우스의 거점이었던 59번 스트리트 남쪽의 5번 애비뉴로부터 북쪽의 96번 스트리트까지 센트럴파크를 따라 고급 아파트 건설과 부동산 투기가 진행되었다. 이후 1890년대부터 1920년대까지 지속적으로 부유층이 59번 스트리트를 넘어 5번 애비뉴와 파크 애비뉴를 따라 동쪽으로 이주해왔다.

센트럴파크

어퍼 이스트 사이드는 본격적인 주거 개발이 시작된 1880년대 이후 현재까지 개발 초기의 블록 구조와 주거 환경의 외형을 유지해오며, 시대의 변화에 따른 고층화·고밀화의 현대적인 주거, 상업, 혼합, 공공 용도를 수용해온 대표적인 도시 중심부 주거 블록의 사례이다. 특히 도시 환경의 급속한 근대화 과정에서 사회적 요구에 따른 주거건물의 고층화·고밀화의 아파트화가 진행되었으나, 여전히 타운하우스 중심의 블록 구조와 필지 구획, 건축 형태를 유지해온 대표적인 도시형 커뮤니티이다.

킹스 컬리지

로어 맨해튼이 영국인의 지배를 받기 시작한 이후 1697년에 트리니티 교회Trinity Church가 조성되었다. 이후 영국인들이 뉴욕에 대학을 설립하려는 노력은 1704년이 되어서야 추진되었으며, 이는 보스턴과 매우 대조적인 상황이었다. 대학 설립이 이렇게 늦어진 이유는 다양한 언어와 종교가 존재했던 뉴욕에서, 종교 기관이 대학을 설립하기 위한 통일된 여건을 마련하기 불가능했기 때문일 것이다. 한편 프린스턴 대학이 설립되면서 맨해튼에도 대학을 설립하려는 노력이 시작되었다. 1746년 뉴어크만Newark Bay 건너편의 뉴저지의 엘리자베스Elizabeth에는 프린스턴 대학의 전신인 뉴저지 컬리지College of New Jersey가 설립되었다.

뉴욕의 킹스 컬리지King's College가 트리니티 교회의 마당75 Broadway에 설립된 것은 1754년이다. 킹스 컬리지는 영국 조지 2세로부터 대학의 설립과 운영 인가를 받아 설립된 컬럼비아 대학Columbia University의 전신이다. 킹스 컬리지의 초대 총장은 옥스퍼드 대학에서 박사를 받은 성직자이며 언어학자인 새뮤얼 존슨Dr. Samuel Johnson이 임명되었다. 킹스 컬리지는 이후 1760년 트리니티 교회 소유 건물로부터 뉴욕 시청 옆의 파크 플레이스Park Place 주변의 건물로 이전했다. 킹스 컬리지는 이 시기에 파크 플레이스에 보타닉가든을 운영했으며, 1767년 의학교를 설립하고 미국에서 처음으로 의학박사 학위를 수여했다.

킹스 컬리지는 맨해튼에 남북 방향의 교통 인프라가 조성되어 이로 인해 북쪽 확장이 빠르게 진행되고, 특히 뉴욕시의 센트럴파크 공원 조성을 위한 대규모 토지 매입이 진행되던 1857년에 다시 시청 옆의 파크 플레이스로부터 가톨릭 교파의 세인트 패트릭 대성당St. Patrick's Cathedral의 남쪽 블록 부지49th Street at Madison Avenue로 이전했다. 이즈음 뉴욕시 대학University of the City of New York이 워싱턴 스퀘어에 대학 건물을 건립하기 시작했다. 뉴욕시 대학은 현재 뉴욕 대학의 전신이다. 킹스 컬리지는 이후 1896년 현재 모닝사이드 하이츠Morningside Heights로 이전했다.

그리니치 빌리지와 허드슨강파

로어 맨해튼의 서쪽부의 그리니치 빌리지Greenwich Village•는 오피스와 상업 기능으로 채워진 주변의 고층 건물군의 다운타운과 미드타운과는 대조적인 뉴욕의 주거 커뮤니티를 형성해왔다. 그리니치 빌리지는 19세기에 중층 건물의 로 하우스의 주거지가 개발되어 현재 2만 2800명이 거주하는 주거 구역이다.•• 이러한 이유로 그리니치 빌리지의 블록 형태는 이후에 개발된 맨해튼의 격자형 도시 블록과는 다르며, 휴스턴 스트리트Houston Street 북쪽의 번호형 도로명과 달리 고유의 도로 이름들을 가지고 있다.

그리니치 빌리지에는 16세기를 전후로 갠스보트 스트리트Gansevoort Street를 중심으로 아메리칸 원주민의 담배 농장인 사포카니칸Sapokanikan이 입지했다. 네덜란드인은 1630년대에 이곳을 목초지로 개간하고 정착하여 노르트빅Noortwyck이라고 불렀으며, 미네타천Minetta Creek을 따라 농장을 확장했다.••• 이후 영국인은 이곳을 당시 도시 중심부인 로어 맨해튼으로부터 떨어진 전원지로 개발하여 '그리니치'로 불렀다.

그리니치 빌리지는 뉴욕에서 1739년 천연두가 유행하고, 1822년 황열병이 발생한 이후, 도시 중심부로부터 이주해온 유럽인들의 대규모 거주지가 형성되었다. 당시 조성된 그리니치 빌리지의 초기 건물은 크리스토퍼 스트리트Christopher Street의 남쪽에 위치한 세인트 루크 교회Church of St. Luke in the Fields와 아

• 그리니치Greenwich는 '녹색 구역'의 네덜란드어인 '그룬베이크Groenwijck'가 영어화된 단어이다.

•• 그리니치 빌리지의 중심부는 뉴욕 대학이 입지하는 워싱턴 스퀘어이며, 동쪽으로 브로드웨이, 서쪽으로 허드슨강의 일부인 노스강과 6번~7번 애비뉴를 경계로 웨스트 빌리지에 인접하며, 남쪽으로 휴스턴 스트리트를 경계로 소호, 동쪽으로 이스트 빌리지와 노호, 북쪽으로 14번 스트리트와 첼시로 둘러싸여 있다.

••• 당시 네덜란드인은 현재 유니언 스퀘어 동쪽부에서 남쪽으로 흘러 워싱턴 스퀘어를 관통하며 흐르는 미네타천을 따라 습지를 농장으로 개간했다.

이작-헨드릭스 하우스Isaacs-Hendricks House이다. 또한 그리니치 빌리지는 19~20세기에 실험예술 극장, 소규모 출판소, 아트갤러리 등이 많이 입지해 맨해튼 예술의 중심지가 되었고, 1960년대의 히피 문화와 반문화운동counterculture movement을 주도한 지식인의 거주지이기도 했다.

그리니치 빌리지가 언제부터 어떠한 계기로 예술가의 중심부가 되었는가는 확실하지 않다. 당시 주변 상황을 종합해보면 그리니치 빌리지가 성장할 수 있었던 이유는 허드슨강과 걸어서 5분 거리라는 입지 조건 때문일 것으로 추측할 수 있다. 다시 말해, 그리니치 빌리지는 허드슨강의 항구를 통해 이리 운하를 따라서 뉴욕주 버팔로의 이리호까지 예술적 영감으로 가득한 북아메리카의 깊숙한 내륙의 자연 풍경으로 향하는 관문에 입지했다.

따라서 그리니치 빌리지는 이리 운하가 완성된 후 미국 대륙의 전원과 자연 경관을 즐겨 그렸던 화가들의 모임인 허드슨강파의 활동 거점이 되었다. 허드슨강파가 언제 결성되었는지는 알려져 있지 않지만 1820년대 중반 이후이며, 잉글랜드 랭커셔 출신으로 미국에 이주해와 미국 풍경화가로 활동했던 토마스 콜Thomas Cole이 창시자로 여겨진다.

토마스 콜은 1825년 이리 운하가 개통되면서 증기선을 타고 미국 내륙 지역을 답사하며 이를 그림으로 표현했다. 한편 그의 제자들인 프레데릭 처치Frederic Edwin Church, 존 컨셋John Frederick Kensett, 샌퍼드 기퍼드Sanford Robinson Gifford 등이 1855~1875년 사이 허드슨강파를 대표하는 그림 작품들을 완성하며 활동했다. 특히 토마스 콜은 1825년부터 렘브란트 필Rembrandt Peale, 이시엘 타운Ithiel Town, 새뮤얼 모스Samuel F. B. Morse 등의 일군의 미술가와 건축가들과 함께 활동하며, 국립 아카데미National Academy of Design, 현재 National Academy Museum and School의 설립을 주도했다. 당시 국립 아카데미는 런던의 왕립 아카데미를 모델로 조성되어, 미국의 미술 활동을 홍보하고 전시하는 것이 주목적이었다.

미국의 국립 아카데미는 설립 초기부터 1865년대까지는 본부를 확보하지 못해서 뉴욕 시청사와 뉴욕시립도서관을 중심으로 브로드웨이Broadway와 체임

그리니치 빌리지의 건물들

버스 스트리트Chambers Street 주변에서 활동했으며, 예술 활동은 워싱턴 스퀘어를 중심으로 진행되었다. 이후 국립 아카데미의 본부는 1865년부터 워싱턴 스퀘어의 동남쪽으로 현재 워싱턴 스퀘어 빌리지 아파트 옆 브로드웨이 663번지에 조성되었으며, 1865년부터 1899년까지 매디슨 스퀘어 파크 옆, 현재 메트로폴리탄 라이프 생명보험 건물 부지에 위치했다.

한편 그리니치 빌리지는 1950년대와 1960년대의 뉴욕시가 추진한 그리니치 빌리지의 대규모 도시재개발 정책들에 맞서 주거 환경을 보전하기 위해 활동해온 대표적인 지역사회 사례이다. 특히 그리니치 빌리지는 맨해튼 중심부에 입지해 1960년대부터 대규모로 상업화가 이루어지며 젠트리피케이션gentrification을 겪었다. 이 때문에 그리니치 빌리지는 역사건축의 보전과 개발이라는 첨예한 사회적 갈등의 중심부가 되었으며, 이런 갈등은 현재까지 지속되고 있다.

이 시기에 뉴욕시의 공원 위원회Parks Commissioner에 참여했던 로버트 모지스Robert Moses는 1952년 5번 애비뉴를 워싱턴 스퀘어를 관통하여 확장하려 했으나, 당시 정치가이며 사회활동가였던 엘리너 루스벨트Eleanor Roosevelt가 주도했던 주민운동으로 무산되었다. 또한 도시계획 분야의 사회운동가였던 제인 제이컵스Jane Jacobs는 워싱턴 스퀘어의 보행화를 주장했으며, 마침내 1959년 엘리너 루스벨트의 노력으로 워싱턴 스퀘어가 보행화되었다.

특히 1960년대에 뉴욕의 펜실베이니아 철도역Pennsylvania Station의 해체 여파로 시작된 '건축보전법의 통과'에 기여했던 마고 게일Margot McCoy Gayle은 제퍼슨 마켓 코트하우스Jefferson Market Courthouse 건물을 보전하기 위해 시민운동을 진행했다. 현재 이 건물은 제퍼슨 마켓 도서관Jefferson Market Library으로 이용되고 있다.

그리니치 빌리지의 지역사회 주민들은 1965년 '뉴욕시 랜드마크 보존 위원회New York City Landmarks Preservation Commission, LPC'*를 조성하며 그리니치 빌리지의 주거 환경을 보존해왔다. 이런 주민들의 노력으로 그리니치 빌리지 내의 북쪽과 서쪽의 50개의 블록들은 1969년에 뉴욕시 랜드마크 보전 위원회가 지정한 뉴욕시의 랜드마크로 지정되었고, 1979년에는 미국 역사 장소US National Register of Historic Places로 지정되었다.

* 뉴욕시 랜드마크 보존 위원회는 특히 1966년 페더럴Federal 건축 양식과 그리스 부흥Greek Revival 건축 양식의 주택들이 집중되어 있는 '찰턴-킹-밴덤 역사 구역Charlton-King-Vandam Historic District'을 지정했고, 22개의 그리스 부흥 건축 양식 건물과 콜로니얼 부흥Colonial Revival 건축 양식의 파사드가 있는 '맥두걸-설리번 가든 역사 구역MacDougal-Sullivan Gardens Historic District'을 지정했다. 뉴욕시 랜드마크 보존 위원회는 또한 2011년 기존 '벨 전화연구소 콤플렉스Bell Telephone Labs Complex, 현재 웨스트베스 아티스트 하우징Westbeth Artists' Housing, 2008년에 지정된 아이 앰 페이I. M. Pei가 설계한 '실버 타워/유니버시티 빌리지 콤플렉스Silver Towers/University Village Complex, 1967'와 피카소의 조각품인 'Portrait of Sylvette,' 맥두걸 스트리트MacDougal Street의 19세기 초의 페더럴 건축 양식으로 조성된 세 개의 주택 127, 129, 131번지 등의 개별 건물과 부지도 보존 대상으로 지정했다.

워싱턴 스퀘어

로어 맨해튼과 그리니치 빌리지 중심부인 워싱턴 스퀘어 파크, 이하 워싱턴 스퀘어•는 미국 문화를 생산하는 예술가와 작가의 활동의 구심점이다.•• 워싱턴 스퀘어가 현재의 모습과 기능을 갖춘 계기와 시점이 뉴욕시가 부지를 매입하고 공공 공원으로 지정하면서부터이다. 이미 뉴욕시 의회Common Council of New York City는 1797년 미네타천의 동쪽 부지를 매입하여 1825년까지 대규모의 공동묘지로 조성했다. 이후 뉴욕시는 1826년 미네타천 서쪽 부지를 매입하고 지반 공사를 통해 이곳을 워싱턴 밀리터리 퍼레이드 그라운드Washington Military Parade Ground 군사훈련장으로 이용했다.

워싱턴 스퀘어가 주거지로 형성되기 시작한 것이 바로 1830년대이다. 워싱턴 스퀘어의 북쪽 변에 1832년을 전후로 그리스 부흥Greek Revival 건축 양식의 주택들이 조성되어 북서쪽의 그리니치 빌리지와는 구별되는 또 다른 주거 커뮤니티가 형성되기 시작했다. 이와 함께 워싱턴 스퀘어에는 1849~1850년 보행로와 펜스가 설치되고, 1852년 중앙부에 분수가 조성되면서 공원으로 자리잡았고, 다시 뉴욕시 공원국의 주도로 1872년 현재의 공원으로 재조성되었다.•••

• 미국에서 가장 범죄율이 낮고 가장 안전한 대도시의 공공 공간으로 평가되어온 워싱턴 스퀘어는 뉴욕시 공원레저부의 직접 관리와 운영을 받으며 보안요원이 순찰한다. 한편 뉴욕시 경찰국은 공원을 보안카메라를 통해 감시하며, 뉴욕 대학 보안부도 공원을 감시한다.

•• 그리니치 빌리지의 지리적·문화적 중심부인 워싱턴 스퀘어는 뉴욕의 1900개 공공 공원들 중에서 대표적인 도시의 공공 공원이다. 워싱턴 스퀘어의 면적은 29.75에이커이며, 그 주변의 건물들은 과거 예술가들의 집과 스튜디오였으며, 현재는 상당 부분 뉴욕 대학이 소유하는 교육 및 주거 건물로 전환되었다. 워싱턴 스퀘어의 경계는 5번 애비뉴의 시작점으로, 북쪽으로 워싱턴 스퀘어 북로, 남쪽으로 워싱턴 스퀘어 남로, 동서 쪽은 워싱턴 스퀘어 이스트와 워싱턴 스퀘어 웨스트로 정의된다.

••• 워싱턴 공원은 미국 대통령 조지 워싱턴 취임 100주년인 1889년을 전후로 주세페 가리발디의 기념물이 설치되었다. 또한 이후 플라스터와 목재로 조성된 메모리얼 아치가 북쪽 입구에 조성되었고, 이후 대리석 아치가 다시 1892년 파리 개선문을 모델로 조성되었고, 조지 워싱턴 기념상이 1918년 북쪽부에 조성되었다.

워싱턴 스퀘어

특히 워싱턴 스퀘어의 북쪽으로 11번 스트리트와 유니버시티 플레이스University Place의 교차지에 조성된 호텔 세인트 스테펀Hotel St. Stephan, 1902년 이후 호텔 앨버트Hotel Albert로 개명은 그리니치 빌리지의 문화적 아이콘으로 작가와 예술가들의 사교의 중심이었다.

이즈음 워싱턴 스퀘어에는 조각가인 오거스터스 세인트-고던스Augustus Saint-Gaudens와 대니얼 프렌치Daniel Chester French가 거주했다. 또 스코틀랜드 출신의 작가 로버트 스티븐슨Robert Louis Stevenson, 모험가이며 작가였던 마크 트웨인Mark Twain, 시인 하트 크레인Hart Crane, 시인이며 언론인인 월트 휘트먼Walt Whitman, 소설가 토머스 울프Thomas Wolfe, 보스턴 출신의 작가 로버트 로웰Robert Lowell 등이 활동했다.

특히 거트루드 휘트니Gertrude Vanderbilt Whitney와 그의 남편은 1914년 웨스트

8번 스트리트 8번지에 휘트니 스튜디오 클럽Whitney Studio Club을 조성하여 젊은 예술가들의 작품을 전시하고 예술 활동을 후원했다. 1931년 이곳은 휘트니 미술관Whitney Museum of American Art으로 조성되었고, 유럽에서 수입된 모더니즘의 거점인 미드타운의 현대미술관Museum of Modern Art과 차별화되었고, 당시까지 주목받지 못한 미국 예술가들의 활동 거점으로 성장했다. 현재 이곳에는 '뉴욕 드로잉, 회화, 조각 스튜디오 스쿨New York Studio School of Drawing, Painting and Sculpture'이 입지해 있다.

휘트니 미술관이 설립된 1930년대를 전후로 유진 오닐Eugene O'Neill, 존 슬론John Sloan, 모리스 프렌더가스트Maurice Prendergast가 워싱턴 스퀘어에 거주했으며, 추상표현주의 화가 잭슨 폴록Jackson Pollock, 표현주의 화가인 윌리엄 드 쿠닝Willem de Kooning과 사실주의 화가인 에드워드 호퍼Edward Hopper, 초현실주의 화가인 살바도르 달리Salvador Dalí, 추상표현주의 화가 필립 구스턴Philip Guston, 미국 팝아트의 선구자 앤디 워홀Andy Warhol 등이 워싱턴 스퀘어에서 작업실을 운영했다.

워싱턴 스퀘어의 서쪽으로 현재 38 Commerce 부지는 1817년에 건축된 담배 창고와 공장 건물이 체리 레인 극장으로 개조되어 현재까지 운영되고 있다. 이곳은 체리 레인 극장을 중심으로 1940년대에는 리빙 극장The Living Theatre, 업서드 극장Theatre of the Absurd, 다운타운 극장Downtown Theater들이 함께 조성되어 새로운 연극이 상연되고 극작가와 성악가들의 작품이 발표되는 무대가 되었다.

또한 워싱턴 스퀘어 서쪽으로 셰리단 스퀘어Sheridan Square에는 1938년 카페 소사이어티Café Society가 개장하며 나이트클럽과 재즈 문화의 중심부가 되었다. 셰리단 스퀘어의 빌리지 게이트Village Gate, 빌리지 뱅가드Village Vanguard, 블루노트Blue Note에는 재즈 가수인 냇 킹 콜Nat King Cole, 엘라 피츠제럴드Ella Fitzgerald, 빌리 홀리데이Billie Holiday, 사라 본Sarah Vaughan 등이 활동했으며, 1960년대부터는 거드스 포크 시티Gerde's Folk City, 비터엔드Bitter End, 카페 오고고Cafe Au Go Go, 개스라이트 카페Gaslight Cafe, 바텀 라인Bottom Line 등의 뮤직 클럽이 앨런 긴스버그Allen Ginsberg와 밥 딜런Bob Dylan의 활동 거점이 되었고, 바브라 스트라이샌드

체리 레인 극장

Barbra Streisand, 피터 폴 앤드 메리Peter Paul and Mary, 벳 미들러Bette Midler, 사이먼 앤드 가펑클Simon & Garfunkel, 칼리 사이먼Carly Simon 등이 활동하며 포크 음악의 거점이 되었다.

뉴욕시 대학과 워싱턴 스퀘어

그리니치 빌리지 중심부인 워싱턴 스퀘어 파크이하 워싱턴 스퀘어의 핵심부는 뉴욕 대학이다. 뉴욕 대학은 워싱턴 스퀘어를 중심으로 로어 맨해튼의 격자형 도시 블록들에서 대학 기능들을 수용하며 성장해온 매우 독특한 캠퍼스를 갖고 있다. 현재 뉴욕 대학의 캠퍼스 구역은 남쪽의 휴스턴 스트리트Houston Street,

동쪽의 브로드웨이Broadway, 북쪽의 14번 스트리트, 서쪽의 6번 애비뉴Avenue of the Americas로 구획된다.

뉴욕 대학이 과연 언제 어떻게 맨해튼의 격자형 도시 블록 위에 형성되었으며, 어떻게 대학 캠퍼스를 확보하고 성장해왔는가는 매우 흥미로운 이슈이다. 뉴욕 대학은 1831년 토머스 제퍼슨Thomas Jefferson과 제임스 매디슨James Madison 행정부에서 재정부 장관으로 활동한 알레르트 갈라틴Albert Gallatin에 의해 설립되었다.

알베르트 갈라틴은 제네바 출신의 제네바 아카데미Academy of Geneva 졸업생으로, 미국으로 이주해와 펜실베이니아에 거주했다. 알베르트 갈라틴은 1830년 뉴욕 시청에서 3일 동안 열린, 새로운 대학 설립 계획을 수립하기 위해 100여 명이 참석한 학문-과학 컨벤션 행사를 마치고, 뉴욕의 상인, 은행가, 무역인과 뉴욕 시민과 함께 시립대학의 설립을 추진했다. 이후 뉴욕 대학은 1831년 뉴욕주 의회로부터 인가를 받아 뉴욕시 대학University of the City of New York으로 개교했다.

알베르트 갈라틴은 상류사회와 특권층을 겨냥한 고등교육보다는 맨해튼의 모든 젊은이들을 대상으로 실용교육을 추구했으며, 뉴욕시 대학의 초대 총장으로 활동했다. 알베르트 갈라틴은 뉴욕시 대학의 설립 이념을 "급속하게 변화하는 사회 속에서 모두에게 개방된 이성적이며 실용적인 교육의 제공하는 것"이라고 발표했다. 이에 뉴욕시 대학의 후원자들은 출생의 권리나 사회적 지위가 아닌 특기에 근거해 학생을 선발했다. 이러한 배경에서 뉴욕시 대학은 당시 설립되어 운영되던 미국 내 다른 대학들과 달리 특정 교파와 종파에 소속되지 않았다. 이러한 설립 배경은 당시 교회에 의해 운영되던 컬럼비아 컬리지에 대한 도전으로 파악된다. 당시 뉴욕시 대학은 '감독교회Episcopalianism'를 추구했던 컬럼비아 컬리지에 반해 복음주의 장로교Evangelical Presbyterians의 배경을 갖고 있었다고 전해진다.

뉴욕시 대학이 워싱턴 스퀘어에 처음 조성된 계기는 1835년 전문학교로서 법학대학School of Law이 워싱턴 스퀘어에 처음 설립된 것이다.

뉴욕시 대학은 1832년 뉴욕 시청 옆의 4층 건물인 클린턴 홀Clinton Hall의 공간을 임대해서 수업을 했다. 워싱턴 스퀘어에는 뉴욕시 대학의 첫 번째 건물인 올드 유니버시티 빌딩Old University Building이 1835년 워싱턴 스퀘어의 서쪽 웨이버리 플레이스Waverly Place와 워싱턴 플레이스Washington Place 사이에 조성되었다.

당시 잉글리시 고딕 건축 양식으로 조성된 올드 유니버시티 빌딩은 강의실과 도서관으로 사용되었으며, 그 외의 스튜디오와 주거 아파트 공간이 민간에 임대되었다. 특히 올드 유니버시티 빌딩의 2층에 조성된 도서관은 1841~1857년 뉴욕 역사회New York Historical Society의 도서관 기능을 갖고 있었다. 또한 올드 유니버시티 빌딩의 초기 임대자 중 한명은 모스 부호Morse Code를 개발하고 전보의 상용화에 기여한 새뮤얼 모스Samuel F. B. Morse였다. 새뮤얼 모스는 칼뱅주의 믿음을 갖고 허드슨강파 회화-조각 전공의 학과장으로 활동하며 미술과 디자인을 가르쳤다. 그는 이후 국립 아카데미의 설립을 주도하며 초대 총장으로 활동했다.

뉴욕시 대학이 뉴욕 대학New York University으로 명칭을 바꾼 시점은 1896년이다. 뉴욕시 대학은 1895년 워싱턴 스퀘어의 상징이자, 뉴욕 대학의 두 번째 건물인 메인 빌딩을 워싱턴 스퀘어 동쪽에 10층 규모로 조성했다. 당시 메인 빌딩은 상부 세 개층은 상과대, 법과대, 교육대의 기능을 수용했고, 그 이하에는 주거, 오피스, 그리고 초중고 및 대학 교재를 전문적으로 출판했던 아메리칸 출판사American Book Company에 임대했다. 이후 뉴욕시 대학은 대학의 기능 확장과 함께 1927년부터 전체 건물을 모두 대학 건물로 사용하기 시작했다.

한편 뉴욕 대학은 1894년 브롱크스에 유니버시티 하이츠University Heights 부지를 매입하여 장기적인 캠퍼스 확장에 대응했다. 총장 헨리 매크래컨Chancellor Henry Mitchell MacCracken은 1895년 대학원 기능만을 워싱턴 스퀘어에 남겨두고, 인문과학학부College of Arts and Science, 엔지니어링 대학School of Engineering을 포함해 대학의 행정 기능을 기숙생활 중심의 교외캠퍼스로 조성한 유니버시티 하이츠로 이전했다. 하지만 워싱턴 스퀘어에는 학부대학Collegiate Division이 다시 설립되었고, 1913년 워싱턴 스퀘어 컬리지Washington Square College로 개교했다.

1960년대 후반부터 1970년대 초까지 뉴욕시의 재정 위기와 함께 겪은 심각한 학교 재정 위기로 인해 뉴욕 대학이 본격적으로 워싱턴 스퀘어를 캠퍼스의 중심 공간으로 조성하기 시작했다. 1962년 당시 37세의 제임스 헤스터James McNaughton Hester•가 뉴욕 대학 총장에 취임했다. 제임스 헤스터 총장은 1973년 브롱크스의 유니버시티 하이츠 캠퍼스를 뉴욕 시립 대학City University of New York에 매각하고 캠퍼스의 모든 기능을 워싱턴 스퀘어로 이전했다. 이 과정에서 모든 학부의 자유교양 교육은 기존의 워싱턴 스퀘어 컬리지Washington Square College로 통합되어 워싱턴 스퀘어의 메인 빌딩에 수용되었다.

제임스 헤스터 총장은 건축가 필립 존슨Philip Johnson과 함께 워싱턴 스퀘어를 중심으로 뉴욕 대학의 새로운 캠퍼스의 마스터플랜을 준비했다. 필립 존슨과 리처드 포스터Richard Foster가 함께 준비한 워싱턴 스퀘어 비전 '마스터플랜Vision of the Washington Square'은 워싱턴 스퀘어의 남동쪽 코너에 새로운 대학 중앙도서관을 신축하고 동쪽으로 당시 메인 빌딩을 중심으로 교육대학의 건물을 신축하며 주변부를 보행 공간으로 연결하여 통일된 대학 공간 아이덴티티를 확보하는 것이 목적이었다. 당시 마스터플랜은 메인 빌딩과 교육대학 건물을 아치형 유리 지붕의 갤러리로 연결하고, 이 갤러리의 보행 동선을 워싱턴 스퀘어와 브로드웨이 사이의 워싱턴 플레이스까지 유도했다. 이러한 갤러리 보행 동선의 아이디어는 밀라노의 비토리오 에마누엘레Vittorio Emmanuele로부터 영감을 받아 대학 건물, 카페, 바, 레스토랑 등을 도시 블록 위에 갤러리로 연결하고자 했다. 하지만 지역사회는 거대한 구조물이 워싱턴 스퀘어의 분위기를 망가

• 제임스 헤스터 총장은 이로 인해 총장 재임 기간 중 대학의 재정문제와 부지의 매각으로 많은 비난을 받았다. 하지만 그는 누구보다 뉴욕 대학의 워싱턴 스퀘어 비전을 이해하고 변화를 주도한 지도자로 최근 가장 높은 평가를 받는 총장이다.

뉴욕 대학의 실버센터

뜨릴 것이라 우려했고, 이 계획이 개발 법규를 위반했다는 주민의 반대로 무산되었다.

그럼에도 필립 존슨의 마스터플랜의 비전 중에서 현실화되어 조성된 것이 엘머 홈스 밥스터 도서관Elmer Holmes Bobster Library이다. 워싱턴 스퀘어 남쪽을 정의하는 밥스터 도서관은 당시 캠퍼스에 산재한 9개의 도서관 및 리서치 컬렉션을 통합하며 12층의 총면적 3만 9500m^2의 뉴욕 대학 최대의 단일 건물로 매일 6000명 이상이 사용하는 뉴욕 대학의 중심부가 되었다.•

한편 워싱턴 스퀘어에서 한 블록 남쪽에는 1960년대부터 뉴욕 대학의 고밀도의 기숙 및 거주 시설들이 집중 조성되었다. 그중 워싱턴 스퀘어 빌리지는 17층의 고층 아파트로 초대형의 '막대기' 형태의 슬래브와 장방형의 두개의 매스가 나란히 3번, 4번 스트리트 사이 워싱턴 스퀘어 빌리지 1~2Washington Square Village 1-2, 빌리지 3~4Washington Square Village 3-4를 이루며 슈퍼 블록으로 조성되었다. 또한 이후 워싱턴 빌리지 남쪽에 역시 슈퍼 블록형 주거 콤플렉스인 유니버시티 플레이스University Place가 32층 타워형의 세 개 건물인 실버센터 1, 2, 3으로 조성되어 대학의 교원들의 주거 건물로 사용되고 있다.

워싱턴 스퀘어 남쪽부의 거대한 슈퍼 블록 내의 주거 건물의 개발은 당시 뉴욕시의 공원 위원회를 포함해 12개의 공직 활동을 하며 뉴욕의 도시 개발을 주도했던 로버트 모지스가 맨해튼에서 진행한 슈퍼 블럭 도심 재개발의 시초가 되며 20세기 모던 건축의 전형으로 자리 잡았다.

한편 워싱턴 스퀘어에 인접한 남쪽부에는 1980년대부터 현재까지 전문대학원의 기숙사와 학생복지 시설들이 지속적으로 조성되었다. 먼저 1980년대에

• 엘머 홈스 밥스터 도서관은 특히 장식이 없는 빨간색의 샌드 외장에 스틸프레임을 갖춘 모던 건축의 상징이다. 또한 거대한 팔라디안Palladian 건축 양식의 아트리움과 로비의 바닥 패턴은 모던 건축양식의 교과서가 되었다. 밥스터 도서관은 2000석 규모로 매일 6800명의 학생이 이용하고 있으며, 내부의 에이버리 피셔 음악-미디어 센터Avery Fisher Center for Music and Media는 디지털 스튜디오를 포함해 오디오 리코딩과 비디오 녹화 기능을 갖고 있다.

법대 건물인 밴더빌트 홀Vanderbilt Hall에 인접한 법학대학원 기숙 시설인 14층 규모의 필로멘 다고스티노 레지던스 홀Filomen D'Agostino Residence Hall과 머서 스트리트 레지던스Mercer Street Residence가 조성되었고, 인접 블록에 매일 3000명이 이용하는 종합스포츠 센터인 제롬 콜 스포츠 센터Jerome S. Coles Sports and Recreation Center•가 건축되었다. 또한 뉴욕 대학은 2000년 초부터 워싱턴 스퀘어 남쪽 라과디아 플레이스La Guardia Place에 850석 규모의 스커볼 센터Skirball Center for Performing Arts, 헬렌 앤드 마틴 키멜 센터Helen and Martin Kimmel Center for Student Life의 아이스너-루빈 오디토리움Eisner-Lubin Auditorium을 조성했다. 이들은 주로 티시 대학Tisch School of the Arts과 음악원의 공연 시설로, 지역사회의 문화 시설로 사용된다.

유니언 스퀘어와 지식예술 클러스터

맨해튼의 그리니치 빌리지와 유니버시티 플레이스University Place를 따라 600m 북쪽 지점에 위치한 유니언 스퀘어Union Square는 또 하나의 흥미로운 고등교육의 거점이다. 유니언 스퀘어••는 맨해튼의 격자형 도시 블록의 모습과 차

• 제롬 콜 스포츠 센터는 현재 1만 명의 회원을 보유하고 있으며, 건물 옥상에는 1/6 마일의 러닝 트랙, 6개의 테니스코트, 축구연습장, 25m 실내수영장, 다이빙 탱크, 사우나, 6개의 스쿼시 코트, 5개의 핸드볼/라켓볼 코트, 에어로빅장, 유도/레슬링 매트, 펜싱, 웨이트 트레이닝 시설, 실내 암벽등반 시설 등을 갖추고 있다.

•• 유니언 스퀘어는 뉴욕시 공원레저부가 관리 운영한다. 유니언 스퀘어는 남쪽의 14번 스트리트, 북쪽의 17번 스트리트, 서쪽으로 유니언 스퀘어 웨스트와 동쪽으로 유니언 스퀘어 이스트로 경계가 나뉜다. 특히 유니언 스퀘어는 맨해튼의 주요 교통체계의 교차점이기도 하다. 유니언 스퀘어는 지하철 4, 5, 6, L, N, Q, R, W의 라인들이 교차하는 뉴욕 지하교통의 허브이며 지하철 14th Street - Union Square역과 연결되어 있다. 유니언 스퀘어는 로어 타운에서 보행 동선의 핵심 노드로서 북쪽의 플랫아이언 구역Flatiron District, 서쪽의 첼시 구역Chelsea, 남서쪽의 그리니치 빌리지 Greenwich Village와 뉴욕 대학의 기숙 시설, 남동쪽의 이스트 빌리지East Village, 동쪽의 그래머시 Gramercy 등의 주거 구역으로 둘러싸여 있다. 유니언 스퀘어의 북쪽 구역은 매주 월, 수, 금, 토요

유니언 스퀘어

별화된 긴 타원 형태의 공공 공간이다.

유니언 스퀘어는 19세기 초 맨해튼의 중심 도로인 브로드웨이Broadway, 과거 Bloomingdale Road와 4번 애비뉴Fourth Avenue, 과거 Bowery Road의 교차점에 조성된 스퀘어이다. 이곳은 원래 1811년 커미셔너 계획안에 의해 공동묘지로 남겨졌으며, 뉴욕주 의회에 의해 1815년 유니언 플레이스Union Place로 개명되었다. 뉴욕시는 1831년 유니언 플레이스를 공공 장소로 지정한 후, 1933년에 매입했다. 이후 유니언 플레이스는 북쪽으로 17번 스트리트까지 확장하여 '유니언 스퀘어'로 개명되었다.

일에 야외 마켓이 열리는 쇼핑과 복합 용도의 공간이다.

유니언 스퀘어에 주거지가 조성된 것은 1839년이다. 이즈음 유니언 스퀘어의 동쪽부에 4층 규모의 주택들이 조성되었고, 이어 브로드웨이와 17번 스트리트의 교차지를 중심으로 부유층을 위한 3~4층으로 된 벽돌 로 하우스들이 조성되었다. 유니언 스퀘어는 남북전쟁 이후 크게 변화했다. 먼저 스퀘어 주변의 주거 용도가 상업 용도로 변화되었으며, 20세기에 접어들면서 본격적으로 상업화되었다. 특히 유니언 스퀘어는 1861년과 1864년부터 공공 연설과 시민 집회의 장소로 기능하기 시작했다. 또한 베네치아의 상업 구역의 이름을 따라 리알토Rialto로 불렸던 뉴욕 최초 상업용 극장 구역이 유니언 스퀘어 남쪽에 조성되었다. 유니언 스퀘어는 이후 1872년 프레더릭 로 옴스테드와 캘베트 보의 계획안에 따라 다시 식재되었다.

유니언 스퀘어는 다수의 대학의 일부 기능과 예술 관련 전문 교육기관들이 모여 맨해튼의 지식 생산 거점이 된 도시형 캠퍼스 블록이다. 유니언 스퀘어 주변에는 예시바 대학Yeshiva University, 히브루 유니언 컬리지Hebrew Union College와 함께 쿠퍼유니언 과학예술학교Cooper Union for the Advancement of Science and Art, 뉴스쿨The New School for Social Research, 프랫 인스티튜트Pratt Institute 등이 일부 기능을 두고 있다.

또한 유니언 스퀘어에 입지한 대표적인 교육기관은 네덜란드-영국계 위그노의 후손이자 산업 발명가로서 최초의 증기기관차를 제작한 피터 쿠퍼Peter Cooper가 설립한 민간 학교인 쿠퍼유니언 과학예술학교Cooper Union for the Advancement of Science and Art가 있다. 피터 쿠퍼는 프랑스 정부가 원조하는 에콜 폴리테크니크École Polytechnique를 모델로 미국에 최고의 테크놀로지 학교를 설립하고 인종, 종교, 성, 사회경제적 지위에 관계없이 전학생에게 장학금을 지급했다. 당시 쿠퍼유니언 과학예술학교는 이스트 빌리지East Village와 그리니치 빌리지의 경계인 애스터 플레이스Astor Place와 세인트 마크 플레이스St. Mark's Place, 쿠퍼 스퀘어Cooper Square에 조성되었다.

유니언 스퀘어의 남서쪽 블록들에는 뉴스쿨을 구성하는 뉴스쿨 유니버시티 센터와 재즈 컨템퍼러리 음악원Jazz and Contemporary Music을 포함한 학교 기관들•이 입지한다. 또한 인접한 부지에는 2000년대부터 뉴스쿨의 파슨스 디자인 스쿨Parsons The New School for Design의 대학원과 세일라 존슨 디자인 센터Sheila C. Johnson Design Center, 그리고 프랫 인스티튜트Pratt Institute가 맨해튼 캠퍼스를 조성했다. 또한 유니언 스퀘어의 남서쪽에는 예시바 대학이 설립한 벤저민 카도조 법학대학Benjamin Cardozo School of Law이 입지하며, 스퀘어의 동쪽에는 히브루 유니언 컬리지Hebrew Union College가 설립한 유대교연구소Jewish Institute of Religion가 위치하고 있다.

유니언 스퀘어의 뉴욕 대학 기숙 시설

유니언 스퀘어의 가장 두드러진 특성은 무엇보다 뉴욕 대학이 1980년대 이후부터 유니언 스퀘어 주변에 일군의 기숙사 건물들을 조성한 것이다.

뉴욕 대학은 지난 1990년부터 워싱턴 스퀘어로부터 캠퍼스 공간을 확장하며 그 주변으로 새로운 캠퍼스 공간을 조성해왔다. 뉴욕 대학은 지난 20년간 급격히 증가한 학생들을 수용하기 위해 1980년대부터 약 20년 동안 모금 운동을 추진하여 막대한 기숙 시설의 투자를 진행했다. 뉴욕 대학의 존 브레이더마스 총장John Brademas은 1980년대부터 10억 달러 모금 캠페인을 진행하여 기숙 시설을 조성했다. 이후 존 섹스턴 총장John Sexton은 2002년부터 25억 달러 캠페인을 추가로 진행하여 재정을 확보했다.

이러한 결과로 뉴욕 대학은 1990년대부터 워싱턴 스퀘어에서 유니버시티 플레이스를 따라 북쪽으로 14번 스트리트에 위치한 유니언 스퀘어로 확장해왔

• 유니언 스퀘어 주변에는 뉴스쿨 평생교육원, 뉴스쿨 유니버시티 센터, 재즈 컨템퍼러리 음악원, 시민참여센터가 입지한다.

다. 이에 뉴욕 대학은 유니언 스퀘어를 중심으로 최근까지 꾸준하게 건물을 매입하고 리모델링을 추진하며 매우 독특한 도시 블록형 대학 캠퍼스를 조성해 왔다. 그 결과로 뉴욕 대학은 총 1만 1500명의 기숙사 거주 학생들 중, 워싱턴 스퀘어 주변 11개의 건물에 3100명이 기숙 생활을 한다. 한편 유니언 스퀘어의 동서쪽 칼라일 코트Carlyle Court, 유니버시티 홀University Hall, 팔라듐 레지던스 홀Palladium Residence Hall, 코럴 타워Coral Towers, 서드 노스 레지던스 홀Third North Residence Halls을 포함한 총 10개 건물에 5570명이 거주한다.

특히 최근 완성된 기숙 시설은 칼라일 코트 레지던스로 유니언 스퀘어와 인접한 14층 건물에 학생 740명이 거주한다. 그리고 스퀘어 동쪽으로 14번 스트리트를 따라 4번 애비뉴와 3번 애비뉴의 교차로를 중심으로 입지한 유니버시티 홀은 18층 건물로 600명이 거주하고, 팔라듐 레지던스 홀은 역시 18층으로 950명의 학생들이 거주하며 수영장과 농구 시설을 포함하며 체육 시설을 수용하고 있다. 유니언 스퀘어 기숙시설의 거점을 구성하는 초대형 코럴 타워는 14층 건물에 410명이 거주한다. 한편 2012년에는 12번 스트리트에 이스트 빌리지에서 가장 높은 26층 규모로 700명을 수용하는 파운더스 홀을 조성했다.

Part IV

엔지니어링-테크놀로지, 입자가속기, 통신네트워크

프린스턴
기숙 컬리지와 포레스털 캠퍼스

루뱅라뇌브
보행 시스템과 사이클로트론

보스턴
찰스강과 켄들 스퀘어 리서치 파크

팰로앨토
지진, 모펫 비행장, 아르파넷

프린스턴
기숙 컬리지와 포레스털 캠퍼스

인구 3만 명이 채 안 되는 소도시 프린스턴이 우리에게 특별한 것은, 거대한 세계도시인 뉴욕시와 필라델피아 사이에서 국제적 경쟁력을 갖춘 대학이 타운의 전부이며, 타운이 곧 대학인 도시로 그 특성을 유지하며 성장해왔기 때문이다. 프린스턴 대학은 프린스턴 타운의 중심부에 입지하여 뿌리내리고 지역사회와 일체화된 '지역사회 밀착형 대학'으로 성장해왔다. 이 과정에서 프린스턴 대학은 그 도시의 가장 큰 고용주로서 지역사회의 산업구조를 진화시키는 견인차의 역할을 해왔다.

프린스턴 타운이 지역의 거점으로 성장한 계기는 1830년대에 뉴욕과 필라델피아를 연결하는 역마차의 운행과 북쪽의 뉴브런스익과 남쪽의 트렌턴을 연결하는 국도인 루트1, 델라웨어-래리턴 운하, 뉴저지주의 첫 번째 철도선인 캠던 앰보이 철도선의 조성이다. 이로 인해 프린스턴은 해상 운송의 종점 항구로서 철도역과 하나로 연결되어 성장해왔다.

한편 뉴저지주의 엘리자베스에 설립된 뉴저지 컬리지가 프린스턴으로 이주해온 것은 1756년이다. 이후 뉴저지 컬리지는 프린스턴 대학으로 개명하고 1905년 옥스퍼드-캠브리지 대학의 교육체계를 모델로 '소그룹 교육시스템'의

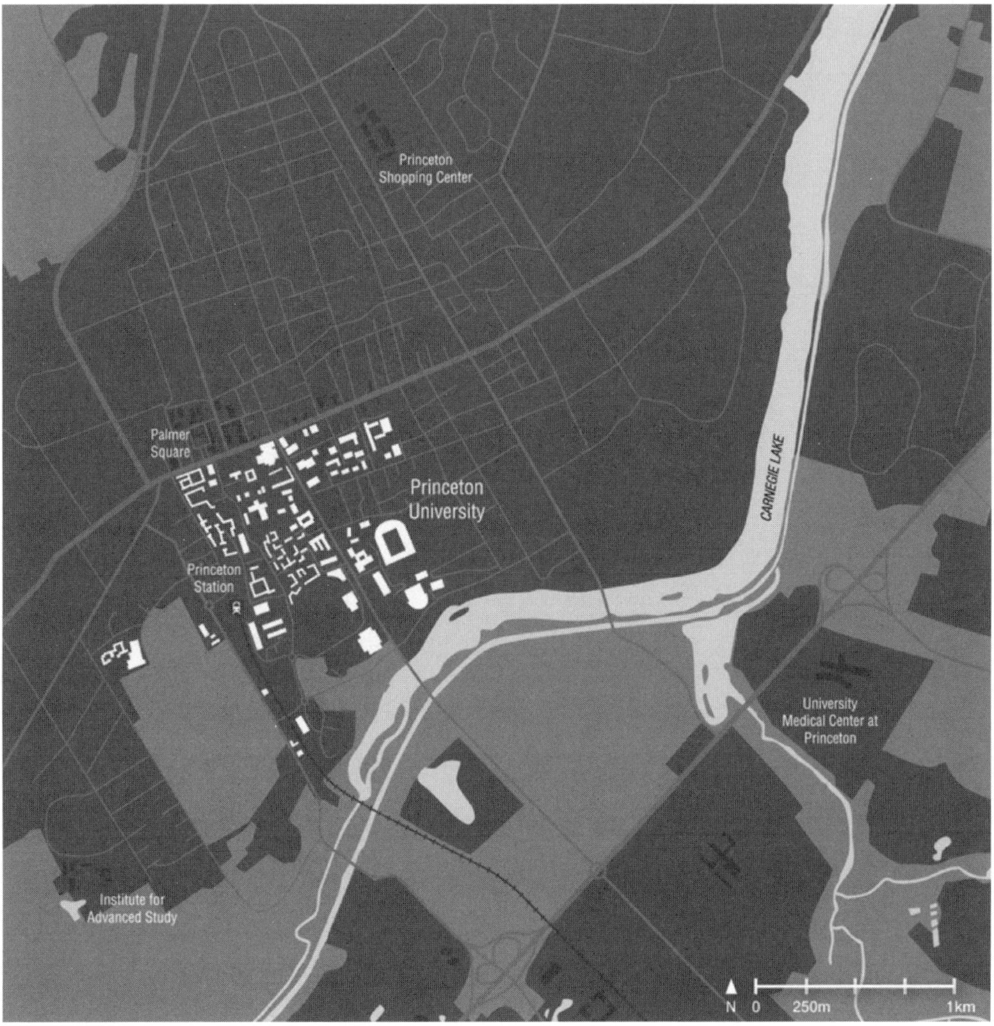
Princeton
Shopping Center
Palmer
Square
Princeton
University
CARNEGIE LAKE
Princeton
Station
University
Medical Center at
Princeton
Institute for
Advanced Study
N
0
250m
1km

학부교육을 추구해왔으며, 특히 1968년부터 모든 학부 대학생들에게 기숙 입주를 보장하며 기숙사와 식당 중심의 기숙 컬리지 시스템을 운영하며 캠퍼스를 조성해왔다.

프린스턴 대학은 제2차 세계 대전 이후 생화학, 생리학, 생물학 분야의 연구에서 하버드 대학과 경쟁하며 대규모의 캠퍼스를 조성해왔다. 특히 이 시기에 조성된 모펫 연구소, 루이스 토머스 연구소, 조지 슐츠 연구소, 루이스-시글러 게노믹스 등의 대규모 과학-엔지니어링 연구 시설이 고딕 양식의 고전풍의 캠퍼스 중심으로부터 벗어나 캠퍼스 현대적인 확장을 주도했다. 이러한 프린스턴의 연구 인프라는 알베르트 아인슈타인Albert Einstein이 활동하며 순수학문과 '추측성 연구'에 집중해온 독립 연구기관인 고등학문연구소와 함께 기능해왔다.

또한 프린스턴 대학 북서쪽에 입지한 제임스 포레스털 캠퍼스는 파리의 파스퇴르 연구소와 베를린의 로열 프러시아 전염병 연구원을 모델로 설립된 미국의 첫 번째 생의학연구소인 록펠러 의학연구소가 설립된 거대한 연구센터이다. 록펠러 의학연구소는 이후 생물학, 화학, 의학, 생리학의 임상연구의 요람으로 기능하며, 루트1을 따라서 제약, 생명과학, 의료기기 분야에서 2015년 기준으로 총 3100개의 기업과 11만 6700개의 일자리를 포함한 세계 최대의 바이오-메디컬 클러스터를 완성해왔다. 또한 연방정부의 지원으로 설립된 프린스턴-펜실베이니아 입자가속기는 프린스턴에서 소립자 연구를 이용한 물리학, 기체유체역학, 대기해양과학 분야의 핵심 거점으로 기능해왔다.

밀스톤강과 프린스 타운

프린스턴Princeton 타운은 북쪽의 뉴욕과 남쪽의 필라델피아로부터 같은 거리에 입지한 넓은 평지의 습지였다. 이곳은 북서에서 남동 방향으로 흘러나가는 래리턴강Raritan River과 델라웨어강Delaware River으로 북쪽과 남쪽의 경계가 각각 정의되었다. 그리고 래리턴강의 지류인 밀스톤강Millstone River이 북쪽의 래리턴만Raritan Bay과 대서양으로 흘러나가며 델라웨어 밸리를 중심으로 거주했던 토착인인 레니레나페족 원주민Lenni Lenape Native Americans•의 이동길••을 형성해 주었다. 이 길이 현재 프린스턴을 관통하는 중심도로인 나소 스트리트Nassau Street이다.

보스턴에서 활동하던 프로테스탄트 퀘이커 교인들이 1680년대 초부터 박해를 피하고 경제적 기회를 찾아 이곳으로 이주해왔다. 이들의 일부는 1690년대에 현재 킹스 하이웨이King's Highway, 현재 Route 206와 연결된 스토니브룩Stony Brook 하천변에 커뮤니티를 조성했다. 스토니브룩에는 1707~1724년 하천을 따라 나루터, 방앗간, 미팅하우스를 중심으로 마을의 중심부가 조성되었다. 당시까지 프린스턴은 스토니브룩에 속한 마을이었다.

프린스턴에 처음 주거지를 조성한 인물은 영국 태생으로 뉴잉글랜드로부터 이주해온 헨리 그린랜드Henry Greenland였다. 헨리 그린랜드는 1683년, 현재 프린스턴-킹스턴 로드Princeton-Kingston Road의 1082번지 부지에 걸릭 하우스Gulick House라는 술집 겸 여관을 운영했다. 서쪽과 동쪽의 뉴저지를 나누는 위치에 입지했던 이 술집은 결국 마을의 경계가 되었다.

프린스턴이 '프린스-타운Prince-town'으로 처음 언급된 것은 이곳에 대토지를 소유했던 제임스 레너드James Leonard에 의해서이다. 그는 나중에 윌리엄 3세가 되는 오렌지-나소 가문의 윌리엄 왕자Prince William of Orange of the House of

• 레니레나페란 '토착민original Indian/man'을 뜻하며, 델라웨어 인디언으로 불려왔다.

•• 레니레나페 인디안Lenni Lenape Native Americans의 이동 길은 현재 남쪽으로 킹스 하이웨이/미국 루트 206King's Highway/US Route 206을 통해 필라델피아, 그리고 북쪽의 뉴저지 루트 27NJ Route 27으로서 '뉴브런스윅-뉴욕-뉴잉글랜드New Brunswick-New York-New England'와 연결되었다. 이 구간은 뉴저지 루트 27NJ Route 27의 최남단 구간으로, 미국 루트 206의 북쪽 끝의 시작점이기도 하다. 이 길의 중앙 구간이 현재 나소 스트리트Nassau Street로 당시 뉴저지의 동쪽과 서쪽을 나누는 길의 기준이 되었다.

1874년 프린스턴 조감도

Orange-Nassau를 기리고자 했다. 마을은 '프린스타운Princetown' 또는 '프린세스타운Prince's Town'으로 불렸으며, 1724년을 전후로 프린스턴으로 이름이 조정되고 마침내 1734년에 프린스턴으로 공식화되었다.

프린스턴은 이후 미국 독립전쟁에서 프린스턴 전투Battle of Princeton의 장소였다. 프린스턴은 이 시기에 처음으로 뉴저지주의 헌법하에서 의회를 개최했으며, 주지사와 주정부의 조직을 결정하는 의회가 입지했던 곳이었다. 또한 이곳은 미국의 독립선언문 서명자인 리처드 스톡턴Richard Stockton과 존 위더스푼John Witherspoon의 거주지였다.

한편 프린스턴 버러Princeton Borough는 기존 타운십 내에서 자치 행정권이 인정되는 교구로 1813년에 설립되었다. 당시 프린스턴 버러는 북쪽의 몽고메리 타운십Montgomery Township과 남쪽의 웨스트 윈저 타운십West Windsor Township의 일부로 설립되어, 자치권을 보장하는 타운십들로부터 차터를 획득했다. 이후 프린스턴 버러는 각 타운십이 단일 학군을 갖도록 유도한 '1894년 법령Act of 1894'

이 제정되기 전까지 프린스턴 타운십Princeton Township의 일부였다. 프린스턴 버러는 2011년 프린스턴 타운십을 다시 흡수하여 하나의 행정권을 구축했다.

델라웨어-래리턴 운하, 캠던 앰보이 철도선

프린스턴이 인접한 스토니브룩을 앞지른 계기는 1740년대부터 뉴브런스윅New Brunswick과 트렌턴Trenton을 연결하는 마차coach의 운행이었다. 그리고 이 육상로는 운하와 철도로 대체되었다. 뉴욕과 필라델피아는 아메리카의 식민지 시대1492~1763에 상업 활동의 중심으로 빠르게 성장했다. 당시 뉴욕과 필라델피아를 연결하는 경로로 뉴브런스윅의 래리턴만Raritan Bay의 항구인 사우스 앰보이South Amboy와 트렌턴의 델라웨어 강변의 보든타운Bordentown을 연결하는 육로의 역마차가 운행을 시작했다.* 프린스턴은 특히 뉴브런스윅과 트렌턴을 연결하는 루트1의 중간 거점으로 현재 카네기 호수와 델라웨어-래리턴 운하Delawarntand Raritan Canal의 남쪽으로 평행하게 조성되었다.**

이후 19세기 초에 조성된 델라웨어-래리턴 운하와 캠던 앰보이 철도선은 운송의 거점으로서 프린스턴의 성장을 유도했다. 먼저 밀스톤강을 따라 1830년대부터 그 동쪽으로 총길이 106km의 델라웨어 래리턴 운하***가 뉴욕과 필라

- 이 역마차의 길을 따라 사우스 앰보이South Amboy, 사어빌Sayreville, 사우스 리버South River, 스팟츠우드Spotswood, 헬메타Helmetta, 제임스버그Jamesburg, 크랜버리Cranbury, 하이츠타운Hightstown, 윈저Windsor, 로빈스빌Robbinsville, 보든타운Bordentown 등이 형성되었다.

** 프린스턴은 1807년 '머서 로드-머서 스트리트-나소 스트리트-프린스턴-킹스턴 로드Mercer Road-Mercer Street-Nassau Street-Princeton-Kingston Road'가 조성되면서 그 중요성이 다시 증가되었다.

*** 델라웨어-래리턴 운하는 밀스톤강을 따라 프린스턴의 카네기 호수로부터 래리턴강까지 강변의 늪과 범람원의 평지를 따라 1834년에 조성되었다. 델라웨어 래리턴 운하는 1830년에 시작되어 283만 달러의 예산으로 1834년 완공되었으며, 다수의 아일랜드 이민자들에 의해 굴착되었다. 델

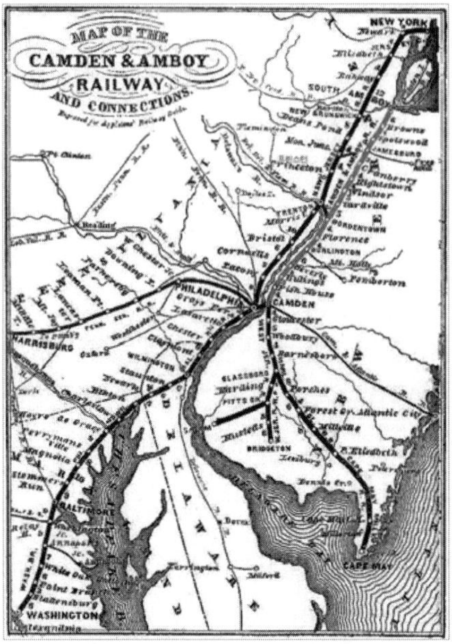

프린스턴을 관통하는 캠던 앰보이 철도

델피아를 직접 연결하는 운송 수단으로 조성되었다. 특히 델라웨어-래리턴 운하는 1860년대에 동부 펜실베이니아의 무연탄 탄광에서 나오는 석탄을 델라웨어강의 보든타운으로부터 래리턴강을 이용해 사우스앰보이를 통해 뉴욕항까지 운송했으며, 또한 허드슨강과 이리 운하와 연계되어 뉴욕의 생산품을 북부 뉴욕, 펜실베이니아, 오하이오, 5대호의 인접 주들까지 운송했다. 한편 델라웨어-래리턴 운하 회사Delaware and Raritan Canal Company와 자매회사로 설립된 캠던 앰보이 철도교통 회사Camden and Amboy Rail Road and Transportation Company는 1830년 뉴저지주 의회로부터 철도사업권 차터를 획득하여, 운하와 함께 뉴저지를 관통하는 승객과 화물 운송을 독점했다.•

라웨어 래리턴 운하의 주요 부분은 71km이며, 23m의 폭과 2.4m의 깊이를 가지고 있었다. 델라웨어-래리턴 운하는 1932년까지 작동했으며, 1974년 대부분의 운하 시스템은 뉴저지 주립 공원으로 지정되었다. 델라웨어-래리턴 운하의 주요 구간은 1996년에 개통된 루트129로 덮였으며, 현재에 하나 남아, 카누, 카약, 낚시 등의 용도로 쓰인다. 당시 운하가 처음 개통되어 증기 동력선이 쓰이기 전까지 노새들이 운하의 배들을 끌기 위해서 사용되었다. 운하 옆을 따라 경사져 있는 자연적인 표면 자국은 운하에서 노새가 짐배를 끌고 다닌 배를 끄는 길tow path이었다. 그 길은 현재 등산, 조깅, 사이클링 및 승마의 용도로 사용되고 있다.

• 당시 캠던 앰보이 철도선은 뉴저지의 첫 철도이며 미국에서 세 번째 철도였으며, 캠던 앰보이 철도 회사의 첫 회장인 로버트 스티븐Robert Stevens은 수석 엔지니어로서 미국의 증기선 제조의 선구자였다. 이후 델라웨어-래리턴 운하 회사는 1872년 철도기업들과 합병되어 뉴저지 연합철도운하회사United New Jersey Railroad and Canal Company가 되었다. 당시 뉴저지 연합철도운하 회사의

캐널 로드와 주변지의 개발

프린스턴이 이 지역의 거점으로 성장한 시점은 운하와 철도가 조성된 1830년대이다. 당시 운하와 철도의 조성은 프린스턴을 포함해서 이 교통 루트를 따라 일련의 도시개발을 촉진했다. 프린스턴은 해상 운송의 종점 항구로서 타운 중심부와 연결된 캐널 로드Canal Road, 이후 Alexander Street를 따라 철강 제조, 건설 자재, 석탄 가공 공장들과 호텔들이 번성했다.

한편 프린스턴의 주변 지역도 역시 1830년대를 전후로 개발 붐이 불었다. 먼저 현재 프린스턴 대학의 서쪽 구역에는 스톡턴 스트리트Stockton Street 를 따라서 그리스 부흥Greek Revival 건축 양식으로 주지사 관저인 드럼스워킷Drumthwacket이 조성되었고, 알렉산더 스트리트Alexander Street를 따라 연방시대 양식Federal과 그리스 부흥 건축 양식으로 주거지들을 개발했다. 특히 프린스턴의 서쪽에는 19세기 중반까지 필라델피아 건축가들이 주도한 회화 부흥Picturesque Revival 건축 양식으로 프로스펙트Prospect, 건지 홀Guernsey Hall, 스프링데일Springdale, 월터 로리 하우스Walter Lowrie House 등을 포함하며 패셔너블한 프린스턴 커뮤니티가 조성되었다.

또한 뉴저지 컬리지가 프린스턴 대학으로서 19세기 말에 확장하면서 디킨슨 스트리트Dickinson Street, 유니버시티 플레이스University Place, 바야드 레인Bayard Lane을 따라 저택들이 조성되었다.

한편 프린스턴이 현재와 같은 전원풍의 시골마을로 조성되기 시작한 것은 제1차 세계 대전 이후이다. 이즈음 프린스턴은 동쪽 끝을 중심으로 이 지역의 건축 양식을 이용한 소규모 주택들이 개발되면서 "숲에서 농업으로, 숲에서 주택으로From Forest-to-Agriculture-to-Housing의 개발"이 진행되었다.

프린스턴 대학의 학생 인구를 제외하면 프린스턴의 인구는 1880년에 3209

철도 노선들은 1871년 펜실베이니아 철도에 임대되었다.

명이었으며, 이후 서서히 증가하여 1900년 4854명 제1차 세계 대전이 종료된 1920년에 7341명, 제2차 세계 대전이 종료된 1950년에 1만 7637명으로 증가했으며, 이후 2000년에 3만 230명, 그리고 2010년에는 2만 8572명으로 다소 감소하며 안정기에 접어들었다. 동일 기간에 프린스턴 대학의 재학생 수는 1900년에 1277명, 1920년 1967명, 1950년 3552명, 2000년 6438명으로 서서히 증가했다.

뉴저지 컬리지와 프린스턴 신학교

프린스턴 대학은 1746년 원래 뉴저지주의 항구 타운인 엘리자베스 Elizabethtown에서 뉴저지 컬리지College of New Jersey로 설립되었다. 뉴저지 컬리지는 1756년 프린스턴으로 이전해왔으며, 이후 1896년 프린스턴 대학으로 개명했다. 당시 뉴저지 컬리지는 아메리카 식민지 내에서 네 번째로 인가를 받은 대학 교육 기관으로, 특히 독립전쟁 전에 설립된 아홉 개의 컬리지 중 하나였다.

엘리자베스 타운은 엘리자베스 항구Elizabeth port를 중심으로 형성된 어촌으로서 엘리자베스강Elizabeth River을 통해 뉴어크만Newark Bay, 스태튼 아일랜드Staten Island와 맨해튼으로 연결되었다. 엘리자베스 타운은 이러한 입지 조건으로 1665년 영국인이 설립한 뉴저지의 첫 수도였으며, 독립전쟁 시기에 맨해튼과 스태튼 아일랜드에 주둔한 영국군과의 전쟁터가 되었다.

뉴저지 컬리지는 원래 뉴라이트 장로교회New Light Presbyterians에 의해 목사 양성을 목적으로 설립되었다. 특히 뉴저지 컬리지는 설립 후 미국의 스코틀랜드-아일랜드인Scots-Irish America의 교육과 종교 활동의 중심부였다. 현재 프린스턴 대학은 어떤 종파와도 연계되어 있지 않다.

프린스턴으로 이전해온 뉴저지 컬리지가 첫 번째로 변화와 성장을 겪은 시점은 초기 다섯 명의 총장 시대가 종료된 후 총장 존 위더스푼John Witherspoon의 재임기였다. 당시 스코틀랜드 장로교의 목사였던 존 위더스푼 총장은 뉴저

프린스턴 대학 나소 홀

지 컬리지의 교육 목표를 기존의 목사 양성에서 새로운 미국의 리더 교육으로 새롭게 설정하며, 엄격한 학업 기준을 세우고 막대한 시설 투자를 유치했다.

이 시기에 뉴저지 컬리지의 상징이며 역사적인 중심부인 나소 홀Nassau Hall• 이 당시 식민도시들 중에서 가장 큰 교육용 건물로 완공되어 잉글랜드 왕 윌리엄 3세를 기념하며 명명되었다. 나소 홀은 1803년 스탠호프 홀Stanhope Hall이 조성될 때까지 뉴저지 컬리지의 유일한 건물로서, 사무실, 기숙사, 도서관, 강의

• 프린스턴 대학의 나소 홀은 특히 미국 역사에서 큰 의미를 갖고 있다. 나소 홀은 1776년 뉴저지 주의 수도 역할을 했고, 같은 해 7월 독립선언문Declaration of Independence이 나소 홀의 잔디밭에서 낭독되었다. 특히 나소 홀은 독립전쟁 중인 1777년 프린스턴 전투Battle of Princeton 시에 영국군이 주둔했으며, 조지 워싱턴George Washington은 영국군을 격퇴하기 위해 나소 홀에 폭격을 가했다. 또한 나소 홀은 1783년 6월과 11월 사이 의회전당대회Continental Congress가 열렸던 곳이다. 나소 홀은 다행히 포대 폭격과 1802년과 1855년에 걸친 대형 화재를 이겨내고 현재까지 기능하고 있다.

프린스턴 신학교 알렉산더 홀

실 등으로 이용되었고, 현재 대학의 행정실과 총장실을 두고 있다.

한편 미국 내에서 두 번째로 오래된 신학교이며, 미국 장로교파에서 가장 큰 신학교인 프린스턴 신학교Princeton Theological Seminary•가 1812년 목사이며 신학 교수였던 아치볼드 알렉산더Reverend Dr. Archibald Alexander의 주도하에 장로교회 총회General Assembly of the Presbyterian Church의 후원으로 설립되었다. 당시 프린스턴 신학교는 인문학 교과를 넘어 대학원 중심의 신학교 커리큘럼을 갖춘 신학 전문학교로 성장하는 것을 목표로 세 명의 학생들을 교육하며 설립되었다.

당시 뉴저지 컬리지의 애시벨 그린 총장Ashbel Green은 인접 부지에 프린스턴 신학교의 설립을 후원했다. 이후 프린스턴 신학교는 전용 건물인 알렉산더

• 프린스턴 신학교는 현재까지 1만 4000명의 목사를 배출하고 선교 사업, 기독교 교육 연구에 기여해왔다. 프린스턴 신학교는 500명의 재학생을 두고 있으며, 그중 40%는 장로교 목사 후보자이며, 그 외의 비장로교 교파의 목사 후보자 또는 비신학 분야의 학생들이다.

홀Alexander Hall을 조성하며 이전했으며, 그 옆에 밀러 예배당Miller Chapel이 조성되었다. 밀러 예배당은 1933년 현재 프린스턴 신학교 캠퍼스의 중심부로 이전했다.

프린스턴 신학교는 19~20세기 칼뱅 장로교파Calvinistic Presbyterianism를 추구하며 기독교 내에서 광범위한 주목을 받았다. 또한 프린스턴 신학교에서는 1920년대에 자유주의 신학의 영향과 신학교의 '근본주의-모더니즘 논쟁Fundamentalist -Modernist Controversy' 속에서 그레셤 매천Gresham Machen은 일부 신학자들과 함께 펜실베이니아의 글렌사이드Glenside에 웨스트민스터 신학교Westminster Theological Seminary를 설립하고 이주했다.

프린스턴 신학교의 도서관은 바티칸 시티의 교황 도서관Vatican Apostolic Library을 제외하면 세계에서 가장 많은 신학 도서관 장서를 보유하고 있다.• 프린스턴 신학교는 또한 인접한 프린스턴 대학과 신학 연구소Center of Theological Inquiry, 라이더 대학의 웨스트민스터 콰이어 컬리지Westminster Choir College of Rider University, 뉴 브런스윅 신학교New Brunswick Theological Seminary, 유대 신학교Jewish Theological Seminary와 럿거스 대학 사회복지스쿨Rutgers University School of Social Work과 교류하며 지역의 지식 거점을 구성하고 있다.

캠퍼스 확장과 기숙 컬리지

뉴저지 컬리지는 남북전쟁이 끝난 후 세 명의 스코틀랜드 출신 총장, 제임스 매코시James McCosh, 우드로 윌슨Woodrow Wilson, 존 히벤John Grier Hibben이 캠퍼스

• 프린스턴 신학교 도서관 서고는 약 125만 3000개의 서적, 팸플릿, 그리고 마이크로필름을 가지고 있으며, 특히 바스 연구센터Center for Barth Studies의 칼 바스 연구 컬렉션Karl Barth Research Collection으로 유명하다.

를 대규모로 확장했다. 이 시기에 뉴저지 컬리지는 설립 150년이 되던 1896년에 대학이 위치한 타운을 기리는 의미에서 교명을 프린스턴 대학으로 개명했다.

먼저 스코틀랜드 출신으로 글래스고 대학과 에든버러 대학을 졸업한 제임스 매코시 총장는 20년 동안의 재임 기간에 커리큘럼을 정비하고, 과학 연구의 시설 확장에 무엇보다 집중했다. 그는 찰스 다윈의 진화론과 신학의 연결관계를 고민했던 철학자였으며, 캠퍼스는 나소 홀을 중심으로 '하이 빅토리안 고딕High Victorian Gothic' 건축 양식의 건물들로 채워졌다.

프린스턴 대학은 이 시기에 대규모로 기숙 공간을 조성하고 1900년 대학원을 설립하면서 캠퍼스 확장이 가속화되었다. 먼저 캠퍼스를 나소 스트리트의 코너와 유니버시티 플레이스University Place, 유니버시티 플레이스 동쪽과 워싱턴 로드Washington Road를 따라 지속적으로 확장시켰다.

프린스턴 대학은 또한 캠퍼스의 시설 확장과 엘리트 커뮤니티로서의 교육환경을 구현하기 위해 컬리지에잇 고딕Collegiate Gothic 건축 양식을 도입하여 새로운 건물들에 건축적 통일성을 부여했다. 당시 컬리지에잇 고딕 건축양식은 윌리엄 애플턴 포터William Appleton Potter에 의해 도입되었고, 이후 캠퍼스 남서쪽에 블레어 홀Blair Hall과 블레어 타워Blair Tower, 곧이어 스태퍼드 리틀 홀Stafford Little Hall, 그리고 캠퍼스 남쪽의 체육관, 서쪽의 대학원 컬리지, 대학예배당이 순차적으로 완성되었다.

한편 프린스턴 대학은 1906년 랠프 애덤스 크램Ralph Adams Cram을 캠퍼스 건축가supervising architect로 고용하며 캠퍼스 개발을 위한 장기적인 마스터플랜을 마련했다. 당시 랠프 애덤스 크램은 프린스턴의 전통을 이어가기 위해 중세 고딕 건축 양식과 옥스퍼드 대학과 케임브리지 대학의 쿼드랭글을 캠퍼스에 열정적으로 구현했으며, 캠퍼스 내의 신축의 입지, 형태, 특징에 관한 최고 결정권을 갖게 되었다. 프린스턴 대학은 이후 50년 동안 27개의 대학 건물들이 컬리지에잇 고딕 건축 양식으로 조성되었다.

프린스턴 대학의 양적 팽창을 주도한 것은 무엇보다 남북전쟁 종전 후 늘

프린스턴 대학 블레어 홀

어난 학생들을 수용할 대규모 기숙 공간이 필요해졌기 때문이다. 특히 프린스턴 대학은 1890년부터 부유층 학생들을 전면적으로 수용하여 엘리트 교육의 구현이라는 새로운 대학정책으로 노후화된 학생 기숙 시설 업그레이드에 집중했다. 결국 프린스턴 대학은 기존 캠퍼스의 고딕 건축과 조화롭게 어울리는 캠퍼스 개발의 모델을 찾게 되었다.

당시 우드로 윌슨 총장은 1905년 프린스턴의 학부 교육 혁신을 위해 먼저 '소그룹 교육시스템preceptorial system'을 도입했다. 이러한 교육시스템은 당시 우드로 윌슨 총장이 1896년과 1899년에 옥스퍼드 대학과 캠브리지 대학을 방문하고 그곳의 기숙 컬리지 교육체계를 모델로 개발한 프린스턴 대학의 독특한 교육 방식이었다. 또한 우드로 윌슨 총장은 당시 심각한 문제가 되어온 학생 사교 클럽Greek letter fraternities을 대신하고 새로운 컬리지 및 카페테리아 문화로서 기숙사를 운영하기 위해 쿼드랭글 시스템을 개발했다.

프린스턴 대학의 소그룹 교육시스템은 현재 기숙 컬리지 시스템residential

college으로 실행 계획이 수립되었다. 하지만 프린스턴 대학은 재정적인 후원 부족으로 1968년까지 기숙 시스템을 실행하지 못했다. 이 기숙 컬리지 시스템은 이미 1920년대에 예일 대학과 하버드 대학에서 먼저 운영되었다.

이에 프린스턴 대학의 기숙 컬리지는 기숙사와 식당을 중심으로 '캠퍼스 기능의 중심부를 조성하며 캠퍼스의 개발을 유도했다. 프린스턴 대학은 1980년대 초에 '대학생 주거생활 위원회Committee on Undergraduate Residential Life의 보고서Residential College Development and Its Implication for the Upper Class Component가 역설했던 프린스턴 대학 캠퍼스에서 '공동체적 사회생활을 필요성'에 근거해 기숙교육 체계를 운영해왔다.

현재 기숙대학의 대명사로서 프린스턴 대학의 대학 기숙사는 모든 학부대학생에게 4년간 기숙사 입주를 보장하며, 98% 이상의 학부생들이 캠퍼스 기숙사에서 거주한다. 프린스턴의 학부 신입생들과 2학년생은 반드시 기숙 컬리지에서 살아야 하며, 3~4학년생들도 기숙 컬리지나 상급생 기숙사에서 기숙할 수 있다. 이 두 기숙사는 비슷하지만, 기숙 컬리지만 식당을 운영한다. 한편 프린스턴 대학의 거의 모든 학생들은 프린스턴의 높은 주거임대 비용으로 대학 기숙사에서 주로 기숙한다. 따라서 프린스턴 대학생들의 캠퍼스 내 사회생활은 기숙 컬리지와 남녀 혼용 식당홀에서 진행된다. 식당을 중심으로 운영되는 기숙사의 '식사 클럽eating club'은 한 학년 동안 학생들의 사교 모임을 운영한다.

프린스턴 대학은 현재 여섯 개의 대학생 기숙 컬리지의 체계하에 기숙사, 식당홀, 스터디실, 도서관, 휴게실, 공연실, 컴퓨터 시스템 등 편의 시설들을 독자적으로 운영한다. 각 기숙 컬리지는 총 500명의 학생들로 구성되며, 신입생, 2학년이 중심이며 3~4학년, 기숙사 보조원, 학습 지도자director of studies, 지도교수faculty adviser, 그리고 컬리지 마스터college master, 학장dean 등의 교직원으로 구성되어 운영된다.

프린스턴 대학의 여섯 개의 기숙 컬리지는 1970년대 조성된 남쪽 중앙에 입지한 윌슨 컬리지Wilson College와 버틀러 컬리지Butler College, 프린스턴 골프 코스에 면한 기존 프린스턴 인Princeton Inn을 개조한 포브스 컬리지Forbes College, 캠퍼스의 북서쪽 코너에 입지한 록펠러 컬리지Rockefeller College, 매시 컬리지Mathey College이다. 한편 프린스턴의 여섯 번째 기숙 컬리지인 휘트먼 컬리지Whitman College는 프린스턴 대학의 졸업생이며 1998~2008년 사이 이베이의 CEO였던 멕 휘트먼Meg Whitman의 기부로 2007년 완공되었다.

팔머 스퀘어

프린스턴 대학이 기숙 시설을 통해 캠퍼스 내부를 확장하면서, 1930년대 말에 프린스턴의 타운 중심부인 팔머 스퀘어Palmer Square가 조성되었다. 팔머 스퀘어는 나소 스트리트에 면하며 프린스턴 대학 건너편에 나소 인Nassau Inn을 중심으로 상점, 카페, 레스토랑, 오피스, 아파트 등이 밀집된 공공 공간으로 프린스턴의 크리스마스 트리가 조성되는 곳이다. 팔머 스퀘어는 현재까지 78년 동안 다양한 기능과 요소들과 함께 융합되어 쇼핑 거점으로 성장했다.•

팔머 스퀘어가 조성되기 전 이 부지에는 베이커 스트리트Baker Street를 중심으로 아프리카 아메리칸 주거 구역이 입지했다. 이곳에 프린스턴의 중심부를 조성하려는 비전은 1929년 뉴저지 징크 회사New Jersey Zinc Company 상속자인 에드거 팔머Edgar Palmer에 의해 발표되었다. 초기 팔머 스퀘어는 복합 용도의 타운 센터로서 프린스턴 대학의 상업 기능을 보완하는 목적으로 계획되었다. 이를 위해 팔머 스퀘어의 조성 계획은 플레이하우스 극장Playhouse Movie Theater을 앵커 시설로 제안하고, 그 주변에 프린스턴 우체국, 버러홀Borough Hall 등을 조성하려

• 팔머 스퀘어의 개발 당시 건축가였던 토머스 스테이플턴Thomas Stapleton은 옛 뉴포트Newport, 필라델피아, 애너폴리스Annapolis, 윌리엄스타운Williamstown 등에서 관찰되는 건축 양식들을 혼합하여 팔머 스퀘어의 건축 양식으로 이용했다.

했으나 실현되지 못했다.

팔머 스퀘어의 조성 공사는 1936년까지 경제 불황으로 인해 미뤄졌으며, 이후 1936년부터 1939년까지 진행되어 완성되었다. 이 과정에서 베이커 스트리트가 1929년 제거되었고, 아프리카 아메리칸 주거지들이 버치 애비뉴Birch Avenue로 이전되었다. 또한 팔머 스퀘어를 헐피시 스트리트Hulfish Street까지 확장하려는 계획은 1980년대 이후 나소 인Nassau Inn의 확장되면서 실현되었다.

과학-엔지니어링 시설의 확장과 고등학문연구소

프린스턴 대학의 또 하나의 특성은 과학과 응용과학인 엔지니어링 분야의 시설을 개발하면서 캠퍼스가 대규모로 확장되었다는 것이다. 프린스턴 대학은 제2차 세계 대전 이후 이 분야의 강의실과 실험실의 급속한 현대화를 통해 고딕 건축 양식의 캠퍼스 중심부로부터 벗어나 현대적인 건물 확장을 주도했다. 이러한 프린스턴의 과학-엔지니어링 교육연구 인프라는 제1차 세계 대전 이후부터 진행된 고등학문연구소Institute for Advanced Study의 설립과 제임스 포레스털 캠퍼스James Forrestal campus에 첨단 연구소들이 들어서면서 조성되었다.

프린스턴 캠퍼스의 과학-엔지니어링 연구 시설이 확장되면서 고힌 워크Goheen Walk를 따라 남쪽 캠퍼스가 확장되었다. 특히 자연과학과 기술 분야에서 하버드 대학과의 경쟁 우위를 선점하려는 목적으로, 프린스턴은 고든 유 홀Gordon Yu Hall에서 서쪽으로 워싱턴 로드Washington Road를 따라, 기요 홀Guyot Hall, 생화학-생리학의 연구 시설인 모펫 연구소Moffett Laboratory, 생물학 연구 시설들을 통합한 루이스 토머스 분자생물학 연구소Lewis Thomas Molecular Biological Laboratory들을 1980년대에 걸쳐 조성했다.

그리고 이들은 생물학 연구소인 조지 라비 슐츠 연구소George LaVie Schultz Laboratory, 루이스-시글러 게노믹스 연구소 및 칼 아이칸 연구소Lewis-Sigler

고등학문연구소

Genomics Institute and Carl Icahn Laboratory, 그리고 워싱턴 로드 건너편의 재드윈 홀Jadwin Hall, 파인 홀Fine Hall, 맥도널 홀McDonnell Hall 등의 수학과 물리학의 타워 콤플렉스와 연결되어 거대한 연구 클러스터를 조성해왔다.

한편 프린스턴에 입지한 고등학문연구소는 역사학, 수학, 자연과학, 사회과학의 28개의 전공 분야의 이론 연구와 박사후과정을 위한 연구센터로서, 매년 190명의 연구원들이 학위 과정과 실험실로부터 자유로운 연구를 진행해온 독특한 연구소이다. 이 연구소는 1933년 설립 이후 처음 6년 동안 프린스턴 캠퍼스의 수학부가 입지한 존스 홀Jones Hall에 입지했다. 이후 고등학문연구소는 1939년 새로 조성한 폴드 홀Fuld Hall로 이전하여 공동연구가 진행되어왔으나 행정적으로 상호 독립되어 있다.

고등학문연구소는 1930년 루이스 뱀버거Louis Bamberger와 캐롤라인 뱀버거Caroline Bamberger남매의 기부로 유대인 이민자로서 하버드 대학과 베를린 대학에서 심리학을 공부했고 미국의 교육개혁을 시도했던 교육이론가인 에이브러햄 플렉스너Abraham Flexner 주도로 설립되었다. 당시 이 연구소는 흥미롭게도 뉴저지 뉴어크에서 백화점 사업을 진행해온 뱀버거 형제들이 경제대공항이 직전 자금을 시장에서 빼내려는 목적으로 뉴저지주에 의학교를 설립하고자 한 것이다. 당시 그들의 친구였던 에이브러햄 플렉스너는 의학교 대신 추상적인 학문 연구를 위한 기관의 설립을 제안했다.

당시 에이브러햄 플렉스너의 순수학문에 관한 연구철학은 IAS 블루북에 실린 그의 글에서 확인된다. 그는, "고등교육기관은 세계에서 지식 그 자체를 위해 지식을 좇는 것이 궁극적인 존재이유raison d'être인 몇 안 되는 기관들 중 하나이다. 자연과 인간의 세계에 관한 인간의 이해는 주문에 의해 완성되는 것이 아니라 추측성 연구speculative research가 핵심이다. 이것은 예술적인 창의성에 의해서 특별한 환경에서 완성되는 결과물이다"라고 했다. 그는 "실질적인 이득은 대개 가장 기초적인 레벨의 순수한 학문적 연구의 결과이지만, 이러한 이득은 보장된 것은 아니고 또 예측할 수도 없다. 또한 이것이 궁극적인 목표라고 볼 수도 없다. 알려지지 않은 영역으로의 모험ventures into unknown territory은 필연적으로 리스크를 동반한다. 그리고 과학자와 학자들은 거의 그 결과물에 의해 자극받지 않는다. 오히려, 그들은 학문적 질문의 핵심인 창의적 호기심에 의하여 움직인다"라고 주장했다.

에이브러햄 플렉스너는 당시 가장 뛰어나다고 평가되는 수학자와 물리학자를 찾기 시작했다. 이에 프린스턴 대학의 수학자이며 기하학자였던 오스월드 베블렌Oswald Veblen이 프린스턴 근처의 부지 확보를 도왔고, 그의 학생인 제임스 알렉산더James Alexander 교수가 고등학문연구소에 합류했다. 또한 유럽에서의 반유대주의의 확산으로 알베르트 아인슈타인Albert Einstein, 독일 수학자이자 물리학자로서 아내가 유대인이었던 헤르만 베일Hermann Weyl, 오스트리아-헝가리 태생의 물리학자이며 수학자였던 존 폰 노이만John von Neumann 등 당시 세계의 석학 5명이 합류했다. 이후 고등학문연구소에는 1935년 양자 물리학의 선구자인 볼프강 파울리Wolfgang Pauli가 합류했다.

록펠러 의학 연구소

록펠러 의학 연구소와 프린스턴-펜실베이니아 입자가속기

프린스턴 대학은 제임스 포레스털 캠퍼스James Forrestal Campus[1]로 불리는 거대한 R&D 센터를 소유하여 운영해왔다. 이곳은 뉴욕과 필라델피아에서부터 1시간 거리이며, 총면적은 2만 1600에이커로 약 $87km^2$ 정도이다. 포레스털 캠퍼스는 원래 록펠러 의학연구소Rockefeller Institute for Medical Research가 소유했던 부지였다. 록펠러 의학 연구소는 1901년 프레더릭 게이츠Frederick T. Gates의 자문으로 존 록펠러John D. Rockefeller에 의해 설립되었다. 존 록펠러는 시카고 대학University of Chicago의 설립자이기도 하다.

록펠러 의학 연구소는 미국 최초 생의학연구소로서 파리의 파스퇴르 연구소Institut Pasteur와 결핵균tubercle bacillus을 발견한 로베르트 코흐Robert Koch가 설립한 베를린의 로열 프러시아 전염병 연구원Royal Prussian Institute for Infectious Diseases을 모델로 설립되었다. 당시 록펠러 의학 연구소는 초기에 존스홉킨스 대학의 의과대학 연구소에서 활동하고 펜실베이니아 대학의 병리학 교수였던 사이먼 플렉스너Simon Flexner에 의해 운영되었다. 사이먼 플렉스너는 1910년 록펠러 병원Rockefeller Hospital을 설립하고 연구와 진료를 함께 진행했다.

이후 록펠러 의학 연구소는 바이러스의 본질을 발견한 1944년 노벨화학상 수상자인 웬델 스탠리Wendell M. Stanley와 존 노스럽John H. Northrup을 포함해 화학, 의학생리학 분야의 노벨상 수상자 24명을 배출한 생물학과 의학 분야의 요람으로 성장했다. 록펠러 의학연구소는 루트1을 따라 2015년 기준으로 제약, 생명과학, 의료기기 등의 분야의 기업 총 3100개와 11만 6700개[2]를 갖춘 이 분야의 세계 최대 지역권 클러스터를 구축해왔다.

제임스 포레스털 연구 시설이 프린스턴 대학의 연구 시설이 된 것은 록펠러 의학 연구소가 뉴욕으로 이전했기 때문이었다.• 프린스턴 대학은 1951년 록펠러 의학 연구소로부터 16개의 실험실 건물 부지를 150만 달러에 매입했다. 그리고 이곳을 프린스턴의 졸업생으로 미국의 초대 국방부 장관을 역임한 제임스 포레스털James Forrestal의 이름을 기리며 제임스 포레스털 캠퍼스로 명명했다. 제임스 포레스털은 이곳에 과학과 엔지니어링의 기초 연구를 위한 연방 정부 지원을 유치해왔다. 특히 이 시기에 포레스털 캠퍼스에는 1957년 연방 정부의 4000만 달러의 예산으로 프린스턴-펜실베이니아 입자가속기Princeton-Pennsylvania Accelerator가 조성되었다. 프린스턴-펜실베이니아 입자가속기는 1972년까지 소립자 연구elementary particle를 위한 핵심 연구 인프라로서 기능했다.••

이즈음 포레스털 캠퍼스에는 주요 연구 시설들이 차례대로 추가되었다. 먼저 프린스턴 대학 물리학 교수이며 플라스마 물리를 정립한 리만 스피처

• 록펠러 의학 연구소는 1951년 프린스턴으로부터 연구 기능을 뉴욕의 어퍼 이스트 사이드로 이전하여 현재 록펠러 대학이 되었다. 록펠러 의학 연구소는 1954년부터 박사학위를 수여했으며, 이후 1965년 록펠러 대학이 되어 바이러스학virology 연구의 거점이 되었다. 현재 록펠러 대학은 73개의 연구소를 중심으로 하는 대학원 중심의 연구학교로서 총 1865명의 생의학 분야의 연구 전문 인력 70명의 연구소장, 200명의 연구 과학자, 350명의 박사후 연구원, 1050명의 연구직원, 170명의 박사과정생과 25명의 의학박사-박사과정생으로 운영하고 있다.

•• 프린스턴-펜실베이니아 입자가속기는 1972년 이후 종료되면서 대기 상태로 있다.

플라스마 물리학 연구소의 구형 토러스의 핵융합 실험 장치

Lyman Spitzer, Jr.는 1951년 매터혼 프로젝트Project Matterhorn로 명명된 플라스마 물리학 연구를 시작하며 이후 핵심 연구 인프라인 플라스마 물리학 연구소Plasma Physics Laboratory를 설립했다. 또한 연방 정부의 기상학과 해양학에 대한 이론적 연구를 위한 지구물리학 유체역학 연구소Geophysical Fluid Dynamics Laboratory가 1968년 워싱턴 DC로부터 이곳으로 이전해와 항공우주, 대기해양, 기계 과학의 연구 거점으로 기능해왔다.

이후 프린스턴 대학은 1973년 포레스털 캠퍼스 주변부의 장기 개발계획을 수립하여 총 1600에이커, 약 6.4km^{2}의 부지에 절반은 오피스, 연구실, 타운 하우스, 아파트, 호텔과 쇼핑 시설을 수용하는 포레스털 캠퍼스를 조성하고 나머지 절반은 오픈 스페이스로 보전해왔다.

루뱅라뇌브
보행 시스템과 사이클로트론

유럽의 북해 관문으로 네덜란드어와 프랑스어를 함께 쓰는 플랑드르 지역에 1970년대부터 조성된 루뱅라뇌브가 우리에게 특별한 것은, 대학 중심의 신도시가 어떻게 조성될 수 있는가를 보여주기 때문이다. 특히 루뱅라뇌브는 차량 중심의 현대 도시문화에서 과연 보행 중심의 도시 중심부 조성의 가능성과 방향을 보여주는 실험적인 도시이다. 루뱅라뇌브는 파리 라데팡스의 미니 버전이라 할 수 있다.

루뱅라뇌브는 플랑드르 지역의 역사적인 대학도시인 루뱅의 루뱅 대학, 현재 가톨릭 대학 루뱅의 프랑스어권 대학 기능이 1968년부터 분리되어 프랑스어권의 브라반트 지역의 오티니로 이전하여 새롭게 조성된 가톨릭 대학 루뱅이 있는 대학 신도시이다. 당시 벨기에는 1962년 헌법 개혁으로 네덜란드어와 프랑스어가 국가 언어로 공식화되었고, 이에 따라 가톨릭 대학 루뱅에서는 대학 기능이 두 언어로 나뉘어 운영되었다. 하지만 네덜란드어권의 대학 기능의 운영 주체인 플랑드르인들은 1968년 프랑스어권 대학 기능의 특권에 반대하며 충돌이 발생했고, 이에 프랑스어권 대학 기능이 이전했다. 루뱅라뇌브에는 1972년 먼저 응용과학대학과 약 600명의 거주민이 처음 입주해왔으며, 대

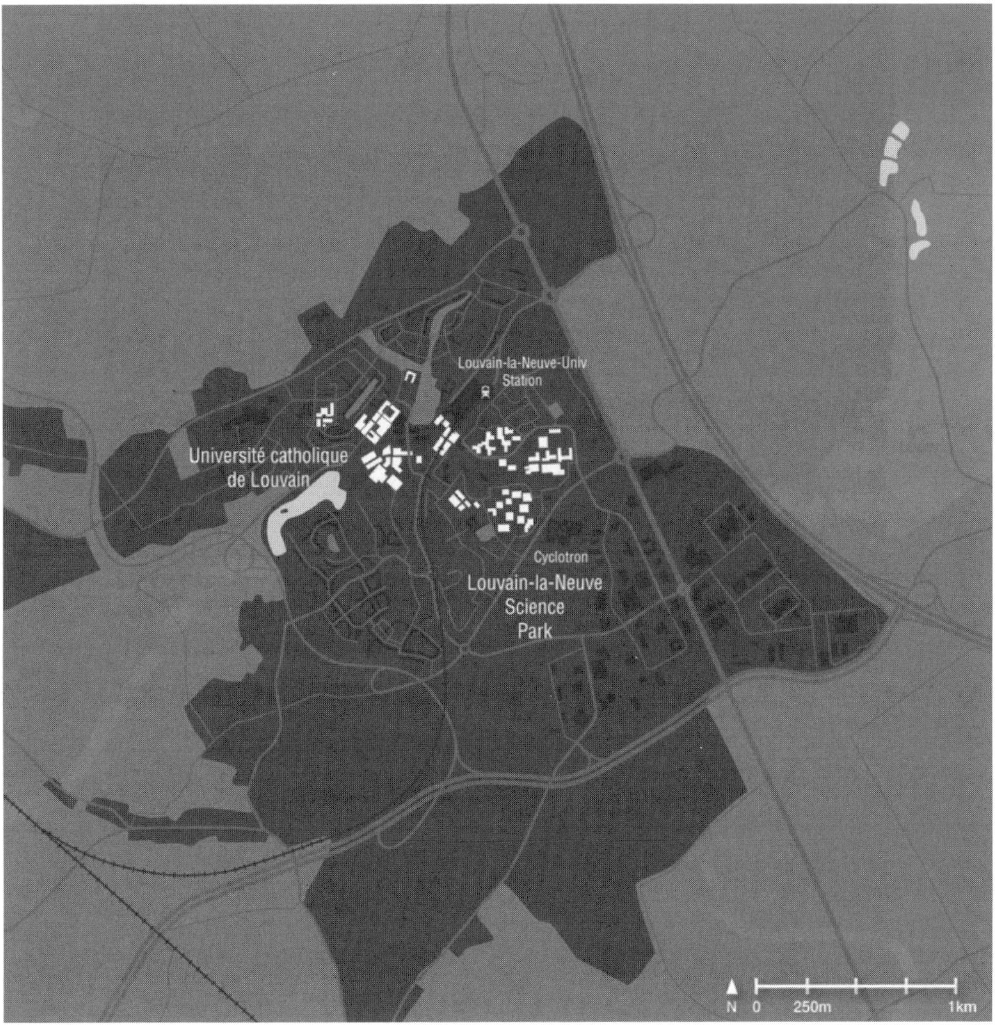
Louvain-la-Neuve-Univ
Station
Université catholique
de Louvain
Cyclotron
Louvain-la-Neuve
Science
Park
N
0
250m
1km

학 시설 이전이 1979년 완료되었다.

루뱅라뇌브의 도시 중심부는 특히 보행 전용 환경으로 계획되어 그랑 플라스와 유니버시티 플라스를 중심으로 기차역과 대학의 교육 시설과 행정 건물로 채워졌으며, 이들과 함께 동서 방향으로 샤를마뉴-알롱 가로가 하나의 보행체계를 완성한다. 또한 도시 중심부에는 '라 달'이라는 콘크리트 플랫폼이 자연 경사 지형을 이용해 조성되어, 지하의 철도 인프라와 차량의 동선으로부터 지상의 보행 공간이 입체적으로 완벽히 분리된다. 대학의 교육 기능은 도시 중심부로부터 서쪽의 '인문사회학 구역'과 동쪽의 '과학 테크놀로지 구역'으로 나뉘어 연결되며, 그 주변에 다섯 개의 커뮤니티가 형성되었다. 한편 도시 중심부 외곽에는 네 개 구역으로 구성된 루뱅라뇌브 시앙스 파크와 원형입자가속기인 '사이클로네'가 생명과학, 화학, 정보기술, 엔지니어링 분야의 135개 혁신기업 클러스터의 중심을 구성하며 성장하고 있다.

브라반트공국과 루뱅 대학

벨기에는 역사적으로 북부 지역의 플랑드르 네덜란드 문화권과 남부 지역의 프랑스 문화권으로 나뉘어 있다. 플랑드르 네덜란드어권의 루뱅Leuven과 그 도시에서 처음 형성된 루뱅 대학Universiteit Leuven은 근·현대기에 벨기에의 정치 격변을 같이 겪었다. 이 과정에서 1968년 루뱅 대학의 프랑스어권 체계가 가톨릭 대학 루뱅Université Catholique de Louvain으로 독립해 남쪽의 대학 신도시인 루뱅라뇌브Louvain-la-Neuve에 조성되었다.

벨기에의 플랑드르 네덜란드 문화권의 도시인 루뱅Leuven이 역사에 처음 등장한 것은 891년 바이킹을 물리친 프랑크족의 왕인 아르눌프Arnulf of Carinthia의 루뱅 전투Battle of Leuven이다. 딜강River Dijle 인접한 곳에 형성된 루뱅은 과거 유럽 대륙을 지배했던 신성로마제국 내의 저지대 지역의 지배 세력이었던 브

1890년대의 루뱅

라반트 공국Duchy of Brabant•의 수도였다.

브라반트 공국은 당시 저지대 지역을 네 개 지역권으로 나누어, 그 행정 거점으로 브뤼셀Brussels, 안트베르펜Antwerp, 스헤르토헨보스s-Hertogenbosch, 루뱅에 두었다. 루뱅은 11~14세기에 브라반트 공국 세력의 네 개 행정거점 중에서도 가장 중요한 무역 거점으로 성장했다. 루뱅은 14세기 후반~15세기에는 도시 이름의 기원이 된 린넨 직물의 일종인 르윈lewyn의 생산 거점으로 부를 축적했다. 루뱅이 대학을 설립한 시점이 바로 이 시기인 1425년이다.••

브라반트 공국의 네 개의 행정 거점 중에서 내륙에 입지했던 루뱅은 저지

• 브라반트 공국는 이후 합스부르크 왕조와 네덜란드 연합주에 순차적으로 흡수되었다.

•• 루뱅에서는 18세기부터 덴 호렌Den Horen 기업이 맥주를 생산했으며, 현재 스텔라 아르투아Stella Artois 맥주를 생산하는 안호이저-부시Anheuser-Busch InBev 기업의 기원이다..

대 지역에서 가장 오래된 대학인 루뱅 대학Universiteit Leuven•이 설립되면서 행정 거점으로부터 지식 생산의 활동 거점으로 점차 그 기능이 특화되었다. 루뱅은 이 시기에 북서쪽으로 40km 떨어진 곳에 입지한 북해의 관문 항구였던 앤트베르펜와 딜강을 이용한 운하 시스템으로 연결되어 북해의 항구도시 배후의 지식 생산 거점으로 기능했다. 이러한 루뱅-안트베르펜 간의 기능적 공생관계는 파도바-베네치아와의 그것과 매우 유사하다.

루뱅시City of Leuven는 15세기 브라반트 공작 장 4세의 후원으로 교황 마르티누스 5세 1425년 교황령을 통해 루뱅 대학을 중세의 '스투디움 제네랄레 로바니엔스Studium Generale Lovaniens'로서 승인받았다. 당시 루뱅 대학은 현재 올드 유니버시티Old University로 불리고 있으며, 파리 대학, 쾰른 대학, 비엔나 대학을 모델로 설립되었다. 루뱅 대학은 특히 15세기 이후 가톨릭 신학 연구의 주요한 기지였으며, 세계에서 가장 오래된 가톨릭교의 대학으로 간주되고 있다.

루뱅 대학에서는 16세기에 교황 하드리아누스 6세에 오른 아드리안 플로렌스존 부이언스Adriaan Florenszoon Boeyens, 인본주의자인 데시데리위스 에라스뮈스Desiderius Erasmus, 반종교개혁을 주장한 신학자인 요하너스 모라뉘스Johannes Molanus, 파리 대학에서 공부한 후 에라스뮈스의 추천으로 루뱅 대학 교수로서 활동했던 발렌시아 출신의 인문주의자이자 심리학자였던 요안 라위스 비버스Joan Lluís Vives가 활동했다.

특히 인본주의자인 요하너스 스트룸Johannes Sturm은 루뱅 대학에서 수학하며 그리스 서적을 재출간하면서 인쇄술을 익히고, 이후 스트라스부르 대학

• 루뱅의 루뱅 대학Universiteit Leuven은 근현대기에 독특한 정치적 격변을 거치면서 변화되어왔다. 루뱅 대학은 먼저 네덜란드 연합왕국United Kingdom of the Netherlands, 1815~1839의 지배하에 국립 루뱅 대학으로 설립되었고, 이후 벨기에의 독립과 함께 가톨릭 루뱅 대학Catholic University of Leuven으로 그리고 벨기에의 네덜란드어와 프랑스어 문화권 간의 갈등과 충돌로 네덜란드어권 루뱅Leuven의 가톨릭 대학 루뱅KUL/Katholieke Universiteit Leuven으로부터 프랑스어권 대학 기능이 독립되어 프랑스어권 지역의 신도시인 루뱅라뇌브를 조성하고 가톨릭 대학 루뱅UCL/Université Catholique de Louvain, 1968을 설립하여 분리되었다.

Université de Strasbourg의 전신인 사립 김나지움Jean Sturm Gymnasium을 설립하여 43년 동안 운영하며, 독일의 김나지움 시스템을 구축한 독일의 교육자이다. 그리고 지도 제작자인 헤라르뒤스 메르카토르Gerardus Mercator, 식물학자인 렘베르트 도도앙스Rembert Dodoens, 그리고 근대 해부학의 창설자로 파도바 대학의 교수였던 안드레아스 베살리우스가 이즈음 루뱅 대학의 황금기를 완성했다.

또한 루뱅 대학은 중국의 청나라 강희제의 황궁에서 활동한 예수회 선교사이며 수리 천문학자인 페르디난드 페르비스트Ferdinand Verbiest가 활동한 곳이다. 페르디난드 페르비스트는 중국에 유럽의 달력 시스템을 소개하고 베이징 고대 천문대를 재건하며 천문대의 책임자이자 수학과장으로 일했다.

국립 루뱅 대학, 가톨릭 대학 루뱅, 프랑스어권 대학의 분화

벨기에는 프랑스 혁명전쟁 시기에 프랑스의 지배를 받았으며, 이후 네덜란드 연합왕국에 합병되었다. 이에 따라 루뱅 대학은 프랑스의 지배하에 1793년 임시 폐교되었고, 이후 1797년 공식 폐쇄되었다. 이후 네덜란드 연합왕국의 빌럼 1세는 1816년 국립 루뱅 대학을 설립했고, 국립 루뱅 대학은 1835년까지 운영되었다.

이후 저지대 지역의 남쪽 세력들이 독립 벨기에를 설립하면서, 벨기에의 주교들은 1834년 가톨릭교가 운영하는 대학을 메헬렌Mechelen에 설립했다. 이후 가톨릭 대학 메헬렌Catholic University of Mechlin이 루뱅으로 이전해오면서 이름을 가톨릭 대학 루뱅Catholic University of Leuven으로 바꾸었다. 이후 가톨릭 대학 루뱅은 벨기에의 가장 오래된 대학이라는 명성을 되찾고 최대의 대학으로 성장했다.

한편 가톨릭 대학 루뱅은 개교한 1834년부터 라틴어로 강의하는 신학강의 외에는 교내 강의를 프랑스어로 진행했다. 그래서 가톨릭 대학 루뱅은 플랑드르 네덜란드어권 지역인 루뱅에서 프랑스어권의 대학으로 기능했던 독특한 상황을 겪게 되었다. 가톨릭 대학 루뱅에서 네덜란드어로 강의가 처음으로 진행된 것은 1930년대이다.

벨기에는 1962년 헌법 개혁으로 프랑스어와 네덜란드어가 국가 공식 언어가 되었다. 이에 가톨릭 대학 루뱅에서는 하나의 행정 체계하에서 플랑드르 네덜란드어권과 프랑스어권의 대학 기능이 독립되어 운영되었다. 이 시기에 플랑드르인은 가톨릭 대학 루뱅에서 프랑스어 강사들에게 주어지는 특권과 루뱅에서의 네덜란드 공동체에 대한 차별 때문에 불만이 표면화되었다.

이후 루뱅은 플랑드르 네덜란드권과 프랑스권 세력 간의 충돌Leuven Crisis이 본격화되어 정치사회권으로 확산되었다. 당시 플랑드르 보수주의자들은 1960년대 중반에 플랑드르인에 대한 차별을 비판한 학생 데모를 진행하며 가톨릭 대학 루뱅의 분리를 요구했다. 이에 벨기에 정부가 1968년 중재를 시작했으며, 결국 가톨릭 대학 루뱅은 언어권에 따른 이분화가 공식화되었고, 프랑스어권 대학 기능의 분리가 1968년 6월 18일 승인되었다.

이에 따라 루뱅에는 플랑드르 네덜란드어권 대학 기능이 가톨릭 대학 루뱅으로 재구성되었다. 현재 가톨릭 대학 루뱅은 벨기에와 저지대 지역에서 5만 5500명의 학생을 가진 가장 큰 대학으로서, 안트베르펜, 겐트Ghent, 브뤼헤Bruges를 포함한 9개의 도시에 위성 캠퍼스를 운영하고 있다.

기존 가톨릭 대학 루뱅의 프랑스권의 대학 기능은 브뤼셀에서 동남쪽으로 20km 떨어진 프랑스어권의 왈룬 지역Région Walloon에 새로운 대학 도시인 루뱅라뇌브Louvain-la-Neuve를 조성하고, 가톨릭 대학 루뱅Université Catholique de Louvain, UCL을 새롭게 설립했다. 한편 프랑스어권의 의학교는 브뤼셀의 교외지인 루뱅-앙-볼루에Louvain-en-Woluwe에 조성된 UCL-브뤼셀 캠퍼스에 의과대학faculty of medicine of the university으로 이전했다.

프랑스어권의 루뱅라뇌브와 대학 캠퍼스

가톨릭 대학 루뱅의 프랑스권 기능은 프랑스어권의 왈룬 지역의 오티니Ottignies에 인접한 루뱅라뇌브Louvain-la-Neuve로 이전되었다. 루뱅라뇌브는 면적 9km^{2}의 빨간무beetroot 밭에 조성된 대학 캠퍼스를 중심으로 조성된 신도시이다.

루뱅라뇌브는 브뤼셀로부터 남동쪽으로 30km 지점에 입지하며 서쪽 5km에 기존 도시인 오티니와 가깝다. 루뱅라뇌브는 벨기에의 대부분의 주요 도시로부터 오티니와 연결된 벨기에 국영철도선SNCB/NMBS과 국도인 N238과 N4인 아롱-브뤼셀Arlon-Brussels, 그리고 고속도로 브뤼셀-룩셈부르크 라인을 통해서 접근할 수 있다. 루뱅라뇌브는 오티니와 함께 자치행정체인 오티니-루뱅라뇌브를 구성하며 교육, 연구의 기능과 문화적 기능을 담당한다.•

가톨릭 대학 루뱅의 주도로 신도시의 조성 공사가 1969년부터 시작되었다. 이후 대학 캠퍼스의 조성이 1971년에 시작되었고, 대학 시설의 이전이 1979년에 완료되었다. 당시 신도시 루뱅라뇌브의 첫 번째 청사진은 레몽 르메르Raymond Lemaire, 장피에르 브롱델Jean-Pierre Blondel, 피에르 라콩트Pierre Laconte의 주도로 완성되었다.

먼저 루뱅라뇌브는 3만 명의 거주자와 학기 중 1만 5000명의 학생들을 수용하는 약 4만 5000명의 다양한 구성원을 위한 타운으로 계획되었다. 한편 피에르 라콩트는 루뱅라뇌브가 보행 중심의 대학도시로 조성하려는 비전을 가지고 도시설계와 건축 코디네이션을 주도했다. 루뱅라뇌브에 첫 번째 거주자와 학생이 입주한 것은 1972년이었다. 당시 약 600명의 거주민과 함께 응용과학

• 오티니-루뱅라뇌브에서 원도시인 오티니와 신도시인 루뱅라뇌브는 서로 다른 기능을 수행하며 상호 보완적인 관계를 형성해왔다. 오티니-루뱅라뇌브의 총면적은 29.4km^{2}이며, 인구는 2013년 기준 3만 1182명2013이다. 먼저 오티니의 면적은 1853에이커, 7.5km^{2}이며 타운 인구는 2007년 기준 9557명이다. 오티니는 오튀니-루뱅라뇌브에서 행정의 기능을 갖고 시청을 두고 있으며, 이 지역의 원도시로서 문화유산을 보전하고 있다.

대학Faculty of Applied Sciences과 전공 학생들이 입주했다. 이후 대학 건물들이 조성되고, 주거 개발이 지속적으로 진행되면서 타운은 빠르게 성장하여 1981년 인구는 1만 477명, 그리고 2006년 2만 9521명으로 증가했다.

루뱅라뇌브 대학 소유지의 총면적은 2273에이커로 약 9.2km^{2}이며, 이 중 교육과 주거 기능을 수용하는 캠퍼스와 주거지가 618에이커, 인접한 시앙스 파크가 570에이커, 숲인 부아 드 로젤Bois de Lauzelle과 산책로가 494에이커, 초지 415에이커, 골프장 158에이커, 호수 17에이커로 구성된다. 루뱅라뇌브의 인구는 2015년 기준 3만 1551명이며, 대학의 총인구는 약 2만 8500명으로 대학생 2만 3360명과 교직원 5139명이다.

루뱅라뇌브는 대학 타운으로서 대학 행정과 문화 시설을 제공하면서도 독립된 타운으로 성장했다. 현재 루뱅라뇌브는 도시 중심부와 대학 캠퍼스 주변의 다섯 개의 커뮤니티로 이루어져 있으며, 이곳들에 대학의 교육과 연구개발 시설이 입지하고 있으며, 대형 쇼핑센터, 박물관, 영화관, 미디어센터, 공공도서관이 들어서 있다.

대학 캠퍼스의 교육 기능은 크게 두 그룹으로 도시 중심부의 서쪽에 입지한 신학부와 인문사회 전공의 '시앙스 위멘 구역Zone Sciences Humaines'•과 동쪽에 입지한 과학과 엔지니어링 전공의 '시앙스 테크놀로지 구역Zone Sciences et Technologies'••이다.

그리고 루뱅라뇌브의 타운 중심부와 인접한 대학 캠퍼스의 상업 시설과 교육 시설은 1km의 거리를 두고 조성된 카르티에 드 브뤼예Quartier des Bruyeres, 카르티에 드 로카이유Quartier de l'Hocaille, 카르티에 뒤 비에로Quartier du Biereau, 카

• 시앙스 위멘 구역은 타운 중심부의 서쪽에 위치하며 면적은 42에이커 즉, 0.17km^{2}로, 신학부, 법학범죄학부, 경제사회정치방송학부, 철학예술문학부, 심리교육학부를 두고 있다.

•• 시앙스 테크놀로지 구역은 루뱅라뇌브 타운 중심부의 동쪽에 위치하며 면적은 74에이커, 약 0.3km^{2}이며, 과학부, 엔지니어링 학교, 건축, 건축공학, 도시계획학부, 생물학부, 농업환경공학부를 두고 있다.

르티에 드 로젤Quartier de Lauzelle, 그리고 타운의 동쪽 외곽에 민간이 개발하고 있는 다섯 번째 주거 구역인 카르티에 드 라 바라크Quartier de la Baraque로 둘러싸여 있다. 이곳에는 학생, 학생의 가족, 교직원의 대학 인구와 시앙스 파크의 종사자를 포함한 2만 9000명이 거주하며, 학기 중에는 1만 5000명의 대학생 인구가 추가된다. 대부분의 주거 커뮤니티 시설은 타운에 넓게 입지하나, 방문객의 이용이 잦은 뮤지엄인 올라 마냐, 뮤제 에르주•, 공공 도서관 등은 타운센터의 상업시설과 교육시설 사이에 위치한다. 또한 학생들의 예술, 취업, 진학, 운동 시설들은 주거 구역 내에 위치한다.

이 중 먼저 타운 중심부의 서쪽으로 경제정치과학부와 인접한 카르티에 디 브뤼예는 초기에 조성된 학생 주거 구역과 이후 조성된 주거 구역으로 나뉘어 조성되었다. 또한 심리인문신학부와 스포츠홀과 인접한 카르티에 드 로카이유는 북서쪽의 경사지에 입지한 학생과 주민의 혼합 주거 구역이다. 한편 동쪽으로 과학과 응용과학부에 인접하며 가장 처음 조성된 학생 주거 구역인 카르티에 뒤 비에로가 입지하고, 응용과학부와 쇼핑몰에 인접해 최근에 조성된 카르티에 드 로젤이 있으며, 동쪽 외곽에 입지한 독립된 주거전용으로 과학부와 인접한 카르티에 드 라 바라크가 있다.

루뱅라뇌브은 전체 조성 계획이 수립된 후 40년 동안 대학을 중심으로 순차적으로 세 단계에 걸쳐 개발이 진행되었다. 먼저 루뱅라뇌브의 첫 공사가 대학 캠퍼스와 시앙스 파크를 중심으로 1단계의 타운 조성이 시작되었다. 시앙스 테크놀로지 구역Zone Sciences et Technologies 내의 핵심 앵커 시설인 원형입자가속기 사이클로트론CYCLONE이 가장 먼저 기능을 갖추고 중심부로 완성되었다. 이

• 루뱅라뇌브 타운 중심부의 북쪽으로 그린파크 경계부에는 뮤제 에르주Musée Hergé가 입지한다. 에르주는 『땡땡의 모험Adventures of Tintin』의 작가로 그의 100주년 탄생을 기념하며 2007년에 건축가 크리스티앙 드 포잠파르크Christian de Portzamparc의 설계로 조성되었다. 에르주가 1983년 사망한 후, 그의 부인인 파니Fanny는 에르주 재단Hergé Foundation, 그리고 새롭게 조성된 스튜디오 에르주Studios Hergé에 의해서 박물관의 조성과 전시가 준비되었다

와 함께 파크 시앙티피크 아인슈타인Parc Scientifique Einstein과 파크 시앙티피크 플레밍Parc Scientifique Flemming이 조성되고, 응용과학부가 처음으로 루뱅으로부터 이주해왔다. 또한 시앙스 위멘 구역의 시설들과 타운 중심부의 하부 콘크리트 구조인 라달La Dalle이 건설되었다. 이후 시앙스 위멘의 루크라크Lecleroq가 1974년 완공되어 경제사회정치학부가 루뱅으로부터 이주해왔다.

이후 교육, 주거, 시앙스 파크가 타운 중심부를 관통하는 보행로를 따라 상업 시설과 함께 2단계(1975~1984) 개발이 진행되었다. 이 시기에 라달의 하부가 1978년 완공되어, 상부의 건물이 타운 중심부의 기차역과 대학 본부와 함께 완공되었다. 특히 '시앙스 위멘 구역'과 '시앙스 테크놀로지 구역'이 플라스 드 우니베르시테Place de I'Universite와 플라스 데시앙스Place des Sciences를 중심으로 형성되었고, 이를 연결하는 뤼 뒤 샤를마뉴Rue du Charlemagne와 뤼 드 왈롱Rue de Wallon을 따라 상업 시설들이 중심 공간을 완성했다. 마지막으로 철학예술문학부가 1979년 루뱅으로부터 이주해오면서 대학의 이주가 완료되었다. 한편 카르티에 뒤 비에로와 카르티에 드 로카이유의 주거 커뮤니티들이 순차적으로 완성되며 타운이 빠르게 성장했다. 특히 대학의 교육 시설과 대학 인구의 기숙 시설과 거주 구역, R&D 클러스터가 완성되었고, 카르티에 드 브뤼예의 오픈 스페이스인 호수가 1984년 조성되었다.

한편 루뱅라뇌브 개발의 3단계인 1984년부터 현재까지는 카르티에 드 브뤼예와 카르티에 드 로젤이 형성되어 네 개의 주거 커뮤니티가 모두 완성되었고, 또한 대학 캠퍼스 외부의 카르티에 드 라 바라크가 조성되며 타운은 점차 외부로 확장 중이다. 특히 이 시기에 파크 시앙티피크 모네Parc Scientifique Monnet와 파크 시앙티피크 아테나Parc Scientifique Athena까지 총 네 개의 시앙스 파크를 갖추었다. 또한 뮤지엄인 올라 마냐가 시앙스 위멘 존에 조성되어 도시 경관을 제공하며, 대형 쇼핑센터인 레스플라나드L'Esplanade가 루뱅라뇌브 대학 기차역과 연결되어 도시 중심부의 상업 시설이 두 배 확장했다.

보행 중심의 센트레와 라달

루뱅라뇌브의 도시설계적 특성은 차량 중심이 아닌 보행자 중심의 타운이라는 점이다. 실제로 루뱅라뇌브는 차량 동선을 지하부에 두고 있는 완벽한 보행도시이다. 과연 이러한 도시설계가 어떻게 가능했을까? 루뱅라뇌브는 파리 라데팡스La Defense의 소규모 버전이다. 즉 루뱅라뇌브는 타운의 보행 동선과 차량 동선을 모두 도시 중심부인 센트레centre에 집중시키되 분지 지형의 중심과 주변의 높이차를 이용하여 이 두개의 동선을 수직적으로 분리했다.

이를 위해 루뱅라뇌브는 라 달La Dalle이라 불리는 콘크리트 플랫폼을 분지 지형에 올려놓아 모든 철도 인프라의 접근과 차량의 도시 중심부 동선을 플랫폼의 지하에 집중시키면서 그 상부에는 완전한 보행 중심의 도시 중심부를 완성했다. 라 달의 지상부 면적은 25에이커로 약 0.1km^2이며 상부에 도시 중앙부의 기차역과 대학 본관을 포함해 시앙스 위멘 존의 교육 시설, 상업 시설, 커뮤니티 시설 등 총 32개 건물을 두고 있다. 한편 네 개의 차량 진입로들은 모두 라 달의 지하부의 차량 중앙 동선인 애비뉴 센트럴을 통해서 도시 중심부로 이동된다. 물론 라 달은 한 번에 타운 전체를 계획하여 조성하는 경우에만 만들 수 있으며, 수평적인 확장이 점진적으로 진행될 수 없다는 단점을 갖고 있다. 또한 슬라브 상부에서 녹지 공간의 조성이 매우 제한적일 수 있다.

루뱅라뇌브는 라 달을 이용해 독특한 중앙집중적인 주차체계를 갖고 있다. 주민들은 주택의 앞이나 근처의 차로 변 주차 공간인 존 블뢰Zon Bleue에 주차할 수 있다. 한편 방문자는 대학 캠퍼스의 외곽으로 무료의 세 개의 주차 구역을 갖춘 파킹 액세시블 어 투스Parking Accessible a tous에 주차하거나 도시 중심부의 상업 가로인 뤼 뒤 샤를마뉴와 쇼핑센터인 레스플라나드 지하의 유료 주차장에 주차할 수 있다.

타운 중심부인 센트레의 지상부는 두개의 공공 공간인 그랑 플라스Grand Place와 플라스 드 우니베르시테Place de l'Universite를 중심으로, 서쪽의 '센트 스포

루뱅라뇌브의 지상부와 지하부 주차장 구조

티프'로부터 동쪽의 '파크 시앙티피크 아인슈타인'까지 동서 방향으로 총 2570m의 길이의 중심 보행로를 따라 순차적으로 주거, 오픈 스페이스, 교육, 커뮤니티, 상업 기능들을 지나 다시 교육, R&D를 연결한다. 특히 이들은 서쪽의 뤼 뒤 샤를마뉴, 그리고 동쪽의 뤼 드 왈롱과 플라스 데살롱스-플라스 데시앙스까지 대학의 교육 시설과 행정 건물을 연결하며 강력한 보행체계의 중심부를 완성한다.

그랑 플라스는 정사각형 형태의 플라자로 교육, 상업, 커뮤니티 기능을 가진 총 7개의 건물들이 입지하는 루뱅라뇌브의 중심부이다. 그랑 플라스에는 6층 규모의 신학부, 철학예술문학부, 심리교육학부의 교육 시설과, 6층 규모의 전시관과 오디토리움인 올라 마냐, 4층 규모의 시네마 UGC의 접근 거점으로 동쪽의 상업 중심 가로인 뤼 뒤 샤를마뉴와 연결된다. 또한 플라스 드 우니베

그랑 플라스

르시테는 대학 본관, 기차역이 들어선 정사각형의 플라자이며 대학 행정과 상업 기능을 하는 6층 규모의 6개의 건물들이 집중되어 있다. 특히 플라스 드 우니베르시테는 서쪽의 중심 상업 가로인 뤼 뒤 샤를마뉴와 뤼 드 왈롱을 통해 플라스 데살롱스, 그리고 더 멀리 북동쪽으로 반원의 형태의 플라스 다퀼Place de l'Accueil과 라 달의 하부1층-상부3층 규모의 레스플라나드 쇼핑센터로 연결된다.

시앙스 파크와 사이클로트론

루뱅라뇌브 시앙스 파크는 1971년 벨기에에 첫 번째로 조성된 R&D 파크이며, 또한 프랑스어권 왈로니아 지역의 최대 규모의 R&D 파크이다. 루뱅라뇌브의 시앙스 파크는 인접한 대학의 연구 시설과 연계하여 기업체와의 산학협

플라스 드 우니베르시테

력 연구개발을 유도하고 지역경제의 활성화를 목적으로 대학 캠퍼스와 함께 계획되었다. 특히 루뱅라뇌브 시앙스 파크는 대학 캠퍼스의 동쪽 외곽에 왕복 4차선의 고속도로 E411과 국도 N4에 인접하여 30분 내에 주변 대도시인 브뤼셀, 나뮈르Namur, 니벨Nivelle에 접근할 수 있다.

루뱅라뇌브 시앙스 파크의 총면적은 2.3km^2이며, 현재 오티니-루뱅라뇌브 타운과 몽생귀베르Municipality of Mont-Saint-Guibert 자치시에 걸쳐 입지한다. 루뱅라뇌브 시앙스 파크에는 네 개의 '시앙스 서브 파크'가 고속도로의 출구와 국도의 교차로 위치에 따라 각각 분산되어 입지하고 있다. 이들은 남쪽 구역과 북쪽 구역으로 나뉘어 두 단계로 조성되었고, 대학과의 산학 연계를 유도하고 첨단 연구 설비의 시설 공유를 위해 연계되어 배치되었다. 이곳에는 현재 생명과학, 화학, IT, 엔지어링 분야의 총 135개의 기업체들이 인큐베이터 벤처지원 센터와 3개의 비즈니스 센터를 중심으로 입주하며, 총 4500명을 고용한다. 이곳의 고용자는 대부분 대학이 소유하는 주거 커뮤니티에 거주하고 있다.

루뱅라뇌브 시앙스 파크를 구성하는 네 개의 서브 파크로 먼저 파크 시앙티피크 아인슈타인Parc Scientifique Einstein이 총면적 0.56km^{2}에, 건물 40개로 구성되어 있고, 파크 시앙티피크 플레밍Parc Scientifique Flemming은 총면적 0.76km^2, 28개 건물이 조성되어 있다. 파크 시앙티피크 모네Parc Scientifique Monnet는 총면적 0.36km^2, 5개 건물로 구성되며, 파크 시앙티피크 아테나Parc Scientifique Athena는 총면적 0.36km^{2}에 5개 건물이 조성되어 있다.

한편 루뱅라뇌브 시앙스 파크의 핵심은 무엇보다 파크 시앙티피크 아인슈타인에서 응용과학학부가 운영하는 원형입자가속기인 사이클로네CYCLONE이며 프랑스 국방-전기기업인 톰슨 시에스에프Thompson CSF, 현재 Thales와 벨기에의 전기기계기업인 에이시이시ACEC의 공동 투자로 조성되었다. 루뱅라뇌브의 사이클로네는 초기 개발부터 '파크 시앙티피크 아인슈타인'과 '파크 시앙티피크 플레밍 대학'의 응용과학 시설과 연계하여 이 지역의 관련 기업들의 입주를 유도하며 지역 R&D 클러스터를 형성해왔다. 특히 사이클로네[1]는 원자 파괴용 고주파 전자 가속기로서 원자, 중성자, 양성자 등을 중심으로 생명공학, 핵물리학, 나노공학, 반도체, 신약, 신소재 분야를 연구하는 거대한 첨단 연구 시설이다. 사이클로네는 부지 면적 2만 1000km^{2}에 다섯 개의 건물동이 연결되어 가로 165m, 세로 126m의 거대 건물군에 조성되었다.

보스턴
찰스강과 켄들 스퀘어 리서치 파크

유럽의 1000년 이상 된 대학도시들과 달리 북아메리카의 젊은 도시 보스턴은, 도시 중심부를 관통하는 찰스강을 따라 대학들의 기숙사, 호텔, R&D 시설들이 거대한 교육 연구의 클러스터를 조성하는 특별한 도시이다. 보스턴의 이러한 특성은 대학과 기업이 개발해온 일련의 테크놀로지가 도시의 부를 축적해온 결과이며, 특히 1950년대부터 의도적으로 진행해 완성해온 도시재생의 교과서이다.

'세 언덕의 도시'로 불렸던 보스턴은 1620년대 잉글랜드의 보스턴으로부터 이주해온 청교도들이 조성한 항구도시로 처음 개발되었고, 이후 찰스강의 내륙 북부에 신도시로 개발된 뉴타운과 독립되어 기능했다. 이 두 도시가 대학을 통해 본격적으로 함께 기능해온 것은 하버드 브리지가 조성되면서부터이다.

당시 강북의 뉴타운에는 목사를 양성하며 이후 하버드 컬리지가 된 뉴컬리지가 설립되었다. 하버드 컬리지는 남북전쟁 이후 거대한 양적 확장을 진행하며, 근대 연구 대학으로 성장했다. 한편 찰스강의 강남 매립지인 백베이에 조성된 MIT 공과대학은 '마음과 손'이라는 교육철학으로 유럽의 기술대학을 모델로 미국 최초의 기술학교로 설립되어 중류층의 인재를 교육하는 데 집중했

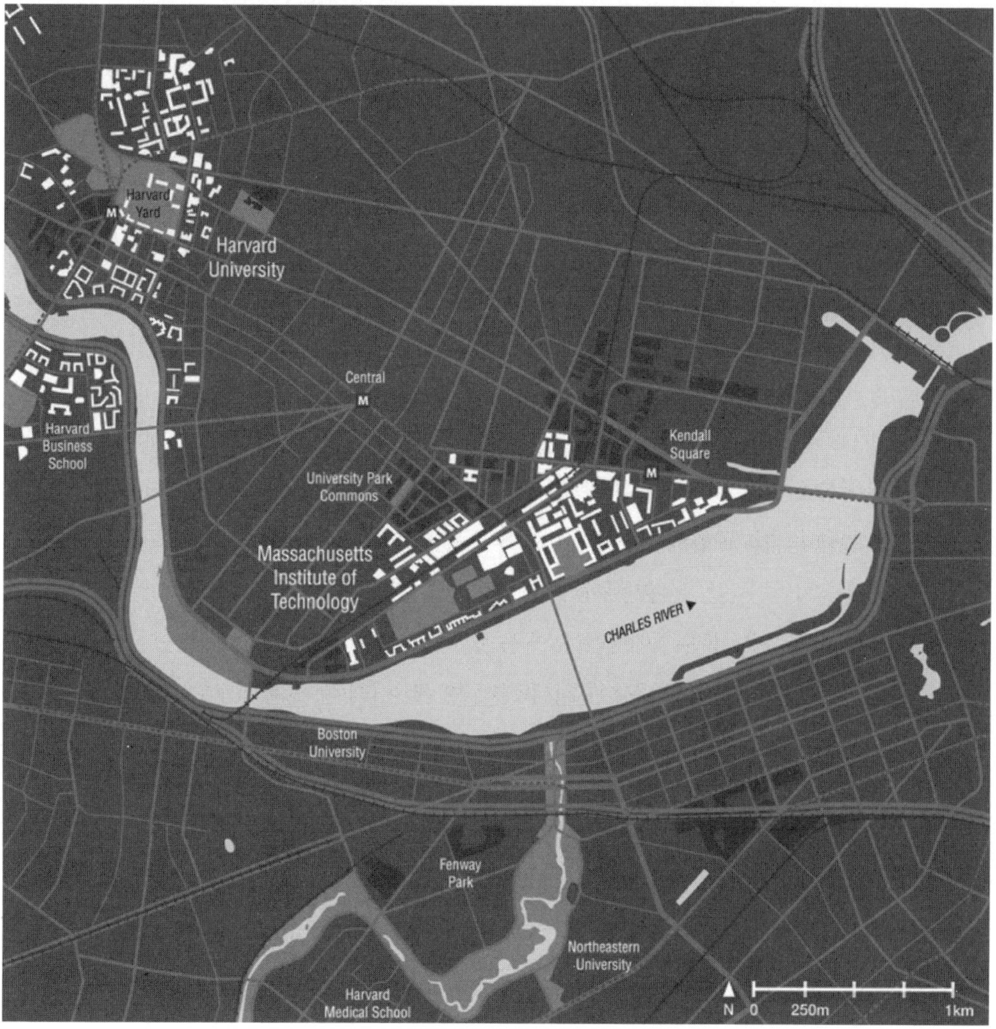
Harvard Yard
Harvard University
Harvard Business School
Central
University Park Commons
Massachusetts Institute of Technology
Kendall Square
CHARLES RIVER
Boston University
Fenway Park
Northeastern University
Harvard Medical School
N
0
250m
1km

다. MIT 공과대학은 1916년 찰스강의 강북 매립지에 새로운 대학 캠퍼스가 이전해오면서 성장했다. MIT 공과대학은 제2차 세계 대전 시기에 미국 연방정부의 최대 R&D 계약자로서 국방 연구를 통해 '네트워크 테크놀로지'와 '인터랙티브 컴퓨터', '오픈코스'의 개발을 통해 디지털 시대의 진보를 주도하며 미래의 교육체계에 도전해왔다.

찰스강을 따라 형성된 강북의 케임브리지와 강남인 보스턴의 수변 공간이 보여주는 가장 두드러진 특성은 무엇보다 하천변을 따라 조성된 대학 캠퍼스이다. 찰스강 양쪽 변에 조성된 대학 시설들은 보행권 내에 선형으로 일체화되어 도시의 거대한 공공 오픈 스페이스 시스템을 조성하고 총 3만 명 이상의 대학 기숙 인구와 7200명 이상의 호텔 방문 인구의 커뮤니티로서 기능한다. 이러한 하천변의 대학 캠퍼스는 인접한 도시블럭과 주변으로 점진적으로 확장되어 캠퍼스와 경계 없이 민간 기업들의 R&D 콤플렉스와 대형 호텔들이 함께 거대한 IT·메디컬·바이어 클러스터를 조성해왔다. 특히 MIT 공과대학은 1950년대부터 찰스 강변을 따라 켄들 스퀘어, 레치미어 스퀘어, 유니버시티 파크의 버려진 공장 부지를 매입하여 R&D 오피스와 주거 시설로 재개발하며 하천변의 도시재생을 지속적으로 주도하고 있다.

청교도의 트라이마운틴

영국군이며 탐험가였던 존 스미스 선장Captain John Smith•이 북아메리카의

• 탐험가 존 스미스 선장Captain John Smith은 잉글랜드 링컨셔Lincolnshire의 윌러비Willoughby 태생으로 영국의 장군이며 선장으로 아메리카 대륙에 첫 번째 유럽인 정착지인 제임스타운Jamestown을 조성했다. 그는 북아메리카의 버지니아Virginia에 식민지 조성을 목적으로 조성된 런던 버지니아 컴퍼니Virginia Company of London에 관여되어 1606년 제임스왕King James으로부터 차터를 받아 대서양을 건너 1607년 헨리곶Cape Henry에 도착했다.

메인Maine으로부터 동쪽 해안을 따라 남쪽으로 항해하여 'C' 형태의 매사추세츠만Massachusetts Bay에서 이 지역의 원주민과 처음 만난 것은 1614년이다. 존 스미스 선장은 후세의 식민지 이주자들에게 매력적으로 포장하기 위해서 이곳을 뉴잉글랜드New England라고 불렀으며, 또한 쇼멋 반도 Shawmut Peninsula를 옥수수로 덮인 '낙원'으로 소개했다.

쇼멋 반도의 트라이마운틴, 1630

그로부터 약 10년이 지난 후 옥스퍼드 대학 출신으로 잉글랜드 도체스터 Dorchester의 교구목사인 존 화이트John White•가 잉글랜드의 수산업 상인들과 대서양을 건너 매사추세츠만에 도착했다. 이들은 출항 전인 1623년 도체스터에서 해외 수산업 활동과 무역 거주지의 설립을 허가하는 로얄 차터를 획득하고 '도체스터 컴퍼니Dorchester Company'라는 회사를 설립했다. 당시 어부 14명은 매사추세츠만의 북쪽 끝인 앤곶Cape Ann에 도착하여, 글로스터Gloucester라는 어촌을 조성했다. 이들은 그 남쪽에 세 개의 구릉을 가진 쇼멋 반도를 '트라이마운틴Trimountaine'이라 불렀다. 트라이마운틴에는 북동쪽 해안을 보는 콥스힐 Copp's Hill, 동남쪽 해안을 보는 포트힐Fort Hill이 입지했고, 안쪽으로 가장 큰 비컨힐Beacon Hill이 입지했다.

트라이마운틴에 잉글랜드의 링컨셔Lincolnshire의 항구 타운인 보스턴Boston 태생으로 케임브리지 대학을 졸업하고 성공회 목회자로 활동한 윌리엄 블랙스턴Reverend William Blaxton과 동료들이 정착한 것은 1625년이었다. 이들은 비컨 힐의 서쪽으로 현재 보스턴 커먼 내의 샘물을 중심으로 정착했으며, 당시 이곳에서 활동하던 도체스터 컴퍼니를 인수하여 1628년 '뉴잉글랜드 컴퍼니New

• 존 화이트John White는 당시 이 상인 그룹의 특허patent를 공증해주었다.

England Company'를 설립했다. 뉴잉글랜드 컴퍼니는 1628년 뉴잉글랜드 위원회 Council for New England로부터 찰스강Charles River과 북쪽의 메리맥강Merrimack River 사이의 땅을 불하받았다. 이후 뉴잉글랜드 컴퍼니는 1629년 영국으로부터 차터를 받아 당시 뉴잉글랜드의 신도시로서 개발하려던 '매사추세츠 베이 콜로니 Massachusetts Bay Colony'의 독점 개발권을 획득했다. 뉴잉글랜드 컴퍼니는 이후 '뉴잉글랜드 매사추세츠 베이 행정관 및 기업Governor and Company of the Massachusetts Bay in New England, 이하 매사추세츠 베이 기업'으로 개명되었다.

잉글랜드의 '청교도Puritans'•들이 상선 아벨라Arbella를 타고 매사추세츠 세일럼Salem에 도착한 것은 이즈음이다. 잉글랜드에서 온 천 명의 청교도들은 1630년 종교박해를 피해서 존 윈스롭John Winthrop의 지휘하에 총 12대의 선박들을 지휘하며 먼저 4대의 선발대가 세일럼에 정착했다. 잉글랜드 청교도이며 변호사로 활동한 존 윈스롭은 1630년 잉글랜드를 떠나 아벨라의 선상에서 그의 새로운 도시의 비전을 '언덕위의 도시a city upon a hill'를 이용해 "우리는 언덕 위의 도시가 될 것이며, 모두가 우리를 지켜볼 것이다"라고 했다. 존 윈스롭의 '청교도의 이상적인 도시 모델A model of Christian Charity' 연설은 이후 주변의 뉴잉글랜드 식민지들의 개발, 행정, 종교에 큰 영향을 주었고, 뉴잉글랜드의 청교도에게 도시가 가져야 하는 공공의 복지, 관심, 협동의 기준들을 제공했다. 존 윈스롭은 매사추세추 베이 콜로니Massachusetts Bay Colony를 설립했던 핵심자로서 매사추세츠 베이 콜로니의 행정관이 되었다.••

청교도는 이후 담수를 찾아 세일럼으로부터 찰스타운Charlestown으로 이주했으며, 다시 찰스강을 건너 '트라이마운틴'에 정착했다. 이들은 이곳에서 이미

• 당시 청교도들은 1620년에 메이플라워Mayflower호로 보스턴의 남쪽 50km 플리머스Plymouth로 이주해왔던 '필그림Pilgrims'과는 그 개혁 성향이 구별되었다.

•• 존 윈스롭은 이후 잉글랜드에서 매사추세츠 베이 콜로니Massachusetts Bay Colony의 청교도들이 자치 행정을 보장하는 케임브리지 조약Cambridge Agreement, 1628을 맺었던 핵심 인물이다.

보스턴과 찰스강

활동하고 있던 윌리엄 블랙스턴으로부터 거주지를 매입하고, 그들의 고향인 잉글랜드 보스턴의 이름을 따서 트라이마운틴을 보스턴으로 개명했다. 당시 청교도는 현재 다운타운의 스테이트 스트리트State Street 주변에 주거지들을 조성하고, 선박 제조와 수산업에 종사했다. 스테이트 스트리트는 이후 보스턴의 은행과 금융기관의 허브로 성장했다. 스테이트 스트리트는 1536년 마켓 스트리트Market Street로, 이후 다시 킹 스트리트King Street로 개명되었다.

한편 스테이트 스트리트 주변의 현재 올드 스테이트 하우스Old State House의 부지에 '만남의 장소'로서 보스턴 퍼스트 교회•가 조성되었다. 이후 이곳에는 항구의 행정 중심부인 보스턴 세관Boston Custom House과 함께 부두 시설인 롱워프 항구Long Wharf와 보스턴 등대Boston Light가 완성되었다. 또한 이와 함께 올드 스

• 보스턴 퍼스트 교회First Church in Boston는 이후 1867년 현재 백베이의 말버러 스트리트 Marlborough Street 66번지로 이전했다.

테이트 하우스, 올드 사우스 미팅 하우스Old South Meeting House, 현재 패뉴일 홀 북쪽에 입지했던 타운덕Town Dock과 덕 스퀘어Dock Square 중심으로 퀸시 마켓Quincy Market으로 사용되는 패뉴일 홀 시장Faneuil Hall이 항구를 완성했다.

보스턴에서 지식 생산 활동이 시작된 시점은 보스턴의 첫 학교인 보스턴 라틴 스쿨Boston Latin School이 1635년 찰스 리버 댐 앞쪽의 강변의 러브조이 플레이스Lovejoy Place에 설립되면서부터이다. 이는 하버드 컬리지Harvard College가 설립되기 1년 전이다. 보스턴 라틴 스쿨은 미국의 첫 번째 공립학교로서 잉글랜드 링컨셔의 보스턴 그래머 스쿨Boston Grammar School을 모델로 설립되었다. 당시 청교도의 보스턴은 잉글랜드 청교도의 윤리와 교육을 중심으로 작동하기 시작한 '아메리카의 제네바'였다.

이후 보스턴 라틴 스쿨은 1748~1810년 스쿨 스트리트School Street의 올드 시티홀Old City Hall 앞으로 이전해왔다. 또한 보스턴의 첫 번째 커피하우스가 1676년 다운타운에 조성되어 상인과 지식인의 지식 교류의 거점으로 기능했으며, 1690년 첫 번째 미국의 신문인 ≪퍼블리크 어커런시스Publick Occurrences: Both Foreign and Domestick≫가 판매되었다. 당시 보스턴의 인구는 1676년을 전후로 4000명이었으며, 이후 1730년에 1만 3000명으로 증가했다.

뉴타운 콜로니얼 빌리지와 뉴컬리지

매사추세츠 베이사는 1630년 현재 케임브리지인 '뉴타운 콜로니얼 빌리지Colonial Village of Newtown'를 신도시로 개발했다. 매사추세츠 베이사는 대서양에 면한 찰스타운과 쇼멋 반도의 보스턴으로부터 찰스강을 따라 상류로 거슬러 올라와 북쪽 뱅크의 갯벌과 언덕 옆을 흐르던 작은 개천인 타운 크릭Town Creek, 현재 Eliot Street을 두고 새로운 타운을 조성했다. 당시 이곳은 찰스강의 수심이 깊어 밀물 시 배가 들어올 수 있었으며 해적의 공격을 막기에 유리한 입지였다.

A PLAN
OF
THE TOWN OF BOSTON
with the INTRENCHMENTS &ca
OF HIS MAJESTY'S FORCES in 1775,
from the Observations
of LIEUT PAGE of His Majesty's Corps of Engineers,
and from those of other Gentlemen
CHARLESTOWN
MILL POND
THE HARBOUR
Dry at Low Water except in the Mid-channel
References to the Fortifications &ca.
References to the Town

보스턴, 1775

뉴타운 콜로니얼 빌리지는 영국이 북아메리카 대륙에 도시계획안과 그 실행법*에 기반해 조성한 타운이 되었고**, 이후 1638년 잉글랜드의 케임브리지를 기리려는 목적으로 '케임브리지'로 개명되었다. 당시 뉴타운은 윌리엄 우드William Wood의 저서인 『뉴잉글랜드 프로스펙트New England's Prospect, 1633』에서 "뉴잉글랜드에서 가장 좋은 타운 중의 하나이며, 좋은 건물과 멋진 가로를 갖고 있다"고 기술되었다.***[1]

뉴타운은 찰스타운과 워터타운Watertown을 연결하는 중심도로상에 입지하며 강변에 나루터와 연결되었다. 현재 찰스 강변의 앤더슨 메모리얼 브리지Anderson Memorial Bridge 부지에 나루터 기능을 대신하는 브라이턴 브리지Brighton Bridge, 이후 Great Bridge가 1793년까지 케임브리지를 보스턴으로 연결했던 유일한 다리였다. 당시 뉴타운의 서쪽 경계는 타운 크릭으로 현재 하버드 스퀘어로부터 브래틀 스트리트Brattle Street와 엘리엇 스트리트Eliot Street로 흘러 나갔으며, 그 북쪽은 앞으로 조성될 하버드 야드Harvard Yard, 그 동쪽은 농지와 오이스터 뱅크로 연결되는 보 스트리트Bow Street와 애로 스트리트Arrow Street로 주변의 농지들로부터 경계를 이루었다.

당시 조성된 뉴타운의 도로체계는 현재까지 케임브리지의 도시 구조를 결정해왔다. 먼저 뉴타운은 남북 방향으로 세 개의 주요 도로가 찰스강으로 뻗어 나갔고, 네 개의 도로가 동서 방향으로 직각으로 배치되어 격자형 도시구조를 갖고 있었다. 특히 남북 방향으로 던스터 스트리트Dunster Street는 1635년부터 기

* 1633 뉴타운 법은 "어떠한 주택도 팰리사이드pallisade를 넘어 조성될 수 없으며, 타운의 합동 협약에 의해 타운은 모든 공지가 채워지기 전에 확장할 수 없다고 규제되었다. 1633년의 또 다른 타운령은 "타운의 모든 주택은 짚 대신에 슬레이트나 보드로 덮도록 규제했다.

** 뉴타운은 1635년 매사추세추의 4개의 마켓 타운 중의 하나가 되었으며, 특히 매사추세추의 수도로서 기능했다.

*** 뉴타운의 당시 이러한 말끔한 외관은 1에이커당 1/8~6/8의 주거 밀도를 갖고 밀도, 질서, 안전성이 1633년의 타운령으로 보장되었기 때문이다.

하버드 컬리지, 1767

능했던 찰스강의 나루터와 연결되어 동서 방향의 마운트 오번 스트리트Mount Auburn Street와 함께 중심부를 완성했다. 던스터 스트리트에는 첫 번째 여관tavern과 함께 뉴타운의 총 57채의 주택 중에 13채가 입지했다. 또한 뉴타운에는 마운트 오번 스트리트와 우드 스트리트Wood Street, 이후 Boylston, 현재 존 F. 케네디 스트리트John F. Kennedy Street의 교차점인 윈스롭 스퀘어Winthrop Square가 시장으로 운영되었으며, 그 남서쪽 코너에 미팅하우스가 입지했다.•

한편 뉴타운에 지식 활동의 거점이 조성된 계기는 1636년 타운 북쪽에 뉴컬리지New College의 설립이었다. 뉴컬리지는 매사추세츠 베이 콜로니Massachusetts Bay Colony의 대법원의 판결에 따라 매사추세츠법Massachusetts legislature을 근거로 설립되었다.

이후 뉴컬리지는 1639년 런던의 서더크Southwark 출신으로 케임브리지 대

• 뉴타운의 부지의 지면은 평평하게 다져져 도로가 조성되었고 블록은 부정형의 정사각형 형태를 취했으며, 각 주택 부지에 최대 일사를 허용하기 위해 정북으로부터 약 45도 기울여 배치되었다.

학의 이매뉴얼 컬리지Emmanuel College 졸업생이며 성직자인 존 하버드John Harvard• 를 기리며 하버드 컬리지Harvard College로 개명되었다. 한편 하버드 컬리지의 '총장과 교수 모임President and Fellows of Harvard College'은 1650년 매사추세츠주로부터 차터를 획득하고 일종의 길드인 '하버드 조합Harvard Corporation'•• 으로 운영되었다. 당시 뉴컬리지는 런던으로부터 수입된 북아메리카의 첫 번째 인쇄기를 보유하고 있었다.

하버드 컬리지는 영국의 대학을 모델로 삼아 고전적인 교과과정을 운영했다. 하버드 컬리지는 설립 당시 어떠한 기독교 교파에도 예속되지 않으면서 교파를 넘어 장래 '뉴잉글랜드의 청교도 조합-유니테어리언 성직자Congregationalist and Unitarian clergy'와 청교도 목사Puritan ministers들을 교육했다. 이후 하버드 컬리지에는 의학, 신학, 법학, 치의학, 인문학, 경영학, 평생교육, 건축도시조경, 교육학, 공공보건학, 행정학, 공학 전공이 순차적으로 개설되었다.

하버드 야드, 골드 코스트, 하버드 스퀘어

하버드 컬리지는 현재 하버드 야드를 중심으로 형성된 후, 삼각형 블록의 하버드 스퀘어Harvard Square를 중심으로 주변으로 점차 확장했다.••• 그럼에도 이곳은 남북전쟁이 종료될 때까지 타운의 공공 건물과 학교 건물, 그리고 시장이었던 윈스롭 스퀘어와 하버드 스퀘어를 제외하면 들과 농장으로 둘러싸인 전원 마을이었다. 당시 하버드 컬리지의 중심부를 구성하는 하버드 야드는 하버

• 존 하버드는 뉴 컬리지에 779파운드와 400권의 책을 기부했다.

•• 하버드 조합은 대학 이사회와 함께 하버드 대학을 운영하며 총장을 선출해오고 있다.

••• 하버드 대학의 확장은 그 형태를 근거로, 1단계(1636-1850)인 하버드 야드의 구축과 인접 외부 구역으로의 확장, 2단계(1850-1910)인 찰스강 이남으로의 확장, 3단계(1910-1950)인 찰스 강변으로의 확장, 4단계(1950-2010), 그리고 알스턴 캠퍼스 개발의 단계적인 확장 과정으로 이해할 수 있다.

하버드 대학 올드 야드

드 캠퍼스에서 가장 오래된 건물인 매사추세츠 홀Massachusetts Hall, 디비니티 홀, 시버 홀Sever Hall, 유니버시티홀University Hall 등을 포함한 1학년 기숙사 건물들로 구성되었으며, 그 상징적 중심부는 과거 애플턴 채플Appleton Chapel의 부지에 신축된 메모리얼 교회Memorial Church와 와이드너 도서관Widener Library으로 정의되었다.•

하버드 컬리지가 양적 확장을 시작한 시점은 19세기이다. 당시 하버드 컬리지의 교육과정과 학생회는 18세기에 청교도적인 신학 철학으로부터 벗어나 실용적 지식을 추구하며,•• 19세기 보스턴 엘리트 그룹들의 문화 거점으로 기

• 하버드 야드의 북쪽으로 로스쿨, 무어스 홀 중심의 쿼드랭글, 랭델 홀, 법학대학원과 피어스 홀, 현 응용과학대학원과 공학대학원 중심의 노스 야드North Yard, 그리고 남서쪽으로는 브라틀 스트리트와 존 F 케네디 스트리트를 따라 강변까지 하버드 스퀘어와 케네디 행정대학원 캠퍼스가 거대한 캠퍼스를 조성하고 있다.

•• 하버드 컬리지의 당시 변화는 이미 1708년 처음으로 비성직자이며 변호사이자 정치가로서 총장이 되었던 존 레버럿John Leverett의 총장기에 천천히 시작되었다.

능하기 시작했다. 한편 하버드 컬리지는 남북전쟁 이후 1869년부터 찰스 엘리엇 총장Charles William Eliot의 총장 임기 동안 이 지역권의 컬리지와 전문대학원에서 미국의 대표적인 연구 중심 대학으로 진화했다.

찰스 엘리엇은 보스턴의 오래된 가문 출신으로 그의 할아버지는 금융가였던 새뮤얼 엘리엇Samuel Eliot이었으며, 그의 어머니인 메리 리먼 엘리엇Mary Lyman Eliot은 매사추세츠 베이 콜로니 정착민의 후손이었다. 찰스 엘리엇은 보스턴 라틴 스쿨 출신으로 하버드 컬리지 졸업생이었다. 그는 하버드 총장으로 임명된 1869년 이전에 유럽에 머물면서 프랑스와 독일의 대학 교육과 기업체 간의 협력관계를 확인하고, 1865년 귀국하여 MIT 공과대학의 화학교수로 부임했다. 찰스 엘리엇의 총장기에 하버드 컬리지의 학생 규모는 1870년 754명에서 1909년 3364명으로 증가했으며, 대학 기부액이 급격히 증가했다. 이즈음 래드클리프 컬리지Radcliffe College가 하버드 컬리지의 자매 학교로 설립되었다.

하버드 대학의 학생 규모의 성장은 흥미롭게도 케임브리지에서 학생 커뮤니티의 급속한 확대를 유도했다. 하지만 하버드 대학은 1870년 이후 증가하는 학생들을 흡수하기 위해 기숙사를 조성하지 않았다. 엘리엇 총장은 취임 후 곧 하버드 야드에 세 개의 기숙사를 조성했으나, 이후 20년 동안 하나도 조성하지 않았다. 이에 따라 학부 학생의 기숙사 수용 비율은 1890년대 50%에서 1900년의 27%로 급감했다. 당시 찰스 엘리엇 총장은 기숙사를 제공하지 않는 독일 대학들이 대학생의 독립적 교육의 효과적인 모델이라 이해했다. 그는 학부생들에게 기숙에 자유를 주되, 민간 개발자들이 민간 기숙사를 개발하도록 유도했다.

당시 하버드 스퀘어의 남동쪽으로는 '골드 코스트Gold Coast'로 불리는 대학생 주거 구역이 형성되었다. 골드 코스트는 1876~1904년 케임브리지와 보스턴에 처음으로 조성된 다수의 화려한 민간 기숙사들과 클럽하우스의 블록군을 말한다.* 특히 하버드 스퀘어 주변에는 1891~1904년 17개의 주요 민간 기숙사들이 조성되었으며, 이 중 골드 코스트에는 10개의 고급 기숙사가 조성되어

하버드 스퀘어와 올드 야드

12개 이상의 학부생 클럽하우스가 있었다. 당시 민간 기숙사는 50개의 스위트룸이 있던 클레이버리 홀Claverly Hall을 포함해 던스터 홀Dunster Hall, 크레이기 홀Craigie Hall, 랜돌프 홀Randolph Hall 등이 조성되어 케임브리지에 스팀 난방, 전기, 개별 욕실, 엘리베이터, 전기벨, 스피킹 튜브, 수영장, 스쿼시 코트를 소개했다. 이 구역의 경쟁 개발사들이 가장 부유한 학생들을 유치하기 위해 노력했으며, 프라이빗 클럽들이 이곳에 조성되기 시작했다.

하버드 대학에는 18세기를 전후로 클럽들이 설립되어 활동했으나 클럽하우스가 생기기 시작한 것은 남북전쟁이 종료된 이후였다. 하버드 대학의 클럽

• 골드코스트는 던스터 스트리트과 보 스티리트 사이의 매사추세츠 애비뉴Massachusetts Avenue와 마운트 오번 스트리트는 홀리요크 스트리트Holyoke Street, 린던 스트리트Linden Street, 플림턴 스트리트Plympton Street로 정의된 구역이었다.

들은 하버드 야드에 인접하여 클럽하우스를 매입했다. 특히 첫 번째 클럽하우스였던 헤이스티 푸딩Hasty Pudding이 홀리요크 스트리트에 조성되었고, 이후 골드 코스트에 집중적으로 조성되었다. 당시 골드 코스트의 개발은 하버드 스퀘어의 부동산 시장과 함께 부유한 학생들을 위한 담배 상점, 신발 가게, 서점, 양복점, 음식점, 가구점이 오픈하며 마을 경제에 큰 영향을 주었다.

이 시기의 변화는 1854년 하버드 스퀘어에 스트리트 레일웨이street railway가 조성되면서 진행되었다. 하버드 스퀘어는 당시 교외지인 알링턴Arlington, 벨몽트Belmont, 워터타운Watertown, 뉴턴Newton으로 나가는 분기점이자 정류소로 성장했다. 이후 지하철이 들어오고 하버드 스퀘어 스테이션Harvard Square Station이• 1912년에 조성되면서 하버드 스퀘어는 주변 지역의 교통 거점으로 성장했다.•• 하버드 스퀘어 스테이션은 보스턴 다운타운과 케임브리지의 하버드 스퀘어를 연결하는 지하철 노선인 '케임브리지 터널Cambridge Tunnel'의 역으로 하버드 스퀘어의 지하에 조성되었으며, 1928년 전차를 위한 하버드 버스 터널Harvard Bus Tunnel과 지상층의 키오스크가 조성되었다. 하버드 버스 터널은 처음에는 전차를 운행했으나 현재는 버스와 트롤리 버스를 운행한다.

기숙 컬리지와 현대적인 고층타워 캠퍼스

하버드 대학 캠퍼스는 350년의 역사에서 케임브리지 내륙의 작은 캠퍼스

• 하버드 스퀘어 스테이션은 보스턴의 메트로인 MBTA의 전체 스테이션 중 다운타운 크로싱과 사우스 스테이션에 이어 세 번째로 이용객이 많으며 2013년을 기준 매일 2만 3200명이 이용한다. 하버드 스퀘어 스테이션 지하에서는 지하철과 9개의 버스가 지나간다.

•• 보스턴은 미국에서 첫 번째로 지하철이 조성된 도시이다. 보스턴의 첫 번째 지하철은 1898년 개통된 트레몽트 스트리트 지하철로 '아메리카 최초 지하철'로 불린다. 트레몽트 스트리트 지하철은 보스턴의 다운타운을 관통하며 현재 그린 라인의 중심 구간으로 발전되었다.

야드에서 찰스 강변, 그리고 강남으로 점차 성장해왔다. 하버드 캠퍼스는 어떤 목적으로 어떻게 캠퍼스를 확장시켰을까? 하버드 대학은 20세기 초부터 기숙 시설인 '하버드 하우스 시스템'을 통해 캠퍼스의 확장을 진행했다.

찰스 엘리엇 총장 임기 동안에는 다수의 학생들이 캠퍼스 내 낙후된 기숙 시설을 떠나 하버드 스퀘어로부터 매스 에비뉴를 따라 마운트 오번 스트리트까지 '골드 코스트'라 불리는 고급 민간 기숙 시설에 거주했다. 당시 찰스 엘리엇 총장을 제외한 대학본부 인사들은 학생의 기숙 시설이 민간 시장에 지배되는 것을 마땅치 않아 했다. 특히 캠퍼스 내 계층 및 인종 간 분리와 위화감 조성은 비판의 대상이었다.

하버드 대학의 로런스 로웰Lawrence Lowell 총장은 1909년 취임하여 찰스 엘리엇 총장의 민간 기숙사에 의존한 기숙 정책을 부정했다. 하버드 법대를 졸업한 변호사였던 로런스 로웰 총장은 1909년 하버드 캠퍼스의 이러한 문제를 개선하기 위해 영국 대학의 '기숙 시스템residential system'의 도입을 본격적으로 시도했다.

로런스 로웰 총장은 옥스퍼드와 케임브리지의 사례를 모델로 하버드의 '하우스 시스템house system'을 확립하고 학생들이 대학 건물에 거주하도록 했다. 하지만 로웰 총장은 무엇보다 미국적이고 하버드적인 기숙 컬리지를 만들고자 했다. 하버드 대학은 이후 1913년 교수회의 결정으로 1914~1915년부터 신입생들의 의무 기숙을 위해 대규모 기숙 시설들을 조성했다.

하버드 대학의 기숙 컬리지 7개는 하버드의 교육시스템의 구현을 위한 물리적인 환경으로 '함께 배우는 것learning together'은 '함께 사는 것living together'이라는 영국적 교육 가치에서 시작되었다.

이런 교육철학은 하버드 캠퍼스 고유의 '일대일 튜토리얼 시스템'의 실현을 위한 하우스 중심의 교육시스템으로 발전했다. 당시 기숙 컬리지는 다양한 사회적 계층과 민족적 배경을 가진 학생들 간의 갈등 문제를 신입생 시기에 조정해주는 효과적인 교육과정으로 평가되었다. 현재 하버드 대학의 학부 기숙 시설은 이 시기에 그 기본 체계가 완성된 결과물이며, 학부 1학년은 하버드 야드, 학부 2, 3, 4학년은 하버드 야드 남쪽으로 찰스강을 따라 조성된 9개의 기숙 하우스와 하버드 야드 북서쪽에 조성된 쿼드랭글 기숙 구역에 거주한다.

하버드 대학본부는 이 시기에 기숙사를 조성하기 위해서 건물과 부지 매입을 추진했다. 먼저 대학본부가 기존 민간 기숙 시설이었던 클래벌리 홀Claverly Hall, 애플리 코트Apley Court, 랜돌프 홀Randolph Hall, 웨스트몰리 코트Westmorly Court 등을 직접 매입하여 기숙 시설로 개조했다. 이 과정에서 민간 기숙 시장은 축소되었고, 민간 기숙사들은 민간 아파트로 개조되었다. 또한 대학본부는 하버드 야드 주변에 대형 부지를 물색했으나 상황이 여의치 않았다. 다행히 로런스 로웰 총장은 1912년 찰스 강변의 부지를 소유한 에드워드 포브스Edward Forbes와의 빅딜을 성공시키고, 보스턴 엘리베이티드 래일웨이 사Boston Elevated Railway로부터의 건물을 매입해서 마침내 찰스 강변의 기숙 컬리지의 신축 부지를 확보했다.

에드워드 포브스는 보스턴의 부유한 가문 출신이자 하버드 컬리지의 졸업생으로 잉글랜드의 옥스퍼드 대학에 유학했다. 에드워드 포브스는 찰스강을 옥스퍼드 대학이 이시스강Isis River-Thames River을 캠퍼스로 활용하는 것처럼 활용해야 한다고 주장했다. 에드워드 포브스는 이를 위해 1903년 하버드 리버사이드 어소시에잇츠Harvard Riverside Associates, 이후 Harvard Riverside Trustees를 조성하여 하버드 강변의 모든 부지를 매입했다. 당시 그는 남북으로 마운트 오번 스트리트에서 찰스강, 동서로는 보 스트리트와 보일스턴 스트리트Boylston Street, 현재 Kennedy Street 사이에 하버드 대학과 민간 클럽이 소유하지 않은 거의 모든 부지를 매입했다. 에드워드 포브스는 1912년 찰스 강변 부지의 일부를 하버드 대학에 기증했으며, 이후 나머지 부지를 1918년 모두 기증했다. 에드워드 포브스는 1909년 하버드 포그 박물관Fogg Arts Museum의 관장으로 취임하여 1944년까지 활동했다.

하버드 대학은 에드워드 포브스로부터 기증받은 부지에 1929년부터 로웰

하버드 대학 엘리엇 하우스

하우스Lowell House와 맥킨록 홀McKinlock Halll을 조성했고, 드월프 스트리트 DeWolfe Street 동쪽의 부지를 매입하여 던스터 하우스를 조성했다. 이후 1931년 애덤스 하우스Adams House, 커크랜드 하우스Kirkland House, 레버렛 하우스Leverett House, 윈스롭 하우스Winthrop House가 증축되었다. 한편 하버드 대학은 보스턴 엘리베이티드 레일웨이 소유의 발전소 건물 부지에 엘리엇 하우스Eliot House를 조성하며 강변의 대학 캠퍼스 경관을 완성했다.

하버드 대학 캠퍼스는 이후 1960년대에 수평 확장의 한계에 부딪혔다. 당시 하버드의 신입생 수는 1950년대 후반부터 급속히 증가하면서 기존의 기숙 시설로는 모든 신입생을 수용할 수 없게 되었다. 하버드 대학은 1960년대에 총장 네이선 마시 퍼지Nathan Marsh Pusey 총장의 리더십으로 부족한 공간을 확보하기 위한 두 번째 캠퍼스 확장을 추진했다. 기존의 수평 확장에서 수직 확장으로 캠퍼스 공간 개발의 방향이 전환되었고, 1958~1968년 강변의 재개발을 통해 당시 소규모 주택들을 해체하고 고층 타워형 기숙사들을 조성했다.

이 시기에 조성된 단독 고층형의 대학 건물은 아파트형 고층 타워 건물인 퀸시 하우스Quincy House, 레버렛 타워Leverett Towers, 매서 하우스Mather House이다. 이후 하버드 대학은 고층형의 현대적 캠퍼스로의 진화했다. 이러한 변화를 반영하여 호세 루이스 서트Jose Luis Sert가 설계하여 3층, 5층, 7층, 22층의 복합 건물동에 495세대를 수용한 피바디 테라스Peabody Terrace, 홀리요크 센터Holyoke Center, 사이언스 센터Science Center, 원 웨스턴 에비뉴One Western Avenue 기숙 건물이 조성되었다.

보스턴의 성장

보스턴이 북아메리카에서 가장 큰 영국령 도시로서 성장하기 시작한 계기는 영국이 북아메리카 프랑스-인디언 전쟁French and Indian War, 1754~1763에서 승리한 것이었다. 하지만 보스턴은 미국 독립전쟁American Revolutionary War, 1775~ 1783 이후 필라델피아에 영국령 아메리카에서 대표 항구와 도시의 위상을 빼앗겼다. 특히 보스턴은 나폴레옹 전쟁Guerres de Napoléon, 1797~1815기에 미국의 상업권을 영국과 프랑스로부터 보호하려 했던 수출금지법Embargo Act of 1807과 미국연합과 영국연합 사이의 미영 전쟁War of 1812, 1812~1815으로 항구 기능을 점차 잃게 되었다.

보스턴이 매사추세츠주로부터 자치 행정권인 차터를 획득하고 타운에서 '시티city'로 그 지위를 상승시킨 것은 그 후인 1822년이다. 보스턴은 이즈음 중계무역의 항구에서 산업 생산의 거점으로 진화하며 급속히 성장하기 시작했다. 당시 보스턴은 캐리비안 지역으로부터 설탕과 과일을 수입·정제하여 럼과 당밀, 과자를 생산하여 유럽에 수출했으며, 20세기 초까지도 럼, 생선, 소금, 담배, 설탕 등을 수출하는 항구로서 세계에서 가장 부유한 항구 중 하나로 성장했다.

보스턴이 사회문화적으로 미국의 엘리트 거점으로 자리 잡기 시작한 시점이 이즈음이다. 보스턴의 인구는 1780년 1만 명에서 1800년의 2만 5000명, 이후 1820년에 4만 3000명으로 증가했다. 또한 보스턴은 1820년대부터 유럽인들의 대규모 이주가 진행되면서 문화적·인종적으로도 다양해졌다. 특히 1846년 아일랜드 감자 기근 직후인 1850년부터 아일랜드 이민자들이 대규모로 유입되었고, 19세기 후반에는 중국인, 동유럽 유대인, 독일인, 레바논인, 시리아인, 프랑스 캐나다인 등이 차례로 유입되었다.

이에 보스턴은 1820년대부터 외형적으로 급속히 확장했다. 먼저 보스턴과 강북의 케임브리지가 다리로 연결되었고, 바다와 강의 토지 간척이 진행되었다. 이 시기 보스턴과 케임브리지를 연결하는 웨스트 보스턴 브리지West Boston Bridge, 현재 Longfellow Bridge가 1793년 민간 개발자에 의해 조성되며 보스턴의 경제 활동의 입지들이 변화되었다. 당시 웨스트 보스턴 브리지는 보스턴의 서쪽부와 케임브리지 구도심을 연결했으며, 그 결과로 케임브리지 포트Cambridge Port와 이스트 케임브리지East Cambridge의 메인 스트리트Main Street에 건설 붐이 일었고 수변에는 간척이 진행되었다.

또한 보스턴은 19세기 초에 미국에서 가장 큰 의류, 가죽, 기계 생산의 거점이 되었다. 보스턴에는 작은 하천들을 따라 제분소와 공장들이 생산 거점으로 조성되어 작동했으며, 소규모 하천들은 공장을 연결하며 생산물을 운송했으며, 이에 제분소와 공장들이 급속히 성장했다. 보스턴은 이 시기에 보스턴 항구와 내륙의 메리맥강을 연결하는 길이 44km, 폭 9m인 미들섹스 운하Middlesex Canal를 조성하여, 북쪽의 로웰Lowell로부터 콩코드Concord, 우번Wuburn, 소머빌Sommerville, 보스턴을 직접 연결하며 로웰 제분소들과 더 내슈아강Nashua River의 제분소들을 연결했다. 미들섹스 운하 네트워크는 1850년대에 철로로 대체되었다.

보스턴의 간척과 백베이

보스턴은 형성부터 현재까지 지속적으로 해안선을 확장해왔다. 실제로 보스턴은 1631~1890년 사이 도시의 면적이 간척으로 세 배나 확장되었다. 보스턴은 특히 '밖으로 부두를 확장'하면서 노스 엔드North End와 노스 코브Notrh Cove를 확보했다. 보스턴은 이후 지속적으로 수변 매립을 진행하며 현재 사우스 엔드South End, 웨스트 엔드West End, 파이낸셜 구역Financial District, 차이나타운Chinatown 등을 조성했다. 이 과정에서 먼저 보스턴의 비컨힐의 정상부가 당시 밀 연못Mill Pond을 매립하기 위한 토양을 채취하기 위해 깎여졌다. 한편 과거의 밀 연못 부지에는 현재 헤이마켓 스퀘어Haymarket Square가 조성되어 기능했으며, 보스턴 비컨힐의 고지에는 다운타운에서 이전해온 매사추세츠 스테이트 하우스State House가 신축되었다.

보스턴의 찰스강은 보스턴 도시 구조와 매우 밀접한 구조적 관계를 가지며 도시의 확장과 기능 분화를 유도했다. 물론 보스턴의 도시 성장과 찰스강의 기능 변화는 다른 도시의 경험과 유사하며, 도시 하천으로서 수원의 기능, 내륙과 해안을 연결하는 물자 수송의 기능, 생산 활동을 위한 수력 발전의 기능, 도시 경관과 공공 환경으로서 기능을 수행했다. 물론 이러한 이점과 함께 홍수와 해류로 인한 범람, 수변에 건설된 교통인프라, 공장지의 하수 유입으로 인한 수질오염, 하구댐의 건설에 따른 하구 갯벌의 사양 등의 문제를 가져왔다.

보스턴은 19세기 중엽부터 하천과 해안의 매립을 통해 도시 확장을 진행했다. 보스턴은 특히 1850년대부터 1950년대까지 찰스강의 안쪽부의 약 600에이커의 갯벌을 매립하며 수변에 거대한 주거 커뮤니티인 백베이Back Bay•를

• 보스턴 백베이는 1973년 미국의 역사장소로 지정되었다. 백베이의 가로는 다섯 개의 동서 가로와 아홉 개의 남북 가로가 격자형 주거 블록을 구성한다. 백베이는 동서로 알링턴 스트리트Arlington Street와 매사추세츠 애비뉴Massachusetts Avenue, 남북으로 보일스턴 스트리트Boylston Street와 스트로 드라이브Storrow Drive로 경계 지어진다. 동서 길이는 약 1.5km, 남북 길이는 약 500m이다.

보스턴 백베이의 주거블록, 2008

개발했으며, 수변으로의 접근성을 높이고 편의 시설을 조성하며 현재의 찰스 강의 수변 공간을 완성했다.

보스턴의 백베이는 조성 이후 현재까지 150년간 시대 변화에 따른 주거, 상업, 혼합, 공공 용도를 균형 있게 포용하며 초기에 계획되어 조성된 격자형 주거 블록의 형태와 현대적인 상업 건물이 함께 공존해온 매우 보기 드문 도시 중심부의 타운하우스 주거 블록이다. 특히 백베이는 보스턴의 도심부에서 하천 수변 공간으로 일반인에게 보행 접근을 개방하고 유도하고 있다. 백베이는 총면적 약 185에이커, 75만m^2의 간척지에 약 40개의 직사각형 블록으로 채워져 약 2만 6000명이 거주하는 고밀도 주거 커뮤니티이다.

백베이는 원래 하구의 갯벌지로서 만조 시 물에 잠기던 침수 공간으로 자연 배수가 불가능한 거대 습지였다. 백베이의 매립은 1814년에 매사추세츠주 주도로 퍼블릭랜드 커미셔너Commissioners on Public Land를 구성하여 보스턴 워터

파워 컴퍼니Boston Water Power Company와 공동으로 매립을 추진했다. 당시 백베이의 매립 계획 목적은 악취와 오염의 대상이었던 밀댐 저수지를 제거하는 것으로, 이를 통해 부자들의 교외로의 인구 유출을 막고 도시로의 인구 유입을 유도했다. 백베이로 이주해온 사람들은 개발 당시 인접한 사우스엔드South End와 비컨힐Beacon Hill에 살던 부자들이었다.

백베이의 초기 매립 계획은 1857년 9월 당시 매사추세츠주의 퍼블릭랜드 커미셔너였던 찰스 헤일Charles Hale의 주도로 1차 매립이 시작되어 1882년에 완료되었다. 이후 백베이의 매립 범위는 1890년 서쪽으로 켄모어 스퀘어Kenmore Square까지 확장되며, 1900년 보스턴 백베이 펜스Boston Back Bay Fens까지로 매립이 완료되었다.

백베이 도시 블록은 당시 프랑스식 도시설계 언어에 근거해 조성된 커뮤니티로서, 다른 대도시의 주거 블록과 차별화된 가로와 블록의 형태, 필지와 건물의 형태를 갖고 조성되었다.• 백베이의 빅토리아풍의 주택Victorian Brownstone들은 찰스강의 전면부뿐만 아니라 배후 블록의 비컨 스트리트, 말버러 스트리트, 커먼웰스 애비뉴, 보일스턴 스트리트에서 엄격한 자체 건축 규제로 이어졌고, 현재까지 초기의 형태와 규모를 보존하며 보스턴을 대표하는 건축적 아이덴티티를 결정해왔다. 백베이의 일반적인 주거 건물은 맞벽건축으로 지어진 타운하우스 형태이나, 다양한 건축적 형태의 변이와 용도의 진화를 허용하되 일관된 격자형의 가로 보행 환경을 형성하며 오픈 스페이스, 공공 시설, 그리고 다운타운의 상업 기능과 보행로로 연결된다.

• 보스턴 백베이의 일반적인 단일 필지 내 건물의 폭은 5~13m이고, 깊이는 16~23m이며 높이는 4~5층이다. 지상 1층은 전면 가로의 지면 높이보다 1.5~2m 높으므로 계단을 통해 가로와 연결되며, 건물의 최저층은 일반적으로 반지하층 형태로 블록 야드의 지상 높이와 동일하다. 따라서 주거유닛의 주출입 동선은 전면 가로와 건물 전면부의 조경 공간과 연계된 지상1층을 통해 연결되며, 서비스 동선은 블록 야드의 주차장, 개인 정원과 연계된 반지하층을 통해 연결된다. 이러한 특성은 주거 블록과 통합된 가로 환경과의 기능적 시각적 연계성을 만들고 있다.

한편 백베이에는 1859~1885년 사이에 이매뉴얼 교회를 포함해 여섯 개의 교회들, 에머슨 컬리지Emerson College를 포함한 5개의 고등교육 기관, 뉴맨 프리퍼러토리 스쿨Newman Preparatory School을 포함한 5개의 교육 기관이 조성되어 커뮤니티에 교육 및 문화 활동을 제공했다.* 또한 백베이는 보스턴 내에서 현대적 상업 활동이 집중되어 상업 중심지 기능을 담당하고 있다. 먼저 1970년대부터 뉴버리 스트리트는 동서로 호텔, 상점, 카페가 밀집하여 시민들이 선호하는 근린 내의 보행 상업 환경을 구성했다. 한편 보일스턴 스트리트는 현대 도시 기능의 중심부로, 인접한 하인즈 컨벤션 센터Hynes Convention Center, 프루덴셜 콤플렉스Prudential Complex, 존 핸콕 타워John Hancock Tower와 대형 호텔 및 상업시설을 갖춘 국제 비즈니스 활동이 이루어지는 집중 구역이다.

보스턴텍-MIT 공과대학

백베이의 조성 과정에서 흥미로운 것은 보스턴의 도시 전체와 커뮤니티의 교육 기능을 담당해온 지식 생산의 거점들이 조성되었다는 점이다. 이 중에 주목할 만한 사례는 하버드 메디컬 스쿨과 MIT 공과대학의 조성이다. 먼저 하버드 메디컬 스쿨은 당시 매사추세츠 의학교Massachusetts Medical College of Harvard

* 보스턴 백베이에는 1859년부터 1885년에 이매뉴얼 교회Emmanuel Church, 퍼스트 루서런 교회First Lutheran Church, 코버넌트 교회Church of the Covenant, 퍼스트 밥티스트 교회First Baptist Church, 알링턴 스트리트 교회Arlington Street Church, 올드 사우스 교회Old South Church들이 조성되어 교육 및 문화 활동을 제공했다. 이후 현재는 에머슨 컬리지Emerson College, 피셔 컬리지Fisher College, 보스턴 아키텍처 센터Boston Architectural Center, 뉴버리 컬리지Newbury College, 인스티튜트 포 컨템포러리 아트Institute for Contemporary Art가 조성되었다. 한편 뉴맨 프리퍼러토리 스쿨Newman Preparatory School, 킹슬리 몬테소리 스쿨Kingsley Montessori School, 커먼웰스데이 스쿨Commonwealth Day School, 버뎃 스쿨Burdett School, 스노던 하이 스쿨Snowden High School의 학교가 블록 내 거주민을 위한 교육 환경을 형성하고 있다.

University로 불렸으며 케임브리지에서 1810년 백베이의 말버로 스트리트 49번지로 이전한 후 1846년까지 메이슨 스트리트Mason Street, 노스 그로브 스트리트North Grove Street, 그리고 1883년부터 1906년까지 커플리 스퀘어에 입지했다.

한편 백베이가 매립되면서 당시 매사추세츠 주지사인 너서니얼 뱅크스Nathaniel Prentice Banks는 1859년 새로 매립해 조성된 부지 일부를 공공 교육을 위해 확보하자고 제안했다. 이에 보스턴의 과학인문학협회Associated Institutions of Science and the Art는 1859년 매사추세츠 법원에 '인문-과학 학교Conservatory of Art and Science의 설립 제안서를 제출했으나 실패했다.

보스턴 과학인문학협회는 다음 해 다시 버지니아 대학University of Virginia의 지질학 교수 윌리엄 베이턴 로저스Williams Baton Rogers•가 주도하는 새로운 교육 기관의 조성 계획안을 제안했다. 윌리엄 로저스 교수가 완성한 이 제안서는 '테크놀로지 학교 설립의 목적과 계획'을 중심으로 한 서른 장으로 이루어진 보고서였다.

매사추세츠 주지사는 이 제안서에 따라 대학 인가를 내주었고, 매사추세츠주법을 기반으로 MIT 공과대학이 설립되었다. MIT 공과대학은 1861년 미국의 산업화에서 유럽의 기술대학인 '폴리테크닉 대학polytechnic university'을 모델로 해서 응용과학과 엔지니어링의 실험 교육을 강조하며 설립되었다. 당시 윌리엄 로저스 교수는 빠르게 변화하는 과학과 기술의 진보를 위한 학교를 설립하고 싶어 했고, 전문학교라기보다는 전문교육과 교양교육을 함께 제공하는 학교를 구상했다. 그는 1862~1870년 사이 MIT 공과대학의 초대 총장을 맡아, 연

• 윌리엄 베이턴 로저스의 가문은 원래 필라델피아 출신으로, 그는 윌리엄 메리 컬리지College of William and Mary의 졸업생이었다. 그는 이미 1840년대부터 유럽의 폴리테크닉 대학의 비전을 만들기 시작했다. 특히 그는 당시 보스턴과 뉴잉글랜드의 빠르게 성장하는 산업 인프라와 지식 커뮤니티, 그리고 노예제도 반대 등의 사회적 변화를 받아들였다. 윌리엄 베이턴 로저스의 남동생인 헨리 로저스Henry Rogers를 통해 1846년 테크놀로지 학교의 계획 수립을 보스턴의 사회사업가인 존 로웰John Lowell에게 제안하기도 했다.

구에 전념할 수 있는 교수진과 세미나와 연구실을 중심으로 교육이 진행되는 독일의 연구 대학을 모델로 삼아 대학을 운영했다.

MIT 공과대학의 차터가 승인된 이틀 후 남북전쟁이 발발하며, 불행히도 첫 수업은 1865년이 되어서야 보스턴 다운타운의 서머 스트리트에 있는 머천타일 빌딩을 임대해 진행되었다. 당시 MIT 공과대학은 '보스턴텍Boston Tech'으로 불렸다. MIT 공과대학은 설립 초기에 '1862 모릴 토지불하 법령1862 Morrill Land-Grant Colleges Act'의 수혜 학교로서 자유 교양과 산업 수업들의 실용적인 교육을 추구했고, 특히 유럽 폴리테크닉 대학을 모델로 삼으며 실험실 연구에 집중했다. 이 시기에 MIT 공과대학은 1873년의 보스턴 대화재와 경제공황으로 재정 문제를 지속적으로 겪으면서 하버드 대학과 통합이 여섯 번 이상 추진되었다.

MIT 공과대학은 이후 19세기 후반 20년 동안 경제학자인 프랜시스 아마사 워커President Francis Amasa Walker 총장 지도하에 급성장했다. 이 시기에 MIT 공과대학은 1905년을 전후로 현재 카플리 플라자의 트리니티 교회Trinity Church와 클레이던 스트리트를 중심으로 양쪽 블록 약 10개 건물들에 나누어 수용되어 운영되었으며 학생 수가 1000명을 넘게 되었다. MIT 공과대학은 이 시기에 전기, 화학, 해양학, 위생학 분야의 전공을 중심으로 교육했다.

MIT 공과대학이 성장하면서 새로운 캠퍼스와 펀딩을 찾게 되었다. 이후 MIT 공과대학은 1916년 1마일, 약 1.6km 길이의 찰스강변의 북쪽부 매립지에 현재 대학 캠퍼스를 조성하여 이전했다. 이 시기에 이스트먼 코닥Eastman Kodak의 창립자인 조지 이스트먼George Eastman은 1920년 전후로 2천만 달러와 코닥 주식을 MIT 공과대학에 기부했다.

MIT 공과대학은 1930년 물리학자인 총장 칼 테일러 콤턴President Karl Taylor Compton과 엔지니어이며 학장인 바네바 부시Provost Vannevar Bush는 과학과 엔지니어링 리더를 교육하려는 목적으로 물리와 화학의 순수과학을 강조하고 직업훈련을 줄이는 교육과정 개혁을 추진했다. MIT 공과대학은 특히 아이비리그 대학과 달리 중간층 가족의 학생들에 집중했다. MIT 공과대학이 인문사회과학대학, 경영대학을 설립한 것은 1950년이다.

MIT 공과대학은 제2차 세계 대전을 전후로 대규모의 미국연방정부 국방연구military research를 진행했으며, 이후 종료 시점까지 전시의 가장 큰 연방정부의 R&D 계약의 수혜자였다. MIT 공과대학은 1950년대 말까지 이러한 국방연구를 지속적으로 수주하여, 대학의 양적 성장을 이루었으나, 이로 인해 비판의 중심에도 있었다.

MIT 공과대학은 이 기간에 프린스턴 대학의 물리학자였던 칼 테일러 콤턴을 총장으로 초빙하며 그 임기 중에 교수진은 두 배, 대학원생은 네 배 증가했다. 당시 MIT 공과대학의 학장이었던 바네바 부시가 1941년 연방정부의 과학연구개발국Office of Scientific Research and Development의 국장으로 임명되어 MIT 공과대학을 포함한 몇 개 대학에 연방정부 연구들이 지속적으로 의뢰되었다.

바네바 부시는 터프스 대학Tufts University과 MIT 공과대학 출신으로 1919년부터 MIT 공과대학의 전기공학과 교수이자 레이세온Raytheon의 창업자이다. 이후 바네바 부시는 1932년 공과대학 학장이 되었다. 바네바 부시는 이후 프랭클린 루스벨트Franklin D. Roosevelt 행정부 시기에 국방연구위원회National Defense Research Commitee 의장이 되었고, 물리학자인 알프레드 리 루미스Alfred Lee Loomis가 교내에 레이디에이션 연구소Radiation Laboratory를 설립하는 데 일조했다.

당시 레이디에이션 연구소는 1940년 영국군의 전파 레이다를 개발하기 위해 설립되었다. 이후 레이디에이션 연구소는 제2차 세계 대전 과정에 폭탄 조준을 위한 'H2X radar' 테크놀로지를 포함한 미국의 전파 레이다의 거의 모든 기술과 알프레드 리 루미스의 '루미스 전파 내비게이션Loomis Radio Navigation'을 발전시킨 세계 최초의 라디오 내비게이션 시스템인 '로란LORAN'을 개발했다. 레이디에이션 연구소는 4000명 이상의 엔지니어와 과학자들을 고용했으며, 1946년 전까지 1억 달러, 2012년 기준 12억 달러 수준의 연구 용역을 수주했다.

또한 MIT 공과대학에는 스탠퍼드 대학과 MIT 공과대학의 졸업생으로 '관성항법의 아버지father of inertial navigation'로 불리는 항공공학과의 찰스 스타크 드레이퍼Charles Stark Draper 교수가 항공기를 추적, 조종, 비행하는 기술들을 개발하여 컨피덴셜 인스트루먼트 연구소Confidential Instrument Laboratory, 현재 찰스 스타크 드레이퍼 연구소Charles Stark Draper Laboratory를 설립해 국방 프로젝트를 진행했다.

MIT 공과대학은 이 시기에 자이로스코프gyroscope와 조종시스템을 이용한 총 조준기gunsight, 폭격 조준기bombsight, 관성항법inertial navigation 등의 첨단 군사 테크놀로지를 개발했으며, 제2차 세계 대전 후까지 이러한 국방 연구들은 계속되었다. 예를 들면, MIT 공과대학 출신으로 전기공학과 교수인 해럴드 에저턴Harold Edgerton의 주도로 '고속 고도의 사진촬영법high-speed and high-altitude photography'이 개발되었다. 또한 MIT 공과대학의 물리학과 부교수였던 조지 밸리George Valley와 1940년대에 컴퓨터 전공 교수로서 현재 RAM의 기원인 휠윈드Whirlwind 컴퓨터를 개발한 제이 포레스터Jay Forrester는 링컨 랩 테크니컬 메모랜덤 20번Lincoln Laboratory Technical Memorandum no. 20인 '항공 방어 시스템의 진화를 위한 제안: 과도기 국면A Proposal for Air Defense System Evolution: The Transition Phase'을 발표했다. 프로젝트 휠윈드Project Whirlwind는 비행 시뮬레이션을 위한 디지털 컴퓨터의 개발을 진행했다.

MIT 공과대학은 제2차 세계 대전 이후 1950~1960년대에는 연방정부와 함께 민간 기업과 사회기여재단과 연구를 진행하며 성장했다.* 먼저 제임스 킬리언James Rhyne Killian 총장의 임기에 연방정부의 연구 수주로 급속히 성장했다. 제임스 킬리언 총장은 드와이트 아이젠하워Dwight D. Eisenhower 행정부 시기인 1957~1959년 사이 과학기술 특별보좌관으로 활동했다. 또한 MIT 공과대학 동

* 1960년대 말과 1970년대 초 MIT 공과대학 학생들과 교수들은 베트남전쟁과 MIT 공과대학의 국방연구에 반대하는 시위를 했다. 걱정하는 과학자 연합Union of Concerned Scientists이 1969년 결성되어 국방연구에서 환경과 사회문제로의 전향을 촉구했다. MIT 공과대학은 이러한 운동으로 1973년 인스트루먼테이션 연구소Instrumentation Laboratory와 관련 연구들을 보스턴 북동부 외곽 렉싱턴에 입지한 링컨 연구소Lincoln Laboratory로 이전했다.

문인 전기공학자 줄리어스 애덤스 스트래턴Julius Adams Stratton 총장의 임기에도 급속히 성장했다.

이 시기에 MIT 공과대학에는 연방정부의 지원으로 1951년 링컨연구소 Lincoln Laboratory가 설립되었다. 링컨 연구소는 소련의 핵무기 공격을 방어하는 국방의 공군방어시스템으로 프로젝트 링컨Project Lincoln을 진행하며 링컨 트랜지션 시스템Lincoln Transition System, 그리고 이후 세이지SAGE: Semi-Automatic Ground Environment를 개발했다.

MIT 공과대학은 이후 현대사회에서 '현대적 컴퓨팅modern computing'과 '네트워크 테크놀로지networking technology'를 개발해온 선구자로서 프로젝트 맥Project MAC, 인공지능연구소Artificial Intelligence Laboratory, 테크 모델 레일로드 클럽Tech Model Railroad Club 등의 연구 개발을 통해 인터랙티브 컴퓨터와 디지털문화 기술 진보를 주도해왔다. 예컨대 하버드-MIT 공과대학의 졸업생으로 MIT 공과대학의 컴퓨터 프로그래머인 리처드 스탤먼Richard Stallman은 1980년대부터 프로젝트 GNU와 인공지능연구소에서의 연구 개발을 통해 1985년 비영리 기관인 프리 소프트웨어 재단Free Software Foundation을 설립하여 유닉스 시스템과 유사한 리눅스Linux 기반의 시스템 오퍼레이팅 소프트웨어를 개발해 무료로 제공해왔다.

이후 MIT 공과대학의 전기공학자였던 제롬 위스너Jerome Wiesner 총장기인 1985년에 미디어 랩Media Lab이 MIT 공과대학에서 컴퓨터를 공부한 니콜라스 네그로폰테Nicholas Negroponte에 의해 설립되어 고차원적인 컴퓨터 테크놀로지를 개발해왔다. 또한 팀 버너스-리Tim Berners-Lee가 2002년부터 MIT 공과대학의 수업자료 2000개를 공개한 오픈코스OpenCourseWare 프로젝트를 진행해오며 지식전달 체계로서의 대학의 기능을 개혁해왔으며, 2005년부터 '모든 어린이에게 컴퓨터 하나One Laptop per Child' 운동을 시작해 제3세계 어린이에게 컴퓨터 교육과 이용의 기회를 제공해오고 있다.

찰스강의 대학-호텔-리서치 클러스터

보스턴의 찰스강을 따라 형성된 강북의 케임브리지와 강남인 보스턴의 수변 공간이 보여주는 가장 두드러진 특성은 무엇보다 하천변을 따라 조성된 대학 캠퍼스이다. 찰스 강변의 양쪽변에 조성되어 있는 보스턴의 대학 시설들은 보행권 내에 선형으로 일체화되어 조성된 도시의 거대한 오픈 스페이스 시스템이다. 특히 이러한 하천변의 대학 캠퍼스는 인접한 도시 블럭과 주변으로 점진적으로 확장되어 캠퍼스와의 경계가 없이 민간 기업들의 리서치파크인 R&D 콤플렉스와 대형 호텔들이 함께 하천의 밀도 있는 거점 클러스터를 구성하며 보행 주거권의 거점이 되며 도시 하천 경관의 구심점과 변곡점이 되고 있다.

특히 찰스강의 하류 수변에 조성된 보행 중심의 하버드, MIT 공과대학, 보스턴대의 캠퍼스들은 하천변을 따라 넓고 길게 선형으로 입지하며 도시의 준공공환경privately-owned public space을 조성해왔다. 이들 캠퍼스들은 수변을 따라 연속된 오픈 스페이스로 기능하며, 기숙 시설과 오픈 스페이스, 공원, 민간 주거 블록, 호텔, 오피스 등이 교대로 입지하는 독특한 선형 네트워크의 토지 이용 분포를 보여준다. 무엇보다 이들은 수변부의 주·야간대 안정적인 고밀도 주거 인구를 확보하여 수변 환경의 안전성을 높여주고 있다. 현재 찰스 강변의 하버드, MIT 공과대학, 보스턴대의 캠퍼스들은 하천변을 따라 각각 80개(케임브리지에 입지한 건물 수), 47개, 16개의 대학 소유·운영의 기숙사와 아파트를 보유하며 총 3만 명 이상의 대학 인구가 거주한다.

먼저 하버드 대학은 찰스강을 따라 엘리엇 브리지와 리버 스트리트 브리지River Street Bridge 사이 구간에서 동쪽의 케임브리지 캠퍼스와 서쪽의 보스턴 캠퍼스가 양쪽으로 수변 공간을 따라 선형으로 마주보며 조성되어 있다. 특히 케임브리지 캠퍼스 수변 측에는 로웰, 엘리엇을 포함해 건물당 약 300에서 500명을 수용하는 9개의 학부생 기숙사와 대학원생 아파트가 밀도 있게 조성되어 있다.

찰스 강변의 MIT, 2015

MIT 공과대학은 BU 브리지Boston University Bridge와 롱펠로 브리지Longfellow Bridge 사이 구간의 북쪽 수변에 매사추세츠 애비뉴를 중심으로 서쪽부터 동쪽으로 하나의 단일 캠퍼스로 조성되어 있다. 찰스 강변에 배치된 MIT 공과대학의 기숙 시설과 대학 소유의 아파트는 베이커 하우스Baker House와 시몬스 홀Simmons Hall을 포함해 기숙하우스institute house가 11개, 학부생 클럽하우스가 36개 있으며, 미혼 및 기혼 대학원생을 위한 애시다운 하우스Ashdown House, 탱 레지던스 홀Tang Residence Hall 등의 아파트 5동, 웨스트게이트Westgate와 이스트게이트Eastgate의 고층 아파트에 총 6000명의 인구가 주거하고 있다.

또한 보스턴 대학의 캠퍼스는 BU 브리지를 중심으로 찰스강의 남쪽 수변을 따라 인접한 펜웨이-켄모어, 브룩클라인, 백베이, 알스톤의 네 곳의 커뮤니티와 물리적 경계 없이 도시 블록형으로 조성되어 있다. 수변에는 셸턴 홀Shelton Hall, 더 타워스The Towers, 10 뷰익 스트리트10 Buick Street, 33 해리 애거니스웨이33 Harry Agganis Way[2] 등의 학부 기숙 시설 및 대학 소유 아파트가 집중 배치되어 약 1만 1000명의 학생이 기숙 생활을 하고 있다.

찰스 강변의 캠퍼스 시설과 오픈 스페이스는 하천의 배후 블록에 입지한 보스턴 컬리지, 뉴버리 컬리지, 노스이스턴 대학Northeastern University, NEC 음악대학New England Conservatory, 하버드 의과대학 캠퍼스Longwood Medical and Academic Area, 시몬스 컬리지Simmons College, 이매뉴얼 컬리지Emmanuel College, 보스턴 의과대학 캠퍼스 등과도 연계되어 주변 도시 공간으로 그 기능과 역할을 확장하고 있다. 결국 수변의 캠퍼스 중심의 준공공환경은 배후 블록에서 수변 공간으로의 보행 접근성을 향상시켜 도시 수변과 경관의 개방성을 확보해주고 있다.

한편 찰스 강변 대학 캠퍼스의 경계부에는 민간 중대형 호텔들과 민간 R&D 콤플렉스가 MIT 공과대학 유니버시티 파크, 켄들 스퀘어Kendall Square, 롱우드 메디컬 캠퍼스 등을 중심으로 집중 개발되어 보스턴의 IT, 메디컬, 바이오 클러스터를 조성하고 있다. 먼저 찰스 강변에서 반경 500m 내에는 총 36개의 호텔이 입지하며, 특히 세 개의 대학 캠퍼스에는 총 20개의 호텔들이 매일 약 7200명의 방문자를 수용한다.• 이러한 호텔과 R&D 리서치파크는 대학 캠퍼스의 유동·방문 인구를 수용하며 수변 공간의 안전과 관리·운영에 기여하고 있으며 대학 캠퍼스의 고층 건물과 함께 수변의 고층 도시 경관을 결정짓는다.

• 여기서 숙박 유동 인구는 호텔 수×평균 객실 수×비공실율×객실당 방문자 수로 추정되었다. 이들 중 약 200개 이상의 객실을 가진 15~30층 규모의 중대형 호텔은 찰스 호텔The Charles Hotel, 하버드인Inn at Harvard, 더블트리 게스트 스위트Doubletree Guest Suites, 케임브리지 하얏트Hyatt Regency Cambridge, 케임브리지 메리어트Boston Marriott Cambridge, 메리어트 레지던스Residence Inn by Marriott 등으로서 국제 컨퍼런스 시설을 갖추고 있다. 또한 보스턴대 캠퍼스에는 켄모어 스퀘어Kenmore Square를 중심으로 하워드 존슨Howard Johnson, 커먼웰스 호텔Hotel Commonwealth, 벅민스터 호텔Boston Hotel Buckminster, 엘리엇 호텔Eliot Hotel 등이 입지한다.

MIT 공과대학과 켄들 스퀘어, 2015

켄들 스퀘어와 유니버시티 파크의 도시 재생

찰스 강변에서 최근 진행되고 있는, 주목해야 하는 현상은 무엇보다 MIT 공과대학이 주도하는 도시 재생이다. MIT 공과대학은 1950년대 초부터 찰스 강 하류 수변 공간을 중심으로 기존 공장 부지를 R&D 오피스와 주거 아파트로 재개발하여 하천변의 지속적인 도시 재생을 유도하고 있다. 이러한 도시 재생의 대표적인 사례가 MIT 공과대학 이스트 캠퍼스와 인접한 찰스 강변의 켄들 스퀘어Kendall Square와 레치미어 스퀘어Lechmere Square, 유니버시티 파크University Park 공장 부지의 재생이다.

MIT 공과대학의 켄들 스퀘어는 지하철역을 중심으로 면적 110에이커, 약

44만 7000m^2의 오피스 및 연구 시설의 거점으로 성장한 대표적인 사례이다. 과거 제조업과 전력 공장의 중심지였던 켄들 스퀘어 일대는 1950년대 이후 MIT 공과대학 캠퍼스가 확장되고, 1950년대 테크놀로지 스퀘어Technology Square와 1970년 미연방정부 교통국DOT Establishments이 입지하면서 이 구역의 도시 기능이 변화하기 시작했다.

이후 1960년대부터 케임브리지시City of Cambridge와 MIT 공과대학, 민간 개발자인 보스턴 프로퍼티Boston Properties사가 주도한 일련의 켄들 스퀘어 도시 재생 프로젝트Kendall Square Urban Renewal Project를 통해 겐자임사Genzyme Corporation, 화이자 연구소Pfizer Research Technology Center, 앨커메스 제약사Alkermes, 밀레니엄 제약사Millennium Pharmaceuticals 등의 R&D 연구소와 오피스 콤플렉스가 집중된 세계 최고의 첨단 바이오·IT 클러스터*로 성장했다. 켄들 스퀘어의 동쪽에 인접한 레치미어 스퀘어와 케임브리지사이드 갤러리아Cambridgeside Galleria 콤플렉스도 기존 공장 부지를 지속적으로 재개발한 결과이다.

한편 켄들 스퀘어 동쪽의 레치미어 스퀘어 수변은 1970년대부터 기존 공장 건물인 내셔널 캐스킷 빌딩National Casket Building과 카터스 잉크 빌딩Carter's Ink Company Building이 폐쇄되면서 이 구역이 재개발되는 기회를 갖게 되었다. 특히 몬시뇨 오브라이언 고속도로Monsignor O'Brien Highway, 케임브리지 파크웨이Cambridge Parkway, 퍼스트 스트리트First Street로 둘러싸인 공장 부지는 1976년에 케임브리지시 산하 커뮤니티 개발국Cambridge Community Develoment Department이 수립한 이스트 케임브리지 리버프론트 계획East Cambridge Riverfront Plan과 1990년 수립한 케임브리지사이드 갤러리아 쇼핑몰 콤플렉스의 개발로 메이시 백화점Macy's 등이 입지한 도시 중심지로 변화했다.

- 캔델 스퀘어는 현재 겐자임사, 화이자 연구소, 마이크로소프트 연구소, 앨커메스 제약사, 밀레니엄 제약사 등과 컴퓨터 사이언스 코퍼레이션, EMC 코퍼레이션, 노벨l, 버라이즌, 야후, 구글, 노바티스, 버텍스 제약스 등의 지식, 컴퓨터, 시스템, 통신/IT 인프라, 소프트웨어, 바이오 분야의 R&D 연구소와 오피스의 클러스터로 성장했다.

한편 매사추세츠 애비뉴의 서쪽부인 유니버시티 파크 부지는 MIT 공과대학 캠퍼스로부터 북서쪽으로 약 750m 떨어진 곳에 위치하며, 케임브리지시의 센트럴 스퀘어로부터 남동쪽으로 550m의 거리에 입지한다. 유니버시티 파크 부지는 보스턴의 찰스강 수변의 배후지에서 북쪽으로 약 750m 떨어져 위치한다. 유니버시티 파크의 부지는 13개의 블록으로 구성된 사다리꼴 형태의 부지로 27에이커, 약 11만m^2의 넓이다.• 유니버시티 파크는 주변의 기존 주거 커뮤니티와 연계되어 오피스와 연구 공간이 레스토랑, 임대주택, 상점, 호텔, 주차장과 오픈 스페이스를 효과적으로 결합하는 혼합 어번 빌리지mixed-use urban village를 어떻게 개발할 것인지를 보여주는 모범적인 사례이다.

유니버시티 파크 부지는 원래 찰스강 습지였으며, 1888년 심플렉스 와이어 앤드 케이블Simplex Wire and Cable이라는 제조업체가 이곳으로 이전해오면서 점차 공업 용도로 이용되었다. 전기통신케이블 제조업체인 심플렉스 와이어 앤드 케이블은 1970년에 이전했고, 1980년대까지 부지는 버려졌었다.

MIT 공과대학은 이곳에 학부생과 대학원생, 교수, 산업체 간 과학기술의 흐름을 강화시키고 대학발전기금 투자를 통해 시장에서 과학기술 상품화의 가속화를 도울 수 있는 환경을 조성하고자 했다.

MIT 공과대학은 이를 위해 1958년부터 1983년까지 25년간 이 대규모의 부지를 개인 또는 기업 토지 소유자로부터 순차적으로 매입하여 이 부지의 토지 소유권을 획득했으며 1992년 토지 합필이 최종 완료되었다. MIT 공과대학은 이후 1983~2003년까지 개발업자로 지명한 포레스트 시티Forest City가 이 부지를 계획, 개발하여 현재 혼합 용도의 R&D 파크로 단계적으로 조성했다. 유니버시티 파크의 부지는 1970년까지 공장 부지로 이용되었기 때문에 토지 오

• 유니버시티 파크는 동쪽의 퍼링턴 스트리트Purington Street, 서쪽의 브룩클라인 스트리트Brookline Street, 남쪽의 퍼시픽 스트리트Pacific Street, 북쪽의 매사추세츠 애비뉴Massachusetts Avenue로 구획된다.

염이 심각했다. MIT 공과대학과 포레스트 시티가 50%씩 나누어 토지정화 비용을 부담했다.* 유니버시티 파크에는 현재 신생 기업에서 주요 기업에 이르는 기업의 오피스와 바이오의학, 소프트웨어, 커뮤니케이션, 그리고 조명 제조회사의 R&D 건물의 요구를 충족시키는, 최첨단의 유연성을 갖춘 연구 인프라가 조성되어 있다.

* 유니버시티 파크 부지에 심각한 환경오염은 확인되지 않았으나 기초공사가 진행되는 동안 오염 요소가 발견될 수 있는 가능성은 모두 고려되었다. 환경 정화는 토지임대를 조건으로 처음에 포레스트 시티가 비용을 지불했다. 하지만 결국 MIT 공과대학과 포레스트 시티가 반씩 나누어 부담했다.

팰로앨토
지진, 모펫 비행장, 아르파넷

'키 큰 삼나무 숲' 팰로앨토는 지난 100년 동안 전파를 이용해 '무형의 생산물'을 보내고 받는 일련의 테크놀로지들을 지속적으로 개발하며 빠르게 성장해온 산타클라라 밸리의 대학-기업의 도시이다. 또한 팰로앨토는 그 중심부인 스탠퍼드 대학과 주변의 먼로 파크, 서니베일, 마운틴 뷰, 쿠퍼티노 등에 형성된 기업 오피스와 주거 구역들이 세계의 어느 도시보다 빠르게 개발되며 주변의 자연 습지와 생태계의 보전과 개발의 논리가 첨예하게 충돌해온 곳이기도 하다.

팰로앨토에서 전파 송수신 테크놀로지가 처음 소개된 것은 1909년 코펜하겐 태생의 발더마르 포울센이 개발한 '포울센 아크의 라디오 송신 테크놀로지'를 통해서이다. 당시 샌프란시스코에는 이미 미 해군에 의해 1898년 서부 해안에 함대와 무선통신 스테이션이 조성되었다. 특히 1906년 샌프란시스코 대지진은 지진 예측을 위한 전파연구가 가속화되는 획기적인 계기가 되었다. 이후 연방정부가 조성한 미 해군의 서니베일 비행기지, 모펫 비행장, 미 항공우주국의 연구센터인 아메스 리서치센터는 다수의 전기전파 관련 테크놀로지 개발 기업의 모체가 되었다.

팰로앨토는 이 시기에 처음 전파 송수신을 위한 재료와 기구로서 오디온,

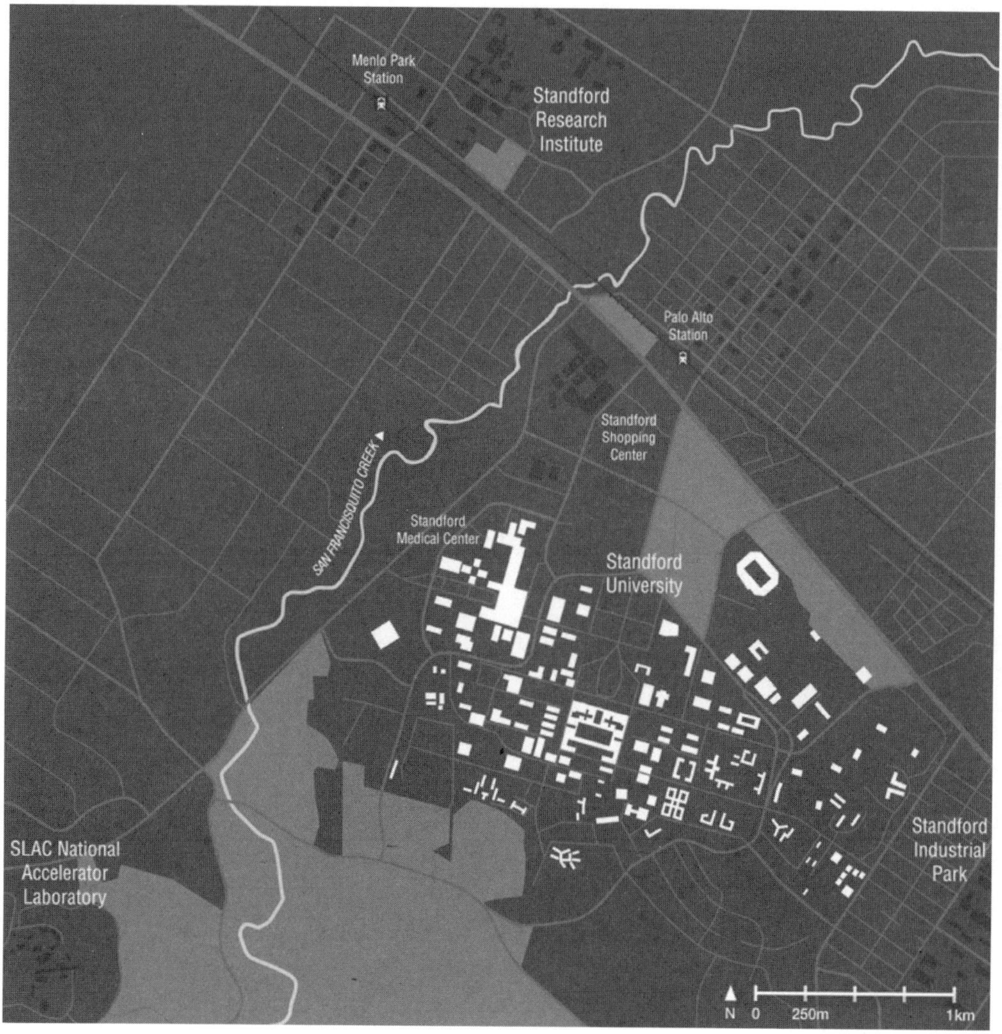
Menlo Park
Station
Standford
Research
Institute
Palo Alto
Station
Standford
Shopping
Center
SAN FRANCISQUITO CREEK
Standford
Medical Center
Standford
University
SLAC National
Accelerator
Laboratory
Standford
Industrial
Park
N
0
250m
1km

오실로스콥스, 클라이스트론 튜브를 개발했으며, 이후 전파를 통해 송수신되는 정보 신호, 음성, 데이터, 이미지, 동영상을 기억-저장-처리하는 메모리와 프로세서, 그리고 이를 작동시키는 트랜지스터, 통합 서킷, 네트워크 시스템이 개발되었다.

한편 스탠퍼드 대학에 인접해 조성된 스탠퍼드 인더스트리얼 파크, 스탠퍼드 선형가속기 연구소, 인터넷의 선구자인 패킷 스위치형 데이터 송수신 시스템인 아르파넷을 개발한 스탠퍼드 리서치 인스티튜트는 인접한 벤처캐피털과 법률인프라와 함께 테크놀로지 스타트업의 창업-펀딩-성장을 주도하는 인큐베이터로서 기능해왔다. 특히 이 지역의 제록스 팰로앨토 리서치센터는 그래픽 인터페이스와 네트워크 테크놀로지, 애플컴퓨터의 소형컴퓨터와 아이폰, 모자이크와 넷스케이프의 인터넷 그래픽인터페이스, 구글의 정보검색엔진을 개발하며 현대 IT 테크놀로지의 중심이 되었다.

샌프란시스퀴토 하천과 오로네 인디안

팰로앨토Palo Alto는 태평양의 동쪽 끝을 경계 짓는 긴 샌프란시스코 반도San Francisco Peninsula에서 바다의 찬 공기를 막아주는 산타크루즈 산맥Santa Cruz Mountains을 서쪽에 두고 동북쪽으로 열린 'U' 형의 샌프란시스코만에 입지한다. 팰로앨토는 서남쪽에는 풋힐Foothill을 두고 샌프란시스코만으로 흘러나가는 샌프란시스퀴토천San Francisquito Creek•과 아도비천Adobe Creek, 바론천Barron Creek으로 그 경계가 정해진다.

• 샌프란시스퀴토천은 상류의 코르테 마데라천Corte Madera Creek과 베어 크릭Bear Creek, 로스 트란코스천Los Trancos Creek이 합쳐지며 거대한 자연 서식처를 조성하고 있으며, 또한 하구인 샌프란시스코만의 찰스턴 슬로Charleston Slough에도 역시 거대한 습지 생태계가 있다.

팰로앨토는 역사 속에서 국도 84Route 84를 따라 이스트 팰로앨토East Palo Alto를 지나 샌프란시스코만을 건너 북쪽의 뉴어크Newark, 유니언 시티Union City, 프리몬트Fremont로 연결되는 길목이었다. 팰로앨토는 이 경로에서 샌프란시스퀴토 크릭 트레일San Francisquito Creek Trail과 엠바카데로 로드Embarcadero Road를 통해 샌프란시스코만의 훅스 포인트Hooks Point와 연결된 이동 거점이었다. 샌프란시스퀴토 하천의 동쪽 강둑에는 천년 된 붉은 삼나무Redwood 숲인 엘 팰로앨토El Palo Alto가 있다. 이곳을 '키가 큰 나무'라는 뜻의 스페인어 팰로앨토Palo Alto로 부른 이유가 여기에 있다.

팰로앨토가 처음 언급된 것은 1769년의 기록에서이다. 스페인 출신으로 군인이며 뉴 스페인New Spain 영토의 알타 캘리포니아Alta California의 초대 행정가인 가스파르 드 포르톨라Gaspar de Portolá i Rovira에 의하면 현재 미들필드 로드Middlefield Road와 엠바카데로 로드Embarcadero Road의 교차로에 이 지역 원주민인 오로네Ohlone* 부족의 거주지가 입지했다.

템퍼런스 타운과 스탠퍼드 대학

팰로앨토에 스탠퍼드 대학이 조성된 계기는 캘리포니아주 주지사이며 상원의원이었고 철도 재벌이었던 릴런드 스탠퍼드Leland Stanford Sr.와 그의 부인인 제인 스탠퍼드Jane Lathrop Stanford의 외아들이었던 릴런드 스탠퍼드 주니어가 사망한 사건이었다. 릴런드 스탠퍼드 주니어는 1884년 15세의 나이로 장티푸스로 갑자기 사망했다.

* 오로네 원주민들은 '코스타노안Costanoan'으로도 불리는 이 지역의 원주민이다. 이들은B.C. 8000년부터 샌프란시스코의 해안을 따라 샌프란시스코만과 남쪽의 몬테레만Monterey Bay에서 활동했으며 B.C. 4000년에 사회계급의 분화와 종교가 형성되었다. 이들은 특히 코요테천Coyote Creek과 칼라베라스천Calaveras Creek을 중심으로 산타클라라 밸리Santa Clara Valley에 거주했다.

펠로엘토의 스탠퍼드 대학

스탠퍼드 부부는 1885년 외아들을 추모하기 위해 스탠퍼드 대학의 설립을 추진했다. 당시 스탠퍼드 부부는 '캘리포니아의 아이들은 우리의 아이들이다'라는 믿음으로 대학의 설립을 진행했다. 당시 스탠퍼드 부부는 대학의 설립을 구상하며 1884년 동부 하버드 대학의 총장 찰스 엘리엇President Charles Eliot을 방문하여 대학, 기술학교, 박물관 중 어떤 것을 설립해야 하는가에 관해 상담했다.• 이들은 1886년 MIT공과대학의 총장인 프랜시스 아마사 워커President Francis Amasa Walke와의 면담을 통해서 대학 설립을 구체화했다.

스탠퍼드 대학의 시설들은 스탠퍼드 부부가 1876년부터 산타클라라 카운

• 하버드 대학의 찰스 엘리엇 총장은 당시 대학의 가치를 강조했으며, 이를 위해서는 5백만 달러, 현재 가치로는 약 1억 3100만 달러의 기부금이 필요하다고 했다.

타워에서 본 스탠포드 대학

티의 북쪽부에 팰로앨토 스톡 팜Palo Alto Stock Farm이라는 말 목장을 조성하기 위해 매입한 일련의 토지들에 계획되었다. 이러한 이유로 스탠퍼드 대학은 현재까지도 종종 '팜Farm'이라 불린다. 스탠퍼드 대학의 부지는 구상 초기인 1886년에 메이필드Mayfield의 중심부인 링컨 스트리트Lincoln Street, 현재 California Avenue가 고려되었다. 당시 메이필드의 중심부는 13개의 술집 살롱들이 있었다. 릴런드 스탠퍼드는 이곳에서 주류 매매 금지를 요청했으나 거절되었다. 이에 대학 타운으로 주류 판매를 불허하는 '템퍼런스 타운Temperance Town'을 기대하던 스탠퍼드 부부는 메이필드 대신 팰로앨토를 선택했다.

팰로앨토는 1894년 타운 행정을 시작했으며, 1909년 타운 차터를 획득하며 15명으로 구성된 타운의회와 함께 운영되었다. 팰로앨토는 곧 메이필드를 앞지르며 성장했으며 1925년 메이필드를 흡수했다. 팰로앨토에는 이러한 이유로 유니버시티 애비뉴를 중심으로 하는 다운타운과 기존 메이필드의 옛 다운타운이었던 캘리포니아 애비뉴에 두 개의 독립된 타운 중심부를 두고 있다.

릴런드 스탠퍼드는 스탠퍼드 대학을 구상하면서 현재 유니버시티 애비뉴 옆에 철도역을 조성을 주도했다. 또한 릴런드 스탠퍼드의 친구이며 서던 퍼시픽 철도 회사Southern Pacific Railroad의 소유자인 티모시 홉킨스Timothy Hopkins는 1887년 역시 이곳에 약 740에이커, 약 3km^{2}의 부지를 매입했다. 티모시 홉킨스는 팰로앨토의 토지 구획을 주도한 장본인이며 당시 먼로 파크 부지를 소유하고 있었다. 현재 팰로앨토에서 '홉킨스 트랙트Hopkins Tract'•로 불려왔던 남쪽 구역은 1994년 팰로앨토 100주년에 '역사구역Heritage District'으로 지정되었다.

스탠퍼드 대학의 첫 번째 캠퍼스 마스터플랜은 1886~1914년 보스턴에서 활동했던 조경설계가인 프레더릭 로 옴스테드Frederick Law Olmsted에 의해 준비되었다. 당시 마스터플랜은 경사 지형을 피하고 평지의 실용성을 강조하며 공원으로서의 대학 캠퍼스를 제안했다. 대학 캠퍼스의 중심부에는 교육 시설들로 구성된 메인 쿼드Main Quad가 쿼드랭글 형태로 배치되었고, 그 주변으로 주거와 녹지가 배치되었다.

한편 메인 쿼드의 구상은 1886년 당시 미국의 가장 유명한 건축가인 헨리 홉슨 리처드슨Henry Hobson Richardson에 의해 시작되었고, 이후 메인 쿼드의 설계는 리처드슨의 제자였던 찰스 앨러턴 쿨리지Charles Allerton Coolidge가 운영하는 셰플리 루턴 쿨리지Shepley, Rutan and Coolidge 설계사무소에 의해 '리처드소니언 로마네스크Richardsonian Romanesque' 건축 양식으로 설계되었다. 건물의 빨간 타일 지붕과 붉은 사암 벽돌을 이용해 만든 낮은 높이의 반원형 아치, 단단한 기둥 피어, 거대한 벽면은 이후 밝고 푸른 하늘과 대조되는 캘리포니아의 건축의 대명사로서 이후 캘리포니아를 대표하는 '캘리포니아 건축 양식'으로 발전했다.

스탠퍼드 대학의 중심부인 메인 쿼드는 경사진 부지에 정북 방향을 향하

• 팰로앨토의 남쪽 구역의 홉킨스 트랙트는 엘 카미노 레알, 샌프란시스퀴토 크릭, 보이스 애비뉴 Boyce Avenue, 샤닝 스트리트Channing Avenue, 홉킨스 애비뉴Hopkins Avenue로 구획된다.

는 직사각형의 건물군이다. 교육, 연구, 행정 시설로 1887년에 공사가 시작되어 1906년에 완성되었다. 그러나 1906년 샌프란시스코 지진으로 메인 쿼드의 일부 건물들이 파괴되었으며 이후 20년 동안 재건되었고, 1989년 지진으로 파괴되어 다시 재건되었다.

메인 쿼드의 중심부인 이너 쿼드Inner Quad는 특히 메모리얼 교회Memorial Church•와 메모리얼 아치Memorial Arch로 정의되었으며, 이를 따라 시계 방향으로 12개의 건물들이 1~110까지의 번호를 갖고 연결된다. 그 외곽으로는 역시 14개의 건물들이 120~460의 번호로 아우터 쿼드Outer Quad를 구성한다. 한편 캠퍼스의 상징적인 방향성을 부여하는 길이 1마일, 약 1.6km의 거대한 캠퍼스 진입부는 팜 드라이브Palm Drive와 오벌Oval이라 불리는 잔디 구역을 통해서 메인 쿼드의 시작점인 메모리얼 코트Memorial Court와 메모리얼 교회로 연결된다.

한편 이너 쿼드로부터 동쪽 300m 지점에는 살라망카의 대성당 타워를 모델로 조성된 시각적 랜드마크인 높이 87m의 후버 타워Hoover Tower••가 입지한다.

스탠퍼드 대학이 지역에서 테크놀로지 개발의 중심부로 성장하기 시작한 것은 코넬 대학 졸업생이었던 데이비드 조던President David Starr Jordan 교수가 1891년 초대 총장으로 부임하면서부터이다. 스탠퍼드 부부는 1891년 당시 코넬대의 앤드루 화이트Andrew White 총장에게 초대 총장직을 제안했다. 하지만 앤드루 화이트는 제의를 거절하고 당시 인디애나 대학의 총장이며 코넬 대학 졸업생

• 스탠퍼드 메모리얼 교회Stanford Memorial Church, 1903는 제인 스탠퍼드가 사망한 그녀의 남편인 릴런드 스탠퍼드를 기리기 위해 건립했다. 메모리얼 교회는 1898년 베네치아의 피아자 산마르코 성당과 라베나Ravenna의 성당이 갖고 있는 로마네스크 건축형태에 비잔틴 건축장식으로 장식되었다. 이후 메모리얼 교회는 1906년 샌프란시스코 지진1906 San Francisco earthquake으로 파괴되어 1917년 재건되었고, 다시 로마 프리에타 지진1989 Loma Prieta earthquake으로 1993년 재건되었다.

•• 후버 타워Hoover Tower는 허버트 후버Hubert Hoover가 미국 대통령 취임 전인 1919년 조성한 후버 연구소Hoover Institution와 후버연구소 도서관-수장고Hoover Institution Library and Archives, 1919를 갖고 있다.

스탠포드 대학 메모리얼 교회

으로 40세였던 젊은 데이비드 조던을 추천했다. 데이비드 조던의 비종파적이고 남녀공학의 교육철학은 스탠퍼드 부부의 교육철학과 일치했다.

스탠퍼드 대학은 데이비드 조던 총장의 임기 첫 해에 555명의 학생들을 받아 남녀공학으로 개교했으며, 학비는 1920년까지 무료였다. 개교 당시 교수진은 강사를 포함해 35명으로 상당수가 인디애나 대학과 코넬 대학으로부터 초빙되어왔으며, 다음 해 29명의 교수진을 추가로 초빙했다. 스탠퍼드 대학은 이후 릴런드 스탠퍼드가 사망한 1893년 후에 재정위기를 겪었으며, 1906년 샌프란시스코 지진으로 시설들이 크게 파괴되어 또 한 번 위기를 겪었다.

스탠퍼드 대학의 교수들은 개교 직후에 동부에 자리 잡은 기존의 학계 세력이 서부를 학문적으로 뒤떨어졌다고 간주하는 것을 경계했다. 스탠퍼드 대학이 설립되어 팰로앨토를 중심으로 독립된 지역 경제의 거점을 구축하는 시작점이 되었다. 스탠퍼드 대학을 중심으로 이러한 강력한 동질감과 동부에 대응하는 '지역주의regionalism'는 이후 이 지역에서 하이테크 기업들이 성장하는 데 자극이 되었다.

샌프란시스코 대지진, 아마추어 햄라디오, 페더럴 텔레그래프

팰로앨토의 테크놀로지의 개발과 성장은 전파 송수신 테크놀로지의 개발로 시작되었다. 팰로앨토에서 전파의 송수신 테크놀로지가 개발된 것은 1898년부터 미 해군이 설립한 서부 해안 기지국과 함대와의 무선통신을 위해서였다. 샌프란시스코에는 1900년 전후로 무선통신 활동이 급속히 보급되었다. 한편 1906년의 샌프란시스코 대지진은 이후 샌프란시스코에서 지진 경보를 위한 아마추어 햄 무전사들의 햄 라디오 활동과 강력한 단파장 라디오shortwave radio 송수신을 위한 하드웨어의 개발을 급속히 확산시켰다.

유럽 대륙에서 개발된 포울센 아크 송신기Poulsen Arc Transmitter 테크놀로지는 미국의 샌프란시스코만 지역에서 보급되어 라디오에 이용되었다. 샌프란시스코는 이미 1900년 전에 무선통신 활동이 보급된 지역이었다. 미 해군은 1898년부터 서부 해안에 해안 기지국을 설립하여 함대와 무선통신을 시작했다. 이에 샌프란시스코에는 이러한 시설들에 필요한 테크놀로지를 개발하고 운영하는 하드웨어 제조자들이 활동했다. 이와 함께 아마추어 햄 무선사들의 활동으로 새로운 장치와 기술은 라디오와 함께 급속히 퍼져나갔다.

코펜하겐 태생의 발더마르 포울센Valdemar Poulsen•이 그의 팰로앨토 연구소에서 양질의 음성 송출이 가능한 포울센 아크 송신기를 개발했다. 이후 스탠퍼

• 발더마르 포울센은 1898년 전화기 특허를 취득했으며, 세계 최초의 자기녹음 장치를 개발해 파리의 1900년 세계엑스포에서 오스트리아의 프란츠 요세프 황제의 음성을 녹음하기도 했다. 포울센은 이후 실용적인 자기 음성 녹음과 재생 기기를 발명한 장본인이다.

드 대학에서 해리스 라이언Harris Ryan 교수 밑에서 전기공학을 공부한 호주 태생의 시릴 얼웰Cyril F. Elwell은 페더럴 텔레그래프Federal Telegraph Corporation를 설립하여 포울센 아크 라디오 송신 테크놀로지 특허를 매입하여 라디오의 신호송신을 위해 이 기술을 상용화했다. 이후 이 테크놀로지는 리 드 포레스트Lee De Forest의 진공관vacuum tube인 오디온Audion과 휴렛팩커드Hewlett-Packard의 오실로스코프oscilloscopes 등의 진공관 기술이 개발될 때까지 이용되었다.

페더럴 텔레그래프는 포울센 아크 송신 기술 특허권을 이용해 기존의 마르코니Marconi의 특허들을 피하며 라디오 물품을 생산할 수 있었다. 당시 페더럴 텔레그래프는 초기에 스탠퍼드 대학의 데이비드 조던 총장의 재정 후원을 받으며 스탠퍼드 대학생들을 고용했다. 또한 페더럴 텔레그래프는 비치 톰슨Beach Thompson을 포함한 샌프란시스코의 투자자들을 유치하여 동부 지역을 따돌리며, 1912년 미 해군과의 기술 개발 계약을 획득했다. 페더럴 텔레그래프는 이후 리 드 포레스트를 고용하며 그가 발명한 전파를 확장하고 송신하는 증폭기amplifier인 오디온을 개발하고 라디오 전신 시스템Radio Telegraphy System을 개발했다. 리 드 포레스트는 스탠퍼드 대학의 교수들과 함께 1912년을 전후로 팰로앨토에서 라디오, 레이다, 텔레비전, 컴퓨터, 그리고 기타 전기기구의 핵심 부품인 진공관 증폭기인 오디온을 발명했다.

한편 역사상 가장 잔인한 자연재해로 기록된 샌프란시스코 지진은 1906년 4월 18일 5시 12분 북캘리포니아의 해안을 덮쳤으며 곧 화재로 이어졌다. 이로 인해 3000명이 사망하고 샌프란시스코의 80%가 파괴되었다. 특히 지진 후 3일 동안, 30건의 화재가 발생했으며, 490개의 도시 블록에서 2만 5000채의 건물이 파괴되었다.* 당시 샌프란시스코만 지역은 아마추어 햄 라디오Ham radio의 거점으로, 당시 미국 무선사 10%의 활동이 집중되었던 지역이며 미국 내 라디오

* 샌프란시스코 지진으로 인한 당시 재산 손실은 4억 달러로 추정되며, 보험사들의 보험 상해액은 2억 3500만 달러였으며, 이를 2014년 기준으로 환산하면 61억 7천만 달러에 이른다.

방송의 시작점이었다.

샌프란시스코에서는 결국 지진 예측과 지진 시 생존과 방어를 위한 목적으로 전파연구가 발전하게 되었다. 즉, 이 지역은 1906년의 지진과 1909년의 샌프란시스코의 아마추어 햄 무전사의 활동과 매우 밀접히 연결되어왔다. 또한 미국 지리조사국USGS도 지진 예측을 위해 이곳에 지역 거점을 조성했다.

이즈음 샌프란시스코 지역에서 세계 최초 정규 라디오 방송이 진행되었다. 당시 새너제이에서 성장하고 스탠퍼드 대학에서 물리학과 천체학을 공부하다가 중퇴한 미국의 라디오 방송의 선구자인 찰스 덕 해롤드Charles David 'Doc' Harrold는 1909년 세계에서 두 번째이며 미국의 첫 번째 라디오 기지국을 개국했다. 덕 해럴드는 샌프란스시코에서 전기제품 제조사를 운영했으며, 샌프란시스코 지진 후 새너제이로 돌아와 해럴드 무선엔지니어링 컬리지Harrold College of Wireless and Engineering를 설립해 강의를 했다. 덕 해럴드는 음성 신호를 송신하는 라디오에 깊은 관심을 갖고 있었으며, 1912~1917년 사이 전화신호callsign FN과 SJN을 이용하여 라디오 애청자들에게 '리틀 햄스Little Hams'로 불린 정규 음악 프로그램을 방송했다. 해럴드는 제1차 세계 대전 직후 1921년 샌프란시스코 라디오 스테이션인 KCBS의 전신인 KQW의 라이선스를 획득하여 운영했다.

한편 제1차 세계 대전 전후로 아마추어 햄 무선사인 윌리엄 아이텔William Eitel, 잭 맥컬러Jack McCullough, 샌프란시스코 태생의 찰스 리턴Charles Litton은 1932년 이 지역에서 햄 라디오 활동과 강력한 단파장 라디오 송수신을 위한 진공 튜브를 생산했다. 당시 10m의 밴드를 이용하는 고주파수와 초고주파수의 송수신 기능은 RCA, 웨스턴일렉트릭Western Electric, 제너럴일렉트릭General Electric, 웨스팅하우스Westinghouse가 독점 생산한 기존의 진공관보다 고성능의 진공관을 필요로 했다. 찰스 리턴은 이후 리턴 인더스트리Litton Industries를 창업하며 제2차 세계 대전 중인 1945년을 전후로 아마추어 라디오와 항공기 라디오 부품인 파워-그리드 튜브power-grid tubes를 생산하는 산 브루노San Bruno의 아이텔-맥컬러Eitel-McCullough에 레이다의 송신 튜브를 납품했다.

모펫 비행장과 아메스 리서치센터

샌프란시스코만 지역에서 1930년대부터 현재까지 다수의 전기, 전파, 항공과 커뮤니케이션 관련 테크놀로지 개발의 구심점은 연방정부가 운영하는 미 해군 캘리포니아 서니베일 비행 기지Air Base Sunnyvale이다. 서니베일 비행 기지에서는 제2차 세계 대전 이후 냉전기에 미 해군 비행선 USS 모콘USS Mocon, NASA의 핵심 리서치 센터인 아메스 리서치센터Ames Research Center의 우주과학과 항공분야의 테크놀로지와 슈퍼컴퓨터, 록히드Lockheed 항공제조사의 'P2V 넵튠'과 'P-3 오리언' 정찰기가 개발되었고, 구글의 연구센터가 2011년부터 운영되고 있다.

미군은 제1차 세계 대전 이후 독일 공군의 체펠린 비행선Zeppelin Airships의 테크놀로지에 대응해서 1927년부터 비행선 테크놀로지를 개발했다. 마운틴뷰Mountain View와 서니베일Sunnyvale 사이에 총면적 1000에이커, 약 4.05km^{2}의 건초지였던 이니고 목장Ynigo Ranch은 연구 개발을 위한 최적지로 평가되어 연방정부에 매각되어 서니베일 비행기지가 조성되었다. 이 부지는 서쪽의 해안을 따라 입지한 구릉 지형이 태평양의 찬 공기를 막아 샌프란시스코의 다른 곳과 달리 안개가 끼지 않는 곳이다.

서니베일 비행기지는 이후 미 해군의 모펫 비행장NAS Moffett Airfield으로 개명하고, '격납고 1Hangar One' 구조체를 포함한 첨단 비행시설과 미 해군 비행선 USS 모콘의 생산 기지로서 기능했다. 모펫 비행장은 미 해군을 고객으로 하는 전자전파 관련 테크놀로지 기업들이 주변에 입지하도록 유도했다.

한편 모펫 비행장은 미 해군 비행선 테크놀로지 개발 기능이 샌디에이고로 이전된 후 다시 미국 항공자문회National Advisory Committee for Aeronautics의 항공 연구시설들을 일부 유치했다. 이후 모펫 비행장은 NACA의 후신인 NASA•의

• NASA의 전신은 제1차 세계 대전 당시 조성된 미국 항공자문회National Advisory Committee for

NASA 아메스 리서치센터

핵심 리서치 센터로서 아메스 리서치센터Ames Research Center•를 유치했다. 아메스 리서치 센터는 특히 슈퍼컴퓨터, 휴먼 팩터Human Factors, 인공지능Artificial Intelligence 연구를 주도하며 우주과학과 항공 분야의 연구를 지속적으로 진행해왔다. 이와 함께 제2차 세계 대전 기간부터 소련이 붕괴된 1991년까지 록히드

Aeronautics, NACA이다. 이후 NACA는 1958년 조직이 확장되어 National Aeronautics and Space Administration, NASA가 되었다.

- 당시 아메스 리서치 센터Ames Research Center/ARC는 물리학자이며 NACA의 설립 멤버인 조지프 스위트먼 아메스Joseph Sweetman Ames를 기리기 위해 그의 이름을 붙였다.

항공제조사의 정찰기인 'P2V 넵튠'과 'P-3 오리언'이 이곳에서 개발되었고 다수의 항공 기업들이 그 주변에 설립되었다.

스탠퍼드 인더스트리얼 파크, 바리안 어소시에잇, 쇼클리 반도체 연구소

스탠퍼드 대학이 서부 지역권 대학에서 미국을 대표하는 대학으로 성장한 시기는 월러스 스털링 총장의 임기이다. 이 시기에 '실리콘 밸리의 아버지father of Silicon Valley'로 불리는 프레더릭 터먼Frederick Terman 교수가 1945년부터 1950년대까지 공과대 학장과 부총장으로서 교수와 졸업생의 창업을 후원했다. 스탠퍼드와 MIT공과대학을 졸업한 프레더릭 터먼은 이 지역의 자족성을 가진 동네 경제를 조성하고자 신생 기업의 기술 개발과 창업을 위한 인큐베이팅 창업지원센터와 투자 자본을 확보하기 위한 벤처캐피털 인프라를 조성했다.

스탠퍼드 대학은 제2차 세계 대전 종료 후 급속히 성장했다. 스탠퍼드 대학은 1940년대 중반부터 1960년대 후반까지의 냉전기에 미국 연방정부의 일련의 연구 용역을 수주하며 거대한 R&D시설들과 병원, 쇼핑센터들이 캠퍼스 경계에 조성되며 급속히 확장했다. 특히 제2차 세계 대전이 끝나고 학생들이 대규모로 귀환하면서 양적으로 성장했다. 당시 조성된 대표적인 R&D 시설들은 메인 쿼드로부터 동남쪽 3km 떨어진 지점에 입지한 스탠퍼드 인더스트리얼 파크Stanford Industrial Park, 메인 쿼드의 서남쪽에 입지한 스탠퍼드 선형가속기 연구소Stanford Linear Accelerator Center와 서북쪽의 스탠퍼드 리서치 인스티튜트Stanford Research Institute가 입지한다. 이 시설들은 스탠퍼드 대학과 팰로앨토를 연결하는 유니페로 세라 블러바드Junipero Serra Boulevard와 페이지 밀 로드Page Mill Road를 따라 거대한 테크놀로지 개발 거점으로 성장했다.

스탠퍼드 인더스트리얼 파크는 조성 당시 프레더릭 터먼 공과대 학장

Frederick Terman의 제안으로 스탠퍼드 대학 소유의 토지에 졸업생들의 창업과 취업을 위해 조성된 오피스 파크이다. 이후 스탠퍼드 인더스트리얼 파크는 스탠퍼드 리서치 파크Stanford Research Park로 개명되었다. 스탠퍼드 인더스트리얼 파크는 당시 교수와 학생들이 창업하는 하이테크 기업에만 장기 부지 사용 임대를 해주면서 대학과의 협력 연구를 촉진했다. 이 시기에 스탠퍼드 인더스트리얼 파크는 베리언 어소시에이츠Varian Associates, 휴렛패커드Hewlett-Packard, 쇼클리 반도체 연구소Shockley Semiconductor Laborator, 페어차일드 반도체Fairchild Semiconductor, 인텔Intel과 벨 전화 연구소Bell Telephone Laboratories, 제록스 팰로앨토 리서치 센터Xerox Palo Alto Research Center 등이 입주했다. 스탠퍼드 인더스트리얼 파크는 현재 700에이커, 2.8km^2의 크기로 확장하여 남북으로 긴 장방형의 형태를 따라 162개 건물들에 150개의 기업들의 2만 3000명이 근무한다.

스탠퍼드 인더스트리얼 파크의 첫 번째 임대자는 1930년대에 군사 레이다 부품을 제조한 베리언 어소시에이츠이다. 베리언 어소시에이츠는 1953년 이곳으로 이주해왔다. 베리언 어소시에이츠는 새너제이의 남쪽 핼시언Halcyon 출신 형제인 러셀 해리슨 베리언Russell Harrison Varian과 시거드 퍼거스 베리언Sigurd Fergus Varian 형제에 의해 1937년 스탠퍼드 대학에서 진행한 레이다 연구에 기초를 두고 설립되었다. 이후 버클리 대학에서 수학한 덴마크 이민 2세인 윌리엄 핸센 교수Professor William Webster Hansen는 베리언 형제의 기술을 이용해 1937~1940년 클리스트론 튜브Klystron Tube•를 개발했다. 이들은 버클리 대학에서 전기공학을 전공한 우크라이나 출신의 에드워드 긴츠턴Edward Ginzton과 함께 베리언 어소시에이츠를 창업했다.

또한 프레더릭 터먼 교수의 도움으로 윌리엄 휴렛William Hewlett과 데이비드

• 클리스토론 튜브Klystron Tube는 제2차 세계 대전 때 레이다 개발을 유도했다. 클리스토론 튜브는 마이크로웨이브 주파수에 전자파를 확장시키는 선형-빔의 진공관으로서, 레이다, 텔레커뮤니케이션, 마이크로 테크놀로지의 핵심 부품이었다.

패커드David Packard가 1937년 오디오-발진기audio-oscillator를 생산하는 휴렛-패커드Hewlett-Packard를 애디슨 애비뉴 367번지367 Addison Avenue 차고에서 창업했다. 당시 개발된 오디오-발진기는 월트 디즈니Walt Disney가 영화 〈판타지아Fantasia〉 제작을 위해 처음 매입했다. 이후 휴렛-패커드는 1953년 스탠퍼드 리서치 파크로 이전했다.

프레더릭 터먼 교수는 또한 1953년 트랜지스터의 공동 발명가이며 노벨 물리학상 수상자인 윌리엄 쇼클리가 팰로앨토로 귀향하는 데 기여했다. 런던 태생의 윌리엄 쇼클리William Shockley는 3살 때 팰로앨토로 이주해와 캘리포니아 공과대학과 MIT 공과대학에서 공부한 수학자이자 물리학자이며 전기공학 엔지니어였다. 그는 졸업 후 1936년 뉴저지 머레이힐Murray Hill에 입지한 벨 전화 연구소AT&T Bell Laboratories and Bell Telephone Laboratories•에서 전기체와 실리콘에 관해 연구했다. 그러나 1953년 트랜지스터 발명에 관한 불화로 인해 벨 랩을 떠나 서부의 캘리포니아 공과대학으로 이주해왔다. 이후 윌리엄 쇼클리는 1956년 쇼클리 반도체 연구소Shockley Semiconductor Laboratory를 마운틴뷰의 샌안토니오 로드San Antonio Road 391번지에 설립하고 쇼클리 다이오드Shockley diode로 불리는 새로운 실리콘 트랜지스터를 발명했다. 이 실리콘 트랜지스터는 기존의 반도체에 사용되었던 게르마늄으로 만들어진 불완전한 진공 튜브를 대체했다.

• 벨 전화 연구소는 1925년 뉴저지 주의 머레이힐에 설립되었으며 2006년부터 현재 앨커텔-루슨트 Alcatel-Lucent가 소유하여 운영하고 있다. 벨 전화 연구소는 에든버러 태생의 과학자이며 엔지니어로서 처음으로 상용화된 전화기를 발명한 알렉산더 그레이엄 벨Alexander Graham Bel이 설립한 볼타 랩Volta Laboratory and Bureau의 후신이다. 볼타 랩은 1880~1881년 워싱턴 DC에 처음 설립되었다. 벨 전화 연구소는 전파 천문학, 트랜지스터, 레이저, 정보이론, 유닉스, C프로그래밍 언어, S 프로그래밍 언어, C++ 프로그래밍 언어 등의 개발을 주도했으며 현재까지 8명의 노벨상 수상자를 배출했다.

통합 서킷, 마이크로 프로세서, 네트워크 시스템

팰로앨토에서는 방대한 데이터를 처리하고 저장하며 공유하는 테크놀로지와 하드웨어가 개발되있다. 당시 상용화된 대표적인 사례는 통합 서킷integrated circuit과 마이크로 프로세서이며 각각 페어차일드 반도체Fairchild Semiconductor와 인텔Intel에 의해서 개발되었다.

팰로앨토 테크놀로지의 진화는 쇼클리 반도체 연구소에서 시작되었다. 윌리엄 쇼클리는 1957년 실리콘 트랜지스터의 발명과 생산 과정에서 연구원들과 불화와 분쟁을 겪었고, 결국 이 지역의 실리콘 스타트업 창업 붐을 일으켰다. 쇼클리 반도체 연구소의 연구원 여덟 명은 쇼클리를 떠나 이후 20년 동안에 이 지역에 65개의 신생 기업들을 창업했다.

당시 대표적인 스타트업은 아이오와주의 그린넬Grinnell 태생으로 MIT 공과대학에서 물리학을 전공한 '실리콘 밸리의 시장Mayor of the Silicon Valley'로 불린 로버트 노이스Robert Noyc와 버클리와 캘리포니아 공과대학에서 물리학과 화학을 전공한 고든 무어Gordon Moore와 6명이 창업한 페어차일드 반도체Fairchild Semiconductor이다. 페어차일드 반도체는 1957년부터 시작된 미국과 소련의 우주위성 발사의 경쟁 구도에서 NASA로부터 대규모의 트랜지스터 생산 지원을 받으며 급성장했다. 이후 페어차일드 반도체는 최초로 다수의 실리콘 트랜지스터를 하나의 판에 집약시킨 칩chip이라 불리는 통합 서킷integrated circuit을 성공적으로 대량 생산했다.

한편 페어차일드 반도체의 창업자인 로버트 노이스와 고든 무어는 1968년 독립하여 인텔Intel을 창업했다. 인텔은 1970년 첫 번째 1kD RAM chip 메모리를 개발했고, 1973년 첫 번째 상용화된 마이크로 프로세서였던 'Intel 8080'을 생산했으며, 이를 이용해 통합서킷의 CPU를 가진 컴퓨터의 핵심 기능을 완성했다.

한편 지리적으로 분리된 컴퓨터들을 상호 연결시키며 데이터를 송수신하고 공유하는 커뮤니케이션 네트워크의 체계인 '랜Local Area Network'이 시스코 시스템Cisco Systems에 의해서 개발되었다. 시스코 시스템은 스탠퍼드 대학의 컴퓨터 사이언스 학과의 컴퓨터 책임자인 레너드 보색Leonard Bosack과 경영대학원의 컴퓨터 매니저인 샌드라 러너Sandra Lerner에 의해 창업되었다. 이후 시스코는 1998년부터 네트워크 오퍼레이팅 시스템인 'Cisco IOS' 소프트웨어•와 인터넷 프로토콜Internet Protocol을 이용한 모뎀 액세스 셸브modem access shelves인 AS5200와 인터넷 서비스 프로바이더의 핵심 부품이었던 GSR 라우터를 생산하며 인터넷 네트워킹 핵심 기능을 독점하며 개발했다.

스탠퍼드 리서치 인스티튜트, 아르파넷, 스탠퍼드 선형가속기 연구소

스탠퍼드 대학의 이사회는 팰로앨토의 지역경제 활성화를 목적으로 1946년 먼로 파크에 스탠퍼드 리서치 인스티튜트Stanford Research Institute를 조성했다. 스탠퍼드 리서치 인스티튜트는 스탠퍼드 대학 캠퍼스로부터 북쪽으로 3km 떨어진 먼로 파크에 면적 65에이커, 약 0.26km^{2}의 부지에 조성되었다.

스탠퍼드 리서치 인스티튜트••는 일종의 창업지원센터로 정부 기관과 민간 시장을 위한 연구 개발을 진행하며 테크놀로지의 특허를 발행하고, 전략적 파트너를 형성하고 스핀오프 창업을 도와주는 기관이었다. 스탠퍼드 리서치

• 시스코는 창업 초기 스탠퍼드 대학 의과대학에서 전기 엔지니어인 윌리엄 예거William Yeager가 개발해 사용했던 블루박스 라우터와 캠퍼스의 멀티플-프로토콜 라우터소프트웨어를 복사해 네트워크 오퍼레이팅 시스템인 'Cisco IOS' 소프트웨어를 개발했다.

•• 스탠퍼드 리서치 인스티튜트는 생물학, 화학, 재료, 컴퓨터, 지구우주시스템, 경제개발, 교육과 학습, 에너지와 환경테크놀로지, 보안과 국방 등의 분야에서 약 4000개의 특허를 소유하며 2013년 기준 연간 5억 4000만 달러 소득을 기록했다.

인스티튜트는 1970년에 스탠퍼드 대학과 분리되었고, 1977년 SRI 인터내셔널로 개명되어, 현재 약 4000개의 특허를 소유하며 약 2100명을 고용하고 있다. 이곳의 초기 연구들은 미 항공우주국, 미 공군, 미국방부의 아르파ARPA의 지원으로 진행되었다. 특히 버클리 대학에서 전기공학을 공부한 더글라스 엔설바트Douglas Engelbart 연구팀은 컴퓨터 마우스, 윈도, 네트워킹의 개념을 이용한 하이퍼텍스트hypertext를 개발했다.

하지만 스탠퍼드 리서치 인스티튜트의 획기적인 도약의 계기는 인터넷의 시초가 된 아르파넷Advanced Research Projects Agency Network, ARPANET의 미국 내 4개 거점 중의 하나로 운영된 것이었다. 아르파넷은 미국방부 산하의 아르파가 지원하여 진행한 프로젝트이다. 당시 스탠퍼드 리서치 인스티튜트 내의 오그먼테이션 리서치 센터SRI Augmentation Research Center의 엔젤바트는 'TCP/IP 프로토콜'을 이용해 데이터와 음성의 송수신하는 패킷 교환형packet switching 네트워크인 '아르파넷' 개발에 참여했다.

스탠퍼드 대학에 조성된 또 하나의 연구 인프라는 스탠퍼드 선형가속기SLAC National Accelerator Laboratory이다. 스탠퍼드 선형가속기는 메인 쿼드로부터 서남쪽으로 3.3km 떨어진 지점에 총면적 426에이커, 약 1.72km^{2}의 부지에 조성되어 약 1400명을 고용하는 팰로앨토의 테크놀로지 클러스터의 상징적 중심부이다. 스탠퍼드 선형 가속기 연구소의 부지는 동서 방향으로 직사각형 형태이며, 부지 중심 평지에는 세계에서 가장 긴 2마일, 약 3.2km의 선형 입자가속기linear particle accelerator가 있다. 스탠퍼드 대학이 소유했으나, 현재는 미국 에너지부 과학연구소의 관리하에 운영하고 있다.

스탠퍼드 선형가속기 연구소는 150명의 물리학자를 포함한 1000명의 연구 인력과 3000명의 방문연구자를 수용하는 거대한 연구 인프라이다. 스탠퍼드 선형가속기 연구소는 현재까지 프로톤protons, 뉴트론neutrons, 타우 렙톤tau lepton과 관련된 쿼크Quark 구조에 관련되어 1976, 1990, 1995년 노벨상 수상 연구 세 건을 진행했다. 스탠퍼드 선형가속기 연구 인프라는 특히 1970년대 말부

스탠퍼드 대학의 선형입자가속기

터 1980년대 초까지 고든 프렌치Gordon French와 프레드 무어Fred Moore가 주도한 '홈브루 컴퓨터 클럽Homebrew Computer Club'의 모임 장소로 이용되었다.

한편 스탠퍼드 선형가속기 연구소에서 북동쪽으로 3km 떨어진 곳에는 샌프란시스코 다운타운에 입지했던 스탠퍼드 의학교가 1959년 이전해오면서, 팰로앨토시와 스탠퍼드 대학이 공동으로 소유했던 팰로앨토-스탠퍼드 병원Palo Alto-Stanford Hospital Center, 현재 Stanford University Hospital and Clinics과 강의실, 연구실이 거대한 의료 지구를 이룬다. 특히 팰로앨토-스탠퍼드 병원은 개원 후 방사선 전공 의사인 헨리 캐플란Henry Kaplan과 물리학과 조교수였던 에드워드 긴츠턴Edward Ginzton이 최초로 '의학용 선형가속기medical linear accelerator'를 이용해 암과 기타 병의 치료를 진행했다.

그래픽 인터페이스와 소셜 네트워킹

팰로앨토의 테크놀로지 개발의 거점으로 대표적인 민간 기업의 연구소는 현재 IBM의 서부 리서치 센터로 설립된 새너제이 리서치 랩San Jose Research Laboratory, 현재 IBM Almaden Research Center, 그리고 로체스터에 본사를 두었던 제록스가 서부 거점으로 조성한 제록스 팰로앨토 리서치 센터Xerox Palo Alto Research

Center이다. 이들은 현대 컴퓨팅과 정보통신의 핵심 테크놀로지인, 그래픽 인터페이스, 프린트, 인터넷 커뮤니케이션에 필요한 소프트웨어와 하드웨어의 개발을 주도했다.

먼저 새너제이 리서치 랩San Jose Research Laboratory은 레이놀드 존슨Reynold B. Johnson의 주도로 설립되어 현재 IBM 산하의 IBM 리서치를 구성하는 9개 연구소 중의 하나로 성장해왔다. 또한 새너제이 리서치 센터는 설립 후 컴퓨터 사이언스, 서비스, 스토리지, 재료 사이언스와 테크놀로지를 연구해왔으며, 특히 'IBM 350'와 관계적 데이터베이스Relational database technology 기술을 개발한 곳이다. 이후 새너제이 리서치 랩은 확장을 위해 1986년 새너제이의 해리 로드Harry Road 650번지에 총면적 700에이커, 약 2.8km^{2}의 부지로 이전하며 IBM 알마덴 리서치 센터IBM Almaden Research Center로 확장되었다.

팰로앨토 리서치 센터는 특히 초기 인터넷의 선구자로서 1965부터 1969년까지 아르파의 정보처리기술부의 매니저였던 밥 테일러Robert William Taylor에 의해 주도되었다. 밥 테일러가 1970년 설립한 팰로앨토 리서치 센터의 컴퓨터 사이언스 연구실Computer Science Laboratory은 1983년까지 개체-중심 프로그래밍 object-oriented programming, 그래픽 유저 인터페이스Graphical User Interfaces, 이더넷 Ethernet, 포스트 스크립트 데이터PostScript, 레이저 프린터 등 현대 컴퓨터와 정보통신 발전의 획기적인 연구들을 주도했다. 특히 팰로앨토 리서치 센터가 개발한 그래픽 인터페이스는 이후 이곳의 3Com, 어도비Adobe Systems, 시스코Cisco, 애플Apple Computer, 마이크로소프트Microsoft 등의 테크놀로지 개발로 이어졌다.

또한 새너제이 태생으로 버클리 대학을 졸업한 스티브 워즈니악Steve Wozniak은 1975년 '홈브루 컴퓨터 클럽Homebrew Computer Club'을 만들고 가정용 컴퓨터의 생산을 유도했다. 이후 스티브 워즈니악은 1976년 쿠퍼티노Cupertino의 스티브 잡스Steve Jobs의 차고에서 첫 번째 소형 컴퓨터를 개발하며 애플 컴퓨터 Apple Computer를 설립했다. 애플의 스티브 잡스는 이후 2007년에 아이폰을 개발했다. 한편 선 마이크로시스템스Sun Microsystems가 스탠퍼드 졸업생들에 의해 설립되어 그래픽 인터페이스 기술에 기반해 첫 번째 그래픽 워크스테이션인 실리콘 그래픽스Silicon Graphics, Inc.가 개발되었다.

특히 1990년대에 인터넷의 그래픽 인터페이스와 소셜 네트워킹 테크놀로지가 일련의 스타트업 기업들에 의해 개발되어 상용화되었다. 먼저 인터넷의 그래픽 인터페이스가 처음 짐 클라크James Clark와 마크 앤드레센Marc Lowell Andreessen의 모자이크 커뮤니케이션Mosaic Communications과 넷스케이프Netscape Communications Corporation에 의해 개발되어 1990년대 중반부터 인터넷의 상용화와 범용화를 유도했다.

한편 웹사이트 디렉토리와 정보검색 체계인 야후가 타이페이 태생으로 새너제이에서 성장해 스탠퍼드 대학에서 전기공학을 공부한 제리 양Jerry Yang과 스탠퍼드 대학에서 역시 전기공학을 공부한 데이비드 필로David Filo에 의해 개발되었다. 또한 정보의 유니버설 접근을 목적으로 웹사이트 간 링크의 관계분석에 기반을 둔 정보검색엔진 알고리듬인 패이지랭크PageRank가 스탠퍼드 대학의 컴퓨터 사이언스 전공 박사과정 학생인 래리 패이지Larry Page에 의해 개발되어 세르게이 브린Sergey Brin과 함께 먼로 파크에서 구글Google로 창업되었다. 또한 인터넷 그래픽 인터페이스에 기반한 소셜 네트워킹 테크놀로지인 패이스매시Facemash가 하버드 대학 재학생인 마크 주크버그Mark Zuckerberg에 의해 개발되어 에드와도 새버린Eduardo Saverin, 앤드루 매컬럼Andrew McCollum과 함께 페이스북Facebook으로 창업되었다.

주변 자연지의 보전

스탠퍼드 대학은 개교 이후 1889년부터 현재까지 약 130년간의 역사에서 세계의 어느 대학보다 급속도로 확장된 독특한 사례이다. 스탠퍼드 캠퍼스의 비약적인 확장과 팰로앨토의 성장은 기숙 시설과 주거 블록, 리서치 파크의 개발로 진행되었다. 특히 스탠퍼드 캠퍼스는 대규모 기숙 시설 개발로 동쪽으로 확장되어왔으며, 인접한 주거지 개발은 샌프란시스퀴토 하천을 넘어 샌드 힐 로드를 따라 먼로 파크로 확산되었다. 또한 리서치 파크와 오피스 개발은 지속적으로 확장하여 동쪽의 마운틴뷰Mountain View, 쿠퍼티노Cupertino, 서니베일Sunnyvale로 확장되어왔다.

이에 팰로앨토시와 스탠퍼드 대학은 이러한 개발 압력에 대응하여 주변 자연환경을 어떻게 보전할 것인가에 관해 고심해왔다. 현재 팰로앨토시는 중앙 캠퍼스의 주니페로 세라 블러바드의 남쪽으로 풋힐스 주변에 학생과 지역 주민들이 이용할 수 있는 산책로를 조성하고 자연보호 구역으로 지정했다. 또한 팰로앨토시는 샌프란시스퀴토 하천의 상류의 포톨라 밸리Portola Valley와 재스퍼 리지Jasper Ridge에 총면적 1200에이커, 약 490헥타르의 재스퍼 리지 생물 보존지Jasper Ridge Biological Preserve를 조성하여 자연보호지로 지정해 보호하고 있다.

주

바그다드

1 Noury, Manouchehr Saadat. 2005. "The Round City of Baghdad Planning 1." *Persian Journal*. http://documents.mx/documents/the-round-city-of-baghdad-plannig1.html

2 Zaimeche, Salah, et al. 2005. *Baghdad*. Manchester, UK: Foundation for Science Technology and Civilization. p.2에서 재인용; Artz, Frederick B. 1980. *The Mind of the Middle Ages*; 3rd ed. The University of Chicago Press. pp. 149~150.

3 Zaimeche, Salah. 2002. *Astronomical Observatories in the Classical Islamic Culture, Muslim Heritage*. http://muslimheritage.com/article/astronomical-observatories-classical-islamic-culture.

4 Zaimeche, Salah, et al. 2005. *Baghdad*. Manchester, UK: Foundation for Science Technology and Civilization. p.3.

5 Makdisi, George. 1959. *Topography of Eleventh Century Baġdād: Materials and Notes*. *Arabica*. pp.178~197.

6 Strange, Guy Le. 2011. *Baghdad: During the Abbasid Caliphate*. p.299.

아헨

1 http://digihum.mcgill.ca/~matthew.milner/teaching/classes/hist214_f13/timeline/?show=events&id=155

파리

1 CATHOLIC ENCYCLOPEDIA: University of Paris - New Advent www.newadvent.org/cathen/11495a.htm

살레르노

1 Marcum, James. 2012. "Schola Medica Salernitana and Medieval Medical Philosophy." *A Journal of Medical Humanities*, Vol. 4, Iss. 2(Summer 2012)http://www.hektoeninternational.org/Schola-Medica.html

2 Marcum, James. 2012. "Schola Medica Salernitana and Medieval Medical Philosophy." *A Journal of Medical Humanities*, Vol. 4, Iss. 2(Summer 2012). http://www.hektoen

international.org/Schola-Medica.html

3 Walsh, James J. 1920. *Medieval Medicine*. A & C Black, Ltd. http://bookdome.com/history/Medieval-Medicine/Chapter-III-Salerno-And-The-Beginnings-Of-Modern-Medical-Education.html

4 Walsh, James J. 1920. *Medieval Medicine*. A & C Black, Ltd. http://bookdome.com/history/Medieval-Medicine/Chapter-III-Salerno-And-The-Beginnings-Of-Modern-Medical-Education.html

5 Marcum, James. 2012. "Schola Medica Salernitana and Medieval Medical Philosophy." *A Journal of Medical Humanities*. Vol. 4, Iss. 2(Summer 2012). http://www.hektoeninternational.org/Schola-Medica.html

6 Walsh, James J. 1920. *Medieval Medicine*. A & C Black, Ltd. http://bookdome.com/history/Medieval-Medicine/Chapter-III-Salerno-And-The-Beginnings-Of-Modern-Medical-Education.html

7 Walsh, James J. 1920. *Medieval Medicine*. A & C Black, Ltd. http://bookdome.com/history/Medieval-Medicine/Chapter-III-Salerno-And-The-Beginnings-Of-Modern-Medical-Education.html

8 Walsh, James J. 1920. *Medieval Medicine*. A & C Black, Ltd. http://bookdome.com/history/Medieval-Medicine/Chapter-III-Salerno-And-The-Beginnings-Of-Modern-Medical-Education.html

9 Walsh, James J. 1920. *Medieval Medicine*. A & C Black, Ltd. http://bookdome.com/history/Medieval-Medicine/Chapter-III-Salerno-And-The-Beginnings-Of-Modern-Medical-Education.html

10 Walsh, James J. 1920. *Medieval Medicine*. A & C Black, Ltd. http://bookdome.com/history/Medieval-Medicine/Chapter-III-Salerno-And-The-Beginnings-Of-Modern-Medical-Education.html

볼로냐

1 Paul Oscar Kristeller. 1985. *The University of Bologna and the Renaissance*. pp. 313~324.

제네바

1 Hunts, Edwin S. and James M. Murray. 1999. *History of Business in Medieval Europe 1200-1550*. Cambridge, England: Cambridge University Press. p.194.

2 Hunts, Edwin S. and James M. Murray. 1999. H*istory of Business in Medieval Europe 1200-1550*. Cambridge, England: Cambridge University Press. p.194.

3 Monter, William. 1967. *Calvin's Geneva.* John Wiley and Sons, Inc. p.7.

파도바

1 http://www.gnosisarchitettura.it

케임브리지

1 http://www.british-history.ac.uk/report.aspx?compid=66620

프린스턴

1 Leitch, Alexander. 1978. *A Princeton Companion.* Princeton University Press. http:// etcweb.princeton.edu/CampusWWW/Companion/forrestal_campus.html
2 New Jersey Department of Labor & Workforce Development Office of Research & Information Bureau of Labor Market Information. 2016. New Jersey's Life Sciences Industry Cluster.

루뱅라뇌브

1 Cyclotron Resource Centre at Louvain-la-Neuve. http://www.cyc.ucl.ac.be/facility.php

보스턴

1 Sullivan, Charles. *Harvard Square History and Development.* Cambridge Historical Commission. http://www2.cambridgema.gov/Historic/hsqhistory1.html
2 여혜진. 2006.「대학 캠퍼스 지역사회의 기능적 재구성에 관한 연구: 보스턴 대학교의 펜웨이-켄모 지역사회를 중심으로」. ≪한국도시설계학회지≫, pp. 53-74

지은이

한광야

연세대학교에서 건축을 공부하고, 하버드대학교에서 도시설계 석사(MAUD), 펜실베이니아대학교에서 도시계획 박사(PH.D.) 학위를 받았다. 도시설계와 도시계획 분야의 학자이며 실무자로서 보스턴 CECIL AND RIZVI 설계사무소와 필라델피아 WALLACE ROBERTS AND TODD 설계사무소에서 근무하며, 도시중심부의 블록설계부터 지역의 환경계획까지 일련의 프로젝트들을 수행했다. 현재 동국대학교 건축공학부 도시설계전공 교수이며, 한반도의 물리적 국토계획, 동국대 캠퍼스-커뮤니티 계획, 서강대 남양주 캠퍼스 구상 등을 수립했고, 서울 잠실 도시재생 국제현상설계(2015)에서 당선했다. 『미국 인터넷 산업의 지도』, 『GLOBAL UNIVERSITIES AND URBAN DEVELOPMENT』, 『지속가능한 도시만들기』, 『도시설계』 등의 책을 쓰고 번역했다. 서울시 해방촌 도시재생의 총괄계획가로 활동하고 있으며, 세계의 '대학과 도시: 미래의 생산체계', '한국 중·소 도시의 형성과 진화', '동남아시아 도시의 형성과 진화' 등의 연구를 진행하고 있다.

신윤석

연세대학교에서 건축을 공부하고, 이탈리아 사피엔자 로마대학교(SAPIENZA, UNIVERSITA DI ROMA)에서 건축 석사과정에서 수학했다. 로마에서 건축과 연극 전문사진가로 활동했으며, 현재 미술, 도자기, 사진 등의 예술과 경영을 통합하는 디자인 비즈니스 프리랜서로 활동하고 있으며, '한국 중·소 도시의 형성과 진화'의 지도와 사진 작업을 진행하고 있다.

한울아카데미 2030

대학과 도시

지은이 | 한광야
펴낸이 | 김종수
펴낸곳 | 한울엠플러스(주)

초판 1쇄 발행 | 2017년 10월 18일
초판 2쇄 발행 | 2018년 10월 25일

주소 | 10881 경기도 파주시 광인사길 153 한울시소빌딩 3층
전화 | 031-955-0655
팩스 | 031-955-0656
홈페이지 | www.hanulmplus.kr
등록번호 | 제406-2015-000143호

Printed in Korea.
ISBN 978-89-460-7030-1 93610(양장)
978-89-460-6374-7 93610(반양장)